高等院校非法学专业通用教材

法学概论

FAXUE GAILUN

（第三版）

主　审◎江　平
主　编◎李显冬
副主编◎王一凯
李　琪
陈星星

首都经济贸易大学出版社
Capital University of Economics and Business Press
·北　京·

图书在版编目（CIP）数据

法学概论/李显冬主编. —3 版. —北京：首都经济贸易大学出版社，2017.7

ISBN 978－7－5638－2675－9

Ⅰ.①法…　Ⅱ.①李…　Ⅲ.①法学—概论—高等学校—教材　Ⅳ.①D90

中国版本图书馆 CIP 数据核字（2017）第 164786 号

法学概论（第三版）
主　审　江　平
主　编　李显冬
副主编　王一凯　李　琪　陈星星

责任编辑　晓　云

封面设计　

出版发行　首都经济贸易大学出版社
地　　址　北京市朝阳区红庙（邮编 100026）
电　　话　（010）65976483　65065761　65071505（传真）
网　　址　http：//www.sjmcb.com
E－mail　publish@cueb.edu.cn
经　　销　全国新华书店
照　　排　北京砚祥志远激光照排技术有限公司
印　　刷　人民日报印刷厂
开　　本　710 毫米×1000 毫米　1/16
字　　数　585 千字
印　　张　33.25
版　　次　2003 年 1 月第 1 版　2010 年 1 月第 2 版
　　　　　2017 年 7 月第 3 版　2017 年 7 月总第 13 次印刷
书　　号　ISBN 978－7－5638－2675－9/D·179
定　　价　57.00 元

序

第九届全国人民代表大会第二次会议通过的《中华人民共和国宪法》修正案明确规定："中华人民共和国实行依法治国，建设社会主义法治国家。"这是我国的基本治国方略，也可以说是中华民族发展史上具有里程碑意义的长远发展战略。

时代的车轮滚滚向前，社会日新月异，公平、正义、自由、发展愈加成为人们追求的目标。法律作为社会上层建筑重要组成部分，体现着统治阶级的意志，也是将统治阶级的意志上升为国家意志、进行阶级统治的重要工具。

在中国几千年的封建社会里，"人治"的思想一直占据着主导地位。"普天之下，莫非王土，率土之滨，莫非王臣"，统治者"言出法随"，一言可以兴法，一言亦可亡法，所谓法律，也不过是用时取之、不用时抛之的"遮羞布"而已。随着西方资本主义社会的发展，自由、平等、博爱思想的宣传，天赋人权、主权在民观念的深入人心，三权分立、相互制约体制的发展，法律体制逐渐建立和完善，法治观念逐步得到发扬，人们的法律意识不断提高和加强。但是，由资本主义的私有制经济基础及资产阶级的阶级性质所决定，它最终也难以跳出其自身不能克服的羁绊。

中国的法制建设是在摆脱传统的"人治"思想的过程中发展的，是在打破剥削阶级法律的枷锁中发展的，同样也是在继承和发展优良法律传统和制度中发展的。

随着新世纪的到来和政治体制改革、经济全球化的发展，人们之间的距离日益拉近，由此产生的纠纷也日益增多，法律在社会调整中的作用也越来越大。法律不应是高高在上，不应当是"阳春白雪"，而应当和你我紧密相连。因此，如何学习法律和运用法律成为每一个人必须面对的问题。我们编写这本法律教程，就是以普及法律知识、提高社会公众的法律意识为目的。希望读者或获得启蒙，运用法律保护自己，或从中激发兴趣，以法律作为自己的研究方向，为推进中国的法治化进程做出贡献。

江　平

第三版前言

在首版序言中我们提到这本法学教材的编写理念，它不是艰难晦涩的法律条文的介绍罗列，也不是对于某个法律专题的深入全面的研究，而是在现行法律框架下，结合最新法律理论研究成果，为广大读者特别是在校非法律专业学生，全面、客观、实用、通俗地介绍有关法学基础理论及我国现行法律。

在第二版序言中我们提到希望读者通过本书的学习，对于法律有初步的认识，能够懂法、守法、用法，能够习惯法律思维、树立法治理念。法律就在我们身边，甚至与我们每个人息息相关，我们做某件事情的时候，应该首先想到它是否合法，当我们的权利受到侵害时，我们会用法律的武器寻求救济、保护自己。依法治国不是一句简单的口号，它的实现也不是一蹴而就的，更不是一成不变的，它的实现不是仅仅依靠立法机关、司法机关的法律制定和法律适用，同样也需要全社会的坚持、努力和推动。

本书自推出第二版，至今已有七年之久。其间，中国特色社会主义法律体系已经基本形成，全面推进依法治国成为党和国家的基本战略；《刑事诉讼法》《民事诉讼法》《行政诉讼法》先后进行了大范围的修订，《证券法》《公司法》《消费者权益保护法》《商标法》也均进行了一定程度上的修正，还有《立法法》《环境保护法》《食品安全法》等多部法律及多部司法解释进行了修改和完善。因此，本书编委会决定根据最新的法律体系和法律规定，对本书的编排体例和具体内容做进一步更新和完善，以适用当前法学理论、法学实务与法学教育的最新研究成果。

本书第三版的修订说明，具体如下：

第一，编排体例的调整。本书第三版在修订过程中，对第一编的法学基础理论进行了大范围调整，在介绍法的基本原理时，按照法的本体、法的运行、法的演进和法与社会的四大范畴进行了重新编排，同时在法学基础理论编新增了关于中国特色社会主义法律体系和全面推进依法治国战略两部分的相关理论和具体内容。在部门法学的编排上，按照中国特色社会主义法律体系关于部门法的划分进行了更新和重新调整，将民事法学编与知识产权法学编统一为民商法学编，同时在民商法学编部分增加商法学的内容，并且在部门法学中新增社会法学编、国际法学编两大部分的相关理论和具体内容，修订多达18万字，新增多达10万字。

第二，法律、法规的更新。本书第三版在修订过程中，将全书中所涉及的全部法律规定进行了更新和完善。一方面将新修订的法律、法规在本书中进行增添和删减，另一方面对本书中涉及的法律规定的具体条文做进一步补充和完善，以方便读者查阅、学习。

第三，理论的适当延伸。本书第三版在修订过程中，在法学基础理论部分介绍上进行了理论的适度延伸；在部门法学的介绍上，坚持“先理论、后法规”的模式进行了修订完善。同时，为方便读者在本书的学习基础上进行进一步延伸阅读，编委会在各编编尾部分均附上本编延伸阅读的推荐书目。

第四，实用性大大增强。本书第三版在修订过程中，在部门法的修订上，对涉及的法律、法规均具体到具体条文、具体条款，大大方便了读者的延伸使用。同时在本书书尾附录处，新增关于中国特色社会主义法律体系的图示和法学类经典书目、电子资源和法学经典案例的推荐和介绍，为方便读者进行进一步的理论学习和实务研究提供了相关方法和延伸路径。

特此说明。

时间仓促，不足之处，还望见谅，并请指正！

目　录

第一编　法学基础理论

第二编　宪法学

第三编　行政法学

第四编　民商法学

第五编　经济法学

第六编　社会法学

第七编　刑法学

第八编 程序法学

第九编 国际法学

第一编

法学基础理论

第一章

法的基本原理

★本章要点★

本章主要介绍了法的本体、法的运行、法的演进和法与社会等四大范畴内法的基本原理。

通过对本章的学习，要求全面认识法的基本原理体系；理解法的本体理论，掌握法的基本概念、法的渊源、法的要素、法的价值、法律部门与法律体系、法律汇编与法典编纂、法律关系、法的效力及法律责任与法律制裁的基本内容；理解法的运行理论，掌握立法、法的实施、法律解释的基本内容；理解法的演进理论，认识法的起源与法的发展，掌握法的基本发展规律，区别不同法系之间的相互关系；理解法与社会的一般理论，掌握法与政治、经济、政策、道德、宗教、人权之间的联系和区别。

第一节　法的本体

一、法的基本概念

（一）法与法律

在中国古代文献中，法经常与“刑”“律”通用。“刑”主要是指人们应当做某种行为或被禁止做某种行为，如果违反，就要受到刑罚处罚；“律”则主要有“公平”“划一”的含义。在中国古代“重刑轻民”思想的影响下，法更侧重于“刑”的含义。

在现代汉语中，法经常与“法律”通用。“法律”有广义和狭义之分。广义的法律是指国家制定或认可的并以国家强制力保证实施的行为规范的总和，而狭义的法律则是指拥有立法权的国家机关依照立法程序制定和颁布的规范性文件。

（二）法的本质

从哲学意义上讲，本质是事物内在的规定性。在揭示法的本质时，既要从阶级根源上进行发掘，又要从社会根源和经济根源上进行发掘，只有这样，才能对法有一个科学的认识。

1. 法是统治阶级意志的体现

统治阶级意志是“取得胜利、掌握国家政权的阶级的意志”。在阶级社会中，“掌握国家政权的阶级”只能是在经济关系和社会关系中居于统治地位的阶级。但应当指出，法所反映的统治阶级意志不是统治阶级的所有意志，通常只有与统治阶级根本利益一致的意志，才需要上升为国家意志并通过法的形式表现出来。另外，法所反映的统治阶级意志，是统治阶级的共同意志，不是阶级内部某个人的意志或意志的简单相加。这种根本意志、共同意志是阶级作为一个整体在政治、经济上的根本利益的反映。

2. 法是以国家意志的形式表现出来的统治阶级意志

国家是“社会的正式代表”，以国家名义所表达的意志即为国家意志，全体社会成员都必须遵守，否则将招致国家强制力的制裁。在统治阶级取得政权后，其阶级意志以国家为中介上升为法，取得“法律的一般表现形式”。实现这种转变通常有两个途径：一是国家对法的制定，即有权的国家机关通过特定程序将统治阶级意志制定为法律规范；二是国家认可，即有权的国家专门机关对社会上现实存在的符合统治阶级意志的一般社会规范赋予法律效力，使之成为事实上体现统治阶级意志的法律规范。

3. 法所表现的统治阶级意志和国家意志是由特定的社会物质生活条件决定的

物质生活条件是指与人类生存有关的物质资料的生产方式、地理环境、人口等因素，其中，物质资料的生产方式是决定因素。这是因为：一方面，人们通过生产力和生产关系使自然界的一部分转化为物质生活条件，同时使生物的人上升为社会的人；另一方面，在生产过程中发生的人与人之间的关系又是根本的社会关系，其他一切关系包括法律关系都是由它派生出来的，即使是地理环境、人口等因素，也只有通过生产方式才能对法的本质内容产生作用。当然，法的内容是由特定的社会物质生活条件所决定的，这是从最终意义上讲的，但我们也不应该忽略社会物质生活条件以外的政治、民族精神、科技、传统文化等因素对法产生的影响。因此，法的本质是由特定的社会物质生活条件决定的，通过国家意志表现出来的统治阶级的共同意志和根本意志。

（三）法的特征

任何事物的特征都是在与其他事物的比较中表现出来的。与道德、宗教、政策等其他社会现象相比，法的特征可以概括为以下五个方面：

1. 法是调整人们行为或社会关系的规范，具有规范性

从存在的形态来看，法首先是一种规范。所谓规范，是指人们行为的标准或规则。法不是一般的规范，也不同于技术规范，而是一种社会规范，其特点在于调整人们之间的社会关系。法作为社会规范，具有规范性，规定人们的行为模式，为人们的行为提供一个模型、标准或方向；它指导人们可以怎样行为，不得怎样行为，应当或必须怎样行为。具有规范性的法不是为某个特定的人而制定的，它所适用的对象是不特定的人，它不是只适用一次，而是可以在有效期间反复适用。

“法的规范性”作为法的一个基本特征，在区别不同的法律文件效力时有重要意义。

2. 法是由国家制定或认可的，体现了国家对人们行为的评价，具有国家意志性

法是一种特殊的社会规范，它是由国家制定或认可的，体现了国家的意志。国家通过制定法或者将其他社会规范通过认可的方式赋予其法律效力来规范、约束和指导人们的行为。

既然法是国家制定或认可的，就具有极大的权威性。任何违反法的规定的行为都是对国家权威的蔑视，国家不会对其放任自流。

3. 法是由国家强制力作为最后保证手段的法律体系，具有国家强制性

所谓强制性，就是指各种社会规范所具有的、借助一定社会力量强迫人们遵守的性质。一切社会规范都有强制性，都有保证其实施的社会力量。

法不同于其他社会规范，它具有特殊的强制性，即国家强制性。法以国家强制力作为后盾，由国家强制力保证其实施。不管人们的主观愿望如何，人们都必须遵守法律，否则将招致国家强制力的干涉，受到相应的法律制裁。但法依靠国家强制力保证实施是从最终意义上来讲的，并不是说每个法的实施活动或实施过程都必须借助国家政权及其暴力系统。例如，法的遵守或一般的违法行为，在违法主体依法自我纠正的情况下，国家就没有必要运用国家强制力。另外，国家强制力也并不是保证法律实施的唯一力量，在一定程度上，法律的实施还要依靠社会舆论、道德观念、法制观念、思想教育等多种手段来保证。

4. 法在国家权力管辖范围之内具有约束力，具有普遍约束性

法的普遍约束性是指法作为一般的行为规范在国家权力管辖范围之内具有普遍适用的效力和特性。其内容包括两方面：一是法的效力对象的广泛性，在一国范围之内，任何人的合法行为都无一例外受到法律保护，任何人的违法行为都无一例外受到法律制裁；二是法的效力的重复性，在同样的情况下，法可以反复适用，而不是仅适用一次。

由此可见，法的普遍约束性和前面所论及的法的规范性有密切联系。

5. 法有严格程序规定，具有程序性

与其他社会规范相比，法是强调程序、规定程序和实行程序的规范。一方面，法律在本质上要求实现程序化；另一方面，程序的独特性质和功能也为保障法律的效率和权威提供了条件。

在一定意义上可以说，法治发展的程度事实上取决于一个国家法律制度程序化的程度及对法律程序的遵守和服从的状态。一个没有程序或不严格遵守和服从程序的国家，就不会是一个法治国家。在进行依法治国、建设社会主义法治国家的当代中国，已越来越重视法的程序性，通过程序上的正义来维护实体上的正义，真正实现法的公正和权威。

（四）法的作用

法的作用是指法对人们的行为、社会生活或社会关系产生的影响。法的作用与法的特征和本质紧密联系，与国家权力也有密切的关系，因为法律是国家意志的体现，是国家权力规范化的标志。法的作用可以分为规范作用和社会作用。

1. 法的规范作用

法的规范作用是指法自身表现出来的、对人们的行为或社会关系的可能影响。法的规范作用根据主体范围和方式的不同，可以分为指引作用、评价作用、预测作用、强制作用和教育作用。

(1) 指引作用。法律作为一种行为规范，通过规定各种权利和义务，为人们提供某种行为模式，指引人们可以这样行为、必须这样行为或不得这样行为，从而对行为者的行为产生影响。法对人们行为的指引作用有两种方式：一是确定性指引，即规定法律义务，要求人们必须做出或不做出一定行为；二是不确定的指引，即通过规定法律权利，提供一种选择的机会，人们可以做，也可以不做。

(2) 评价作用。法的评价作用主要表现在法律对人们行为合法或违法及其程度具有判断、衡量的作用。

(3) 预测作用。法的预测作用表现为人们可以根据法律规范的规定预先估计到当事人双方如何行为及其法律后果。它包括对如何行为的预测和对行为后果的预测。

(4) 强制作用。法的强制作用表现为法为保障自身得以充分实施，运用国家强制力制裁、惩罚违法行为，这也是法的国家强制力的表现。

(5) 教育作用。法的教育作用表现为通过法律的实施，对人们今后的行为发生直接或间接的诱导影响。法律把体现在自身规则和原则中的某种思想、观念和价值灌输给社会成员，使其内心确立法律的信念，从而达到使法的外在规范内化，形成尊重和遵守习惯的作用。

2. 法的社会作用

法的社会作用是法为实现一定的社会目的而发挥的作用，大体可分为两个方面：

（1）法的阶级统治职能。在阶级对立的社会中，社会的基本矛盾是对立阶级之间的冲突和斗争。为了维护自己的统治，掌握政权的阶级通过国家制定和实施法律来使自己在社会生活中的统治地位合法化，使阶级冲突和矛盾保持在统治阶级根本利益所允许的限度之内，建立有利于统治阶级的社会关系和社会秩序。

（2）法的社会公共职能。法的社会公共职能产生于处理社会公共事务的客观需要，其使命在于维持社会生存和发展的共同条件，这些共同条件反映了社会的共同利益，体现着社会性。法的社会公共职能包含了大量内容，如维护基本的社会治安秩序、维护物质资料生产和再生产的基本条件、保护生态环境和确保必要规模的文化事业等，尤其是在科技水平和生产的社会化程度日益提高的现代社会，法的社会公共职能具有更加丰富的内容。

（五）法的分类

法可以依据不同的标准进行不同的分类，通常可分为以下几种：

1. 成文法和不成文法

成文法和不成文法是依据法是否具有文字表现形式而对法进行的分类。

成文法又称制定法，是指有法律规范创制权的国家机关依法定程序制定和公布的具有文字表现形式的法；不成文法又称习惯法，是指国家机关认可的、不具有文字表现形式的法。

2. 实体法和程序法

实体法和程序法是依据法所规定的具体内容的不同而对法的形式进行的一种分类。

实体法是指规定人们在政治、经济、文化等方面的社会关系中具有哪些权利和义务的法律，如刑法、民法；程序法则是指为了保证实体法规定的权利和义务的实现而制定的诉讼程序上的法律，如民事诉讼法、刑事诉讼法等。

3. 根本法和普通法

根本法和普通法是依照法的内容和效力的不同而对法的形式进行的分类。

根本法是宪法的别称，是指规定国家制度、公民的基本权利和义务、国家机构的设置等内容，具有最高法律效力的法的形式；普通法是指规定国家的某项制度或调整某类社会关系的、法律效力次于根本法的法的形式。普通法的制定应以根本法为依据，不得与之抵触；在程序上，制定普通法要比制定根本法简单。

4. 一般法和特别法

一般法和特别法是按照法的效力范围的不同，对法的形式的一种分类。

一般法是指在一国范围内，对一般的人和事有效的法的形式；特别法是指在一国的特定区域、特定期间或对特定公民有效的法的形式。

5. 公法和私法

公法和私法是西方资产阶级法学中一种常用的分类。

最先提出此种分类方法的是罗马法学家乌尔比安。他提出的划分标准简单明了，即凡是保护国家利益的法即公法，凡是保护私人利益的法为私法。此后，一般认为，保护国家利益，调整国家与公民或法人之间、国家机关之间关系的法律为公法；私法则保护个人利益，调整公民、法人等平等主体之间的关系。

6. 国内法和国际法

国内法和国际法是以所调整的是一国国内的各种社会关系还是各国间的相互关系为标准，对法的形式进行的分类。

国内法是指一国创制并适用于该国主权管辖范围内的法。国内法只能在一国主权管辖范围内实施，目的在于调整一国国内的各种社会关系。国际法是指在国际交往中，由不同的主权国家通过协议制定或公认的、适用于调整国家之间相互关系的法。国际法的主体一般是国家，在一定条件下或一定范围内，类似国家的政治实体以及由一定国家组成的国际组织也可以成为国际法主体。国际法的主要形式是国际条约和国际惯例。

二、法的渊源

（一）法的渊源的概念

法的渊源一般有以法的内容为中心的实质意义上的渊源和以法的效力为中心的形式意义上的渊源之分。

作为法理学的专门术语，“法律渊源”通常是指法律形式意义上的渊源，即一定的国家机关依照法定职权和程序制定或认可的具有不同法律效力和地位的法的不同表现形式。

（二）法的渊源的分类

在不同国家，在法的发展的不同时期，法的渊源往往有所不同。迄今为止，法的渊源大致可以概括为以下几种：

1. 制定法

制定法又称成文法，是指享有法律规范创制权的国家机关依照一定程序制定和颁布的通常以法律条文形式出现的规范性法律文件。制定法既包括国家立法机关制定的法律，也包括国家中央行政机关和地方国家机关在职权范围内制定和发布的规范性法律文件。

2. 判例法

判例是法院对案件的判决或先例，且此种判例对以后类似案件的审理具有普遍的约束力。在英美法系国家，判例是法的渊源的一种。但在当代中国，判例不是法的渊源，不具备普遍的约束力，但其对司法和执法工作具有一定的指导价值。

3. 习惯法

习惯法是有权的国家机关以一定的方式认可，赋予其法律效力的习惯和惯例。当社会生活中已经存在的习惯、惯例经过有权的国家机关，包括立法机关和司法机关以一定方式认可后，便上升为法律，具有普遍的约束力。

4. 学说和法理

学说和法理是法的非正式渊源，具有法律意义的准则或观念，但并未在正式法律中得到权威性的明文规定。一般说来，在现代国家中，由于制定法和习惯法的不断完善，直接将学说和法理作为法的渊源的情况并不多见。

（三）当代中国法的渊源

1. 当代中国法的渊源的一般特点

（1）当代中国法的渊源是以宪法为核心的各种制定法，经国家认可的习惯法仅在特定场合作为制定法的补充形式，司法判例不是法的渊源。

（2）法律规范制定机关和规范性文件的多样性。由于我国地域广阔，民族众多，不同地区的政治、经济、文化发展很不平衡，因此，现行宪法对原有的集中立法体制进行了改革，形成以全国人民代表大会及其常务委员会为核心的多层次立法体系，以此制定不同形式的法律规范性文件。

（3）在“一国两制”的格局下，具有资本主义性质的特别行政区法将作为我国社会主义法的渊源的例外情况，在特定区域长期存在。

2. 当代中国法的渊源的分类

（1）宪法。宪法是国家的根本法，是民主制度化、法律化的基本形式。它具有综合性、全面性和根本性的特点。在中国，全国人民代表大会监督宪法的实施，全国人民代表大会常务委员会解释并监督宪法的实施。

（2）法律。法律的概念有广义和狭义之分，广义的法律泛指一切规范性文件；狭义的法律仅指全国人民代表大会及其常务委员会制定的法律。我们这里用的是法律的狭义概念。法律的地位和效力仅次于宪法。

（3）行政法规。行政法规是我国最高国家行政机关国务院制定的关于国家行政管理的规范性文件。在我国，行政法规是一种重要的法律渊源，其效力仅次于宪法和法律。国务院制定的行政法规不得与宪法和法律相抵触，全国人民代表大会常务委员会有权撤销国务院制定的同宪法和法律相抵触的行政法规、决定和命令。

（4）地方性法规、自治条例和单行条例。地方性法规是指一定地方的国家权力机关根据本行政区域的具体情况和实际需要依法制定的本行政区域内具有法律效力的规范性文件。根据《中华人民共和国宪法》（以下简称《宪法》）和《中华人民共和国立法法》(以下简称《立法法》)的规定，省、自治区、直辖市、省级人民政府所在地的市、国务院批准的较大的市的人民代表大会及其常务委员会可以制定地方性法规。

民族区域自治是我国的一项基本政治制度，各民族自治地方设立自治机关，行使自治权。民族自治地方的人民代表大会有权根据当地的政治、经济和文化特点，制定自治条例和单行条例，报上一级人民代表大会常务委员会批准后生效。自治条例是一种综合性法规，单行条例是有关某一方面事务的规范性文件。民族自治条例和单行条例在其制定机关的管辖范围内有效，条例的内容必须符合宪法，符合法律的基本原则，同时，不能与国务院制定的关于民族区域自治的行政法规相抵触。

(5) 规章。规章是指行政性法律规范文件，根据其制定机关可分为两种：一种是国务院组成部门及其直属机构在它们的职权范围内制定的规范性文件，部门规章规定的事项应当属于执行法律或国务院的行政法规、决定、命令的事项；另一种是省、自治区、直辖市人民政府以及省、自治区人民政府所在地的市和经国务院批准的较大的市的人民政府依照法定程序制定的规范性文件。

(6) 国际条约和国际惯例。国际条约是指我国作为国际法主体同外国缔结的双边、多边协议和其他具有条约、协定性质的文件。国际条约是当代中国法的渊源之一。国际惯例是国际条约的补充，也是我国法律的渊源之一。

三、法的要素

法律是由法律规范组成的，法律规范是国家制定或认可的关于人们的行为或活动的命令、允许和禁止的一种规范。法律规范被区分为法律规则与法律原则，两者都是针对特定情况下有关法律责任的特定的决定。而法律权利与法律义务是由法律规范所规定或指示的。

(一) 法律规则

法律规则是指以一定的逻辑结构形式具体规定人们的法律权利、法律义务以及相应的法律后果的一种法律规范。任何法律规则均由假定条件、行为模式和法律后果三个部分构成。

假定条件，是指法律规则中有关适用该规则的条件和情况的部分，即法律规则在什么时间、什么空间、对什么人适用以及在什么情境下对人的行为有约束力的问题。它包含两个方面：①法律规则的适用条件。其内容有关法律规则在什么时间生效、在什么地域生效以及对什么人生效等。②行为主体的行为条件。

行为模式，是指法律规则中规定人们如何具体行为之方式或范型的部分。它是从人们大量的实际行为中概括出来的法律行为要求。根据行为要求的内容和性质不同，法律规则中的行为模式分为三种：①可为模式，是指在什么假定条件下，人们“可以如何行为”的模式；②应为模式，是指在什么假定条件下，人们“应当或必须如何行为”的模式；③勿为模式，是指在什么假定条件下，人们“禁止或不得如何行为”的模式。从另一个角度看，可为模式亦可称为权利行为模式，而应为模式和勿为模式又可称为义务行为模式。它们的内容是任何法律规则的核心部分。

法律后果，是指法律规则中规定人们在做出符合或不符合行为模式的要求时应承担相应的结果的部分，是法律规则对人们具有法律意义的行为的态度。根据人们对行为模式所做出的实际行为的不同，法律后果又分为两种：①合法后果，又称肯定式的法律后果，是法律规则中规定人们按照行为模式的要求行为而在法律上予以肯定的后果，它表现为法律规则对人们行为的保护、许可或奖励；②违法后果，又称否定式的法律后果，是法律规则中规定人们不按照行为模式的要求行为而在法律上予以否定的后果，它表现为法律规则对人们行为的制裁、不予保护、撤销、停止，或要求恢复、补偿等。

从现代国家的规范性法律文件中有关条文表述的内容来看，法律条文可以分为规范性条文和非规范性条文。规范性条文是指直接表述法律规范（法律规则和法律原则）的条文。非规范性条文是指不直接规定法律规范，而规定某些法律技术内容（如专门法律术语的界定、公布机关和时间、法律生效日期等）的条文，它们总是附属于规范性法律文件中的规范性法律条文的。由此可见，法律规则是法律条文的内容，法律条文是法律规则的表现形式，并不是所有的法律条文都直接规定法律规则，也不是每一个条文都完整地表述一个规则或只表述一个法律规则。

关于法律规则的分类：①按照规则的内容规定不同，法律规则可以分为授权性规则和义务性规则。所谓授权性规则，是指规定人们有权做一定行为或不做一定行为的规则，即规定人们的“可为模式”的规则。所谓义务性规则，是指在内容上规定人们的法律义务，即有关人们应当做出或不做出某种行为的规则。②按照规则内容的确定性程度不同，可以把法律规则分为确定性规则、委任性规则和准用性规则。所谓确定性规则，是指内容本已明确肯定，无须再援引或参照其他规则来确定其内容的法律规则。在法律条文中规定的绝大多数法律规则属于此种规则。所谓委任性规则，是指内容尚未确定，而只规定某种概括性指示，由相应国家机关通过相应途径或程序加以确定的法律规则。所谓准用性规则，是指内容本身没有规定人们具体的行为模式，而是可以援引或参照其他相应内容规定的规则。③按照规则对人们行为规定和限定的范围或程度不同，可以把法律规则分为强行性规则和任意性规则。所谓强行性规则，是指内容规定具有强制性质，不允许人们随便加以更改的法律规则。义务性规则、授权性规则属于强行性规则。所谓任意性规则，是指规定在一定范围内，允许人们自行选择或协商确定为与不为、为的方式以及法律关系中的权利义务内容的法律规则。

（二）法律原则

法律原则，是为法律规则提供某种基础或本源的综合性的、指导性的原理或价值准则的一种法律规范，它是具有高度的一般化层别的规范。由于法律原则位于高度一般化的层别，它的确定性与可预测性的程度就相对较低，因此它不能直接用来对某个裁判进行证立，需要进一步的规范性前提。

1. 法律原则的种类

（1）公理性原则和政策性原则。按照法律原则产生的基础不同，可以把法律原则分为公理性原则和政策性原则。公理性原则，即由法律原理（法理）构成的原则，是由法律上之事理推导出来的法律原则，是严格意义的法律原则，如法律平等原则、诚实信用原则、罪刑法定原则等，它们在国际范围内具有较大的普适性。政策性原则是一个国家或民族出于一定的政策考量而制定的一些原则，如我国宪法中规定的“依法治国，建设社会主义法治国家”的原则等，政策性原则具有针对性、民族性和时代性。

（2）基本原则和具体原则。按照法律原则对人的行为及其条件之覆盖面的宽窄和适用范围大小，可以把法律原则分为基本原则和具体原则。基本原则是整个法律体系或某一法律部门所适用的、体现法的基本价值的原则，如宪法所规定的各项原则。具体原则是在基本原则指导下适用于某一法律部门中特定情形的原则，如（英、美）契约法中的要约原则和承诺原则、错误原则等。

（3）实体性原则和程序性原则。按照法律原则涉及的内容和问题不同，可以把法律原则分为实体性原则和程序性原则。实体性原则是直接指涉及实体法问题（实体性权利和义务等）的原则，如宪法、民法、刑法、行政法中所规定的多数原则属于此类。程序性原则是指涉及程序法（诉讼法）问题的原则，如诉讼法中规定的“一事不再理”原则、辩护原则、非法证据排除原则、无罪推定原则等。

2. 法律原则的适用条件

一般认为法律原则可以克服法律规则的僵硬性缺陷，弥补法律漏洞，保证个案正义，在一定程度上缓解了规范与事实之间的缝隙，从而能够使法律更好地与社会相协调一致。但由于法律原则内涵抽象，外延宽泛，直接作为裁判案件的标准发挥作用时，会赋予法官较大的自由裁量权，从而不能完全保证法律的确定性和可预测性。

为了将法律原则的不确定性减少在一定限度之内，需要对法律原则的适用设定严格的条件：

（1）穷尽法律规则，方得适用法律原则。只有出现无法律规则可以适用的情形，法律原则才可以作为弥补“规则漏洞”的手段发挥作用。

（2）除非为了实现个案正义，否则不得舍弃法律规则而直接适用法律原则。如果某个法律规则适用于某个具体案件，没有产生极端的人们不可容忍的不正义的裁判结果，法官就不得轻易舍弃法律规则而直接适用法律原则。

（3）没有更强理由，不得径行适用法律原则。判断何种规则在何时及何种情况下极端违背正义，其实难度很大，法律原则必须为适用第二个条件规则提出比适用原法律规则更强的理由，否则上面第二个条件规则就难以成立，基于某一原则所提供的理由，其强度必须强到足以排除支持此规则的形式原则，尤其是确定性和权威性，且主张适用法律原则的一方负有举证、论证的责任。

3. 法律原则与法律规则的区别

（1）在内容上，法律规则的规定是明确具体的，它着眼于主体行为及各种条件的共性；其明确具体的目的是削弱或防止法律适用上的“自由裁量”。而法律原则的着眼点不仅限于行为及条件的共性，而且关注它们的个别性，其要求比较笼统、模糊，它不预先设定明确的、具体的假定条件，更没有设定明确的法律后果。

（2）在适用范围上，法律规则由于内容具体明确，它们只适用于某一类型的行为。而法律原则对人的行为及其条件有更大的覆盖面和抽象性，它们是对从社会生活或社会关系中概括出来的某一类行为、某一法律部门甚或全部法律体系均通用的价值准则，具有宏观的指导性，其适用范围比法律规则宽广。

（3）在适用方式上，法律规则是以“全有或全无的方式”或涵摄的方式应用于个案当中的：如果一条规则所规定的条件被该案件事实所满足，那么，这条规则所规定的法律后果就被确定地适用该案件。而法律原则的适用则不同，它不是以“全有或全无的方式”或是以衡量的方式应用于个案当中的，因为不同的法律原则是具有不同的“强度”的，而且这些不同强度的原则甚至冲突的原则都可能存在于一部法律之中。所以，当两个原则在具体的个案中冲突时，法官必须根据案件的具体情况及有关背景在不同强度的原则间做出权衡。

（三）权利和义务

1. 权利和义务的含义

权利和义务是一切法律规范、法律部门，甚至整个法律体系的核心内容。法的运行和操作的整个过程和机制（如立法、执法、司法、守法、法律监督等），无论其具体形态多么复杂，但终究不过是围绕权利和义务这两个核心内容和要素而展开的：确定权利和义务的界限，合理分配权利和义务，处理有关权利和义务的纠纷与冲突，保障权利和义务的实现，等等。

“权利”一词，可以在不同的意义上使用，如“道德权利”“自然权利”“习惯权利”“法律权利”等。所谓法律权利，就是国家通过法律规定对法律关系主体可以自主决定做出某种行为的许可和保障手段。其特点在于：①权利的本质由法律规范所决定，得到国家的认可和保障。当人们的权利受到侵犯时，国家应当通过制裁侵权行为以保证权利的实现。②权利是权利主体按照自己的愿望来决定是否实施的行为，因而权利具有一定程度的自主性。③权利是为了保护一定的利益所采取的法律手段。因此，权利与利益是紧密相连的。而通过权利所保护的利益并不总是本人的利益，也可能是他人的、集体的或国家的利益。④权利总是与义务人的义务相关联的。离开了义务，权利就不能得以保障。

“义务”一词，一般在下列几种意义上使用：

第一，它是指义务人必要行为的尺度（或范围）。

第二，它是指人们必须履行一定作为或不作为之法律约束。

第三，它是指人们实施某种行为的必要性。义务的性质表现在两点：①义务所指出的，是人们的“应然”行为或未来行为，而不是人们事实上已经履行的行为。已履行的“应然”行为是义务的实现，而不是义务本身。②义务具有强制履行的性质，义务人对于义务的内容不可随意转让或违反。义务在结构上包括两个部分：一是义务人必须根据权利的内容做出一定的行为。在法学上被称作“作为义务”或“积极义务”（如赡养父母、抚养子女、纳税、服兵役等）。二是义务人不得做出一定行为的义务，被称为“不作为义务”或“消极义务”，例如，不得破坏公共财产，禁止非法拘禁，严禁刑讯逼供，等等。

2. 权利和义务的相互联系

权利和义务作为法的核心内容和要素，它们之间的连接方式和结构关系是非常复杂的。可以从以下角度和方面来分析：

第一，从结构上看，两者是紧密联系、不可分割的。权利和义务都不可能孤立地存在和发展。它们的存在和发展都必须以另一方的存在和发展为条件。

第二，从数量上看，两者的总量是相等的。

第三，从产生和发展看，两者经历了一个从浑然一体到分裂对立再到相对一致的过程。在原始社会，由于还不存在法律制度，权利和义务的界限也不很明确，两者实际上是混为一体的。随着阶级社会、国家的出现和法律的产生，权利和义务才发生分离。

第四，从价值上看，权利和义务代表了不同的法律精神，在历史上受到重视的程度有所不同，因而在不同国家的法律体系中的地位是有主、次之分的。一般而言，在等级特权社会，法律制度往往强调以义务为本位，权利处于次要的地位；而在民主法治社会，法律制度较为重视对个人权利的保护。

四、法的价值

（一）法的价值的含义

法的价值是指法这种规范体系（客体）有哪些为人（主体）所重视、珍视的性状、属性和作用。具体而言，法的价值这一范畴包含如下意义：①同价值的概念一样，法的价值也体现了一种主客体之间的关系。法律无论其内容抑或目的，都必须符合人的需要，这是法的价值概念存在的基础。②法的价值表明了法律对于人们而言所拥有的正面意义，它体现了其属性中为人们所重视、珍惜的部分，意味着它能够满足人们的需要，代表着人们对美好事物的追求。③法的价值既包括对实然法的认识，更包括对应然法的追求，法的价值的研究不能以现行的实在法为限，它还必须采用价值分析、价值判断的方法，来追寻什么样的法律才是最符合人的需要的这一问题。

（二）法的价值的种类

1. 秩序

法学上的秩序，主要是指社会秩序。它表明通过法律机构、法律规范、法律权威所形成的一种法律状态。“秩序”之所以成为法的基本价值之一，是因为：首先，任何社会统治的建立都意味着一定统治秩序的形成。没有秩序的统治，根本就不是统治。其次，秩序本身的性质决定了秩序是法的基本价值。秩序是人们社会生活中相互作用的正常结构、过程或变化模式，它是人们相互作用的状态和结果。再者，秩序是法的其他价值的基础。自由、平等、效率等法的价值表现，同样也需要以秩序为基础，因为没有秩序，这些价值的存在就会受到威胁或缺乏必要的保障，其存在也就没有现实意义了。

当然，秩序虽然是法的基础价值，但秩序本身又必须以合乎人性、符合常理作为其目标。正是从这个意义上而言，现代社会所言的“秩序”还必须接受“正义”的规制。

2. 自由

从哲学上而言，自由是指在没有外在强制的情况下，能够按照自己的意志进行活动的能力。法的价值上所言的“自由”，即意味着法以确认、保障人的这种行为能力为己任，从而使主体与客体之间能够达到一种和谐的状态。

从价值上而言，法律是自由的保障。法律虽然是可以承载多种价值的规范综合体，然而其最本质的价值则是“自由”。因而，法律必须体现自由、保障自由，只有这样，才能使“个别公民服从国家的法律也就是服从他自己的理性即人类理性的自然规律”，从而达到国家、法律与个人之间的统一。显然，就法的本质来说，它以“自由”为最高的价值目标。法典是用来保卫、维护人民自由的，而不是用来限制、践踏人民自由的；如果法律限制了自由，也就是对人性的一种践踏。

人类活动的基本目的之一，便是为了满足自由需要，实现自由欲望，达成自由目的。这体现在法律上，必须确认、尊重、维护人的自由权利，以主体的自由行为作为联结主体之间关系的纽带，如民法上的“意思自治”。可以说，没有自由，法律就仅仅是一种限制人们行为的强制性规则，而无法真正体现它在提升人的价值、维护人的尊严上的伟大意义。

3. 正义

“正义”本身是个关系范畴，它存在于人与人之间的相互交往之中，可以说，没有人与人之间的关系存在，就不会有正义问题的产生。换言之，所谓“不正义”绝对不会存在于孤立的个人之上，公正只是一种在涉及利害关系的场合，要求平等地对待他人的观念形态。这一原则，也就是我们通常所说的“把各人应得的东西归予各人”。从实质内容而言，正义又体现为平等、公正等具体形态。也就是说，公正不仅是人类的一种“理想”，同时还表现在使这种理想与现实社会条件相结合。同时，“平等”本身就有一个“不平等”的他者存在，没有平等自然无所谓不平等；同样，没有不平等也无所谓平等。

在法律上如何实现正义这一价值标准呢？一是正义是法的基本标准。法律只有合乎正义的准则时，才是真正的法律；如果法律充斥着不正义的内容，则意味着法律只不过是推行专制的工具。二是正义是法的评价体系。正义担当着两方面的角色：其一，它是法律必须着力弘扬与实现的价值；其二，正义可以成为独立于法之外的价值评判标准，用以衡量法律是“良法”抑或“恶法”。三是正义也极大地推动着法律的进化。正义形成了法律精神上进化的观念源头，使自由、民主、平等、人权等价值观念深入人心；正义促进了法律地位的提高，它使得依法治国作为正义所必需的制度建构而存在于现代民主政体之中，从而突出了法律在现代社会生活中的位置；正义推动了法律内部结构的完善，它使得权力控制、权利保障等制度应运而生；正义也提高了法律的实效。

（三）法的价值冲突及其解决

秩序、自由、正义等，都可以说是法的最基本的价值，同时尚有效率等其他价值形式存在。法的各种价值之间有时会发生矛盾，从而导致价值之间的相互抵牾。从主体而言，法的价值冲突常常出现于三种场合：一是个体之间法律所承认的价值发生冲突，如行使个人自由可能导致他人利益发生损失；二是共同体之间价值发生冲突，如国际人权与一国主权之间可能产生矛盾；三是个体与共同体之间的价值冲突，典型的即如个人自由与社会秩序之间所常见的矛盾情形。

由于立法不可能穷尽社会生活的一切形态，在个案中更可能因为特殊情形的存在而使得价值冲突难以避免，因而必须形成相关的平衡价值冲突的规则。在这个方面，可以采纳的原则主要有：

第一，价值位阶原则。这是指在不同位阶的法的价值发生冲突时，在先的价值优于在后的价值。就法的基本价值而言，主要是以上所言的自由、秩序与正义，其他则属于基本价值以外的一般价值（如效率、利益等）。但即使是基本价值，其位阶顺序也不是并列的。一般而言，自由代表人的最本质的人性需要，它是法的价值的顶端；正义是自由的价值外化，它成为自由之下制约其他价值的法律标准；而秩序则表现为实现自由、正义的社会状态，必须接受自由、正义标准的约束。因而，在以上价值之间发生冲突时，可以按照位阶顺序来予以确定何者应优先适用。

第二，个案平衡原则。这是指在处于同一位阶上的法的价值之间发生冲突时，必须综合考虑主体之间的特定情形、需求和利益，以使得个案的解决能够适当兼顾双方的利益。

第三，比例原则。这是指“为保护某种较为优越的法价值须侵及一种法益时，不得逾越此目的所必要的程度”。例如，为维护公共秩序，必要时可能会实行交通管制，但应尽可能实现“最小损害”或“最少限制”，以保障社会上人们的行车自由。即使某种价值的实现必然会以其他价值的损害为代价，也应当使被损害的价值减到最小限度。

五、法律部门与法律体系

（一）法律部门

法律部门，又称部门法，是根据法律规范所调整的社会关系的不同以及与之相适应的调整方法的不同对法律规范所做的分类。凡是采用相同的方法来调整同类社会关系的法律规范的总和，就构成一个法律部门。

对于我国社会主义法律体系究竟由哪些法律部门组成，学说纷纭，但多数人认为应包括以下几个主要的法律部门[①]：宪法、行政法、民法、经济法、刑法、诉讼法、劳动和社会保障法、资源与环境保护法、军事法等。

1. 宪法

宪法是我国的根本法，它规定我国的各种根本制度、原则和方针，公民的基本权利和义务，国家机关的组织与活动原则等带有根本性、全局性的问题，在我国的法律体系中居于核心地位，不但反映了当代中国法的本质和基本原则，也确立了其他部门法的指导原则。

2. 行政法

行政法是有关国家行政管理活动的法律规范的总称，其调整对象主要是国家行政机关之间及国家行政机关与企事业单位、社会团体以及公民间的行政管理关系。它包括规定行政管理体制的规范，确定行政管理基本原则的规范，规定行政机关活动的方式、方法和程序的规范以及规定国家公务员的规范，等等。

3. 民法

民法是调整平等主体的公民之间、法人之间、公民和法人之间财产关系和人

---

①《中国特色社会主义法律体系·白皮书》（2011 年 10 月）公布的中国特色社会主义法律体系的部门包括宪法相关法、民法商法、行政法、经济法、社会法、刑法、诉讼与非诉讼程序法。

身关系的法律规范的总和。民法并非调整所有的财产关系，它只调整平等主体之间发生的财产关系，如所有权关系、债权关系等。

4. 经济法

经济法是调整国家在经济管理活动中发生的经济关系的法律。作为法律部门的经济法是随着商品经济的发展和市场经济体制的建立逐步发展起来的，是适应国家实行宏观调控的需要而发展起来的。经济法的内容相当广泛，主要包括有关企业管理的法律，财政、金融、税务方面的法律，宏观调控方面的法律以及有关市场主体、市场秩序方面的法律等。

5. 刑法

刑法是规定犯罪、刑事责任和刑罚的法律。我国刑法的主要作用是用刑罚的方法同一切刑事犯罪做斗争，以巩固人民民主专政，保护广大人民群众的权利和自由，维护安定团结的政治局面和良好的社会秩序，保障社会主义现代化建设的顺利进行。在刑法这一法律部门中，主要有刑法典，此外，还有一些单行法律、法规和其他规范性法律文件。

6. 诉讼法

诉讼法是有关诉讼程序的法律规范的总称。诉讼法的主要任务是通过规定和实施严格的诉讼程序，保证相应的实体法的正确实施，保证实体权利和实体义务的实现。我国的诉讼法主要是民事诉讼法、刑事诉讼法和行政诉讼法，此外，与诉讼有关的法律、法规还包括律师法、公证法、调解法和仲裁法等。

7. 劳动和社会保障法

劳动法是调整劳动关系的法律，社会保障法是调整有关社会保障和社会福利的法律。这一部门法的内容主要包括劳动关系的订立和解除程序、集体合同的签订和执行方法、劳动保险制度、休假制度和退休制度、职工培训制度、工会的组织与权利义务、劳动纪律、劳动争议的处理方法、社会保障等方面的法律关系。

8. 资源与环境保护法

资源与环境保护法是指关于自然资源和生态环境、防治污染和其他公害的法律、法规，包括自然资源法和环境保护法两个部分。自然资源法主要是指对各种自然资源的规划、合理开发、利用、治理和保护方面的法律。环境保护法是保护环境、防治污染和其他公害的法律。

9. 军事法

军事法是有关军事管理的法律规范的总称，主要规定关于武装部队和其他军事人员的组织、任务、职责等。我国现行的军事法律包括国防法、兵役法、中国人民解放军军衔条例等法律、法规。

（二）法律体系

法律体系，也称为部门法体系，是指一国的全部现行法律规范，按照一定的标准和原则，划分为不同的法律部门而形成的内部和谐一致、有机联系的整体。法律体系是一国国内法构成的体系，不包括完整意义的国际法，即国际公法。法律体系是一国现行法构成的体系，反映一国法律的现实状况，它不包括历史上废止的已经不再有效的法律，一般也不包括尚待制定、还没有生效的法律。

法律体系是一种客观存在的社会生活现象，反映了法的统一性和系统性。研究法律体系，对于科学地进行立法预测、立法规划，正确地适用法律解决纠纷，全面地进行法律汇编、法典编纂，合理地划分法律学科、设置法学课程等都具有重要的意义。

新中国成立以来特别是改革开放30多年来，在中国共产党的正确领导下，经过各方面坚持不懈的共同努力，一个立足中国国情和实际、适应改革开放和社会主义现代化建设需要、集中体现党和人民意志的，以宪法为统帅，以宪法相关法、民法商法等多个法律部门的法律为主干，由法律、行政法规、地方性法规等多个层次的法律规范构成的中国特色社会主义法律体系已经形成，国家经济建设、政治建设、文化建设、社会建设以及生态文明建设的各个方面实现有法可依。当代中国的法律体系，部门齐全、层次分明、结构协调、体例科学，主要由七个法律部门和三个不同层级的法律规范构成。七个法律部门是：宪法及宪法相关法，民法商法，行政法，经济法，社会法，刑法，诉讼与非诉讼程序法。三个不同层级的法律规范是：法律，行政法规，地方性法规、自治条例和单行条例。

六、法律汇编与法典编纂

为了提高规范性法律文件的质量，使其单独地在社会生活中发挥作用，必须使规范性法律文件系统化，其方法主要有两种，即法律汇编和法典编纂。

法律汇编又称法规汇编，是指在不改变内容的前提下，将现行的法律文件按照一定的标准（如制定时间顺序、涉及问题性质）加以系统排列，汇编成册。法律汇编是规范性文件系统化最常见的形式，它不仅可以为人们查阅法律、法规提供便利，而且往往是法典编纂的必要准备。

法典编纂也称法律编纂，是指在对某一部门法的全部现行法律规范进行审查、整理、补充、修改的基础上，制定新的系统化的规范性法律文件——部门法典的活动。

法律汇编和法典编纂各有特点，其区别主要表现在以下三个方面：

第一，法律汇编与法典编纂的内容不同。法律汇编只能对原有规范性文件或法律条文进行外部组织整理，不能改变法律规范的内容；法典编纂则要对原有规范进行加工，废止和修改某些规范，以消除矛盾和重叠的部分，补充新的规范以填补空白，因此，法典编纂必然要变动原有规范性文件的内容。

第二，立法技术要求不同。法律汇编只是将原有规范性文件或法律条文按一定顺序排列整理，汇编成册；法典编纂则必须在重新审查某一部门法的全部现行法规的基础上，按法律体系的构成要求和法典编纂的特定方式和技术，重新组织全部法律规范，是所有规范性文件系统化方式中最具系统性的一种。

第三，性质不同。法律汇编不是创制法的活动，许多主体都可以根据自己的需要进行法律汇编；法典编纂则是一种重要的国家立法活动，只能由国家立法机关依法定程序进行。

七、法律关系

（一）法律关系的概念和特征

法律关系是法律规范在调整社会关系的过程中形成的人们之间的权利义务关系。由此可见，法律关系具有如下特征：

第一，法律关系是根据法律规范建立的一种社会关系。法律规范设定了法律关系产生、变更、消灭的一般条件和法律关系的一般内容，任何一种法律关系的存在都是以法律规范的存在为前提的。

第二，法律关系是特定主体间法律上的权利和义务关系。法律关系是以法律上的权利、义务为纽带形成的社会关系，没有特定法律关系主体的实际法律权利和法律义务，就不可能有法律关系的存在，因此，法律权利和义务的内容是法律关系区别于其他社会关系的重要标志。

第三，法律关系是法律形式与社会内容的统一。一方面，法律关系是人们的社会关系的硬性外壳，如果没有法定权利和义务关系，任何一种社会关系都不具备法律关系的属性；另一方面，法律关系又以人们的社会活动和实际联系为内容和载体，没有这个社会内容，法律关系就毫无意义。

（二）法律关系的种类

按照不同的标准，可对法律关系做不同的分类。

1. 一般法律关系和具体法律关系

依据法律关系主体的具体化程度不同，可以将其划分为一般法律关系和具体法律关系。

一般法律关系是根据宪法形成的国家、公民、社会组织及其他主体之间普遍存在的社会关系。例如，拥有中华人民共和国国籍的人就是中华人民共和国公民，根据公民的基本权利和基本义务产生的关系属于一般法律关系，它不是由于某一具体事实而产生的，而是由于长久的事实状态引起的。一般法律关系是具体法律关系的基础，一般法律关系的权利和义务通过具体主体之间的法律关系而具体化，是具体主体权利与义务实现的初始阶段。

具体法律关系的主体是具体的，具体法律关系的产生，不但要有法律的规定，而且要有具体事实的发生。

2. 绝对法律关系和相对法律关系

依据法律关系的主体是单方具体化还是双方具体化，可以将其划分为绝对法律关系和相对法律关系。

绝对法律关系中的主体权利人是具体的，而义务人是除了权利人之外的所有人。最典型的绝对法律关系是所有权关系。

相对法律关系中的主体权利人和义务人都是具体的。最典型的相对法律关系是债权关系。

3. 调整性法律关系和保护性法律关系

依据法律关系的产生是否适用法律制裁，可将其划分为调整性法律关系和保护性法律关系。

调整性法律关系是不需要法律制裁，主体权利就能够正常实现的法律关系。它建立在主体合法行为的基础上，是法的实现的正常形式。

保护性法律关系是在主体权利与义务不能正常实现的情况下通过法律制裁而形成的法律关系。它是在违法行为的基础上产生的，是法的实现的非正常形式。最典型的保护性关系就是刑事法律关系。

4. 平权型法律关系与隶属型法律关系

依据法律关系主体之间相互地位的不同，可以将其划分为平权型法律关系和隶属型法律关系。

平权型法律关系，即法律关系主体之间的地位是平等的，相互间没有隶属关系。民事法律关系调整平等主体之间的财产关系和人身关系，是典型的平权型法律关系。

隶属型法律关系，即法律关系的主体之间是相互隶属的，一方服从于另一方。行政法律关系是典型的隶属型法律关系。

（三）法律关系的要素

法律关系的要素包括主体、客体和以权利和义务为主的内容。

1. 法律关系的主体

法律关系的主体是指法律关系的参加者，即在法律关系中依法享有权利和承担义务的人或组织。其中，享有权利的一方称为权利人，承担义务的一方称为义务人。作为法律关系的主体，应该具备一定的资格和能力，包括权利能力和行为能力。法律关系主体的权利能力，是法律关系主体享有权利和承担义务的资格。权利能力对公民来说有两大类：一类是一般权利能力，为所有公民终生享有，如民事上的名誉权；另一类是特殊权利能力，即与公民的年龄、身份等条件相联系的权利能力，如享有选举权和被选举权的政治权利需要达到法定的年龄才具有。

法律关系主体的行为能力，是指法律承认的、法律关系主体通过自己的行为取得的享有权利和承担义务的能力。可见，行为能力意味着主体对自己的行为及其后果具有认识和判断能力，既能独立享有权利，又能有效履行义务。从这个意义上讲，一个主体的权利能力和行为能力并非自然一致。世界各国的法律一般把本国公民划分为完全行为能力人、限制行为能力人和无行为能力人。在我国民事领域，按自然人的行为能力分为三类：①完全行为能力人，是指达到一定法定年龄、智力健全、能够对自己的行为负完全责任的自然人。我国民事完全行为能力人是指18周岁以上的公民，16周岁以上未满18周岁但以自己的劳动收入为主要生活来源的，可以视为完全民事行为能力人。②限制行为能力人，是指行为能力受到一定限制，只具有部分行为能力的人。③无行为能力人，是指完全不能以自己的行为行使权利和履行义务的人。

在我国，法律关系的主体可以分以下几类：①自然人。自然人既指中国公民，也指居住在中国境内或在境内活动的外国公民或无国籍人。具有中华人民共和国国籍的中国公民是多种法律关系的参加者。②机构和组织。机构和组织主要包括两类：一是指各种国家机关；二是指各种企事业组织。③国家。中华人民共和国作为一个主权国家，对内是许多法律关系的主体，对外是一系列国际法律关系的主体。

2. 法律关系的内容

法律关系的内容就是法律关系主体之间的法律权利和法律义务。

（1）法律权利。法律权利是法律所允许的权利人为了满足自己的利益而采取的、由其他人的法律义务所保证的法律手段。法律权利一般包括如下内容：一是权利主体可以自主做出一定行为的权利；二是权利主体要求他人履行一定法律义务的权利；三是权利主体在自己的权利受到侵犯时，请求国家机关予以保护的权利。

（2）法律义务。法律义务是法律规定的义务人应当按照权利人的要求从事一定行为或不行为，以满足权利人的利益的法律手段。可以看出，法律上的约束力表现为义务人必须依照法律或具有普遍约束力的指令或契约的要求，做出一定行为或不做出一定行为。前者是一种作为，要求行为人采取积极的行为来履行自己的义务，如赡养父母、纳税等；后者是一种不作为，即行为人以消极的行为来履行自己的义务，如禁止非法拘禁、禁止非法搜查等。

（3）法律权利和法律义务的关系：

第一，权利和义务紧密相连。任何权利的实现都是以相应义务的履行为前提的，而义务的履行又往往以实现相应的权利为条件。没有无权利的义务，也没有无义务的权利。

第二，权利与义务大多是相互对应的。一方的权利，正是一方的义务；一方的义务，正是一方的权利。

第三，权利和义务不是绝对的。法律关系主体的同一行为既可以是权利也可以是义务，如《宪法》第42条和第46条规定的“劳动的权利和义务”“公民有受教育的权利和义务”。

3. 法律关系的客体

法律关系的客体是法律关系主体之间权利和义务指向的对象，是构成法律关系的要素之一。

（1）物。法律意义上的物是指由法律关系的主体支配的、在生产和生活中所需要的客观实体。

物可以是劳动创造的，也可以是天然存在的（如土地、矿藏等）；可以是有固定形状的，也可以是没有固定形状的（如天然气）。并不是一切天然存在的物都可以是法律关系的客体，尚未被人类认识和控制或不能给人们带来物质利益的，就不可能成为法律关系的客体。哪些物可以作为法律关系的客体和作为哪些法律关系的客体，应由法律具体规定。

（2）精神产品。精神产品是非物质财富，属于人类精神文化现象，是人类及个体精神活动物化的结果，其中包括知识产品和道德财富。精神产品是主体从事智力活动所取得的非物质财富，道德财富则是指主体在各种社会活动中所取得的物化或非物化的道德价值。

（3）行为结果。作为法律关系客体的行为结果，主要是指义务人完成其行为所产生的能够满足权利人要求的结果。这种结果大致分两种：一种是物化结果，即义务人的行为凝结于一定的物体，产生一定的物化产品或营建物；另一种是非物化结果，即行为人的行为没有转化成物态产品，仅表现为一定的行为过程以及产生权利人所期望的结果。作为法律关系客体的行为结果不完全等同于义务人的义务，但又与义务人义务的履行过程紧密相关。

4. 法律关系的产生、变更和消灭

法律关系不是固有的，也不是一经产生就固定的，而是经常处于变动之中的，法律关系的产生、变更和消灭是由法律事实引起的。法律事实是能够引起法律关系产生、变更和消灭的事件或行为，即法律事件和法律行为。

法律事件是指法律规范规定的，不以法律关系主体的意志为转移的，能够引起法律关系产生、变更和消灭的客观现象。法律事件又分为自然事件和社会事件：自然事件是不以人的意志为转移的自然灾害以及人的生死；社会事件则是不以人的意志为转移的社会变迁或社会变革。它们是引起法律关系产生、变更和消灭的事件。

法律行为是指法律规范规定的，以法律关系主体的意志为转移，能够引起法律关系产生、变更和消灭的行为。法律行为依其性质的不同，可分为合法行为和违法行为；依其主体的不同，可分为国家的行为和当事人的行为。

八、法的效力

（一）法的效力的含义

法的效力，即法的约束力，是指人们应当按照法律规定的行为模式来行为，必须予以服从的一种法律之力。法律有效力，意味着人们应当遵守、执行和适用法律，不得违反。

法律效力是法理学研究的主要问题之一。其主要内容包括：首先，法律为什么对人们具有约束力或强制力，即法律有效的理由和根据是什么。这是现代西方法理学中的法概念论研究的核心内容。其次，法律在什么时间、什么空间对哪些对象具有约束力和强制力的问题，即法律效力的范围。这就是中国法理学中的关于法律效力研究的核心内容。

（二）法的效力的根据

法的效力来自法律。法律有国家强制力，法律规定了具体的否定性法律后果，任何明显的违法行为都会受到国家相应的制裁——罚款、监禁甚至处死；法律保障社会成员的利益满足，因此法律具有效力。

法的效力来自道德。法律与人们的道德观念相一致，法律建立在社会主流道德基础之上，法律体现了公平、正义，因而人们服从政府、遵守法律。

法的效力来自社会。民众从小就养成了模仿他人所为的习惯，包括按照别人的行为守法的习惯。法律维护社会秩序，社会要求人们的行为符合法律。

（三）法的效力范围

在中国法学中，法的效力可以分为规范性法律文件的效力和非规范性法律文件的效力。规范性法律文件的效力，是指法律的生效范围或适用范围，即法律对什么人、什么事、在什么地方和什么时间有约束力。这里所讲的法的效力，是狭义的法的效力。非规范性法律文件的效力，是指判决书、裁定书、逮捕证、许可证、合同等的法的效力。这些文件在经过法定程序之后也具有约束力，任何人不得违反。但是，非规范性法律文件是适用法律的结果而不是法律本身，因此不具有普遍约束力。狭义的法的效力可以分为四种，或称四个效力范围：对人的效力、对事的效力、空间效力、时间效力。在这四个效力范围中，对人和对事的效力范围先于空间与时间的效力范围，“后两个范围只是一个人应遵守某种行为所在的地域和所处的时间”。

（四）法对人的效力

法对人的效力，是指法律对谁有效力，适用于哪些人。在世界各国的法律实践中先后采用过四种对人的效力的原则：①属人主义，即法律只适用于本国公民，不论其身在国内还是国外；非本国公民即便身在该国领域内也不适用。②属地主义，法律适用于该国管辖地区内的所有人，不论其是否为本国公民，都受法律约束和法律保护；本国公民不在本国，则不受本国法律的约束和保护。③保护主义，即以维护本国利益作为是否适用本国法律的依据。任何侵害本国利益的人，不论其国籍和所在地域，都要受该国法律的追究。④以属地主义为主，与属人主义、保护主义相结合。这是近代以来多数国家所采用的原则。我国也是如此。采用这种原则的原因是：既要维护本国利益，坚持本国主权，又要尊重他国主权，照顾法律适用中的实际可能性。

（五）法的空间效力

法的空间效力，是指法在哪些地域有效力，适用于哪些地区。一般来说，一国法律适用于该国主权范围所及的全部领域，包括领土、领水及其底土和领空。根据有关国际条约的规定，一国的法律也可以适用于本国驻外使馆、在外船舶及飞机。

（六）法的时间效力

法的时间效力，是指法何时生效、何时终止效力以及法对其生效以前的事件和行为有无溯及力。

1. 法的生效时间

法律的生效时间主要有三种：①自法律公布之日起生效；②由该法律规定具体生效时间；③规定法律公布后符合一定条件时生效，例如，《中华人民共和国企业破产法（试行）》第43条规定："本法自全民所有制工业企业法实施满三个月之日起试行，试行的具体部署和步骤由国务院规定。"

2. 法终止生效的时间

法终止生效，即法被废止，指法的效力的消灭。它一般分为明示的废止和默示的废止两类。

明示的废止，即在新法或其他法律文件中明文规定废止旧法。

默示的废止，即在适用法律中，出现新法与旧法冲突时，适用新法而使旧法事实上被废止。从理论上讲，立法机关有意废止某项法律时，应当是清楚而明确的。如果出现立法机关所立新法与旧法发生矛盾的情况，应当按照"新法优于旧法""后法优于前法"的办法解决矛盾，旧法因此被新法"默示地废止"。

3. 法的溯及力

法的溯及力，也称法溯及既往的效力，是指法对其生效以前的事件和行为是否适用。如果适用，就具有溯及力；如果不适用，就没有溯及力。

法是否具有溯及力，不同法律规范之间的情况是不同的。就有关侵权、违约的法律和刑事法律而言，一般以法律不溯及既往为原则。这是由于：法律应当具有普遍性和可预测性，人们根据法律从事一定的行为，并为自己的行为承担责任。如果法律溯及既往，就是以今天的规则要求昨天的行为，就等于要求某人承担自己从未期望过的义务。败诉者将不是因为他违反了他已有的某个义务，而是因为他违反了一个事后才创造出来的新法律所规定的义务而受到惩罚。这是不公正的。但是，法律不溯及既往并非绝对。目前各国采用的通例是“从旧兼从轻”的原则，即新法原则上不溯及既往，但是新法不认为犯罪或者处刑较轻的，适用新法。我们也可以把这个原则称为“有利原则”，它同样具有其正当性或合理性基础。

而在某些有关民事权利的法律中，法律有溯及力。例如，《中华人民共和国著作权法》第60条第1款规定：“本法规定的著作权人和出版者、表演者、录音录像制作者、广播电台、电视台的权利，在本法施行之日尚未超过本法规定的保护期的，依照本法予以保护。”

九、法律责任与法律制裁

（一）法律责任

法律责任有广义和狭义之分。广义的法律责任，既包括在合法状态下，依法律规定或合同约定而产生的各种应尽义务，也包括由于实际违反法律规定应具体承担的强制履行义务。狭义的法律责任则专指后一种情况，即行为人对自己的违法行为应当承担的带有强制性的法律后果。

法律责任的主要特点有：

第一，承担法律责任的最终依据是法律。只有法律做了某种规定，人们才承担某种相应的法律后果。

第二，法律责任与违法相联系，如果没有违法，就不承担法律责任。

第三，法律责任以国家强制力做保障，依靠国家强制力使违法者承担相应的法律责任。

第四，法律责任必须由国家司法机关或其他国家授权的机关予以追究，其他任何组织和个人都无权行使这种职权。

法律责任依据不同的标准可以做不同的分类：根据责任的内容不同可以分财产责任和非财产责任；根据责任的程度不同，可以分有限责任和无限责任；根据责任的人数不同，可以分个人责任和集体责任；根据行为人是否有过错，可分过错责任和严格责任。最常用的分类标准是以引起责任的行为性质为标准，分刑事责任、民事责任、行政责任与违宪责任。

（二）法律制裁

法律制裁是指国家专门机关对违法者依其应负的法律责任而采取的强制性惩罚措施，是国家保证法的实施的重要形式。依据违法行为的性质、情节和社会危害后果，法律制裁可以分为刑事制裁、民事制裁、行政制裁和违宪制裁。

刑事制裁是指司法机关对触犯刑律的犯罪人依其应负的刑事责任而施加的制裁，又称刑罚，它是最严厉的法律制裁。

民事制裁是指国家司法机关对违反民事法律、法规的违法者依其应当承担的民事法律责任而实施的制裁措施。

行政制裁是由主管的国家行政机关或法律授权的社会组织对公民、下级行政机关和其他社会组织违反行政管理法律、法规的行为进行的制裁。

违宪制裁是指依据宪法的特殊规定对违宪者实施强制性措施。违宪制裁权由监督宪法实施的国家机关行使。

第二节　法的运行

一、立法

（一）立法的概念

立法，也称法的创制，是指一定的国家机关依照法定职权和程序制定、修改、废止规范性法律文件或认可法律规范的活动。

立法的概念有广义和狭义之分。广义的立法是指享有法律规范创制权的国家机关创制各种具有不同法律效力的规范性文件的活动；狭义的立法则专指国家最高权力机关及其常设机关依照法律规定的程序制定、修改、废止宪法和法律的活动。

（二）立法的基本形式

根据法的创制方式和表现形式的不同，可以把法的创制分为制定法律规范和认可法律规范。制定法律规范包括制定、修改、废止，即国家机关依照法定权限范围和程序，根据社会生活的需要，运用立法技术，创造或变动一定行为规范的活动。认可法律规范是指国家机关根据社会需要，将社会生活中已经以其他形式（如道德、政策、习惯等）存在的一些行为规范认可为法律规范，赋予其法律效力。

（三）当代中国立法的指导思想和基本原则

1. 指导思想

我国处于社会主义初级阶段，国家在这一阶段的基本任务是根据建设中国特色社会主义理论，集中力量进行社会主义现代化建设：以经济建设为中心，坚持四项基本原则，坚持改革开放，建设富强、民主、文明、和谐的社会主义现代化国家。这是我国立法的根本指导思想。

2. 基本原则

立法原则是指导立法主体进行立法活动的基本准则，是立法过程中应当遵循的指导思想。根据《立法法》的规定，我国立法应当遵循的原则有：立法应当遵循宪法的基本原则；立法应当按照法定权限和程序；立法应当体现人民的意志；立法应当从实际出发，实事求是。由此可见我国立法的三大原则：

（1）法治原则。立法的法治原则要求一切立法活动应当以宪法为根据，符合宪法的精神；立法活动都要有法律依据，立法主体、立法权限、立法程序都应符合法律的规定；立法机关必须严格按照法律规范的要求行使职权、履行职责，从国家整体利益出发，维护社会主义法制的统一和权威。

（2）民主原则。立法应当体现广大人民的意志和要求，发扬社会主义民主，保障人民通过多种途径参与立法活动。

（3）科学原则。立法应当实事求是，从实际出发，尊重社会的客观实际情况，根据客观需要反映客观规律的要求；要以理性的态度对待立法工作，注意总结立法现象背后的普遍联系，揭示立法的内在规律，科学合理地规定公民、法人和其他组织的权利和义务以及国家机关的权力和责任，应十分重视立法的技术和方法，提高立法的质量。

（四）当代中国的立法程序

立法程序是指国家机关制定、修改、废止规范性法律文件的法定工作顺序、步骤和方法。我国的立法程序主要有以下四个步骤：法律议案的提出、法律草案的审议、法律草案的表决和通过以及法律的公布。

1. 法律议案的提出

法律议案的提出是指依法享有立法提案权的组织或人员向立法机关提出关于某项法律的制定、修改、废止的正式提案。法律议案与法律草案不同：法律议案是有关立法的建议，一般比较原则、概括，也可比较具体；而法律草案内容比较具体。提出法律议案可以附法律草案，也可以不附法律草案，如果提案人不附法律草案，可由立法机关的有关部门委托一定机关或个人起草法律草案，也可以组织专门人员起草法律草案。

2. 法律草案的审议

法律草案的审议是指立法机关对列入议事日程的法律草案进行审查和讨论。法律草案的审议有以下几种结果：提付表决、搁置和终止审议。

3. 法律草案的表决和通过

法律草案的表决和通过是指立法机关以表决的方式决定法律草案能否获得法定人数代表的支持并成为法律的活动程序。根据我国宪法和法律的规定，宪法修正案必须经全国人民代表大会全体代表的2/3以上多数通过，普通法律草案，只需有全国人民代表大会全体代表或全国人民代表大会常务委员会全体委员的半数以上通过。

4. 法律的公布

法律的公布是指国家机关将已通过的法律以一定方式向社会公布，以便遵照执行，这是法律规定的最后一道程序，也是必经程序。凡未经法定形式公布的法律，不能认为已具备法律效力。

二、法的实施

（一）法的实施

1. 法的实施的概念

法的实施是指使法律规范的要求在社会生活中得到实现的活动，是将法律规范的要求转化为人们的行为，将法律规范中的国家意志转化为现实关系的过程，是使法律规范的抽象规定具体化，由可能性转变为现实性的过程。法的实施包括执法、司法和守法。

2. 法的实施的途径

法自身不能自动实施或实现，法的实施必须通过两个途径：一是一切国家机关、社会团体、公职人员和公民自觉行使权利和履行义务；二是依靠专门国家机关和公职人员行使职权、依法办事，把法律规定运用到具体的人或组织。前者称为“法的遵守”，后者称为“法的适用”。

法的遵守，即“守法”，是法的实施的基本形式，其内容包括三个方面：①权利的行使；②积极义务的履行；③禁令的遵守。法的适用是法的实施的另一种形式。法的适用的基本要求是正确、合法、及时。

（二）执法

执法是指国家行政机关及其公职人员依法行使管理职能、履行职责、实施法律的活动。

1. 执法的特点

一般而言，执法活动具有以下几个特点：

（1）执法是以国家的名义对社会进行全面管理，具有国家权威性。行政机关执行法律的过程就是代表国家进行社会管理的过程，社会大众应当服从。

（2）执法主体是指国家行政机关及其公职人员。在我国，执法主体可分为两类：一是中央政府和地方各级政府；二是各级政府中的行政职能部门。

（3）执法具有国家强制性，行政机关执行法律的过程同时也是行使执法权的过程。

（4）执法具有主动性和单方面性，行政机关应以积极的行为主动执行法律，履行职责，而不一定需要行政相对人的请求和同意。

2. 执法的原则

国家行政机关及其公职人员在执法活动中应遵循以下原则：

（1）依法行政的原则。行政机关必须根据法定权限、法定程序和法治精神进行管理，越权无效，这是现代法治国家行政活动的一项基本原则。

（2）讲求效率原则。行政机关在依法行政的前提下，应当讲求效率，主动有效地行使其职能，以取得最大的行政执法效益。

（3）公平合理原则。行政机关在严格执行规则的前提下应做到公平、公正、合理、适度。

（三）司法

司法是指国家司法机关根据法定职权和程序，具体运用法律处理案件的专门活动。司法是实施法律的一种方式，对实现立法目的、发挥法律功能具有重要意义。

1. 司法的特点

（1）司法是由特定的国家司法机关及其公职人员，按照法定职权实施法律的专门活动，具有国家权威性。

（2）司法是司法机关以国家强制力为后盾实施法律的活动，具有国家强制性。

（3）司法机关必须严格按照法定职权和程序，运用法律处理案件，有严格的程序性。法定程序是保证司法公正、正确、及时的前提。

（4）司法必须有明确表明法的适用结果的法律文书，如判决书、裁定书、决定书等。

2. 司法机关适用法律必须遵循的基本原则

（1）司法公正和效率。司法公正是法的精神的内在要求，也是维护社会正义的最后一道防线。只有通过公正地审理案件，才能惩治犯罪、保护人民，保护当事人的合法权益，从而达到维护社会稳定、促进经济发展的目的。效率和公正不是截然分开的，迟来的公正不是完整意义上的公正，司法机关必须在保证公正的前提下提高司法效率。

（2）公民在法律面前一律平等。《宪法》第33条明确规定："公民在法律面前一律平等。"在司法领域，"公民在法律面前一律平等"的含义是：①在我国，法律对于全体公民，不分民族、种族、性别、职业、家庭出身、宗教信仰、财产状况，都是统一适用的，所有公民依法平等享有权利并承担义务；②任何权利受到侵犯的公民，平等地受到法律的保护；③在诉讼过程中，要保障当事人享有法律规定的诉讼权利；④对任何组织或公民的违法犯罪行为，都必须追究其法律责任，不允许任何人有凌驾于法律之上的特权。

（3）以事实为根据，以法律为准绳。以事实为根据，是指司法机关审理案件，只能以与案件相关的客观事实为根据，不能主观臆断、先入为主。以法律为准绳，是指严格按照法律规定办事，有法必依、执法必严、违法必究。它的目的是使司法机关准确、合法、及时地处理案件，准确地惩罚犯罪、保护人民，保障无罪的人不受刑事追究，正确处理各类纠纷，制裁违法行为，切实维护国家、集体和个人的合法权益。

（4）司法机关依法独立行使职权。我国宪法和法律规定了司法机关独立行使职权的原则，其含义是：①司法权的专属性。国家司法权即审判权和检察权只能由国家审判机关和检察机关统一行使，其他任何机关、团体和个人均无权行使这一权力。②行使职权的独立性。人民法院和人民检察院依法独立行使职权，不受任何行政机关、社会团体和个人干涉。③行使职权的合法性。人民法院和人民检察院必须严格按照法律规定，正确适用法律，不得滥用职权，枉法裁判。

（四）守法与违法

1. 守法

守法，即法的遵守，是指公民、法人和其他组织以法律为自己的行为准则，依照法律行使权利、履行义务的活动。《宪法》第5条规定，一切国家机关和武装力量、各政党和各社会团体、各企业事业组织都必须遵守宪法和法律。一切违反宪法和法律的行为，必须予以追究。任何组织和个人都不得有超越宪法和法律的特权。这表明，在我国，所有人都是守法主体，任何组织都有义务守法。

2. 违法

违法是指具有一定主体资格的公民或组织由于主观上的过错所实施的具有一定社会危害性、依照法律应当予以追究的行为。违法行为必须具备以下四个条件：

第一，违法必须是一种违反法律的行为，即具有本身行为的违法性。它包括两层含义：一是行为必须具有违法性，只有违反了现行法规才构成违法；二是违法必须是一种行为，单纯的思想或意识活动并不构成违法，只有当内在的思想或意识表现为外在的行为时，才可能构成违法。

第二，违法通常总要在一定程度上侵犯法所保护的社会关系，行为结果具有社会危害性。需要明确的是：危害社会的后果既包括客观上已经造成危害的情况，也包括没有实际造成但法律上认为可能明显造成危害的情况。危害后果既包括物质上的，也包括精神上的。

第三，违法行为的主体必须是实施违法行为、具有相应的责任能力的公民、法人或其他组织。

第四，违法行为的主观方面是指行为人主观上有过错。这种过错是故意或过失。故意是指行为人明知自己的行为可能发生危害社会的后果，并希望或放任这种结果的发生；过失是指行为人应当预见到自己的行为可能发生危害社会的后果，因为疏忽大意没有预见到或虽已预见到但轻信能够避免，以致发生危害后果而构成违法。如果行为人虽客观上造成了危害后果，但主观上并没有过错，则不能构成违法。根据违法行为所违反的法律和所侵犯的社会关系，可以将其分为刑事违法、民事违法、行政违法和违宪。

三、法律解释

法律解释有广义、狭义之分。广义的法律解释是指国家机关、组织或公民个人对现行法律规范或法律条文的内容、含义以及所使用的概念、术语等做必要说明。狭义的法律解释是国家机关的专有活动，只有被授权的国家机关才能在职权范围内进行法律解释。

法律解释在实施法律过程中具有重要意义。通过法律解释，可以使法律规范的内容更明确、更具体，适应客观发展规律，并保持法律的稳定性，做到稳定性和灵活性的统一；通过法律解释，可避免由于对法律理解不一致而影响法律的准确适用和统一实施。

按照不同的标准，法律解释可以做出不同的分类：

（一）正式解释和非正式解释

根据解释的主体和法律效力不同，可分为正式解释和非正式解释。

1. 正式解释

正式解释也称法定解释、有权解释和官方解释，是指被授权的国家机关在其职权范围内对法律规范所做的具有法律效力的解释。正式解释根据解释的机关不同，通常分为立法解释、司法解释和行政解释三种。

立法解释是制定该法律的国家机关对法律的解释，它属于立法的补充，具有普遍的约束力，其解释的效力与解释的法律相同。

司法解释是司法机关在适用法律过程中，对具体应用法律问题所做的解释。在我国，司法解释属于国家最高司法机关在适用法律过程中对具体应用法律问题所做的解释，按解释主体的不同，可分为审判解释和检察解释。审判解释是最高人民法院在审判过程中对具体应用法律问题所做的解释；检察解释是最高人民检察院在检察工作中对具体应用法律问题所做的解释。最高人民法院和最高人民检察院所做的司法解释对各级人民法院和人民检察院的司法活动有普遍的约束力。

行政解释是有权解释法律的行政机关在其权限范围内，对具体应用法律问题所做的解释。在我国，行政解释包括两种：一是国务院及其主管部门对不属于审判和检察工作的其他法律如何具体应用问题所做的解释；二是省、自治区、直辖市一级的人民政府主管部门对属于地方性法规具体应用问题所做的解释。

2. 非正式解释

非正式解释也称非法定解释、无权解释，是指未经授权的国家机关、社会组织或公民个人对法律规范所做的没有法律效力的解释，其不被作为执行法律的依据，非正式解释包括学理解释和任意解释。

学理解释是指在学术研究、法学教育和法制宣传中对法律规范的内容、含义等所做的解释。

任意解释是指一般公民、当事人、辩护人等按照自己的理解对法律规范的内容、含义等所做的解释。

（二）字面解释、限制解释和扩充解释

根据法律解释的尺度不同，可分为字面解释、限制解释和扩充解释。

字面解释是严格按照法律条文的字面含义所做的解释。

限制解释是指窄于法律条文的字面含义的解释。

扩充解释是指广于法律条文的字面含义的解释。

（三）语法解释、逻辑解释、系统解释和历史解释

根据法律解释的方法不同，可分为语法解释、逻辑解释、系统解释和历史解释。

语法解释是指对法律条文的语法结构、文字排列和标点符号进行分析，以便阐明法律的内容和含义。

逻辑解释是指采用形式逻辑的方法分析法律结构，以求对法律的确切理解，这种解释的基本原则是要使法律解释符合思维的基本规律。

系统解释是指通过分析某一法律规范在整个法律体系和所属法律部门中的地位和作用来揭示其内容和含义。

历史解释是指通过法律文件制定的时间、地点、条件等历史背景材料的研究或通过将这一法律规范与历史上的同类法律规范进行比较研究来阐明法律规范的内容和含义。

第三节 法的演进

一、法的起源

法的起源即法的起始和发源。从古至今，许多法学家、思想家对法的起源问题进行了探讨，形成了各种学说，如神创说、暴力说、契约说、发展说、合理管理说等。马克思主义认为，法是随着生产力和社会经济的发展，私有制和阶级的产生、国家的出现而产生的，经历了一个长期演进的过程。

（一）原始氏族的习惯

原始社会的社会组织经历了原始母系氏族组织和父系氏族组织的发展过程。在原始社会，通过道德规范、宗教规范，特别是习惯来调整人与人之间的社会关系。氏族习惯是人们在长期的共同生产和生活中逐渐形成的，以至成为氏族成员自觉的行为模式或行为习惯。原始社会以习惯为主的社会规范体现了全体氏族成

员的共同利益和意志，依靠氏族部落首领的威信、社会舆论和人们的自觉遵守来保证其实施。原始社会的社会规范与阶级社会的法是根本不同的。随着生产力的发展和生产关系的变化，原始社会的社会规范也必然为另一种社会规范所取代。

（二）法产生的根源

随着生产力的发展，产品有了剩余，出现了私有制和剥削阶级，原始社会的氏族联盟和氏族习惯就为国家和法所代替。法的产生有其经济的、阶级的、社会的根源。

首先，生产力的发展导致私有制和商品经济产生，这是法产生的经济根源。在原始社会末期，以金属工具的使用为标志，生产力获得了极大的发展，劳动产品出现了剩余。而剩余产品的出现使占有他人的劳动成为可能，又促进了社会分工和交换的发展。从原始社会后期到原始社会解体先后出现的三次社会大分工，导致社会的经济结构和社会结构发生了重大的变动，原始公有制瓦解，私有制产生，生产力的发展使个体劳动成为可能。适应生产力发展的这种要求，生产资料公有制逐渐向私有制转变，劳动产品逐渐成为私人财富。

其次，阶级的产生是法产生的阶级根源。原始平等的被破坏、私有制的产生、阶级的产生和劳动生产率的提高，使得占有劳动力成为有利可图的事情。于是，战俘首先成为奴隶，随后，在氏族内部贫富分化中产生出来的穷人和债务人相继沦为奴隶。战俘、穷人和债务人共同构成了社会上的被统治者——奴隶阶级，而氏族首领及后来的富人和债权人逐渐脱离劳动，成为统治阶级。奴隶阶级和奴隶主阶级由于根本利益的冲突，进行着不可调和的斗争，在这种情况下，原来的习惯已不能调和他们之间的矛盾和关系了。奴隶主阶级为了维护自身的统治地位，除了组织国家镇压被剥削阶级的反抗外，还把自身的阶级意志制定为法，把被统治阶级的活动约束在一定范围之内，并调整统治阶级内部矛盾及统治者与同盟者的关系。于是，一种凌驾于社会之上的特殊公共权力——法产生了。可见，法是统治阶级为了维护和调整一定阶级关系的需要而产生的，它是阶级矛盾不可调和的产物和表现。

最后，社会的发展是法产生的社会根源。社会的发展，文明的进步，需要新的社会规范来解决社会资源有限与人的欲求无限之间的矛盾，从而缓解社会冲突，分配社会资源，维持社会秩序。适应这种社会结构和社会需要，国家和法这一新的社会组织和社会规范就出现了。

二、法的发展

（一）法的历史类型

法的历史类型是按照法所赖以存在的经济基础的性质和所体现的阶级意志对法进行的分类。法的历史类型与国家的历史类型和社会形态相适应。人类迄今为止经历了奴隶制法、封建制法、资本主义法和社会主义法四种法的历史类型。其中，前三种建立在生产资料私有制的经济基础之上，体现了剥削阶级的意志，是私有制类型的法，而社会主义法是建立在生产资料公有制经济基础之上、维护和反映无产阶级和广大人民意志的新类型的法，它与私有制类型的法之间有根本的区别。

1. 奴隶制法和封建制法

奴隶制法是人类历史最早出现的法，也是最早的私有制类型的法。世界上大多数国家和地区如古埃及、罗马、古印度都经历过奴隶社会阶段，都存在过奴隶制法。奴隶制法的本质和特征是由奴隶社会的经济基础所决定的。奴隶社会的经济基础就是奴隶主阶级占有全部生产资料，并完全占有生产者——奴隶。奴隶社会的阶级结构主要是奴隶主与奴隶两个根本对立的阶级，奴隶主阶级剥削、统治奴隶阶级。因此，奴隶制法是奴隶主阶级意志和利益的体现，其目的在于维护有利于奴隶主阶级的社会关系和社会秩序。

奴隶制法的共同特征是：①严格保护奴隶主的所有制，确认奴隶主阶级经济、政治、思想统治的合法性，确保奴隶主的私有财产不受侵犯，维护奴隶主对奴隶的占有权；②公开反映和维护贵族的等级特权，不仅明文规定奴隶的无权地位，而且还规定自由民之间的不平等；③刑罚种类繁多，刑罚手段极其残酷，刑罚的执行带有极大的任意性，依靠严刑来维护奴隶主阶级的统治地位；④长期保留原始社会的某些行为规范残余，如同态复仇、男性家长的广泛权力等，受传统影响极大。

封建制法是继奴隶制法之后出现的又一种私有制类型的法。封建制法存在的历史很长，西欧从公元476年日耳曼人灭亡西罗马帝国到1640年英国资产阶级革命，约1 200年；中国从战国时期算起，到辛亥革命，大约2 400年。封建制法赖以建立和存在的经济基础是地主或领主占有土地和部分占有农民或农奴，依靠封建土地所有制和经济剥削迫使农民依附于封建主阶级。在封建社会，自给自足的自然经济占主导地位。与封建制经济相适应，封建社会的基本阶级关系是地主（或领主）阶级和农民（或农奴）阶级的对立和斗争。地主阶级是统治阶级，因此，封建制法是地主阶级意志和利益的体现，是由封建制国家制定或认可，并以国家强制力保证其实施的行为规范，是维护和巩固地主阶级压迫和剥削农民的工具。

封建制法具有以下特征：①维护地主阶级的土地所有制，确认农民对封建地主的依附关系，严格保护封建地主的土地所有权；②确认和维护封建等级特权，皇帝（君主）享有最高的立法、司法、行政和军事等特权，贵族和地主分别享有管理国家和社会生活各方面的特权；③刑罚酷烈，罪名繁多，滥施肉刑，广为株连，野蛮擅断。

2. 资本主义法

（1）资本主义法的产生、发展及其本质。在欧洲封建社会中后期，随着资本主义经济的出现和成长以及罗马法的复兴，带有资本主义因素的法律开始出现。最为典型的就是城市法，它调整着早期的资本主义商品经济关系。

英国是最早建立资本主义法的国家。英国资产阶级在多年的革命斗争过程中，利用国会颁布了一些宪法性文件和维护资产阶级基本权利的法律规范，试图以契约形式确立国王与臣民的权利义务关系，但英国资产阶级的妥协性，使得英国资本主义法保留了浓厚的封建君主制色彩。

美国在独立战争胜利后，资产阶级法律制度随之建立。1776 年，杰斐逊起草的《独立宣言》第一次以政治纲领的形式提出了资产阶级关于“天赋人权”和“主权在民”的主张。为了建立一个中央政府，将各州联合起来，1777 年 11 月 15 日的大陆会议通过了《联邦条例》，后经各州批准后生效。1787 年，费城制宪会议起草联邦宪法，1787 年 7 月 26 日，共有 11 个州批准了联邦宪法，联邦国会宣布宪法正式生效。这是美国也是全世界民主法制建设进程中具有里程碑意义的大事。法国资本主义法是法国资产阶级革命取得彻底胜利后的重要成果。1791 年，法国大资产阶级制定了第一部宪法，这也是欧洲大陆的第一部宪法，它宣布废除等级差别及与此相联系的一切世袭的封建特权，资产阶级获得国家的统治权。拿破仑执政后，制定了以 1804 年的《法国民法典》为代表的一系列法典，为法国资本主义制度的确立和发展建立了比较完备的法律制度，同时，也对欧洲大陆各国资本主义法的建立产生了深远影响。

德国资本主义法经历了由分散到统一的过程。1871 年德国实现了统一，此后，资本主义经济的迅速发展带动了先前已出现的资本主义法律体系走向统一。统一后的德国先后制定和颁布了一系列法典，特别是 1900 年生效的《德国民法典》，是继《法国民法典》后资本主义法律体系中又一部重要的法典。

资本主义法是建立在资本主义私有制经济基础之上并为之服务的上层建筑，它是资产阶级意志和利益的体现。在资本主义生产关系的作用下，形成了两大对立阶级，即资产阶级和无产阶级。资产阶级是有产者、剥削者，无产阶级是无产者、被剥削者，两者之间的矛盾尖锐而不可调和。资本主义的这种生产关系和阶级关系决定了资本主义法必然是为维护资本主义私有制度和剥削制度、维护资产阶级对无产阶级的统治服务的。

（2）资本主义法的特征。其具体表现在以下几个方面：

第一，维护以雇佣劳动为基础的资本主义私有制。

第二，维护资产阶级代议制民主。资产阶级代议制民主是指资产阶级通过选举选出代表组成议会，由议会集中本阶级的意志制定成为法律，同时，组成政府和司法机关，以保证法律的执行。

第三，确立资产阶级自由、平等和人权。资本主义是建立在商品经济之上的社会制度。商品经济的最大特点就是买卖自由和等价交换，其建立的前提是人格独立和行为自由，与此相适应，确立了资本主义自由、平等和人权的资本主义法的基本原则。

3. 社会主义法

社会主义社会是不同于奴隶社会、封建社会、资本主义社会的人类社会发展形态。历史上相继出现过奴隶制国家、封建制国家、资本主义国家，都是剥削阶级统治被剥削阶级的工具，而社会主义国家是建立在社会主义公有制经济基础之上的，由工人阶级以及广大人民群众当家做主的国家，所以，社会主义社会的法律与奴隶制国家、封建制国家和资本主义国家的法律有本质的区别。

（1）社会主义法产生的条件。社会主义法充分体现以无产阶级为代表的广大人民群众的意志，所以，社会主义法的产生必须以无产阶级取得国家政权为前提条件，否则就无法创立社会主义法律。

第一，无产阶级不能利用资产阶级的国家来实现创建社会主义法的目的。无产阶级要创建自己的法律，必须打碎旧的国家机器，建立自己的国家机器，才能为创建社会主义法扫清障碍。

第二，无产阶级政权是建立在社会主义公有制经济基础之上的，它以发展社会生产力、维护社会主义经济基础、消灭一切人剥削人的制度、达到共同富裕为根本目的。社会主义法正是社会主义国家用来维护这种根本使命的手段，因此，社会主义法应成为人人必须遵守的行为准则，这样才能建立有利于社会主义的社会关系和社会秩序。

第三，无产阶级必须摧毁剥削阶级的法律体系。无产阶级取得政权后，要在摧毁旧法律体系的基础上制定新的法律体系。当然，在摧毁旧法律体系的同时，必须有选择地吸收旧法中合理的、有用的因素来为社会主义法制服务。

（2）社会主义法的概念。社会主义法是由社会主义国家制定和认可，并由国家强制力保障实施的行为规范的总和。它体现着以工人阶级为领导的广大人民的共同意志和根本利益，它通过规定人民在相互关系中的权利和义务，确认、保护和发展有利于社会主义的社会关系和社会秩序。

（3）社会主义法的本质特征。社会主义的法律制度建立在以社会主义公有制为主导的经济基础之上，体现了以工人阶级为领导的广大人民的意志。其本质特征体现为：

第一，社会主义法是阶级性与人民性的统一。社会主义法具有阶级性，但它不同于以往剥削阶级的法律，而是有着更为广泛的人民性。社会主义法是阶级性与人民性的统一，这种统一表现为社会主义法是历史上第一个代表绝大多数社会成员意志的法，这种统一的根据在于社会主义经济基础之上的工人阶级及其领导的广大人民群众利益的内在统一性。

第二，社会主义法是意志性与规律性的统一。在社会主义社会，工人阶级与广大人民群众的利益与历史发展的基本方向具有内在统一性，这就决定了社会主义法的意志性与规律性的统一。

第三，社会主义法是人与人之间相互平等的法律形式与现实保障的统一。在社会主义社会，不仅法律确认了每个公民的平等权利，而且社会主义经济基础可以为广大人民行使平等的权利提供物质前提，这是公民在法律面前人人平等的现实保障。当然，我国目前还处在社会主义初级阶段，国家和社会能够为公民行使权利提供的物质保障还受到生产力发展水平和社会财富总量的限制，只有在社会不断进步的过程中，这些问题才能逐步得到解决。

第四，社会主义法是国家强制性与自觉遵守性的统一。在社会主义社会，工人阶级领导的广大人民群众利益的根本一致性决定了法律所体现的意志的广泛性，因而在一般情况下，绝大多数社会成员能自觉遵守法律的规定。当然，国家强制性仍然是社会主义法的基本特征之一，但这种在绝大多数人利益根本一致的前提下对极少数人的强制与阶级对立社会中的剥削阶级法的强制性已具有本质的不同。

（二）法系

法系是指根据法的历史传统对法所做的分类，凡属同一历史传统的即属同一法系。当代主要法系有三个：大陆法系、英美法系、社会主义法系。

1. 大陆法系

大陆法系，又称罗马法系、法典法系，是以罗马法为基础，以《法国民法典》为蓝本建立起来的，以成文法为主要形式的法律的总称。大陆法系最先产生于欧洲大陆，以罗马法为历史渊源，以民法为代表，以法典化的成文法为主要形式。

大陆法系包括两个支系：法国法系和德国法系。法国法系是以 1804 年的《法国民法典》为代表建立起来的，强调以个人权利为主导思想，反映了自由资本主义时期社会经济的特点；德国法系是以 1900 年生效的《德国民法典》为代表建立起来的，强调国家干预和社会利益，是垄断资本主义时期法的典型。

大陆法系具有以下特点：①全面继承罗马法，吸收了罗马法的许多原则和制度，接受了罗马法的整套技术和方法，如公法和私法的划分，人法、物法和诉讼法的私法体系等；②实行法典化，法律规范的抽象化、概括化；③明确立法和司法的分工，强调制定法的权威，法官一般不具有造法功能；④法学在推动法律发展中起重要作用，法学创立了法典编撰和立法的理论基础，法律适应社会发展需要的任务由法学家完成。

2. 英美法系

英美法系，又称普通法法系、英国法系、判例法系，是以英国中世纪以来的法律，特别是普通法为基础建立和发展起来的法律的总称。

英美法系包括英国法系和美国法系。英国法系采取不成文宪法和单一制，美国法系采取成文宪法和联邦制。

英美法系的特点有：①以英国普通法为基础；②以判例法为主要表现形式，遵循先例；③变革相对缓慢，具有保守性；④在法律发展中，法官有突出作用；⑤体系庞杂，缺乏系统性；⑥注重程序的“诉讼中心主义”。

3. 两大法系比较

大陆法系和英美法系同属资本主义性质的法，但它们形成的历史条件不同，因此各有差别，具体表现如下：

（1）法律渊源不同。在大陆法系国家，法律一般都是单一的成文法，即制定法。除立法机关制定的宪法、普通法以及各种条例、条约和行政机关制定的行政法规外，一般不承认判例。在英美法系国家的法律体系中，判例是重要组成部分，遵循先例是英美法系的一项重要原则。

（2）法的分类不同。在大陆法系国家，法律一般分为公法和私法。私法主要是指民法和商法，而公法主要是指宪法、行政法、刑法、诉讼法等。在英美法系国家则无公法和私法之分，法的基本分类是普通法和衡平法，普通法是在普通法院判决的基础上在全国适用的法律，衡平法则是由大法官法院的申诉案件的判例形成的法律。

（3）立法技术不同。大陆法系国家大多采用法典形式，制定系统完整的法典；而英美法系国家一般不采用法典形式，制定法往往是单行法律、法规。

（4）诉讼程序和判决形式不同。大陆法系国家采取纠问式，法官居于主导地位；而英美法系国家采用对抗式，实行当事人主义，法官一般充当中立的、消极的裁定者角色。

第四节　法与社会

一、法与政治

法与政治都属于上层建筑，都受制于和反作用于一定的经济关系。它们是相互作用、相辅相成的关系。

（一）政治对法的作用

由于政治在上层建筑中居主导地位，因而总体上法的产生和实现往往与一定的政治活动相关，反映和服务于一定的政治，但必须注意，这并不意味着每一具体的法律都有相应的政治内容，都反映某种政治要求。同时，法在形式、程序和技术上的特有属性，使法在反映一定的政治要求时必须同时满足法自身特有属性的要求。法的相对独立性不只是对经济基础的，也表现在对上层建筑诸因素的关系中。在此意义上，更可能深刻理解所谓法治政治。政治关系的发展变化也在一定程度或意义上影响法的发展变化。

（二）法对政治的作用

法作为上层建筑相对独立的部分，对政治并非无所作为。特别在近现代，可以说，法律在多大程度上离不开政治，政治也便在多大程度上离不开法。

1. 法与政治体制

政治体制是指政治权力的结构形式和运行方式。在集权型权力结构中，法的被需要还只是作为人治这种权力运行方式的点缀或辅助，而在分权型权力结构中，权力的配置和行使皆须以法为依据。

2. 法与政治功能

政治的基本功能是把不同的利益交融和冲突集中上升为政治关系，对社会价值物进行权威性分配和整合。法不仅贯穿经济关系反映和凝聚为政治关系的过程，且将利益和价值物的权威性分配以规范、程序和技术性形式固定下来，使之具有形式上共同认同的性质，并因此具有形式上的正统性。

3. 法与政治角色的行为

法对于国家机构、政治组织、利益集团等政治角色行为和活动的程序性和规范性控制，以及20世纪初期开始的政党法制化趋势，都表明法对重要政治角色行为控制、调整的必然和必要。

4. 法与政治运行和发展

政治运行的规范化，政治发展中政治生活的民主化（如政治过程的透明、公民政治参与的质感等）和政治体系的完善化，离开法的运作都无从谈起。

二、法与经济

法与其他社会现象之间存在着相互作用的关系，这种相互作用关系在法律与经济之间表现得尤为突出。这种关系的具体内容是什么，不同的理论有不同的观点。马克思主义法学认为，法律与经济的联系是最根本的联系，这里所谓的“经济”主要是指特定社会的生产方式，即一定的社会生产力和人们在物质资料生产过程中所形成的一定的生产关系的统一。一定社会的生产关系的各个方面的总和被称为经济基础。

（一）法是由经济基础决定的

法作为上层建筑的一部分，是由经济基础决定的。有什么样的经济基础，就有什么样的法律。法必须适应经济基础的要求而做相应的变化，否则就不能达到为自己经济基础服务的目的。法不仅随着经济基础的根本变革而发生本质的变化，即使是在同一社会形态里，当经济基础发生局部变化时，也会引起法律的相应变化。法要具有尊严和权威性，必须正确反映经济关系和社会发展的客观规律，符合经济基础和生产力发展的要求。

法的起源、本质、作用和发展变化，都要受到社会经济基础的制约。但是，不能因此就认为法律不受其他因素的影响，或与其他社会现象无关。

（二）法对经济的作用

法对于经济基础具有能动的反作用，并且通过生产关系反作用于生产力。法的这种反作用并不是自发实现的，而是在人们的自觉活动过程中进行和实现的，要受到生产关系适合生产力这一客观规律的制约和支配。法在任何时候都不得不服从经济条件，并且从来不能向经济条件发号施令，它只是表明和记载经济关系的要求而已。

法对经济的作用主要表现为：①确认经济关系；②规范经济行为；③维护经济秩序；④服务经济活动。

三、法与政策

政策，是指国家、政党为实现一定历史时期的路线和任务而规定的行动准则。各国的政党都力图使自己的政策对法律的制定与实施产生影响，使政策转变为法律，从而成为国家意志，由国家强制力来保证实施。

法律与政策的区别表现在以下两个方面：

第一，法具有国家强制性。法律是由国家制定或认可的，而党的政策是由党的领导机关制定的。党的政策只有经过有立法权的国家机关按一定的法律程序采纳并制定为法律，才能具有国家意志的属性。法律是由国家强制力保证实施的，任何违法行为都应受到法律的制裁，而党的政策只对党的组织和党员具有约束力。

第二，法具有严格的规范性。法律不仅规定权利和义务，而且规定对违法行为的法律处罚，其规定明确具体，便于严格遵守和执行；而政策较为灵活，更多地带有方向性、指导性和号召性，便于执行者根据各种具体情况灵活运用。

政策和法律二者不能简单等同，更不能完全割裂对立。只有正确认识政策与法律的关系，才能避免用党纪代替国法，才能使政策符合国家的法律，才能使政策通过法定的程序影响法律，从而使政策发挥更大的作用。

四、法与道德

道德是一定社会中调整人们之间以及个人与社会之间关系的行为规范的总和。在不同的时代和不同的社会里，人们对道德的理解有所不同，不同的阶级对道德也有不同的认识。道德具有一定的普遍性和共同性。

道德与法律具有一致性，它们都表现为社会的行为规范，二者互相渗透、相辅相成。法律的规范和原则处处体现着道德准则。例如，宪法规定公民有遵守社会公德的义务，民法规定了诚实信用的原则等，都表明法律与道德不相违背。正是法律的这一特点，使守法本身具有某种道德意味，同样，在道德规范中也有守法的内容，二者相互补充，共同规范着社会生活。

法律与道德虽然有一致性，但毕竟是两种不同的社会规范，不能互相代替。二者的区别在于：

第一，在上层建筑中所属的范畴不同。法律与道德虽然同属于上层建筑，但二者所属的范畴不同，法律属于制度范畴，而道德属于意识形态范畴。

第二，表现的形式不同。法律规范表现为有关国家机关制定的各种规范性文件，或法院对案件进行判决而形成的判例法以及由国家认可的习惯法。道德观念和规范通常存在于人们的舆论中，或者存在于理论化的伦理思想体系中。

第三，调整的范围不同。法律规范侧重于调整人们的具体行为，而道德规范除了调整人们的具体行为之外，还调整许多涉及观念范畴的问题，如友谊、爱情等，因此，道德比法律调整的范围更广。

第四，规范的内容不同。法律规范既规定权利又规定义务，并且要求权利和义务相对应，道德规范则主要规定道德义务。

第五，调整的方式和手段不同。法律是由国家强制力保证实施的，而道德规范主要靠社会舆论的力量及习惯、传统和教育的力量来实施。

五、法与宗教

人们的人生观和世界观在一定程度上取决于对人类的“起源”与“未来”的问题的回答，宗教就是对这个问题的一种回答，而法作为一种“人造物”，不可避免地体现了特定共同体的人们的人生观和世界观。在这个意义上，法与宗教之间产生了相互影响。

（一）宗教对法的影响

宗教作为一种重要的文化现象，在全世界范围内都对法律发生过重要的影响，其影响既有积极方面，也有消极方面；既有制度层面，也有观念层面。其影响较明显地体现在立法、司法、守法等各个环节上。

首先，宗教推动立法。许多宗教教义实际上都表达了人类的一般价值追求。部分教义被法律吸收，成为立法的基本精神。《圣经》《古兰经》《摩奴法典》等宗教经典，分别对西方两大法系、伊斯兰法、古印度法产生了根本性的影响。

其次，宗教影响司法。在宗教作为国教与政教合一的地方——宗教法庭，直接掌握部分司法权。在西欧中世纪，教会独立行使司法权，世俗政权则负责执行教会的命令，如教徒被开除教籍，在法律上就成为放逐法外之人。中世纪教会司法权不但及于教徒，而且及于俗人，对教会执事提起的民事诉讼、执事向俗人提起之民事诉讼未获公正解决者等，均由宗教法庭管辖。同时，宗教宣扬的公正观念、诚实观念、容忍、爱心等对司法也有影响；宗教容忍观有利于减少诉讼。

最后，宗教助于守法。宗教提倡与人为善、容忍精神等，使公民习惯于循规蹈矩，不为损害他人和社会的行为。宗教对超自然的崇拜、各种精神祭祀等，均为法律蒙上神秘的、超自然的色彩，增加了法律的威慑力。当然，宗教对法律也有消极的影响。宗教信仰产生的激情会导致产生过分的狂热，某些宗教甚至会妨碍司法公正的实现。

（二）法对宗教的影响

法对宗教的影响在不同的社会有很大的不同。在政教合一的国家里，法对宗教的影响是双向的。一方面，法可以作为国教的工具和卫护者；另一方面，法又可以作为异教的破坏力量。在宗教势力不大的国家里，在宗教信仰自由不受保护的前提下，宗教的法律地位取决于统治阶级的态度，对其统治秩序有利的宗教受到法律的保护，对其统治不利的宗教统治者则以法治之。

在近现代政教分离的国家里，法与宗教分离，法对各种宗教之争持中立态度，法保障宗教信仰自由。法在观念、体系，甚至概念、术语等方面，客观上都对宗教产生了重大影响。权利观念被引进宗教法规，与宗教义务构成一个有机整体；宗教法典不断地系统化、规范化，形成包括组织法、诉讼法、婚姻法、财产法、刑法等部门的一套严格完整的体系。

现代法律对宗教的影响，主要表现为法对本国宗教政策的规定。宗教政策是指一国关于处理宗教信仰和宗教活动等问题的指导性方针。法对本国宗教政策的规定是把宗教问题制度化的表现。近代以来，世界各国相继把宗教信仰问题规定在法律上，而核心的问题就是宗教信仰自由的法律化问题。现今，宗教信仰自由已经成为当今世界各国宗教政策的主流，绝大多数国家把宗教信仰作为公民的一项基本人权来看待，以法律保障宗教信仰自由。

我国是一个多民族国家，宗教问题往往同民族问题相联系，只有贯彻宗教信仰自由政策，才能处理好民族问题，加强民族团结。同时，依法管理宗教事务是我国法律对待宗教问题的一贯原则。我国现行的宗教政策主要包括三个方面：一是全面正确地贯彻宗教信仰自由政策；二是依法加强宗教事务的管理；三是积极引导宗教与社会主义建设事业相结合。当然，我国法律在规定宗教信仰自由、保障公民宗教信仰自由权利的同时，又强调宗教活动的合法性。实践证明，我国宗教政策不仅具有科学性和正确性，并且具有连续性和稳定性。

六、法与人权

人权，是指作为人应该享有或者享有的权利。人权既可以作为道德权利而存在，也可以作为法律权利而存在，但是人权在根本上是一种道德权利。为了保障人权的实现，人权必须被法律化，但是并不是所有的人权在实际上都被法律化。人权存在和发展的内因是人的自然属性，外因是社会的经济、文化状况，不同时代不同地区对人权的取舍、理解和使用都会有所差异。

从更为广泛的意义上讲，人权与法的关系同时也是一个社会和国家经济、政治、文化、道德与法律之间的关系。人权的确立，取决于国家的社会制度、经济制度和法律制度，也取决于一个社会和民族的文化、历史传统和信念。

（一）人权可以作为判断法律善恶的标准

人权是法的源泉。不体现人权要求的法律就不是好的法律，是永远不会产生促成法制秩序的法律；而体现人权精神和内容的法律，一般来说都是好的法律，是体现社会进步的法律。人权对法的作用体现在：①指出了立法和执法所应坚持的最低的人道主义标准和要求；②可以诊断现实社会生活中法律侵权的症结，从而提出相应的法律救济的标准和途径；③有利于实现法律的有效性，促进法律的自我完善。

（二）法是人权的体现和保障

社会发展到今天，可以说，无法律也就无人权可谈。人权的实现要靠法律的确认和保护。没有法律对人权的确认、宣布和保护，人权要么只能停留在道德权利的应有状态，要么经常面临受侵害的危险而无法救济。与其他保护手段相比较，法对人权的保障具有如下明显的优势：首先，它设定了人权保护的一般标准，从而避免了其他保护（如政策）手段的随机性和相互冲突的现象；其次，人权的法律保护以国家强制力为后盾，因而具有国家强制性、权威性和普遍有效性。

人权往往通过法律权利的形式具体化。尽管并非人权的所有内容都由法律规定，都成为公民权，但法律权利无疑是人权的首要的和基本的内容，可以说大部分人权都反映在法律权利上。

人权与法律权利的关系具体表现为：一方面，人权的基本内容是法律权利的基础，只有争得了最基本的人权，才能将一般人权转化为法律权利；另一方面，法律权利是人权的体现和保障，人权只有以法律权利的形式存在才有其实际意义。基本人权必须法律化。至于哪些人权能转化为法律权利，得到法的保护，取决于以下因素：一是一国经济和文化的法制状况。人权的法律化受到一国的经济和文化的发展制约。例如，为了实现生存权，有的国家实行高福利政策，法律规定公民从出生到死亡都享受各种福利待遇；另一些国家则不可能这样做，这主要是由一个国家的经济文化发展水平决定的。二是取决于某个国家的民族传统和基本国情。例如，在宗教信仰不同的国家，人权法律化的情况就有很大差别。有的国家妇女人权法律化的程度就远不如男子。又如，以工业生产为主的国家同以农业生产或畜牧业生产为主的国家，以及人口状况、地理环境不同的国家，人权法律化的程度也会有差别。

本章思考题

1. 法的基本原理包括哪些方面的内容?
2. 简述法的本质、特征、作用及分类。
3. 简述法的渊源、种类及中国法律的渊源。
4. 简述法律规则与法律原则的联系与区别。
5. 简述法的价值冲突及其解决原则。
6. 简述法律汇编与法典编纂之间的联系与区别。
7. 法律关系的内容是什么?
8. 法的效力的含义及根据是什么?
9. 法律责任的类型是什么?
10. 当代中国的立法原则与立法程序是什么?
11. 简述执法与司法的含义、特征及区别。
12. 简述法律解释的种类及方法。
13. 简述法产生的根源及其发展规律。
14. 大陆法系与英美法系之间的区别是什么?
15. 简述法与政治、经济之间的相互作用。
16. 简述法与政策之间的联系和区别。
17. 简述法与道德之间的联系和区别。
18. 简述法与宗教、人权之间的相互影响。

第二章

中国特色社会主义法律体系

★本章要点★

本章的主要内容是中国特色社会主义法律体系的形成、构成、特征与完善。

通过对本章的学习，要求了解中国特色社会主义法律体系形成的历史进程，掌握中国特色社会主义法律体系的构成内容与主要特征，理解完善中国特色社会主义法律体系的主要原因及相关路径。

第一节　中国特色社会主义法律体系的形成

1949 年，中华人民共和国成立，实现了中国从几千年封建专制制度向人民民主制度的伟大跨越，彻底结束了旧中国半殖民地半封建社会的历史，人民成为国家、社会和自己命运的主人。60 多年来特别是改革开放 30 多年来，中国共产党领导中国人民制定宪法和法律，经过各方面坚持不懈的共同努力，到 2010 年年底，一个立足中国国情和实际、适应改革开放和社会主义现代化建设需要、集中体现中国共产党和中国人民意志，以宪法为统帅，以宪法相关法、民法商法等多个法律部门的法律为主干，由法律、行政法规、地方性法规等多个层次法律规范构成的中国特色社会主义法律体系已经形成，国家经济建设、政治建设、文化建设、社会建设以及生态文明建设的各个方面实现有法可依。

新中国成立初期，根据政权建设的需要，从 1949 年到 1954 年第一届全国人民代表大会召开前，中国颁布实施了具有临时宪法性质的《中国人民政治协商会议共同纲领》，制定了中央人民政府组织法、工会法、婚姻法、土地改革法、人民法院暂行组织条例、最高人民检察署暂行组织条例、惩治反革命条例、妨害国家货币治罪暂行条例、惩治贪污条例、全国人民代表大会和地方各级人民代表大会选举法，以及有关地方各级人民政府和司法机关的组织、民族区域自治和公私企业管理、劳动保护等的一系列法律、法令，开启了新中国民主法制建设的历史进程。

1954 年，第一届全国人民代表大会第一次会议召开，通过了新中国第一部宪法，同时制定了全国人民代表大会组织法、国务院组织法、地方各级人民代表大会和地方各级人民委员会组织法、人民法院组织法、人民检察院组织法，确立了国家生活的基本原则。

1956 年，中国共产党第八次全国代表大会提出，“国家必须根据需要，逐步地系统地制定完备的法律”。至 1966 年“文化大革命”前，中国立法机关共制定法律、法令 130 多部。“文化大革命”期间，中国的民主法制建设遭到严重破坏，立法工作几乎陷于停顿。

1978 年，中国共产党第十一届中央委员会第三次全体会议深刻总结新中国成立以来正反两方面的经验教训，做出把党和国家工作重点转移到经济建设上来、实行改革开放的历史性决策，并提出“为了保障人民民主，必须加强社会主义法制，使民主制度化、法律化，使这种制度和法律具有稳定性、连续性和极大的权威，做到有法可依、有法必依、执法必严、违法必究”，开启了中国改革开放和社会主义民主法制建设的历史新时期。

1979 年，第五届全国人民代表大会第二次会议通过了修改宪法若干规定的决议，规定县和县以上的地方各级人民代表大会设立常务委员会，将县级人民代表大会代表改为由选民直接选举等，同时制定了全国人民代表大会和地方各级人民代表大会选举法、地方各级人民代表大会和地方各级人民政府组织法、人民法院组织法、人民检察院组织法、刑法、刑事诉讼法、中外合资经营企业法等 7 部法律，拉开了新时期中国大规模立法工作的序幕。

1982 年，第五届全国人民代表大会第五次会议通过了现行宪法，确立了国家的根本制度、根本任务和国家生活的基本原则，为新时期改革开放和社会主义现代化建设提供了根本保障，标志着中国民主法制建设进入新的历史阶段。随着改革开放的深入推进和经济社会的深刻变化，中国先后于 1988 年、1993 年、1999 年和 2004 年对宪法的部分内容进行修改，确认了非公有制经济在国家经济中的重要地位，将国家“实行社会主义市场经济”“实行依法治国，建设社会主义法治国家”“尊重和保障人权”“公民的合法的私有财产不受侵犯”“中国共产党领导的多党合作和政治协商制度将长期存在和发展”等内容写入宪法，推动了中国经济、政治、文化和社会等各方面的发展和进步。这个时期，适应以经济建设为中心、推进改革开放的需要，制定了民法通则、全民所有制工业企业法、中外合作经营企业法、外资企业法、专利法、商标法、著作权法、经济合同法、企业破产法等法律；贯彻落实“一国两制”方针，制定了香港特别行政区基本法、澳门特别行政区基本法；加强民族团结，发展社会主义民主，维护公民合法权益，制定了民族区域自治法、村民委员会组织法、刑事诉讼法、民事诉讼法、行政诉讼法等法律；保护和改善生活环境与生态环境，制定了环境保护法、水污染防治法、大气污染防治法等法律；促进教育和文化事业发展，制定了义务教育法、文物保护法等法律。这个时期立法工作取得的突出成就，为中国特色社会主义法律体系的形成奠定了重要基础。

1992 年，中国共产党第十四次全国代表大会做出建立社会主义市场经济体制的重大战略决策，明确提出社会主义市场经济体制的建立和完善必须有完备的法制来规范和保障。中国立法机关按照建立社会主义市场经济体制的要求，加快经济立法，在规范市场主体、维护市场秩序、加强宏观调控、促进对外开放等方面，制定了公司法、合伙企业法、商业银行法、乡镇企业法、反不正当竞争法、消费者权益保护法、产品质量法、拍卖法、担保法、海商法、保险法、票据法、城市房地产管理法、广告法、注册会计师法、仲裁法、审计法、预算法、中国人民银行法、对外贸易法、劳动法等法律。为完善刑事法律，修订刑法，形成了一部统一的、比较完备的刑法；修改刑事诉讼法，完善了刑事诉讼程序；为规范和监督权力的行使，制定了行政处罚法、国家赔偿法、法官法、检察官法、律师法等法律；为进一步加强对环境和资源的保护，制定了固体废物污染环境防治法等法律，修改了矿产资源法等法律。

1997 年，随着社会主义市场经济体制的逐步建立、对外开放水平的不断提高、民主法制建设的深入推进和各项事业的全面发展，为把中国特色社会主义事业全面推向 21 世纪，中国共产党第十五次全国代表大会提出了 21 世纪第一个十年国民经济和社会发展的远景目标，确立了“依法治国，建设社会主义法治国家”的基本方略，明确提出到 2010 年形成中国特色社会主义法律体系。按照这一目标要求，为保障和促进社会主义市场经济的发展，适应加入世界贸易组织的需要，中国继续抓紧开展经济领域立法，制定了证券法、合同法、招标投标法、信托法、个人独资企业法、农村土地承包法、政府采购法等法律，修改了对外贸易法、中外合资经营企业法、中外合作经营企业法、外资企业法、专利法、商标法、著作权法等法律；为规范国家立法活动，健全立法制度，制定了立法法，把实践证明行之有效的立法原则、立法体制、立法权限、立法程序以及法律解释、法律适用和备案等制度系统化、法律化；为发展社会主义民主、繁荣社会主义文化、保护生态环境、发展社会事业，制定了行政复议法、高等教育法、职业病防治法等法律，修改了工会法、文物保护法、海洋环境保护法、药品管理法等法律；为保证法律有效实施，全国人民代表大会常务委员会还对刑法、香港特别行政区基本法等法律的有关规定做出法律解释。经过这个阶段的努力，中国特色社会主义法律体系初步形成。

进入新世纪，根据中国共产党第十六次、第十七次全国代表大会确定的在21世纪头20年全面建设惠及十几亿人口的更高水平的小康社会这一目标，为了使社会主义民主更加完善，社会主义法制更加完备，依法治国基本方略得到全面落实，更好保障人民权益和社会公平正义，促进社会和谐，中国立法机关进一步加强立法工作，不断提高立法质量。为维护国家主权和领土完整，促进国家和平统一，制定了反分裂国家法；为发展社会主义民主政治，制定了各级人民代表大会常务委员会监督法、行政许可法、行政强制法等法律；为保护公民、法人和其他组织的合法权益，保障和促进社会主义市场经济的健康发展，制定了物权法、侵权责任法、企业破产法、反垄断法、反洗钱法、企业所得税法、车船税法、企业国有资产法、银行业监督管理法等法律；为完善社会保障制度，保障和改善民生，制定了社会保险法、劳动合同法、就业促进法、人民调解法、劳动争议调解仲裁法、食品安全法等法律；为节约资源，保护环境，建设资源节约型、环境友好型社会，制定了可再生能源法、循环经济促进法、环境影响评价法等法律。此外，还制定和修改了一批加强社会管理、维护社会秩序等方面的法律。

与全国人民代表大会及其常务委员会制定各项法律相适应，根据宪法和法律规定的立法权限，国务院、地方人民代表大会及其常务委员会还制定了大量行政法规和地方性法规，为促进中国社会主义民主法制建设，推动中国特色社会主义法律体系形成，发挥了重要作用。

为了维护国家法制统一，促进法律体系科学和谐统一，中国各级立法机关先后多次开展法律、法规清理工作。2009年以来，全国人民代表大会常务委员会、国务院、地方人民代表大会及其常务委员会集中开展了对法律、法规的全面清理工作。全国人民代表大会常务委员会废止了8部法律和有关法律问题的决定，对59部法律做出修改；国务院废止了7部行政法规，对107部行政法规做出修改；地方人民代表大会及其常务委员会共废止地方性法规455部，修改地方性法规1 417部，基本解决了法律、法规中存在的明显不适应、不一致、不协调等问题。

新中国成立以来特别是改革开放30多年来，中国的立法工作取得了举世瞩目的成就。截至2016年10月10日[①]，中国已制定现行宪法和有效法律共253部、行政法规721部、地方性法规9 975部，涵盖社会关系各个方面的法律部门已经齐全，各个法律部门中基本的、主要的法律已经制定，相应的行政法规和地方性法规比较完备，法律体系内部总体做到科学和谐统一，中国特色社会主义法律体系已经于2010年年底形成。

中国特色社会主义法律体系，是中国特色社会主义永葆本色的法制根基，

① 数据来源：中国现行规范性法律文件数据库：www.chinalawindex.cn，访问时间：2016年10月10日。

是中国特色社会主义创新实践的法制体现，是中国特色社会主义兴旺发达的法制保障。它的形成，是中国社会主义民主法制建设的一个重要里程碑，体现了改革开放和社会主义现代化建设的伟大成果，具有重大的现实意义和深远的历史意义。

第二节 中国特色社会主义法律体系的构成

中国特色社会主义法律体系，是以宪法为统帅，以法律为主干，以行政法规、地方性法规为重要组成部分，由宪法相关法、民法商法、行政法、经济法、社会法、刑法、诉讼与非诉讼程序法等多个法律部门组成的有机统一整体。

一、中国特色社会主义法律体系的层次

宪法是中国特色社会主义法律体系的统帅。宪法是国家的根本法，在中国特色社会主义法律体系中居于统帅地位，是国家长治久安、民族团结、经济发展、社会进步的根本保障。在中国，各族人民、一切国家机关和武装力量、各政党和各社会团体、各企业事业组织，都必须以宪法为根本的活动准则，并负有维护宪法尊严、保证宪法实施的职责。

法律是中国特色社会主义法律体系的主干。中国宪法规定，全国人民代表大会及其常务委员会行使国家立法权。全国人民代表大会及其常务委员会制定的法律，是中国特色社会主义法律体系的主干，解决的是国家发展中带有根本性、全局性、稳定性和长期性的问题，是国家法制的基础，行政法规和地方性法规不得与法律相抵触。

行政法规是中国特色社会主义法律体系的重要组成部分。国务院根据宪法和法律，制定行政法规。这是国务院履行宪法和法律赋予的职责的重要形式。行政法规可以就执行法律的规定和履行国务院行政管理职权的事项做出规定，同时对应当由全国人民代表大会及其常务委员会制定法律的事项，国务院可以根据全国人民代表大会及其常务委员会的授权决定先制定行政法规。行政法规在中国特色社会主义法律体系中具有重要地位，是将法律规定的相关制度具体化，是对法律的细化和补充。

地方性法规是中国特色社会主义法律体系的又一重要组成部分。根据宪法和法律，省、自治区、直辖市和较大的市的人民代表大会及其常务委员会可以制定地方性法规。这是人民依法参与国家事务管理、促进地方经济社会发展的重要途径和形式。省、自治区、直辖市的人民代表大会及其常务委员会根据本行政区域

的具体情况和实际需要，在不同宪法、法律、行政法规相抵触的前提下，可以制定地方性法规。较大的市的人民代表大会及其常务委员会根据本市的具体情况和实际需要，在不同宪法、法律、行政法规和本省、自治区的地方性法规相抵触的前提下，可以制定地方性法规，报省、自治区的人民代表大会常务委员会批准后施行。民族自治地方的人民代表大会有权依照当地民族的政治、经济和文化特点，制定自治条例和单行条例；自治条例和单行条例可以对法律和行政法规的规定做出变通规定，但不得违背法律和行政法规的基本原则，不得对宪法和民族区域自治法的规定以及其他法律、行政法规专门就民族自治地方所做的规定做出变通规定；自治区的自治条例和单行条例报全国人民代表大会常务委员会批准后生效，自治州、自治县的自治条例和单行条例报省、自治区、直辖市的人民代表大会常务委员会批准后生效。经济特区所在地的省、市的人民代表大会及其常务委员会根据全国人民代表大会及其常务委员会的授权决定，可以根据经济特区的具体情况和实际需要，遵循宪法的规定以及法律、行政法规的基本原则，制定法规，在经济特区范围内实施。地方性法规可以就执行法律、行政法规的规定和属于地方性事务的事项做出规定，同时除只能由全国人民代表大会及其常务委员会制定法律的事项外，对其他事项国家尚未制定法律或者行政法规的，可以先制定地方性法规。地方性法规在中国特色社会主义法律体系中同样具有重要地位，是对法律、行政法规的细化和补充，是国家立法的延伸和完善，为国家立法积累了有益经验。

二、中国特色社会主义法律体系的部门

（一）宪法相关法

宪法相关法是与宪法相配套、直接保障宪法实施和国家政权运作等方面的法律规范，调整国家政治关系，主要包括国家机构的产生、组织、职权和基本工作原则方面的法律，民族区域自治制度、特别行政区制度、基层群众自治制度方面的法律，维护国家主权和领土完整、国家安全、国家标志象征方面的法律，保障公民基本政治权利方面的法律。

（二）民法商法

民法是调整平等主体的公民之间、法人之间、公民和法人之间的财产关系和人身关系的法律规范，遵循民事主体地位平等、意思自治、公平、诚实信用等基本原则。商法调整商事主体之间的商事关系，遵循民法的基本原则，同时秉承保障商事交易自由、等价有偿、便捷安全等原则。

（三）行政法

行政法是关于行政权的授予、行政权的行使以及对行政权的监督的法律规范，调整的是行政机关与行政管理相对人之间因行政管理活动发生的关系，遵循

职权法定、程序法定、公正公开、有效监督等原则，既保障行政机关依法行使职权，又注重保障公民、法人和其他组织的权利。

（四）经济法

经济法是调整国家从社会整体利益出发，对经济活动实行干预、管理或者调控所产生的社会经济关系的法律规范。经济法为国家对市场经济进行适度干预和宏观调控提供法律手段和制度框架，防止市场经济的自发性和盲目性所产生的弊端。

（五）社会法

社会法是调整劳动关系、社会保障、社会福利和特殊群体权益保障等方面的法律规范，遵循公平和谐和国家适度干预原则，通过国家和社会积极履行责任，对劳动者、失业者、丧失劳动能力的人以及其他需要扶助的特殊人群的权益提供必要的保障，维护社会公平，促进社会和谐。

（六）刑法

刑法是规定犯罪与刑罚的法律规范。它通过规范国家的刑罚权，惩罚犯罪，保护人民，维护社会秩序和公共安全，保障国家安全。

（七）诉讼与非诉讼程序法

诉讼与非诉讼程序法是规范解决社会纠纷的诉讼活动与非诉讼活动的法律规范。诉讼法律制度是规范国家司法活动解决社会纠纷的法律规范，非诉讼程序法律制度是规范仲裁机构或者人民调解组织解决社会纠纷的法律规范。

上述法律部门确立的各项法律制度，涵盖了社会关系的各个方面，把国家各项工作、社会各个方面纳入法治化轨道，为依法治国、建设社会主义法治国家提供了坚实的基础。法律已经成为中国公民、法人和其他组织解决各种矛盾和纠纷的重要手段，也为中国各级人民法院维护公民、法人和其他组织的合法权益提供了重要依据。

第三节　中国特色社会主义法律体系的特征

各国的历史文化传统、具体国情和发展道路不同，社会制度、政治制度和经济制度不同，决定了各国的法律体系必然具有不同特征。中国特色社会主义法律体系，是新中国成立以来特别是改革开放30多年来经济社会发展实践经验制度化、法律化的集中体现，是中国特色社会主义制度的重要组成部分，具有十分鲜明的特征。

一、中国特色社会主义法律体系体现了中国特色社会主义的本质要求

一个国家法律体系的本质，由这个国家的法律确立的社会制度的本质所决定。中国是工人阶级领导的、以工农联盟为基础的人民民主专政的社会主义国家。在社会主义初级阶段，中国实行公有制为主体、多种所有制经济共同发展的基本经济制度，这就决定了中国的法律制度必然是社会主义的法律制度，所构建的法律体系必然是中国特色社会主义性质的法律体系。中国特色社会主义法律体系所包括的全部法律规范、所确立的各项法律制度，有利于巩固和发展社会主义制度，充分体现了人民的共同意志，维护了人民的根本利益，保障了人民当家做主。中国制定哪些法律，具体法律制度的内容如何规定，都坚持从中国特色社会主义的本质要求出发，从人民群众的根本意志和长远利益出发，将实现好、维护好、发展好最广大人民的根本利益作为根本出发点和落脚点。

二、中国特色社会主义法律体系体现了改革开放和社会主义现代化建设的时代要求

中国新时期最鲜明的特点是改革开放。中国特色社会主义法律体系与改革开放相伴而生、相伴而行、相互促进。一方面，形成中国特色社会主义法律体系，是改革开放和现代化建设顺利进行的内在要求，是在深入总结改革开放和现代化建设丰富实践经验基础上进行的。另一方面，中国特色社会主义法律体系的形成，为改革开放和社会主义现代化建设提供了良好的法制环境，发挥了积极的规范、引导、保障和促进作用。同时，中国特色社会主义法律体系妥善处理了法律稳定性和改革变动性的关系，既反映和肯定了改革开放和现代化建设的成功做法，又为改革开放和现代化建设进一步发展预留了空间。

三、中国特色社会主义法律体系体现了结构内在统一而又多层次的国情要求

一个国家的法律体系如何构成，一般取决于这个国家的法律传统、政治制度和立法体制等因素。中国是统一的多民族的单一制国家，由于历史的原因，各地经济社会发展很不平衡。与这一基本国情相适应，中国宪法和法律确立了中国特色的统一而又多层次的立法体制，这就决定了中国特色社会主义法律体系内在统一而又多层次的结构特征，这既反映了法律体系自身的内在逻辑，也符合中国国情和实际。与其相适应，中国特色社会主义法律体系以宪法为统帅，由法律、行政法规、地方性法规等多个层次的法律规范构成。这些法律规范由不同立法主体按照宪法和法律规定的立法权限制定，具有不同的法律效力，都是中国特色社会主义法律体系的有机组成部分，共同构成一个科学和谐的统一整体。

四、中国特色社会主义法律体系体现了继承中国法制文化优秀传统和借鉴人类法制文明成果的文化要求

各国的法律制度基于本国历史文化传统和社会现实情况不断发展，也随着经济全球化趋势的增强而相互沟通、交流、借鉴。中国特色社会主义法律体系的形成，始终立足于中国国情，坚持将传承历史传统、借鉴人类文明成果和进行制度创新有机结合起来。一方面，注重继承中国传统法制文化优秀成分，适应改革开放和社会主义现代化建设需要进行制度创新，实现了传统文化与现代文明的融合；另一方面，注意研究借鉴国外立法有益经验，吸收国外法制文明先进成果，但又不简单照搬照抄，使法律制度既符合中国国情和实际，又顺应当代世界法制文明时代潮流。这个法律体系具有很强的包容性和开放性，充分体现了它的独特文化特征。

五、中国特色社会主义法律体系体现了动态、开放、与时俱进的发展要求

一个国家的法律体系通常是对这个国家一定历史发展阶段现状的反映。随着经济社会的发展，法律体系需要不断丰富、完善、创新。中国处于并将长期处于社会主义初级阶段，整个国家还处于体制改革和社会转型时期，社会主义制度还需要不断自我完善和发展，这就决定了中国特色社会主义法律体系必然具有稳定性与变动性、阶段性与连续性、现实性与前瞻性相统一的特点，决定了中国特色社会主义法律体系必然是动态的、开放的、发展的，而不是静止的、封闭的、固定的，必将伴随中国经济社会发展和法治国家建设的实践而不断发展完善。

在构建中国特色社会主义法律体系过程中，中国立法机关坚持中国共产党的领导、人民当家做主、依法治国有机统一，始终围绕国家的工作重心，积极行使立法职权，有计划、有重点、有步骤地开展立法工作，积累了一些宝贵经验，成功走出了一条具有中国特色的立法路子。

第一，坚持有目标、按计划、分阶段积极推进。改革开放30多年来，在中国共产党领导中国人民建设中国特色社会主义事业进程中，中国立法机关根据各阶段中心工作，立足现实、突出重点、精心组织，区别轻重缓急，制定科学合理、切实可行的五年立法规划和年度立法工作计划，抓紧制定经济社会发展急需的法律、法规，积极稳妥地推进立法工作，逐渐形成了有目标、按计划、有重点、分阶段推进法律体系建设的方法，集中立法资源，突出立法重点，及时满足了改革开放快速推进的需要，为形成中国特色社会主义法律体系提供了有效路径。

第二，坚持多层次立法齐头并进。适应中国的基本国情，根据宪法确定的在中央统一领导下充分发挥地方积极性、主动性的原则，在维护国家法制统一前提下，全国人民代表大会及其常务委员会行使国家立法权，国务院根据宪法和法律

制定行政法规，省、自治区、直辖市以及较大的市的人民代表大会及其常务委员会制定地方性法规，民族自治地方制定自治条例和单行条例，经济特区所在地的省、市的人民代表大会及其常务委员会根据全国人民代表大会的授权决定制定在经济特区范围内实施的法规，逐渐形成了多层次立法共同推进的立法工作格局，既大大加快了法律体系建设的步伐，又充分照顾到了各地经济社会发展的实际需要，为形成中国特色社会主义法律体系提供了可行的工作模式。

第三，坚持综合运用多种立法形式。构建中国特色社会主义法律体系，是一项科学的系统工程。改革开放以来，中国立法机关根据经济社会发展需要，抓紧制定各方面迫切需要的法律规范，同时注重对法律规范的修改和废止，及时对法律规范进行解释和清理，综合运用制定、修改、废止、解释等多种立法形式，全方位推进立法工作，既促进了立法质量的不断提高，保证了法律体系的科学和谐统一，又为保障法律规范的有效实施奠定了基础。

第四节　中国特色社会主义法律体系的完善

形成中国特色社会主义法律体系成就辉煌，完善中国特色社会主义法律体系任重道远。在新的起点上完善中国特色社会主义法律体系，是推进中国特色社会主义制度发展完善的内在要求，也是今后立法工作面临的重要任务。

中国已经确定了21世纪头20年发展的奋斗目标，进入改革发展和全面建设小康社会的关键时期。国内外形势的新情况新变化，广大人民群众的新要求新期待，改革发展稳定面临的新课题新矛盾，迫切需要法律制度建设予以回应和调整。实现科学发展，加快转变经济发展方式，进一步保障和改善民生，迫切需要法律制度建设予以推动和引导。利益主体多元化、利益格局复杂化的客观现实，对科学立法、民主立法的要求愈来愈高，通过立法调整社会利益关系的难度愈来愈大。

适应推动科学发展、促进社会和谐、全面落实依法治国基本方略的要求，当前和今后一个时期，中国将根据经济社会发展的客观需要，紧紧围绕实现科学发展、加快转变经济发展方式、着力保障和改善民生、推动和谐社会建设，不断健全各项法律制度，推动中国特色社会主义法律体系不断完善。

第一，继续加强经济领域立法。适应社会主义市场经济发展要求，完善民事商事法律制度；适应深化财税、金融等体制改革要求，完善预算管理、财政转移支付、金融风险控制、税收等方面的法律制度，特别是加强税收立法，适时将国务院根据授权制定的税收方面的行政法规制定为法律；完善规范国家管理和调控经济活动、维护国家经济安全的法律制度，促进社会主义市场经济健康发展。

第二，积极加强发展社会主义民主政治的立法。适应积极稳妥推进政治体制改革的要求，完善选举、基层群众自治、国家机构组织等方面的法律制度；加强规范行政行为的程序立法，完善审计监督和行政复议等方面的法律制度；适应司法体制改革要求，修改刑事诉讼法、民事诉讼法、行政诉讼法，完善诉讼法律制度；完善国家机关权力行使、惩治和预防腐败等方面的法律制度，扩大社会主义民主，加强对权力行使的规范和监督，不断推进社会主义民主政治制度的完善和发展。

第三，突出加强社会领域立法。坚持以人为本，围绕保障和改善民生，在促进社会事业、健全社会保障、创新社会管理等方面，逐步完善劳动就业、劳动保护、社会保险、社会救助、社会福利、收入分配、教育、医疗、住房以及社会组织等法律制度，不断创新社会管理体制机制，深入推进社会事业建设。

第四，更加注重文化科技领域立法。适应推进文化体制改革、促进科技进步的要求，完善扶持公益性文化事业、发展文化产业、鼓励文化科技创新、保护知识产权等方面的法律制度，推动社会主义文化大发展大繁荣，建设创新型国家。

第五，高度重视生态文明领域立法。适应资源节约型、环境友好型社会建设的要求，完善节约能源资源、保护生态环境等方面的法律制度，从制度上积极促进经济发展方式转变，努力解决经济社会发展与环境资源保护的矛盾，实现人与自然和谐相处。

第六，在完善各项法律制度的同时，更加注重保障法律制度的有效实施。建立健全工作机制，做好法律、法规配套规定制定工作；完善法律解释机制的途径和方法，建立法律解释常态化机制，对需要进一步明确法律规定的具体含义或者法律制定后出现新情况需要明确法律适用依据的，及时做出法律解释；健全备案审查机构，完善备案审查机制，改进备案审查方式，加强对法规、规章、司法解释等规范性文件的备案审查；健全法律、法规清理工作机制，逐步实现法律、法规清理工作常态化，确保法律体系内在科学和谐统一。

第七，深入推进科学立法、民主立法，着力提高立法质量。完善人民代表大会代表参与立法工作机制，充分发挥人民代表大会代表在立法工作中的作用；完善法律案审议制度，建立健全科学民主的审议和表决机制；探索公众有序参与立法活动的途径和形式，完善立法座谈会、听证会、论证会和公布法律、法规草案征求意见等制度，建立健全公众意见表达机制和采纳公众意见的反馈机制，使立法更加充分体现广大人民群众的意愿；建立健全立法前论证和立法后评估机制，不断提高立法的科学性、合理性，进一步增强法律、法规的可操作性。

中国特色社会主义法律体系的形成，总体上解决了有法可依的问题，对有法必依、执法必严、违法必究提出了更为突出、更加紧迫的要求。社会实践是法律的基础，法律是实践经验的总结、提炼，社会实践永无止境，法律体系也要与时俱进。

本章思考题

1. 简述中国特色社会主义法律体系形成的主要历史阶段。
2. 简述中国特色社会主义法律体系的层次及法律部门。
3. 中国特色社会主义法律体系的特征是什么？
4. 简述完善与发展中国特色社会主义法律体系的原因与路径。

第三章

全面推进依法治国的时代内涵

★本章要点★

本章的主要内容是全面推进依法治国战略的历史意义、关键内容和战略地位。

通过对本章的学习，了解全面推进依法治国战略的历史意义，掌握全面推进依法治国战略的具体内容，明确全面推进依法治国战略的重要地位。

第一节 全面推进依法治国的历史意义

依法治国，是坚持和发展中国特色社会主义的本质要求和重要保障，是实现国家治理体系和治理能力现代化的必然要求，事关我们党执政兴国，事关人民幸福安康，事关党和国家长治久安。

全面建成小康社会、实现中华民族伟大复兴的中国梦，全面深化改革、完善和发展中国特色社会主义制度，提高党的执政能力和执政水平，必须全面推进依法治国。

我国正处于社会主义初级阶段，全面建成小康社会进入决定性阶段，改革进入攻坚期和深水区，国际形势复杂多变，我们党面对的改革发展稳定任务之重前所未有、矛盾风险挑战之多前所未有，依法治国在党和国家工作全局中的地位更加突出、作用更加重大。面对新形势新任务，我们党要更好地统筹国内、国际两个大局，更好地维护和运用我国发展的重要战略机遇期，更好地统筹社会力量、平衡社会利益、调节社会关系、规范社会行为，使我国社会在深刻变革中既生机勃勃又井然有序，实现经济发展、政治清明、文化昌盛、社会公正和生态良好。实现我国和平发展的战略目标，必须更好地发挥法治的引领和规范作用。

我们党高度重视法治建设。长期以来，特别是中国共产党第十一届中央委员会第三次全体会议以来，我们党深刻总结我国社会主义法治建设的成功经验和深刻教训，提出为了保障人民民主，必须加强法治，必须使民主制度化、法律化，把依法治国确定为党领导人民治理国家的基本方略，把依法执政确定为党治国理政的基本方式，积极建设社会主义法治，取得历史性成就。目前，中国特色社会主义法律体系已经形成，法治政府建设稳步推进，司法体制不断完善，全社会法治观念明显增强。同时，必须清醒看到，同党和国家事业发展要求相比，同人民群众期待相比，同推进国家治理体系和治理能力现代化目标相比，法治建设还存在许多不适应、不符合的问题，主要表现为：有的法律、法规未能全面反映客观规律和人民意愿，针对性、可操作性不强，立法工作中部门化倾向、争权诿责现象较为突出；有法不依、执法不严、违法不究现象比较严重，执法体制权责脱节、多头执法、选择性执法现象仍然存在，执法司法不规范、不严格、不透明、不文明现象较为突出，群众对执法司法不公和腐败问题反映强烈；部分社会成员尊法信法守法用法、依法维权意识不强，一些国家工作人员特别是领导干部依法办事观念不强、能力不足，知法犯法、以言代法、以权压法、徇私枉法现象依然存在。这些问题，违背社会主义法治原则，损害人民群众利益，妨碍党和国家事业发展，必须下大气力加以解决。

全面推进依法治国，必须贯彻落实中国共产党第十八次全国代表大会和中国共产党第十八届中央委员会第三次全体会议精神，高举中国特色社会主义伟大旗帜，以马克思列宁主义、毛泽东思想、邓小平理论、“三个代表”重要思想、科学发展观为指导，深入贯彻习近平总书记系列重要讲话精神，坚持党的领导、人民当家做主、依法治国有机统一，坚定不移走中国特色社会主义法治道路，坚决维护宪法和法律的权威，依法维护人民权益、维护社会公平正义、维护国家安全稳定，为实现“两个一百年”奋斗目标、实现中华民族伟大复兴的中国梦提供有力法治保障。

全面推进依法治国，总目标是建设中国特色社会主义法治体系，建设社会主义法治国家。这就是，在中国共产党领导下，坚持中国特色社会主义制度，贯彻中国特色社会主义法治理论，形成完备的法律规范体系、高效的法治实施体系、严密的法治监督体系、有力的法治保障体系，形成完善的党内法规体系，坚持依法治国、依法执政、依法行政共同推进，坚持法治国家、法治政府、法治社会一体建设，实现科学立法、严格执法、公正司法、全民守法，促进国家治理体系和治理能力现代化。实现这个总目标，必须坚持中国共产党的领导、坚持人民主体地位、坚持法律面前人人平等、坚持依法治国和以德治国相结合、坚持从中国实际出发。

第二节 全面推进依法治国的重要内容

中国共产党第十八届中央委员会第四次全体会议通过的《中共中央关于全面推进依法治国若干重大问题的决定》对全面推进依法治国总目标的内容做了科学阐释。在中国共产党领导下，坚持中国特色社会主义制度，贯彻中国特色社会主义法治理论，形成完备的法律规范体系、高效的法治实施体系、严密的法治监督体系、有力的法治保障体系，形成完善的党内法规体系，坚持依法治国、依法执政、依法行政共同推进，坚持法治国家、法治政府、法治社会一体建设，实现科学立法、严格执法、公正司法、全民守法，促进国家治理体系和治理能力现代化。

一、把握中国特色社会主义法治道路的核心要义

全面推进依法治国，必须切实解决好制度模式的选择问题。一个国家选择什么样的法治道路、建设什么样的法治体系，是由这个国家的国体政体、历史传承、文化传统、经济社会发展水平决定的，是由这个国家的人民决定的。改革开放以来我国法治建设的成功实践雄辩地证明，我们已经找到了一条符合中国国情、顺应时代潮流的具有中国特色的社会主义法治道路。这条道路的核心要义是，坚持党的领导，坚持中国特色社会主义制度，贯彻中国特色社会主义法治理论。这一核心要义的提出，彰显了中国共产党的道路自信、理论自信、制度自信，指明了全面推进依法治国的正确方向，从根本上划清了我国社会主义法治与西方所谓“宪政”的本质区别。实现全面推进依法治国的总目标，必须沿着这条正确道路前进。

二、把握中国特色社会主义法治体系的具体内容

中国特色社会主义法治体系是一个内容丰富的整体，将全面推进依法治国的理论和实践提高到一个新水平。这个法治体系包含以下几个方面的具体内容：

（一）完备的法律规范体系

依法治国，首先要有法可依。经过长期努力，我国形成了中国特色社会主义法律体系，国家和社会生活各方面总体上实现了有法可依。但要看到，法律体系形成后，还要随着实践的发展不断完善，抓住提高立法质量这个关键，增强法律、法规的及时性、系统性、针对性、有效性，解决现实生活中存在的某些法律

规范不协调、不好用的问题。继续加强和改进立法工作，包括完善立法体制，深入推进科学立法、民主立法，加强重点领域立法，以形成完备的法律规范体系，仍然是摆在我们面前的一项紧迫的战略任务。

（二）高效的法治实施体系

法律的生命力在于实施，法律的权威也在于实施。目前，法律实施还存在诸多问题，有法不依、执法不严、违法不究的现象在一定范围内存在，有些地方以权谋私、徇私枉法、破坏法治的问题还很严重，人民群众对这些问题意见还很大。法律的有效实施，是全面推进依法治国的重点和难点。为此，必须建立高效的法治实施体系，加强宪法实施，坚持严格执法、公正司法、全民守法，使法治具有最坚实的支撑力量。

（三）严密的法治监督体系

无论是党的执政权，还是立法权、执法权和司法权，都具有权力的天然属性，那就是，缺乏监督的权力必然导致腐败。全面推进依法治国，要建立严密的法治监督体系，健全对权力运行的制约和监督，建立确保宪法和法律得以有效实施的责任机制，真正做到将权力关进制度的笼子。

（四）有力的法治保障体系

首先，各级党委要切实加强对依法治国的领导，提高依法执政能力和水平，为全面推进依法治国提供有力的政治和组织保障。

其次，加强法治专门队伍和法律服务队伍建设，加强机构建设和经费保障，为全面推进依法治国提供坚实人才保障和物质条件。

再次，改革和完善不符合法治规律、不利于依法治国的体制机制，为全面推进依法治国提供完备的制度保障。

最后，努力推动形成办事依法、遇事找法、解决问题用法、化解矛盾靠法的社会氛围，完善守法诚信褒奖机制和违法行为惩戒机制，使尊法、信法、守法成为全体人民的共同追求和自觉行动。

同时，要形成完善的党内法规体系。全面推进依法治国，需要中国共产党以法治思维和法治方式管党治党、执政兴国。党内法规既是管党治党的重要依据，也是建设社会主义法治国家的有力保障。目前，党内法规的系统性、整体性和与国家法律的协调性不够，亟须推动党内法规制度建设，一手抓科学制定，一手抓坚决执行，形成内容科学、程序严密、配套完备、运行有效的党内法规体系。

三、把握建设社会主义法治国家的工作布局

建设社会主义法治国家，必须将“一个共同推进”和“一个一体建设”有机结合起来，更加重视法治建设的整体推进和协调发展，更加重视调动各方面的主动性和积极性。

坚持依法治国、依法执政、依法行政共同推进。依法治国是党领导人民治理国家的基本方略，依法治国的主体是人民。必须保证人民在党的领导下，依照法律规定，通过各种途径和形式管理国家事务，管理经济文化事业，管理社会事务，使国家各项工作都依法进行，实现社会主义民主的制度化、法律化，使这种制度和法律不因领导人的改变而改变，不因领导人看法和注意力的改变而改变。依法执政是新的历史条件下中国共产党执政的基本方式，依法执政的基本内容体现在四个方面：一是中国共产党通过法定程序将党的主张上升为国家意志；二是党领导立法；三是党带头遵守宪法和法律；四是党确保宪法和法律的实施。依法行政是法治状态下政府行为的基本原则和基本方式，依法行政的基本要求是合法行政，法定职责必须为、法无授权不可为，要执法严明、公开公正、廉洁高效、守法诚信。

依法治国、依法执政、依法行政是一个有机联系的整体，三者具有内涵的统一性、目标的一致性、成效的相关性，必须彼此协调、共同推进、形成合力。依法治国必须着眼全局、全面部署，努力确保依法执政、依法行政与之齐头并进。

第三节　全面推进依法治国的战略地位

中国共产党第十八次全国代表大会召开以来，党中央从坚持和发展中国特色社会主义的全局出发，提出并形成了全面建成小康社会、全面深化改革、全面依法治国、全面从严治党的“四个全面”的战略思想和战略布局。习近平同志在省部级主要领导干部学习贯彻中国共产党第十八届中央委员会第四次全体会议精神全面推进依法治国专题研讨班开班式上指出，要把全面依法治国放在“四个全面”的战略布局中来把握，深刻认识全面依法治国同其他三个“全面”的关系，努力做到“四个全面”相辅相成、相互促进、相得益彰。

全面推进依法治国不仅是“四个全面”重大战略的重要组成部分，而且是协调推进“四个全面”重要制度的基础和法治保障。正如《中共中央关于全面推进依法治国若干重大问题的决定》中指出的，全面建成小康社会、实现中华民族伟大复兴的中国梦，全面深化改革、完善和发展中国特色社会主义制度，提高党的执政能力和执政水平，必须全面推进依法治国。其中，全面建成小康社会是阶段性的奋斗目标，具有战略统领和目标牵引作用。全面深化改革是实现奋斗目标和推进依法治国的根本路径、关键一招和强大动力。全面依法治国是实现奋斗目标的基本方式和可靠保障，是引领、促进和保障全面深化改革的路径依赖。中国共产党是中华民族伟大复兴的领导核心，是全面深化改革和全面依法治国最根本的保证。只有全面从严治党，才能使中国共产党在全面建成小康社会、全面深化改革、全面依法治国进程中发挥领导核心和根本保证作用。

全面依法治国是全面建成小康社会的必由之路。全面建成小康社会，当然包括到2020年初步建成法治中国的“法治小康”战略目标。法治小康既是全面小康社会的有机组成部分，也是顺利建成全面小康社会的重要法治保障。法治小康，在价值层面追求的是自由平等、民主法治、公平正义、幸福博爱、和谐有序，充分实现人权与人的尊严；在制度层面追求的是人民主权、宪法和法律至上、依宪治国、依法执政、依法行政、公正司法、依法治权，努力建成法治中国；在实践层面追求的是有法必依、执法必严、违法必究和依法办事，努力实现良法善治。与此同时，法治小康又通过依法治国特有的制度安排、规范手段、教育强制功能等，为全面建成小康社会提供良好的法治环境和有效的法治保障。从现代化进程看，全面建成小康社会是实现“两个一百年”奋斗目标的关键一步，法治化是现代化的必由之路，也是社会主义现代化和中国特色社会主义法治道路的必然选择。

全面依法治国与全面深化改革犹如鸟之两翼、车之双轮，两者相辅相成、相互作用。习近平同志形象地说，要让全面深化改革、全面推进依法治国如鸟之两翼、车之双轮，推动全面建成小康社会的目标如期实现。只有在法治下推进改革、在改革中完善法治，“鸟之两翼、车之双轮”才能更好地发挥作用。一方面，改革必须于法有据，全面深化改革只有在法治的轨道上推进，才能保证改革航船不会跑偏甚至倾覆；另一方面，法律必须与时俱进，法治领域也是改革的重要方面，不适应时代要求的法律、法规必须废止和修订。法治是国家治理体系和治埋能力现代化的重要依托，中国特色社会主义法治体系本身就是中国特色社会主义制度的重要组成部分。中国特色社会主义法治体系作为国家治理体系的骨干工程，其要义是不仅改革需要法治保障，改革的成果也需要以法律的形式固定下来。

全面从严治党是全面依法治国的根本保证。全面从严治党必须坚持依法治国这个党领导人民治理国家和社会的基本方略和法治这个党治国理政的基本方式，坚持依宪执政、依法执政，在宪法和法律范围内活动，领导立法、保证执法、支持守法、带头守法。一方面，社会主义法治必须坚持党的领导。党的领导是中国特色社会主义最本质的特征，是社会主义法治最根本的保证。把党的领导贯彻到依法治国全过程和各方面，是我国社会主义法治建设的一条基本经验。另一方面，党的领导必须依靠社会主义法治。中国共产党依法执政，既要求依据宪法和法律治国理政，也要求依据党内法规管党治党。把权力关进制度的笼子里，是对全面从严治党最形象的诠释，也是对依法治国和从严治党关系最生动的表述。经过90多年的实践探索，中国共产党已经形成了一整套系统完备、运行有效的党内法规。这既是中国共产党的一大政治优势，也是全面依法治国、建设社会主义法治国家的政治保证。

本章思考题

1. 全面推进依法治国战略的历史意义是什么？
2. 全面推进依法治国战略的主要内容是什么？
3. 简述“四个全面”之间的战略关系及全面依法治国战略的地位。

法学基础理论·延伸阅读的推荐书目

[1]博登海默．法理学:法律哲学与法律方法[M]．北京:中国政法大学出版社,2004.

[2]拉伦茨．法学方法论[M]．北京:商务印书馆,2003.

[3]盖尤斯．法学阶梯[M]．黄风,译．北京:中国政法大学出版社,1996.

[4]张文显．法理学[M]．北京:法律出版社,2006.

[5]梁治平．法辩[M]．桂林:广西师范大学出版社,2015.

[6]苏力．送法下乡[M]．北京:北京大学出版社,2011.

[7]季卫东．法治秩序的建构[M]．北京:商务印书馆,2014.

[8]贺卫方．司法的理念与制度[M]．北京:中国政法大学出版社,1998.

第二编

宪　法　学

第一章

宪法学基本理论

★本章要点★

本章的主要内容是宪法学的基本理论，包括宪法的概念、特征、分类和历史发展及我国宪法的基本原则。

通过本章的学习，要求理解宪法的概念和基本特征，了解宪法的历史发展及分类，掌握我国宪法的基本原则。

第一节　宪法的概念

一、宪法的概念

宪法是国家的根本法，是民主制度化、法律化的基本形式，是阶级力量实际对比关系的集中体现。

二、宪法的特征

宪法作为特定国家法律体系的重要组成部分，具有同民法、刑法、行政法等一般法律相同的特征：它们都是统治阶级意志和利益的体现，都是具有国家强制力的行为规范，都是实现统治阶级意志的工具，都具有国家意志性和规范性，它们的内容都主要取决于社会的物质生活条件。但是同其他一般法律相比，宪法又具有其本身的特征。

（一）宪法是国家的根本法

宪法是国家的根本法，是母法，这主要表现在以下三个方面：

1. 在内容上，宪法规定国家最根本、最重要的问题

诸如国家制度、公民的基本权利和义务、国家机构的组成及其职权等，这

些内容都是国家生活中最根本、最重要的问题。这些规定不仅反映着一个国家政治、经济、文化、社会等各个方面的主要内容及其发展方向，而且从社会制度和国家制度的根本原则上规范着整个国家的活动；而普通法律只是规定国家和社会生活中的一般性问题，而且只涉及社会生活某些方面或某一方面的具体内容。

2. 在法律效力上，宪法具有最高的法律效力和最大的法律权威，在国家法律体系中处于最高地位

《宪法》序言明确规定："本宪法以法律的形式确认了中国各族人民奋斗的成果，规定了国家的根本制度和根本任务，是国家的根本法，具有最高的法律效力。"宪法的最高法律效力主要表现在两个方面：①宪法是制定普通法律的依据和基础。任何普通法律、法规都不得与宪法的原则和精神相违背。②宪法是一切国家机关、社会团体和全体公民的最高行为准则。全国各族人民、一切国家机关和武装力量、各政党和各社会团体、各企业事业组织，都必须以宪法为根本活动准则，并且负有维护宪法尊严、保证宪法实施的责任。

3. 在制定和修改的程序上，宪法比其他法律更严格

由于宪法是国家的根本法，其内容涉及国家生活和社会生活中最根本的问题，必须维护宪法的稳定性，严格宪法的制定和修改程序，这是保障宪法权威和尊严的重要环节。因此，许多国家都对宪法的制定和修改规定了严格的程序。

（二）宪法是民主制度化、法律化的基本形式

宪法和民主紧密相连，是民主的制度化和法律化。民主是宪法的政治前提和主要内容，宪法是民主的法律保障和基本形式。无论是无产阶级还是资产阶级，在掌握政权后，都要把本阶级的民主制度化、法律化，用根本法的形式把符合本阶级需要的民主政治巩固下来，以国家强制力的形式保障其实施。

（三）宪法是阶级力量实际对比关系的集中体现

宪法的实质在于其阶级性。从阶级实质分析，宪法是阶级力量实际对比关系的集中体现。在政治力量的对比中，阶级力量的对比居于首要地位。它既表现为统治阶级的力量比被统治阶级的力量强大，宪法只能由掌握国家政权的统治阶级制定，也表现为宪法随着阶级力量对比关系的变化而变化。在政治力量的对比中，还存在同一阶级内部不同阶层、派别、集团之间的力量对比。同时，与其他法律相比，宪法集中、全面地表现了各种政治力量的对比关系。

通过对宪法的法律特征、政治内容和阶级实质的分析可以看出，宪法作为国家的根本大法，是社会上层建筑的重要组成部分，是掌握生产资料的统治阶级用以巩固其经济基础的基本法律手段，它对国家的政治制度、法律制度以及社会生活的各个方面都起着重要的作用。

第二节 宪法的历史发展、分类及我国宪法的发展历程

一、宪法的历史发展

人类社会不断发展变迁，法的历史类型也随之变化。作为国家根本法的近代宪法，是17至18世纪资产阶级反对封建专制制度取得胜利的产物。因为宪法与民主制度紧密相连，是对民主事实和民主制度的确认，而在奴隶制、封建制国家一般不存在民主制度。近代意义宪法的产生不是偶然的，而是有着深刻的经济、政治和思想文化等方面的原因。

封建社会末期，资本主义生产方式开始取代封建主义生产方式。生产力的迅速发展要求建立以平等、自由竞争、公平交易为特征的新型社会机制。然而，封建的土地所有制、等级特权制和人身依附关系严重阻碍了经济的发展，资产阶级迫切要求打碎封建主义枷锁。随着资本主义制度的确立，私有财产神圣不可侵犯、契约自由、人身自由、竞争自由等观念在根本法中得到确立，适应并促进了生产力的发展。所以，资本主义生产关系的发展为近代宪法的产生奠定了经济基础。

随着资本主义经济的日益发展，新兴资产阶级要求政治上的平等地位，不断掀起争取民主、平等、自由的反封建斗争，并逐步建立以选举制、议会制为核心的民主制度。这些主张在革命取得胜利后以根本法的形式加以确认，可见，资产阶级民主政权的建立和民主制度的确立为近代宪法的产生奠定了政治基础。

资产阶级启蒙思想家提出的民主、自由、平等、人权和法治理论是近代宪法产生的思想基础。为了打破封建制度的束缚，破除君权神授等思想观念的影响，资产阶级启蒙思想家提出了以自然法理论为基础的"社会契约论"，并提出了平等、自由、人权等学说，阐述了通过制定宪法来规范国家权力的行使，以保障公民的权利和自由等立宪思想，为近代宪法的产生提供了理论指导。

在资本主义国家，英国是最早实行宪政的国家。英国国会于1689年通过《权利法案》，于1701年通过《王位继承法》，建立了君主立宪制国家。其宪法也不同于其他资本主义国家宪法，是不成文宪法。17世纪的英国宪法是近代宪法的先驱，被誉为"宪政之母"。

世界上第一部成文宪法是1787年的美国宪法。1776年，第二届大陆会议通过的《独立宣言》是世界宪政史上的重要文献，马克思称它为"第一个人权宣言"，它对美国宪法的产生和美国宪政体制的确立产生了深远的影响。1787年费

城会议制定的《美利坚合众国宪法》以根本法的形式确立了以“三权分立”和联邦制为原则的国家制度，建立了资产阶级民主共和政体。

在欧洲大陆，最早制定成文宪法的国家是法国。1789 年，法国爆发了资产阶级革命，成立了制宪会议，制定并通过了《人权宣言》。《人权宣言》是法国资产阶级在反封建的革命斗争中颁布的著名纲领性文件。1791 年，法国国民议会以《人权宣言》为序言，制定了法国的第一部宪法，这也是欧洲历史上的第一部资产阶级成文宪法。

1917 年俄国十月革命胜利后，建立了第一个无产阶级专政的社会主义国家。1918 年制定了世界历史上第一部社会主义宪法——《苏俄宪法》，它标志着社会主义宪法的诞生。

在宪法产生和发展的历史过程中，按照宪法所确认、维护和发展的经济基础和民主政治不同，从阶级本质上将其划分为两种历史类型——资本主义类型宪法和社会主义类型宪法。

二、我国宪法的发展历程

从 19 世纪末开始，中国近代社会各阶级和各派政治力量在阶级斗争此消彼长的发展过程中，制定过三种不同性质的宪法或宪法性文件。第一种是封建和官僚资本统治者制定的、维护专制独裁的所谓宪法。如清政府 1908 年制定的《钦定宪法大纲》、北洋军阀政府 1914 年制定的《中华民国约法》、国民党政府 1946 年制定的《中华民国宪法》。《钦定宪法大纲》是中国历史上第一个宪法性文件。第二种是民族资产阶级制定的资产阶级宪法性文件，即 1912 年的《中华民国临时约法》。这是中国历史上唯一一部资产阶级共和国性质的宪法性文件，具有重大的历史进步意义。第三种是中国共产党领导下的革命政府制定的新民主主义性质的宪法性文件，包括 1931 年的《中华苏维埃共和国宪法大纲》、1941 年的《陕甘宁边区施政纲领》、1946 年的《陕甘宁边区宪法原则》。它们反映了中国共产党领导下的人民群众的意志和利益，为新中国的制宪工作提供了宝贵的历史经验。

1949 年，在中国共产党的领导下，中国人民终于推翻了“三座大山”，建立了自己的国家政权。为了巩固人民革命的胜利成果，解决国家最根本、最重要的问题，1949 年 9 月召开了具有广泛代表性的中国人民政治协商会议，制定了具有临时宪法作用的《中国人民政治协商会议共同纲领》。1954 年，第一届全国人民代表大会第一次会议制定了我国第一部社会主义类型的宪法——1954 年宪法；1975 年颁布的第二部宪法是一部内容很不完善并且有很多错误和缺陷的宪法；1978 年宪法虽经 1979 年和 1980 年两次局部修改，但总体上仍不能适应新时期的需要。因此，1982 年 12 月 4 日，第五届全国人民代表大会第五次会议通过了新中国的第四部宪法，即现行的 1982 年宪法。为了适应社会主义政治、经济、文化、社会等方面的发展，1982 年宪法曾经过数次修正。

坚持四项基本原则是我国现行宪法的指导思想。现行宪法在总结历史经验和分析现实状况的基础上，将坚持社会主义道路，坚持人民民主专政，坚持党的领导，坚持马列主义、毛泽东思想、邓小平理论和“三个代表”重要思想作为一个整体写入宪法，成为宪法总的指导思想。

1982 年宪法由序言以及总纲，公民的基本权利和义务，国家机构，国旗、国歌、国徽、首都 4 章共 138 条组成。其基本内容如下：

序言。序言回顾了我国一百多年来革命、建设和改革的历程，肯定了取得的成果，总结了基本经验，确认了四项基本原则，明确规定了今后国家的根本任务，内政、外交等基本国策以及宪法的法律效力。

总纲。总纲共 32 条，主要规定了我国的国家制度、社会制度、经济制度、文化教育制度以及基本原则，确定了国家机构组织和活动的基本原则。此外，还从科学文化建设和思想道德建设方面对社会主义精神文明做了全面的规定。

公民的基本权利和义务。此部分内容共 24 条，明确了公民的基本权利和义务的根本原则，具体规定了我国公民应享有的基本权利和应承担的基本义务。

国家机构。此部分内容分 7 节，共 79 条，主要规定了我国国家机构体系，各国家机关的性质、法律地位、组成、任期、职权及相互关系。

国旗、国歌、国徽、首都。这部分内容共 3 条，规定了我国的国旗、国歌、国徽和首都。

三、宪法的分类

宪法的分类是按照一定的标准，把宪法划分和归纳为不同的类别。在宪法理论中，常见的有以下几种分类方法：

（一）成文宪法和不成文宪法

根据宪法是否有统一的法典形式，可以将宪法分为成文宪法和不成文宪法。

成文宪法是具有统一法典形式的宪法，其显著特征是法律文件上既明确表述为宪法，又大多冠以国名。如《日本国宪法》《中华人民共和国宪法》。当今世界绝大多数国家的宪法都是成文宪法。

不成文宪法是不具有统一法典形式，其内容散见于多种宪法性文件、宪法判例和宪法惯例的宪法。其显著特征是各种法律文件未冠以宪法之名，却发挥着宪法的作用。最典型的不成文宪法是英国宪法。

（二）刚性宪法和柔性宪法

根据宪法的效力和制定修改的机关和程序的不同，可以将宪法分为刚性宪法和柔性宪法。

刚性宪法是指制定和修改宪法的机关和程序不同于一般法律的宪法。制定或修改宪法的机关比一般法律的制定机关更有权威性，制定或修改的程序比一般法律更严格。

柔性宪法是指制定和修改宪法的机关和程序与一般法律相同的宪法。实行不成文宪法的国家往往也是柔性宪法国家，英国就是典型的柔性宪法国家。

（三）钦定宪法、民定宪法和协定宪法

根据制定宪法的机关的不同，可以将宪法分成钦定宪法、民定宪法和协定宪法。

钦定宪法是由君主或以君主的名义制定和颁布的宪法。我国清末的《钦定宪法大纲》即属钦定宪法。

民定宪法是指由民主议会、制宪会议或公民投票表决制定的宪法。民定宪法基于人民主权的思想而产生，当今大多数国家的宪法均属于这种类型。

协定宪法是指由君主与国民或国民的代表机关协商制定的宪法。世界上最古老的协定宪法是1809年制定的《瑞士宪法》。

第三节　我国宪法的基本原则

宪法的基本原则是指在制定和实施宪法的过程中必须遵循的最基本的原则，它是贯穿立宪和行宪的基本精神。我国宪法的基本原则主要有以下五项：

一、一切权力属于人民原则

《宪法》第2条规定：“中华人民共和国的一切权力属于人民。”这一原则是宪法在调整国家同人民的关系时所采取的基本立场，也是社会主义国家制度的核心内容和根本原则。这一原则的基本含义是：国家的权力来自人民、属于人民，并最终为人民服务，人民是国家的主人。

二、人民民主原则

《宪法》第2条规定：“人民依照法律规定，通过各种途径和形式，管理国家事务，管理经济和文化事业，管理社会事务。”人民民主原则的核心内容是：宪法保障人民通过各种途径和形式，参与国家事务和社会事务的管理，监督国家机关及其工作人员，同时保障人民享有在政治、经济和文化教育等方面的民主权利和自由，并在发展生产的基础上，为实现人民的民主权利提供更多的物质保障，进而扩大这些权利和自由。

三、社会主义公有制原则

《宪法》第6条规定："中华人民共和国的社会主义经济制度的基础是生产资料的社会主义公有制，即全民所有制和劳动群众集体所有制。"生产资料的社会主义公有制原则是社会主义国家经济制度的基础，也是社会主义国家在调整和确认经济关系时的基本原则。社会主义公有制原则作为我国宪法的基本原则，是社会主义国家宪法区别于资本主义国家宪法的主要标志之一。

四、民主集中制原则

《宪法》第3条规定："国家机构实行民主集中制的原则。"民主集中制是一种民主和集中相结合的制度。根据这一原则，民主集中制既是民主的，又是集中的，是民主基础上的集中和集中指导下的民主。民主和集中互相依存、对立统一。具体表现为，以人民代表大会作为统一行使国家权力的机关，一切国家机关向人民的代表机关负责，并接受它的监督。

五、法治原则

《宪法》1999年修正案中的第5条明确提出："中华人民共和国实行依法治国，建设社会主义法治国家。"这是我国宪法法治原则发展的一个新阶段。如果说资本主义国家的法治是体现资本特权的法治，那么，社会主义国家的法治是以消灭特权为目的的法治。社会主义国家的宪法不仅宣布宪法是国家的根本法，具有最高的法律效力，是一切国家机关和全体公民最高的行为准则，而且还规定国家的立法权属于最高的人民代表机关。这样，在社会主义国家中，不仅宪法和法律具有广泛深厚的民主基础，所有机关、组织和个人都必须严格依法办事，而且以生产资料的社会主义公有制为坚强的后盾，从而使社会主义的法治原则有了真正实现的前提条件。

本章思考题

1. 简述宪法的概念和特征。
2. 按照不同的标准，可以对宪法做哪些类别的划分？
3. 《宪法》的基本原则有哪些？

第二章

国家的基本制度

★本章要点★

国家制度是指掌握国家权力的阶级通过宪法和法律所确认的关于国家性质和形式的制度总称。国家制度是宪法的一项重要内容。

通过本章的学习，要求掌握我国的基本制度，尤其是我国根本的政治制度和经济制度。

第一节 人民民主专政制度

一、国家性质的概念

国家性质，即国体，是指国家的阶级本质，具体指社会各阶级阶层在国家中的地位和作用。它表现为哪个阶级掌握国家政权，哪个阶级处于统治地位，哪个阶级处于被统治地位，哪些阶级和阶层是统治者的同盟军，等等。国体是国家制度的核心，它决定着国家的政权组织形式。

二、我国是人民民主专政的社会主义国家

《宪法》第1条规定："中华人民共和国是工人阶级领导的、以工农联盟为基础的人民民主专政的社会主义国家。"工人阶级领导的、以工农联盟为基础的人民民主专政，实质上就是无产阶级专政。宪法的这一规定明确了我国的国体，即人民民主专政的社会主义国家。

（一）人民民主专政是无产阶级专政理论在中国具体历史条件下的产物

人民民主专政理论是中国共产党在领导中国革命的过程中，将马克思主义关于无产阶级专政理论和中国国情相结合，对无产阶级专政理论的丰富和发展，是

无产阶级专政理论在中国具体历史条件下的产物。

1. 工人阶级是领导阶级

工人阶级是先进生产力的代表，富有组织性和纪律性。中国的工人阶级除了一般工人阶级的基本特点外，还具有独特的方面：他们深受“三座大山”的压迫；他们中的多数是由破产农民而来的，与农民有着天然的联系。工人阶级对国家的领导是通过政党实现的，在中国共产党的领导下有明确的革命目标。工人阶级在现代化建设中发挥着重要的作用。

2. 工农联盟是人民民主专政的阶级基础

我国是农民占全国人口绝大多数的国家，农民问题始终是我国革命和建设中的根本问题。工农联盟是人民民主专政的阶级基础，是我们实行社会主义市场经济的依靠力量，是国家制定政策以及国家制定法律的基本出发点。

3. 知识分子是人民民主专政的依靠力量之一

《宪法》序言明确规定：“社会主义建设事业必须依靠工人、农民和知识分子，团结一切可以团结的力量。”知识分子不是一个独立的阶级，它是工人阶级的重要组成部分。在社会主义现代化建设时期，知识分子的地位与作用日益重要，尊重知识、尊重人才是国家的一项基本政策。

（二）人民民主专政的实质即无产阶级专政

从领导力量来看，人民民主专政是由中国工人阶级及其政党——中国共产党领导的，而无产阶级政党在政权中居于领导地位正是无产阶级专政的根本标志。

从阶级基础来看，人民民主专政是以工农联盟为基础的，而无产阶级专政的最高原则是无产阶级必须同农民结成稳固的联盟。

从历史使命来看，人民民主专政同无产阶级专政的历史任务一样，都是消灭剥削、消灭阶级，建设社会主义，实现共产主义。

从职能来看，人民民主专政同无产阶级专政一样，都是要维护广大人民当家做主的权利，组织发展国家经济、文化建设事业，维护世界和平并促进人类进步事业，同时防止敌对势力的侵略和颠覆，保卫国家安全和统一，镇压少数敌对分子的破坏与反抗。

人民民土专政和无产阶级专政的精神实质和核心内容一致，但是人民民主专政更能确切表明我国的阶级状况和政权基础，更直接体现出对人民实行民主和对敌人实行专政两个方面，更充分地反映我国的国情。

（三）人民民主专政是对人民实行民主与对敌人实行专政的统一

人民民主专政是对人民实行民主与对极少数敌人实行专政的统一，是新型民主和新型专政的结合。民主与专政是相互依存、互为条件的：一方面，在人民内部实行民主是对敌人实行专政的前提和基础，只有对人民实行民主，保障人民当家做主的权利，才能稳定政权，对敌人实行专政；另一方面，对敌人实行专政是实行人民民主的有力保证，通过对极少数敌视和破坏社会主义制度的敌对势力和敌对分子实行专政，以保障人民民主，保证安定团结的政治局面。

（四）共产党领导的多党合作制度

我国的政党制度是共产党领导的多党合作制度，这一制度是发展社会主义民主、巩固人民民主专政的重要内容。在我国，除了执政党——中国共产党以外，还有8个民主党派，它们是：中国国民党革命委员会（简称“民革”）、中国民主同盟（简称“民盟”）、中国民主建国会（简称“民建”）、中国民主促进会（简称“民进”）、中国农工民主党（简称“农工党”）、中国致公党（简称“致公党”）、九三学社和台湾民主自治同盟（简称“台盟”）。

中国共产党是社会主义事业的领导核心，是执政党；各民主党派是接受中国共产党领导的，同中国共产党通力合作、共同致力于社会主义事业的参政党，是中国共产党的亲密战友；坚持中国共产党的领导，坚持四项基本原则是中国共产党和各民主党派合作的政治基础；“长期共存、互相监督、肝胆相照、荣辱与共”是中国共产党和各民主党派合作的基本方针；坚持社会主义初级阶段基本路线，建设富强、民主、文明、和谐的社会主义现代化国家和统一中国、振兴中华，是共产党与各民主党派共同的奋斗目标。

（五）爱国统一战线

统一战线是中国共产党领导下的中国人民克敌制胜的三大法宝之一，是在中国社会和革命的特殊情况下产生并发展起来的。我国新时期爱国统一战线是由中国共产党领导的，有各民主党派和各人民团体参加的，包括全体社会主义劳动者、社会主义事业的建设者、拥护社会主义的爱国者和拥护祖国统一的爱国者的广泛统一战线。爱国统一战线的主要任务是调动一切积极因素，团结一切可以团结的力量，维护和发展安定团结的政治局面，完成祖国统一大业。

中国人民政治协商会议是具有广泛代表性的中国人民爱国统一战线的组织，是中国共产党领导的多党合作和政治协商的重要机构，是我国政治生活中发展社会主义民主的重要形式。在新的历史时期，中国人民政治协商会议的主要任务是：巩固和发展爱国统一战线；维护安定团结的政治局面；促进民主和法制建设的发展；维护和平。中国人民政治协商会议的主要职能是政治协商、民主监督、参政议政。

第二节 国家的基本经济制度

一、经济制度的概念

经济制度是一国通过宪法和法律所调整的以生产资料所有制形式为核心的各

种基本经济关系的规则、原则和政策的总和。

经济制度包括各个方面，居于核心地位的是生产资料所有制形式。生产资料所有制形式反映了国家制度的本质特征，制约着社会经济制度的其他方面，并进而决定国家政权的阶级本质，因此是国家经济制度的基础。

二、我国经济制度的基础

《宪法》第 6 条规定："中华人民共和国的社会主义经济制度的基础是生产资料的社会主义公有制，即全民所有制和劳动群众集体所有制。"生产资料的社会主义公有制决定了我国社会主义经济制度的本质特征，是保障工人阶级实现对国家的领导和加强工农联盟的基础。

全民所有制，即国有经济，是指由国家代表全体人民占有生产资料的一种所有制形式。国有经济在我国国民经济中占主导地位，它不仅控制着我国国民经济的命脉，决定着国民经济的社会主义性质，关系到我国改革开放和现代化建设的速度和水平，还对其他经济形式有指导、帮助和制约作用。国家保障国有经济的巩固和发展。

集体所有制经济是指生产资料归集体经济组织内劳动者共同所有的一种所有制形式。集体所有制经济是我国社会主义公有制经济的重要组成部分，在国民经济中居于重要地位。国家保护城乡集体经济组织的合法权利和利益，鼓励、指导和帮助集体经济的发展。

我国尚处于社会主义初级阶段，经济、文化和生产力发展水平还较低，所以，在坚持社会主义公有制为主体的前提下，还必须充分发挥非公有制经济的积极作用。因此，《宪法》第 11 条规定："在法律规定范围内的个体经济、私营经济等非公有制经济，是社会主义市场经济的重要组成部分。国家保护个体经济、私营经济等非公有制经济的合法权利和利益。国家鼓励、支持和引导非公有制经济的发展，并对非公有制经济依法实行监督和管理。"劳动者个体经济是指城乡劳动者依法占有少量生产资料和产品，以自己从事劳动为基础，进行生产经营活动的一种经济形式。私营经济是指生产资料由私人占有，并存在雇佣劳动关系的一种经济形式。

《宪法》第 18 条还规定："中华人民共和国允许外国的企业和其他经济组织或者个人依照中华人民共和国法律的规定在中国投资，同中国的企业或者其他经济组织进行各种形式的经济合作。""三资"企业就是根据宪法的这一规定，经我国政府批准而举办的中外合资经营企业、中外合作经营企业和外商独资经营企业。

三、我国现阶段的分配制度

在社会主义初级阶段，我国实行的是以生产资料公有制为主体，多种所有制经济共同发展的经济制度，由此决定了我国的分配制度不是单一的“各尽所能、按劳分配”，而是“坚持以按劳分配为主体，多种分配方式并存的分配制度。”“按劳分配”是指在各尽所能的前提下，国家、集体和社会根据公民的劳动数量和质量分配劳动报酬，多劳多得，少劳少得。

在社会主义初级阶段，相应地存在其他分配方式，如股息收入、利息收入、私营经济收入等。

第三节　社会主义精神文明建设

人类社会的文明包括物质文明和精神文明。物质文明是指人类改造自然界所取得的物质成果；精神文明则是指人类改造主观世界所取得的精神成果，主要表现为教育、科学、文化知识的发达和思想道德水平的提高。社会主义精神文明是社会主义制度的重要组成部分。

社会主义精神文明建设包括教育科学文化建设和思想道德建设，《宪法》第19~23条和第24条分别针对这两方面做了相应的规定。

一、教育科学文化建设

国家发展社会主义教育事业，提高全国人民的科学文化水平。国家举办各种学校，普及初等义务教育，发展中等教育、职业教育和高等教育，并且发展学前教育。国家发展各种教育设施，扫除文盲，对工人、农民、国家工作人员和其他劳动者进行政治、文化、科学、技术、业务的教育，鼓励自学成才。国家鼓励集体经济组织、国家企业事业组织和其他社会力量依照法律规定举办各种教育事业。我国还先后制定了《中华人民共和国教育法》《中华人民共和国义务教育法》《中华人民共和国教师法》等一系列法规，系统地规定了教育领域的基本问题，有力地保证了教育事业的发展。此外，《宪法》第20~22条还分别规定了科学技术发明创造、文体卫生、文化遗产保护等内容。

二、思想道德建设

思想道德建设不仅对教育科学文化建设起指导和促进作用，而且还影响和决定着社会主义精神文明建设的性质和方向。对此，《宪法》第24条规定：“国家通过普及理想教育、道德教育、文化教育、纪律和法制教育，通过在城乡不同范围的群众中制定和执行各种守则、公约，加强社会主义精神文明的建设。国家提倡爱祖国、爱人民、爱劳动、爱科学、爱社会主义的公德，在人民中进行爱国主义、集体主义和国际主义、共产主义的教育，进行辩证唯物主义和历史唯物主义的教育，反对资本主义的、封建主义的和其他的腐朽思想。”通过这些教育，把公民培养成有理想、有道德、有文化、有纪律的社会主义公民。

第四节 人民代表大会制度

一、政体概述

政体是国家政权的组织形式，是根据统治阶级所确定的原则，具体组成并代表国家行使权力，以实现阶级统治任务的国家组织体系。

现代政体形式主要有君主制政体和共和制政体。采取君主制政体的，国家的最高权力实际上或名义上由君主掌握；采取共和制政体的，国家的最高权力由选举产生并由有一定任期的机关掌握。君主制政体又分为君主专制政体和君主立宪政体，共和制政体又可分为议会共和制、总统制与委员会制。

二、人民代表大会制度的概念和内容

人民代表大会制度是指我国人民在中国共产党的领导下，按照民主集中制的原则组织各级人民代表大会，并以人民代表大会为基础建立全部国家机构，实现人民当家做主的一种制度。人民代表大会制度是适应我国人民民主专政的政体，能够充分反映和代表我国的国体，从根本上保证了人民当家做主的权利。

人民代表大会制度的基本内容包括：

第一，国家的一切权力属于人民是人民代表大会制度的实质和前提。《宪法》第 2 条规定，“人民行使国家权力的机关是全国人民代表大会和地方各级人民代表大会。人民依照法律规定，通过各种途径和形式，管理国家事务，管理经济和文化事业，管理社会事务”。

第二，“全国人民代表大会和地方各级人民代表大会的代表由人民选举产生，对人民负责，受人民监督”。

第三，“国家行政机关、军事机关、审判机关、检察机关都由人民代表大会产生，对它负责，受它监督”。

第四，“各级人民代表大会及其常务委员会实行民主集中制，集体行使权力，集体决定问题”。

三、人民代表大会制度是我国的根本政治制度

人民代表大会制度是我国的根本政治制度，这是因为：

第一，人民代表大会制度是我国人民民主专政最适宜的组织形式，它直接而全面地反映了我国的国家性质，表明我国的阶级结构，是通过人民选出的代表机关具体行使国家权力的间接民主方式实现人民当家做主的权力。

第二，人民代表大会制度全面反映了我国政治生活的全貌。人民代表大会制度在我国各项制度中居于首要和根本的地位，它不是依靠从前的任何法律的规定和制度建立起来的，它是中国人民革命斗争胜利的产物和结果。

第三，人民代表大会制度具有广泛的群众基础。人民代表大会是由人民代表组成的，而人民代表又是通过民主选举的方式产生的。根据《宪法》第 2 条和第 3 条的规定，“全国人民代表大会和地方各级人民代表大会都由民主选举产生，对人民负责，受人民监督”。人民通过人民代表大会代表行使立法权、监督权、任免权等职权，合理地协调不同利益的要求，形成具有客观基础的公正而合理的利益格局。

第四，人民代表大会制度是实现社会主义民主政治的基本形式。社会主义民主政治的核心是人民当家做主，使一切权力属于人民的宪法原则变为现实的制度。人民代表大会制度作为一项根本的政治制度，确定了人民当家做主权力的基本原则、基本程序与保障措施。

第五节　选举制度

一、选举制度的概念

选举制度是有关选举国家代表机关的代表、公职人员的原则、方法、组织和程序的总和。近代选举制度有三个特点：一是选举者往往是代议机关的代表或议员；二是形式上采用普选制；三是有一套比较完善的法律规范做指导。我国的选举制度体现了人民性、民主性和科学性的特点。

二、选举制度的基本原则

根据《宪法》和《中华人民共和国全国人民代表大会和地方各级人民代表大会选举法》（以下简称《选举法》）的规定，选举制度在运行中应遵守的基本原则有以下几项：

（一）选举权普遍性原则

根据《宪法》第 34 条和《选举法》第 3 条的规定，除依照法律被剥夺政治权利的人以外，凡年满 18 周岁的公民，不分民族、种族、性别、职业、家庭出身、宗教信仰、教育程度、财产状况、居住期限，都有选举权和被选举权。由此可见，在我国享有选举权的基本条件有三个：一是具有中国国籍；二是年满18周岁；三是依法享有政治权利。

（二）选举权平等性原则

每个选民在选举中都有同等的投票权，每个选民在一次选举中只有一次投票权。在我国，选举权的平等性侧重于实质而不单纯追求形式上的平等。为了保证少数民族在政治生活中的平等权，《选举法》第五章还具体规定了我国少数民族代表所代表的人口数的比例，人口特少的少数民族至少有一名代表。

（三）直接选举与间接选举并用的原则

直接选举是指由选民直接投票选举国家代表机关的代表和国家公职人员的选举；间接选举则是指由下一级国家代表机关或者由选民投票选出的代表选举上一级国家代表机关的代表和国家公职人员的选举。

《选举法》第2条规定，不设区的市、市辖区、县、自治县、乡、民族乡、镇的人民代表大会代表，由选民直接选举；全国人民代表大会代表，省、自治区、直辖市，设区的市、自治州的人民代表大会代表，由下一级人民代表大会选举。由此可见，我国在选举中采取的是直接选举和间接选举并用的原则。

（四）差额选举原则

为了保证选民选举权的实现，《选举法》第30条规定，全国和地方各级人民代表大会代表实行差额选举，代表候选人的人数应多于应选代表的名额。由选民直接选举人民代表大会代表的，应多于应选代表名额的1/3～1倍，由县级以上地方各级人民代表大会选举上一级人民代表大会代表的，代表候选人的人数应多于应选代表名额的1/5～1/2。

（五）无记名投票原则

为了保证选举自由的实现，充分体现选民意志，《选举法》第39条规定，全国和地方各级人民代表大会代表的选举，一律采取无记名投票的方法。

第六节 民族区域自治制度

一、国家结构形式概述

国家结构形式是指特定国家的统治阶级根据一定原则采取的调整国家整体与部分之间、中央与地方之间关系的形式。概括来讲，现代国家结构形式主要有两种：单一制和联邦制。

单一制是指若干行政区域单位或自治单位组成单一主权的国家结构形式，其基本特征是：国家只有一部宪法，只有一个中央国家机关体系，地方政府的权力由中央授予，公民具有统一的国籍。联邦制是指两个或两个以上成员国或邦、州共同组成的联盟国家，其特征是：除了有联邦宪法外，各成员国还有自己的宪法；除设有联邦司法机关、行政机关和司法系统外，各成员国还有自己的立法机关、行政机关和司法系统；公民既有联邦的国籍，也有成员国的国籍；等等。

二、我国是多民族的单一制国家

《宪法》序言规定，中华人民共和国是全国各族人民共同缔造的统一的多民族国家。这一规定表明，我国采取的是单一制国家结构形式。

我国采用单一制国家结构形式有其必然性：①我国自秦始皇统一中国以来就是统一的中央集权国家，虽有过分裂割据的状态，但国家统一的局面一直占主导地位，长期的历史传统，决定了我国必须建立单一制的国家结构形式。②我国是多民族的国家，我国民族关系的历史发展状况，决定了建立单一制是各族人民的心愿；我国民族成分和民族分布大杂居、小聚居的状况，决定了建立单一制有利于民族团结；我国自然资源分布和经济发展不平衡，决定了单一制有利于各民族共同繁荣发展；从国际环境和国际斗争形式来看，建立单一制国家有利于国家的统一和各民族的团结。

三、民族区域自治制度

民族区域自治制度是指在国家的统一领导下，以少数民族聚居区为基础，建立自治地方，设立自治机关，行使自治权，以实现当家做主管理本民族地方性事务的制度。

民族区域自治制度包括以下内容：

第一，各民族都是中华人民共和国不可分离的部分，各民族自治地方的自治机关是国家政权体系的一部分，受中央人民政府和上一级人民政府领导。

第二，民族区域自治是以少数民族聚居区为基础建立的，是民族自治和区域自治的结合。

第三，通过宪法和法律切实保证民族自治地方自治机关行使自治权。

我国民族自治地方分为自治区、自治州、自治县，民族乡不是民族自治地方。

民族自治地方的自治机关是自治区、自治州、自治县的人民代表大会和人民政府。根据宪法规定，自治区、自治州、自治县的人民代表大会常务委员会中应当由实行区域自治的民族的公民担任主任或副主任，自治区主席、自治州州长、自治县县长由实行区域自治的民族的公民担任。

民族自治地方的自治机关除行使一般的地方国家机关职权外，还可依法行使自治权，包括：

第一，制定自治条例和单行条例。自治条例是民族自治地方的人民代表大会根据宪法和法律的规定，并结合当地民族政治、经济和文化特点制定的有关管理自治地方事务的综合性法规。单行条例是民族自治地方的人民代表大会及其常务委员会在自治权范围内，依据当地民族的特点，针对某一方面的具体问题而制定的法规。自治区的自治条例和单行条例，报全国人民代表大会常务委员会批准后生效；自治州、自治县的自治条例和单行条例，报省或自治区的人民代表大会常务委员会批准后生效，报全国人民代表大会常务委员会备案。

第二，根据当地民族的实际情况，贯彻执行国家法律和政策。

第三，自主管理地方财政。凡依照国家财政体制属于民族自治地方的财政收入，都应当由自治机关自主安排使用。

第四，经济建设方面的自治权。自治机关可以根据宪法、法律和国家的方针政策，结合本地区经济发展的特点，制定本区域发展规划，合理调整生产关系，合理安排地方性经济建设项目。

第五，自主管理教育、科学、文化、卫生、体育事业。《宪法》第 119 条规定："民族自治地方的自治机关自主地管理本地方的教育、科学、文化、卫生、体育事业，保护和整理民族的文化遗产，发展和繁荣民族文化。"

第六，组织维护社会治安的公安部队。民族自治地方的自治机关依照国家的军事制度和当地的实际需要，经国务院批准，可以组织本地方维护社会治安的公安部队。

第七，使用本民族的语言文字。民族自治地方的自治机关在执行职务的时候，依照本民族自治地方自治条例的规定，使用当地通用的一种或者几种语言文字。

第七节 特别行政区制度

《宪法》第 31 条规定："国家在必要时得设立特别行政区，在特别行政区内实行的制度按照具体情况由全国人民代表大会以法律规定。"该条规定及其具体实施体现了我国"一国两制"的伟大构想。

一、特别行政区的概念

特别行政区是指在我国的版图内，依据我国宪法和法律的规定设立的，具有特殊法律地位、实行特别的社会政治和经济制度的行政区域。特别行政区是相对普通行政区而言的，它是国家行政区域设置的一种新类型，丰富了国家结构形式的内容。特别行政区享有高度的自治权。

二、特别行政区的法律地位

特别行政区的法律地位包括以下内容：

第一，特别行政区是中华人民共和国不可分离的部分，是中华人民共和国的一级地方政权，并不改变单一制的国家结构形式。

第二，特别行政区直辖于中央人民政府。特别行政区与中央人民政府的关系是一个主权国家内地方与中央的关系，具有直接的从属性。

第三，特别行政区享有高度的自治权。包括：①行政管理权。特别行政区有权按照基本法的有关规定自行处理其行政事务，除国防、外交以及其他由基本法规定由中央人民政府处理的行政事务外，在有关经济、财政、金融、贸易、工商业、土地、教育等方面享有广泛的行政管理权。②立法权。特别行政区享有立法权，虽然立法机关制定的法律须报全国人民代表大会常务委员会备案，但不影响该法律的生效。③独立的司法权和终审权。特别行政区法院独立进行审判，不受任何干涉，特别行政区终审法院为最高审级，其判决为最终判决。

本章思考题

1. 人民代表大会制度为什么是我国的根本政治制度？
2. 我国的基本经济制度是什么？
3. 我国选举制度的基本原则有哪些？
4. 我国民族区域自治制度的特点是什么？
5. 简述特别行政区的法律地位。

第三章

公民的基本权利和义务

★本章要点★

本章的主要内容是公民基本权利和基本义务的含义和内容。

通过本章的学习，要求掌握公民、国籍等基本概念，理解和掌握我国公民的基本权利和义务的内容。

第一节　公民的基本权利和义务概述

一、公民与国籍

公民通常是指具有一国国籍，并依据该国宪法和法律规定享有权利和承担义务的人。《宪法》第33条第1款规定："凡具有中华人民共和国国籍的人都是中华人民共和国公民。"由此可见，公民和国籍密不可分。

国籍是指一个人隶属于某个国家法律上的身份。它意味着个人与国家的某种固定的法律联系，是国家实行外交保护的法律依据。一个人一旦拥有某个国家的国籍，就享有该国宪法和法律规定的权利，承担该国宪法和法律规定的义务。

纵观各国国籍法的规定可见，国籍的取得方式通常有两种：一种是原始国籍，即因出生而取得国籍；一种是继有国籍，即因加入而取得国籍。

二、公民与人民

公民与人民是两个不同的概念，它们的区别在于：①性质不同。公民是与外国人（包括无国籍人）相对应的法律概念，人民则是与敌人相对应的政治概念。②范围不同。公民的范围比人民的范围更加广泛。现阶段，我国人民的范围包括全体社会主义劳动者、社会主义事业的建设者、拥护社会主义的爱国者和拥护祖国统一的爱国者；公民除包括人民外，还包括人民的敌人。③后果不同。公民中的人民享有宪法和法律规定的一切公民权利并履行全部义务；公民中的敌人则不能享有全部权利，也不能履行公民的某些义务。此外，公民所表达的一般是个体概念，人民所表达的则是群体概念。

三、公民基本权利和基本义务的概念

所谓权利，是指国家通过宪法和法律规定公民可从事某种行为以及要求国家或其他公民作为或不作为的资格。公民的权利是宪法和法律所赋予的，受宪法和法律的保护。公民的权利包括作为和不作为两个方面，公民权利的行使具有极大的选择性和自主性，完全取决于公民个人的意愿，公民既可以行使自己的权利，也可以放弃权利，还可以转让某些权利。

所谓义务，是指根据宪法和法律的规定，公民必须履行的某种责任。它表现为公民必须为某种行为或不为某种行为，否则会受到相应的法律制裁。公民对义务的履行不具有选择性，不能取舍，国家通过强制力保障公民履行对国家、社会和其他公民的义务。如果公民不履行法定义务，就要承担相应的法律责任。

公民的基本权利也称作宪法权利，是指宪法规定公民享有的主要的、必不可少的权利。公民的基本义务也称作宪法义务，是指由宪法规定公民必须遵守和应尽的根本责任。公民的基本权利和基本义务共同反映并决定公民在国家中的政治与法律地位，构成普通法律规定的公民权利与义务的基础和原则。

第二节　我国公民的基本权利

一、平等权

平等权是指公民依法平等地享有权利，不受任何差别对待，要求国家给予同等保护的权利。这是宪法赋予公民的一项基本权利。

《宪法》第 33 条第 2 款规定："中华人民共和国公民在法律面前一律平等。"它包括三层含义：一是任何公民不分民族、种族、性别、职业、家庭出身、宗教信仰、教育程度、财产状况、居住期限，都一律平等地享有宪法规定的权利和平等地履行宪法规定的义务；二是任何人的合法权利都一律平等地受到保护，对违法行为一律平等地予以追究；三是在法律面前，不允许任何公民享有法律以外的特权，任何人不得强制公民承担法律以外的义务，不得使公民受到法律以外的处罚。平等权适用于人类生活的一切领域，包括政治生活的平等、经济生活的平等、社会生活的平等、文化生活的平等。

二、政治权利和自由

政治权利和自由是指宪法和法律规定公民有权参加国家管理、参政议政的民主权利以及在政治上享有表达个人见解和意愿而不受政府非法限制的权利和自由。它包括选举权和被选举权，公民的言论、出版、集会、结社、游行、示威的自由。

（一）选举权和被选举权

选举权和被选举权是指公民依法享有参加选举和被选举为国家权力机关的代表或某些国家机关的领导人的一项基本政治权利。

《宪法》第34条规定："中华人民共和国年满18周岁的公民，不分民族、种族、性别、职业、家庭出身、宗教信仰、教育程度、财产状况、居住期限，都有选举权和被选举权；但是依照法律被剥夺政治权利的人除外。"

选举权和被选举权是公民参加国家管理、实现当家做主的一项最基本、最重要的政治权利，《宪法》和《选举法》详细规定了公民行使选举权的原则、程序和方法等，为公民选举权和被选举权的充分实现提供了法律上的保障。

（二）政治自由

《宪法》第35条规定我国公民享有言论、出版、集会、结社、游行、示威的自由，体现了社会主义民主政治的要求。

1. 言论自由

言论自由是指公民有权通过各种语言形式宣传自己的思想和观点。言论自由的范围包括：公民有平等的发言权；发表言论的内容，只要不超过法律范围，就不受任何非法干涉；在法定范围内，发言者不应该因某种言论带来不良后果；言论自由存在法定界限，受宪法和法律的合理限制。

2. 出版自由

出版自由是指公民有权按照法律规定，通过公开发行的出版物自由地表达对公共事务的看法。出版自由是言论自由的延伸和具体化，是公民参加国家管理和对公共事务发表意见的重要形式。为了保障公民的出版自由，国家一方面积极提供物质方面的条件，另一方面采取预防制和追惩制相结合的原则，确定出版自由的合理界限。

3. 结社自由

结社自由是指公民为了达到某一共同目的，依照法律规定的程序结成某种持续性社会团体的自由。在我国，公民的结社自由受宪法和法律的保障。结社自由在法律上存在严格的界限，结社自由不得滥用。公民在结社时，应当按照法律规定的程序办理有关登记手续，不得反对宪法规定的基本原则，不得危害国家的统一和民族的团结，不得违背社会道德风尚，不得损害国家、社会和其他公民的合法权益。

4. 集会、游行、示威自由

根据《中华人民共和国集会游行示威法》第2条的规定，集会是指聚集于露天公共场所，发表意见、表达意愿的活动；游行是指在公共道路、露天公共场所列队行进，表达共同意愿的活动；示威是指在公共道路、露天公共场所以集会、游行、静坐等方式，表达要求、抗议或支持、声援等活动。公民在行使集会、游行、示威的自由时，既要符合法律规定的条件，又要不得损害国家的、社会的、集体的利益和其他公民的合法权利和自由。凡借机进行暴力活动，或者引起暴力冲突的集会、游行、示威，就丧失了法律保护的资格，并要受到法律的制裁。

三、宗教信仰自由

宗教信仰自由的内容主要包括：公民有信仰宗教的自由，也有不信仰宗教的自由；有信仰这种宗教的自由，也有信仰那种宗教的自由；在同一宗教里，有选择教派的自由；有过去不信而现在信的自由，也有过去信而现在不信的自由。

《宪法》第36条规定："任何国家机关、社会团体和个人不得强制公民信仰宗教或者不信仰宗教，不得歧视信仰宗教的公民和不信仰宗教的公民。"

宗教和邪教不可混为一谈。邪教具有反社会、反政府的特征，其歪理邪说不同于宗教教义。1999年10月30日，第九届全国人民代表大会常务委员会第12次会议通过的《关于取缔邪教组织、防范和惩治邪教活动的决定》指出，依法取缔邪教组织，惩治邪教活动，有利于保护正常的宗教活动和公民的宗教信仰自由。最高人民法院和最高人民检察院《关于办理组织和利用邪教组织犯罪案件若干具体应用法律问题的解释》规定，邪教组织是指冒用国家宗教、气功或者其他名义建立，神化首要分子，利用制造、散布迷信邪说等手段蛊惑、蒙骗他人，发展、控制成员，危害社会的非法组织。

四、人身自由

人身自由是公民具体参加各种社会活动和实际享受其他权利的前提，也是保持和发展公民个性的必要条件。

（一）人身自由不受侵犯

公民的人身自由不受侵犯是指公民的人身自由不受非法拘禁、逮捕、搜查和其他的侵害。《宪法》第37条规定，"任何公民，非经人民检察院批准或者决定或者人民法院决定，并由公安机关执行，不受逮捕"，"禁止非法拘禁和以其他方法非法剥夺或者限制公民的人身自由，禁止非法搜查公民的身体"。

（二）人格尊严不受侵犯

人格尊严是指公民作为平等的人的资格和权利应该受到国家和他人的承认

和尊重。《宪法》第 38 条规定，公民的人格尊严不受侵犯。禁止用任何方法对公民进行侮辱、诽谤和诬告陷害。从我国宪法和法律的规定来看，人格尊严主要有以下内容：姓名权、肖像权、名誉权、荣誉权及隐私权。

（三）住宅不受侵犯

《宪法》第 39 条规定，公民的住宅不受侵犯。禁止非法搜查或者非法侵入公民的住宅。住宅不受侵犯的内容包括住宅不受非法搜查，住宅不受非法侵入和破坏，住宅不受非法查封。

（四）通信自由

《宪法》第 40 条规定，公民的通信自由和通信秘密受法律的保护。除因国家安全或者追查刑事犯罪的需要，由公安机关或者检察机关依照法律规定的程序对通信进行检查外，任何组织或者个人不得以任何理由侵犯公民的通信自由和通信秘密。

五、监督权和取得赔偿权

监督权是指宪法赋予公民监督国家机关及其工作人员的权利。《宪法》第 41 条规定，公民对于任何国家机关和国家工作人员，有提出批评和建议的权利；对于任何国家机关和国家工作人员的违法失职行为，有向有关国家机关提出申诉、控告或者检举的权利，但是不得捏造或者歪曲事实进行诬告陷害。我国公民享有下述监督权：

（一）批评、建议权

公民在国家政治生活和社会生活中，有权对国家机关及其国家工作人员的错误提出批评意见；建议权主要表现为提出合理化建议的权利。批评、建议权的行使对防止官僚主义、提高工作效率有重要意义。

（二）控告、检举权

控告、检举权是指公民对国家机关和国家工作人员的违法失职行为，有向国家机关提出控告和检举，揭发违法失职与犯罪行为的权利。

（三）申诉权

申诉权是指当公民的合法权益因行政机关或司法机关错误的、违法的决定或者裁判，或者国家机关工作人员的违法失职行为而受到侵害时，有向有关机关申诉理由、要求重新处理的权利。

为了保障公民监督权的有效行使，对公民的申诉、控告或者检举，有关国家机关必须查清事实，负责处理。任何人不得压制和打击报复。

（四）获得赔偿权

获得赔偿权指公民因受到国家机关及其国家工作人员违法失职行为侵犯权利而受到损失，有依照法律规定取得赔偿的权利。目前，我国的国家赔偿有行政赔偿和司法赔偿两种形式。

六、社会经济、文化教育方面的权利

社会经济权利是指公民根据宪法规定享有物质经济利益的权利，是公民实现基本权利的物质保障。文化教育权利则是指公民在教育和文化领域享有的权利和自由。

（一）财产权

财产权是指公民对其合法财产享有的不受侵犯的所有权。《宪法》第13条规定，公民的合法的私有财产不受侵犯。国家保护公民的合法收入、储蓄、房屋和其他合法财产的所有权。合法财产是指公民通过合法劳动或通过其他方式获得并占有一定财产的权利，包括对生活资料和一定生产资料的所有权。另外，国家依照法律规定保护公民的私有财产的继承权。继承权是财产权的延伸，是公民合法财产转移的合法形式。

（二）劳动的权利和义务

《宪法》第42条规定，公民有劳动的权利和义务。劳动权是指有劳动能力的公民有从事劳动并获得相应报酬的权利。劳动权是公民生存的基础，是社会得以存在、维系和发展的条件，因此，国家不但保护公民劳动的权利，而且通过各种途径，创造劳动就业条件，加强劳动保护，改善劳动条件，并在发展生产的基础上提高劳动报酬和福利待遇。国家对就业前的公民进行必要的劳动就业训练。

在我国，公民不仅为了个人生活而劳动，而且为了国家和集体而劳动。因而，公民参加劳动，既是一种权利，也是一项应尽的义务。国家提倡社会主义劳动竞赛，奖励劳动模范和先进工作者，提倡公民从事义务劳动。

（三）劳动者的休息权

《宪法》第43条规定，中华人民共和国劳动者有休息的权利。休息权是指劳动者休息和休养的权利。休息权是劳动者在劳动过程中享有的权利，因此，休息权和劳动权紧密相连，它既以劳动权为前提，也是实现劳动权的必要条件。为了保障劳动者的休息权，国家发展劳动者休息和休养的设施，规定职工的工作时间和休假制度。

（四）退休人员的生活保障权

《宪法》第44条规定，国家依照法律规定实行企业事业组织的职工和国家机关工作人员的退休制度。退休人员的生活受到国家和社会的保障。《中华人民共和国劳动法》对退休人员的工资待遇、依法享受的社会保险待遇等做了具体规定。退休人员的生活保障权的规定体现了国家与社会对退休人员的关怀。

（五）物质帮助权

《宪法》第45条规定，公民在年老、疾病或者丧失劳动能力的情况下，有从国家和社会获得物质帮助的权利。国家发展为公民享受这些权利所需要的社会保险、社会救济和医疗卫生事业。

我国物质帮助的主要形式有：通过劳动保险获得物质帮助；从福利费中提供生活困难补助；各种形式的社会救济制度；公费医疗制度与农村合作医疗制度。国家和社会保障残疾军人的生活，抚恤烈士家属，优待军人家属；国家和社会帮助安排盲、聋、哑和其他有残疾的公民的劳动、生活和教育。

（六）受教育的权利和义务

《宪法》第46条规定，公民有受教育的权利和义务，国家培养青年、少年、儿童在品德、智力和体质等方面全面发展。公民有受教育的权利和义务，是指公民有在国家和社会提供的各类学校和机构中学习文化科学知识的权利，也有在一定条件下依法接受各种形式教育的义务。

（七）文化权利和自由

《宪法》第47条规定，公民有进行科学研究、文学艺术创作和其他文化活动的自由。国家对从事教育、科学、技术、文学、艺术和其他文化事业的公民的有益于人民的创造性工作给予鼓励和帮助。

七、特定主体的权利

在《宪法》规定的权利体系中，还存在特定主体享有的权利。特定主体的权利是法律规范明示的、受到保护的特别群体享有的权利。从《宪法》的规定来看，特定主体包括妇女、儿童、老人、残疾人和华侨等。

（一）保障妇女的权利

《宪法》第48条规定，妇女在政治、经济、文化、社会和家庭生活等各方面享有同男子平等的权利。国家保护妇女的权利和利益，实行男女同工同酬，培养和选拔妇女干部。宪法的这一规定明确了男女平等的原则，构成了平等权的重要部分。

（二）保护婚姻、家庭、妇女、儿童和老人

在我国，婚姻家庭关系是一种新型的婚姻家庭关系，受国家法律的保护。《宪法》第49条规定：“夫妻双方有实行计划生育的义务。父母有抚养教育未成年子女的义务，成年子女有赡养扶助父母的义务。禁止虐待老人、妇女和儿童。”

（三）保护华侨的正当权益，保护归侨和侨眷的合法权益

华侨是指侨居国外的中华人民共和国公民；归侨是指曾居于国外的我国公民，现已回到祖国定居；侨眷是指华侨在国内的眷属。《宪法》第50条规定：“中华人民共和国保护华侨的正当权力和利益，保护归侨和侨眷的合法权利和利益。”

第三节　我国公民的基本义务

宪法在规定公民基本权利的同时，也规定了公民的基本义务，任何公民在享有宪法和法律规定权利的同时，也必须履行宪法和法律规定的义务。

一、维护国家统一和各民族团结

《宪法》第52条规定，公民有维护国家统一和全国各民族团结的义务。国家的统一和各民族的团结是国家稳定和进行现代化建设的需要。

我国是统一的多民族国家，国家统一和民族团结具有重要意义。民族区域自治制度是解决民族问题的基本制度，各民族坚持平等、团结、互助的原则，共同发展。禁止任何民族歧视和压迫行为，禁止破坏民族团结和制造民族分裂的行为。

二、遵守宪法和法律，保守国家秘密，爱护公共财产，遵守劳动纪律，遵守公共秩序，尊重社会公德

《宪法》第53条规定，公民必须遵守宪法和法律，保守国家秘密，爱护公共财产，遵守劳动纪律，遵守公共秩序，尊重社会公德。

我国宪法和法律是全国各族人民意志和利益的集中体现，是保护人民、打击敌人、促进社会主义现代化建设的重要工具，因此，维护宪法和法律的尊严是每一个公民应尽的责任。

国家秘密关系到国家安全和利益，因此，保守国家秘密是关系到国家安危的大事。

公共财产是巩固国家政权、使国家日益繁荣的物质基础，因此，所有公民都应该爱惜和维护国家和集体的财产。

公民遵守劳动纪律，对保障社会化大生产的正常进行，提高劳动效率，保护劳动者的安全有重要意义。

公共秩序和社会公德也是保证人民正常生活和工作，谋求社会正常运行的重要条件，因此，遵守公共秩序，尊重社会公德也是公民的基本义务。

三、维护祖国的安全、荣誉和利益

《宪法》第54条规定，公民有维护祖国的安全、荣誉和利益的义务，不得有危害祖国的安全、荣誉和利益的行为。

国家的安全关系到国家的存在和发展，国家的荣誉和利益关系到祖国的尊严，每个公民都应以主人翁的态度自觉维护祖国的安全、荣誉和利益。

四、保卫祖国，依法服兵役

《宪法》第55条规定："保卫祖国、抵抗侵略是中华人民共和国每一个公民的神圣职责。依照法律服兵役和参加民兵组织是中华人民共和国公民的光荣义务。"

国家的主权独立、领土完整是我国现代化建设能够顺利进行的关键，它不仅关系到祖国的前途和命运，也关系到人民群众的安宁和幸福，因此，保卫祖国、依法服兵役和参加民兵组织是每一个公民的神圣义务。

五、依法纳税

税收是国家筹措资金的重要方式和国民收入的重要来源。《宪法》第56条规定，中华人民共和国公民有依照法律纳税的义务。为保证公民纳税义务的履行，国家颁布了一系列的税收法规。

因此，每一个公民都应当自觉遵守和执行税收法规，对偷税漏税的行为，国家将依法追究其法律责任。

本章思考题

1. 国籍的取得方式通常有哪几种？
2. 如何区别人民与公民的概念？
3. 我国公民有哪些基本权利？
4. 我国公民有哪些基本义务？

第四章

国家机构

★本章要点★

本章主要介绍了我国国家机构的组织形式及构成。

通过本章的学习，要求掌握我国的主要国家机构及其职能。

国家机构是国家为实现其职能而建立起来的国家机关的总和。国家机构的性质取决于国家的本质，实际上是掌握国家权力的阶级实现其阶级统治的工具。国家机构的性质主要体现在它的人员构成、组织与活动原则以及它所担负的职能和任务上。

根据《宪法》第三章的规定，从我国国家机构行使权力的属性来看，可分为国家权力机关、国家行政机关、国家军事机关、国家审判机关和国家检察机关；按照我国国家机构的不同等级，可分为中央国家机构和地方国家机构。中央国家机构包括全国人民代表大会及其常务委员会、国家主席、国务院、中央军事委员会、最高人民法院、最高人民检察院。地方国家机构包括地方各级人民代表大会及其常务委员会、地方各级人民政府、地方各级人民法院和地方各级人民检察院，以及特别行政区的各种地方国家机构。

第一节　全国人民代表大会及其常务委员会

一、全国人民代表大会

（一）性质和地位

《宪法》第2条规定："中华人民共和国的一切权力属于人民。人民行使国家权力的机关是全国人民代表大会和地方各级人民代表大会。"全国人民代表大会（以下简称"全国人大"）是我国的最高国家权力机关。

（二）组成和任期

全国人大由省、自治区、直辖市、特别行政区和军队选出的代表组成，各少数民族都有适当的名额。全国人大的组成采取的是地域代表制和职业（军队）代表制相结合，以地域代表制为主的方式。全国人大代表名额不超过3 000名，由全国人民代表大会常务委员会（以下简称“全国人大常委会”）确定各选举单位代表名额的比例分配。

全国人大每届任期5年，在任期届满前的2个月以前，全国人大常委会必须完成下届全国人大代表的选举。如果遇到不能进行选举的特殊情况，由全国人大常委会以全体委员2/3以上多数通过，可以推迟选举，延长本届全国人大的任期，但在非常情况结束后1年内，全国人大常委会必须完成下届全国人大代表的选举。

（三）职权

第一，修改宪法，监督宪法的实施。《宪法》第64条规定，宪法的修改由全国人大常委会或1/5以上的全国人大代表提议，并由全国人大全体代表的2/3以上多数通过。

第二，制定和修改基本法律。基本法律是以宪法为根据由全国人大制定的最重要的法律，由于这些法律关系到整个国家生活，关系到全国各族人民的利益，因此必须由全国人大制定和修改，全国人大常委会制定基本法律以外的法律，全国人大有权改变或者撤销全国人大常委会不适当的决定。

第三，选举、决定、罢免国家机关的重要领导人。全国人大有权选举全国人大常委会委员长、副委员长、秘书长和委员，国家主席、副主席，中央军事委员会主席，最高人民法院院长，最高人民检察院检察长；有权根据国家主席提名决定国务院总理的人选，根据国务院总理的提名决定国务院副总理、国务委员、各部部长、各委员会主任、审计长和秘书长的人选；根据中央军事委员会主席的提名决定中央军事委员会副主席的人选。对于以上人选，全国人大有权依照法定程序予以罢免。《全国人民代表大会组织法》第15条规定，罢免案须由全国人大主席团或者3个以上的代表团或1/10以上的代表提出，由主席团提请大会审议，并经全体代表过半数同意，才能通过。

第四，最高监督权。全国人大有权监督由其产生的其他国家机关的工作。全国人大常委会是全国人大的常设机关，它对全国人大负责并报告工作，全国人大可以改变或者撤销全国人大常委会不适当的决定；国务院、最高人民法院、最高人民检察院也对全国人大负责并报告工作，中央军事委员会必须对全国人大负责。

第五，决定国家重大问题的职权。其内容包括：审查和批准国民经济和社会发展计划及计划执行情况；审查和批准国家预算和预算执行情况；批准省、自治区、直辖市的建制；决定特别行政区的设立及在特别行政区实行的制度；决定战争与和平的问题；等等。

第六，应当由最高国家权力机关行使的其他职权。

二、全国人民代表大会常务委员会

（一）性质和地位

全国人大常委会是全国人大的常设机关，它隶属于全国人大，向全国人大负责并报告工作，接受全国人大对其的监督。

（二）组成和任期

全国人大常委会由委员长、副委员长、秘书长和委员若干人组成。《宪法》第65条规定，常委会组成人员中应当有适当名额的少数民族代表，常委会组成人员一律不得兼任行政机关、审判机关和检察机关的职务，常委会的组成人员由每届全国人大在第一次会议中选举产生。

常委会的任期与全国人大的任期相同，也是5年。委员长、副委员长连续任职不得超过两届。

（三）职权

第一，解释宪法，监督宪法的实施及立法权。《宪法》第67条规定，全国人大常委会制定和修改除应当由全国人民代表大会制定的法律以外的其他法律；在全国人民代表大会闭会期间，对全国人民代表大会制定的法律进行部分补充和修改，但是不得同该法律的基本原则相抵触。

第二，解释法律。全国人大常委会解释的法律是指对那些法律条文本身需要进一步明确界限或补充规定的解释，其所解释的法律并不限于自己制定的法律，还包括全国人大制定的法律。

第三，监督权。全国人大常委会有权撤销国务院制定的同宪法和法律相抵触的行政法规、决定和命令，撤销省、自治区、直辖市国家权力机关制定的同宪法、法律、行政法规相抵触的地方性法规和决议。全国人大常委会监督国务院、中央军事委员会、最高人民法院和最高人民检察院的工作，在全国人大闭会期间，上述最高国家机关都要向全国人大常委会负责。全国人大常委会行使监督权的具体形式有四种：一是在全国人大常委会会议期间，常委会组成人员10人以上联名可以向国务院及其各部委、最高人民法院、最高人民检察院提出书面质询案；二是国务院、最高人民法院、最高人民检察院在每次常委会上，围绕经济建设和人民群众关心的热点问题，向全国人大常委会作汇报；三是全国人大常委会有权撤销国务院制定的同宪法、法律相抵触的行政法规、决定和命令；四是开展对法律实施的检查。

第四，任免权。在全国人大闭会期间，根据国务院总理的提名，决定部长、委员会主任、审计长、秘书长的人选；根据中央军事委员会主席的提名，任命中央军事委员会其他人员的人选；根据最高人民法院院长的提名，任免最高人民法院副院长、审委会委员、审判员和军事法院院长；根据最高人民检察院检察长的提名，任免最高人民检察院副检察长、检察委员会委员、检察员、军事检察院检察长，批准省、自治区、直辖市人民检察院检察长的任免。

第五，对国家生活的重大问题的决定权。其内容包括：在全国人大闭会期间，对国民经济和社会发展计划、国家预算方案及其执行过程中所做的部分修改；决定批准或废除同外国缔结的条约和重要协定；决定驻外全权代表的任免；规定军人和外交人员的衔级制度和其他专门衔级制度；规定和决定授予的国家勋章或荣誉称号；决定特赦；等等。

此外，全国人大常委会还行使全国人大授予的其他职权。

三、全国人民代表大会各委员会

全国人大根据实际需要，可以设立若干专门委员会。各专门委员会是全国人大的组成部分，属于协助全国人大进行工作的辅助性机构，但它们不是单独决定问题、对外发号施令的权力机关。这些委员会可分为常设性委员会和临时性委员会。

（一）常设性委员会

全国人大的常设性委员会主要是指各专门委员会，根据《宪法》第70条和《全国人民代表大会组织法》第35条的规定以及工作实践的需要，目前，全国人大设有民族委员会、法律委员会、财政经济委员会、教育科学文化卫生委员会、外事委员会、华侨委员会、内务司法委员会、环境与资源保护委员会和农业与农村委员会。它们受全国人大的领导，在全国人大闭会期间受全国人大常委会的领导。各委员会由主任1人、副主任和委员若干人组成。各委员会的人选由全国人大主席团在代表中提名，由大会表决决定。此外，全国人大常委会根据工作需要，任命一定数量的非全国人大代表的专家做委员会的顾问。全国人大各专门委员会与每届全国人大的任期相同，为5年。

（二）临时性委员会

临时性委员会主要是全国人大及其常委会认为必要时，按照某项特定工作需要组成的对于特定问题的调查委员会。调查委员会的组成人员必须是全国人大代表。调查委员会无一定任期，对特定问题调查任务完成，该委员会即予撤销。

第二节 国家主席

一、国家主席的性质和地位

国家主席是我国国家机构的重要组成部分，是国家机构中一个独立的国家机关，对内对外代表国家。国家主席是我国的国家元首，依法行使宪法规定的职权。

二、国家主席的产生及任期

国家主席、副主席的人选，在每届全国人大举行第一次会议时，由会议主席团提名，经全国人大代表选举产生。国家副主席的职责是协助国家主席工作。国家副主席受国家主席委托，可以代行国家主席的部分职权。国家主席缺位的时候，由国家副主席继任国家主席的职位，国家副主席缺位的时候，由全国人大补选。国家主席、国家副主席都缺位的时候，由全国人大补选，在补选以前，由全国人大常委会委员长暂时代理国家主席的职位。国家主席、副主席行使职权到下届全国人大选出的国家主席、副主席就职为止。

《宪法》第79条规定，有选举权和被选举权的年满45周岁的中华人民共和国公民可以被选为中华人民共和国主席、副主席。国家主席和副主席的任期同全国人大每届任期相同，都是5年，连续任职不得超过两届。

三、职权

第一，公布法律，发布命令。国家主席根据全国人大或全国人大常委会的决定，公布法律；根据全国人大常委会的决定，发布特赦令、戒严令、动员令，宣布战争状态；等等。

第二，任免权。国家主席向全国人大提名国务院总理的人选，根据全国人大的决定，任免国务院总理、副总理、国务委员、各部部长、各委员会主任、审计长和秘书长。

第三，荣典权。国家主席根据全国人大常委会的决定，授予国家勋章和荣誉称号。

第四，外交权。国家主席代表国家接见外国使节，根据全国人大常委会的决定，派遣和召回驻外全权代表，批准和废除同外国缔结的条约或重要协定。

第三节　国务院

一、性质和地位

中华人民共和国国务院即中央人民政府，是最高国家权力机关的执行机关，是最高国家行政机关。

二、组成和任期

国务院由总理、副总理若干人、国务委员若干人、各部部长、各委员会主任、审计长、秘书长组成。国务院总理由国家主席提名，全国人大决定；副总理、国务委员、各部部长、各委员会主任、审计长、秘书长根据国务院总理的提名，由全国人大决定；在全国人大闭会期间，由全国人大常委会决定各部部长、各委员会主任、审计长和秘书长的任免；对国务院组成人员的任免决定后，由国家主席发布任免令。

国务院任期同全国人大相同，即每届5年，总理、副总理、国务委员的连续任职不得超过两届。

三、领导体制

根据《宪法》第86条的规定，国务院实行总理负责制。所谓总理负责制，是指国务院总理对他主管的工作负全部责任，与负全部责任相联系的是他对自己主管的工作有完全决定权。具体表现为：总理领导国务院工作，召集和主持国务院的全体会议和常务会议；对国务院职权范围内的各项重大问题，在集体讨论的基础上，由总理集中大家的正确意见，形成国务院的决定；国务院发布的决议、命令和行政法规，向全国人大和全国人大常委会提出的议案，任免人员，都由总理签署；国务院其他组成人员由总理提名；总理有权向最高国家权力机关提出任命或免除国务院其他组成人员的议案；国务院各部、各委员会的设立、撤销或合并，也都经总理提出，由全国人大常委会决定。

国家行政机关实行的首长负责制是在新时期对政治体制的一项重要改革，它使行政首长的职责得到加强，使他们在工作中居于主导地位。

国务院的会议分为国务院全体会议和国务院常务会议。国务院全体会议由国务院全体成员组成；国务院常务会议由总理、副总理、国务委员、秘书长组成。总理召集和主持国务院的全体会议和常务会议。根据《国务院组织法》第4条的规定，“国务院工作中的重大问题必须经国务院常务会议或国务院全体会议讨论决定”。

四、职权

第一，行政法规的制定和发布权。国务院在行政管理工作中，有权根据宪法和法律，制定和颁布有关行政机关的活动准则、行政权限、行政工作制度和各种行政管理制度方面的规范性文件。

第二，提出议案权。国务院有权向国家权力机关提出以下议案：法律案、预算案、任免案、条约案、国民经济和社会发展计划案，以及国务院在职权范围内，必须由最高国家权力机关审议和决定的其他事项。

第三，统一领导国家行政机关的工作。这类职权包括：规定各部和各委员会的任务和职责，统一领导各部和各委员会的工作；统一领导全国地方各级国家行政机关的工作，规定中央和省、自治区、直辖市的国家行政机关职权的具体划分；改变或者撤销各部、各委员会发布的不适当的命令、指示和规章以及地方国家行政机关不适当的决定和命令。

第四，领导和管理国家内政、外交等各方面的行政工作。这类职权包括：领导和管理经济工作，城乡建设、教育、科学、文化、体育、卫生和计划生育工作，民政、公安、司法行政、监察、国防建设、民族事务，等等。

第五，最高国家权力机关授予的其他职权。这主要是指全国人大及其常委会以明确的决议，将某些属于全国性的行政工作任务，某些特别重要的其他临时性工作，交由国务院办理。

第四节　中央军事委员会

一、性质和地位

《宪法》第93条规定，中华人民共和国中央军事委员会领导全国武装力量。这一规定表明，中央军事委员会是国家的最高军事领导机关。

中央军事委员会从属于国家的最高权力机关。其具体表现为：中央军事委员会主席由全国人大选举产生，全国人大根据中央军事委员会主席的提名，决定中央军事委员会其他组成人员的人选。在全国人大闭会期间，全国人大常委会根据中央军事委员会主席的提名，决定中央军事委员会其他组成人员。全国人大有权罢免中央军事委员会主席和中央军事委员会其他组成人员。

中央军事委员会对全国人大和全国人大常委会负责。

二、组成和任期

中央军事委员会由主席、副主席若干人、委员若干人组成。

中央军事委员会每届任期同全国人大任期相同，为5年。鉴于中央军事委员会作为军事领导机关的特殊性，宪法没有规定中央军事委员会的组成人员连续任职不得超过两届。

三、职责

中央军事委员会作为国家最高军事领导机关，它的职责是领导全国武装力量，享有国家武装力量的决策权和指挥权，其任务是巩固国防，抵抗侵略，保卫祖国，保卫人民的和平劳动，参加国家建设，努力为人民服务。

第五节 最高人民法院和最高人民检察院

一、最高人民法院

（一）人民法院的性质和任务

《宪法》第123条规定，中华人民共和国人民法院是国家的审判机关。由于国家审判权关系到法制的权威和统一，关系到人民民主专政的巩固和社会主义现代化建设，因此，国家的审判权只能统一由国家的专门机关——人民法院行使。其他任何机关、团体和个人都无权进行审判。

人民法院的任务是：审判刑事案件、民事案件和行政案件，通过审判活动，惩办一切犯罪分子，解决民事纠纷，以保卫人民民主专政制度，维护社会主义法制和社会秩序，保护社会主义的公有财产和公民私人所有的合法财产，保护公民的人身权利、民主权利和其他权利，保障国家改革开放方针的贯彻以及社会主义现代化建设事业的顺利进行，人民法院用它的全部活动教育公民忠于社会主义祖国，自觉遵守宪法和法律。

（二）最高人民法院是我国的最高审判机关

按照《中华人民共和国人民法院组织法》第2条的规定，我国人民法院的体系是最高人民法院、军事法院等专门人民法院和地方各级人民法院；地方各级人民法院分为基层人民法院、中级人民法院和高级人民法院。

最高人民法院的职权包括：监督地方各级人民法院的审判工作；对各级人民法院已发生法律效力的判决和裁定，发现确有错误，有权提审或指令下级人民法院再审；审判法律规定应当由它管辖的和它认为应当由自己审判的第一审案件；审判对高级人民法院、专门人民法院第一审判决和裁定的上诉案件和抗诉案件、审判最高人民检察院按照审判监督程序提出的抗诉案件；对于在审判过程中如何具体应用法律问题进行解释；死刑核准权，死刑除依法由最高人民法院判决的以外，应当报请最高人民法院核准。

最高人民法院院长由全国人民代表大会选举和罢免，其每届任期同全国人民代表大会相同，连续任职不得超过两届。

最高人民法院对全国人民代表大会和全国人民代表大会常务委员会负责。

二、最高人民检察院

（一）人民检察院的性质和任务

《宪法》第129条规定，中华人民共和国人民检察院是国家的法律监督机关。人民检察院通过行使检察权，对执行司法职能的国家机关、国家工作人员的职务犯罪以及公民的违法犯罪行为进行监督。

人民检察院的任务是：通过行使检察权，镇压一切叛国、分裂国家的犯罪活动，打击危害国家安全的行为和其他犯罪分子，维护社会秩序、生产秩序、工作秩序、教学科研秩序和人民群众的社会秩序，保护社会主义的公有财产和公民私有的合法财产，保障公民的人身权利、民主权利和其他权利，保卫社会主义现代化建设事业的顺利进行。此外，人民检察院还通过检察活动，教育公民忠于社会主义祖国，自觉遵守宪法和法律，积极同违法行为做斗争。

（二）最高人民检察院是我国的最高检察机关

我国人民检察院的组织体系包括最高人民检察院、地方各级人民检察院和军事检察院等专门人民检察院。

最高人民检察院是国家最高法律监督机关，它领导地方各级人民检察院和专门人民检察院的工作。

最高人民检察院检察长由全国人大选举和罢免，每届任期同全国人大每届任期相同，连续任职不得超过两届。

最高人民检察院对全国人大和全国人大常委会负责。

第六节　地方各级人民代表大会和各级人民政府及民族自治地方的自治机关

一、地方各级人民代表大会和地方各级人民政府

（一）地方各级人民代表大会

省、自治区、直辖市，自治州、县、自治县、市、市辖区，乡、民族乡、镇设立人民代表大会和人民政府。

地方各级人民代表大会是地方国家权力机关。它同全国人民代表大会一起，构成我国国家权力机关体系，是人民管理国家和地方事务的国家权力机关。地方各级人民代表大会由人民选举产生的代表组成。省、自治区、直辖市、设区的市、自治州的人民代表大会代表由下一级人民代表大会选举；县、自治县、不设区的市、市辖区、乡、民族乡、镇的人民代表大会代表由选民直接选举。地方各

级人民代表大会每届任期均为5年。

地方各级人民代表大会的职权是：在本行政区域内保证宪法、法律、行政法规的遵守和执行；依照法律规定的权限，通过和发布决议，审查和决定地方的经济建设、文化建设和公共事业建设的计划。县级以上的地方各级人民代表大会审查和批准本行政区域内的国民经济和社会发展计划、预算以及它们的执行情况的报告；有权改变或者撤销本级人民代表大会常务委员会不适当的决定。省、自治区、直辖市的人民代表大会及其常务委员会，在不同宪法、法律、行政法规相抵触的前提下，可以制定地方性法规，报全国人大常委会备案。地方各级人民代表大会分别选举并且有权罢免本级人民政府的省长和副省长、自治区主席和副主席，市长和副市长、州长和副州长、县长和副县长、区长和副区长、乡长和副乡长、镇长和副镇长。县级以上的地方各级人民代表大会选举并且有权罢免本级人民法院院长和本级人民检察院检察长。选出或者罢免人民检察院检察长，须报上级人民检察院检察长提请该级人大常委会批准。地方各级人民代表大会代表的选举单位和选民有权依法罢免由他们选出的代表。

（二）地方各级人民代表大会常务委员会

县级以上地方各级人民代表大会设立常务委员会，由主任、副主任若干人和委员若干人组成，对本级人民代表大会负责并报告工作。县级以上地方各级人民代表大会选举并有权罢免本级人民代表大会常务委员会的组成人员。

县级以上地方各级人民代表大会常务委员会的职权是：讨论和决定本行政区域内各方面工作的重大事项；监督本级人民政府、人民法院和人民检察院的工作；撤销本级人民政府不适当的决定和命令；撤销下一级人民代表大会不适当的决议；依照法律规定的权限决定国家机关工作人员的任免；在本级人民代表大会闭会期间，罢免和补选上一级人民代表大会的个别代表。

（三）地方各级人民政府

地方各级人民政府是地方各级国家权力机关的执行机关，是地方各级国家行政机关。地方各级人民政府对本级人民代表大会负责并报告工作。县级以上的地方各级人民政府在本级人民代表大会闭会期间，对本级人民代表大会常务委员会负责并报告工作。地方各级人民政府对上级国家行政机关负责并报告工作。全国地方各级人民政府都是国务院统一领导下的国家行政机关。地方各级人民政府每届任期同本级人民代表大会每届任期相同，实行首长负责制。

地方各级人民政府的职权是：县级以上地方各级人民政府依照法律规定的权限，管理本行政区域内的行政工作及领导所属各工作部门和下级人民政府工作，有权改变或撤销所属各工作部门和下级人民政府不适当的决定。乡、民族乡、镇的人民政府执行本级人民代表大会的决议和上级国家行政机关的决定和命令，管理本行政区域内的行政工作。

县级以上地方各级人民政府设立审计机关，以便在全国范围内加强统一的审计监督。地方各级审计机关依法独立行使审计监督权，对本级人民政府和上一级审计机关负责。

（四）居民委员会和村民委员会

城市和农村按居民居住地区设立的居民委员会或村民委员会是基层群众性自治组织。居民委员会和村民委员会的主任、副主任和委员由居民选举，设人民调解、治安保卫、公共卫生等委员会，办理本居住地区的公共事务和公益事业，调解民间纠纷，协助维护社会治安，并且向人民政府反映群众的意见、要求和提出建议。

二、民族自治地方的自治机关

民族自治地方的自治机关是自治区、自治州、自治县的人民代表大会和人民政府。它们都是在中央统一领导下的地方国家机关的组成部分，它们的产生、任期等适用《宪法》第 3 章第 5 节中关于地方国家机关的产生、任期等有关规定。

在民族自治地方的人民代表大会中，除实行区域自治民族的代表外，居住在本行政区内的其他民族也应当有适当名额的代表。民族自治地方的人民代表大会常务委员会中应当由实行区域自治的民族的公民担任主任或者副主任。自治区主席、自治州州长、自治县县长由实行区域自治的民族的公民担任。

民族自治地方的自治机关行使《宪法》第 3 章第 5 节规定的地方国家机关的职权，同时，依照《宪法》《民族区域自治法》和其他法律规定的权限行使自治权。其职权有：民族自治地方的人民代表大会有权依照当地民族的政治、经济和文化的特点，制定自治条例和单行条例，并依照法定程序经批准后生效；凡是依照国家财政体制属于民族自治地方的财政收入，都由民族自治地方的自治机关自主安排使用；在国家计划指导下，自主地安排和管理地方性的经济建设事业；自主地管理本地方的教育、科学、文化、卫生和体育事业；依照国家军事制度和当地的实际需要，经国务院批准，可以组织本地方维护社会治安的公安部队；在执行职务的时候，依照本民族自治地方自治条例的规定，使用当地通用的一种或几种语言文字。

本章思考题

1. 简述国家主席的地位和性质。
2. 试述国务院的职能。
3. 概述全国人民代表大会及其常务委员会的职权。
4. 介绍最高人民法院与最高人民检察院的职权。

宪法学·延伸阅读的推荐书目

[1]卢梭．社会契约论[M]．李平沤，译．北京：商务印书馆，2011．

[2]亚里士多德．政治学[M]．姚仁权，译．北京：北京出版社，2012．

[3]洛克．政府论[M]．刘晓根，译．北京：北京出版社，2012．

[4]罗尔斯．正义论[M]．何怀宏，等，译．北京：中国社会科学出版社，1988．

[5]汉密尔顿．联邦党人文集[M]．程逢如，等，译．北京：商务印书馆，1997．

[6]许崇德．宪法[M]．北京：中国人民大学出版社，1999．

[7]徐秀义，韩大元．现代宪法学基本原理[M]．北京：中国公安大学出版社，2001．

[8]张千帆．宪法学[M]．北京：法律出版社，2015．

[9]秦前红．比较宪法学[M]．武汉：武汉大学出版社，2007．

[10]祝捷．外国宪法[M]．武汉：武汉大学出版社，2010．

第三编

行政法学

第一章

行政法学基本理论

★本章要点★

本章着重介绍了行政法的概念、调整对象、基本原则、渊源以及行政法律关系。

通过本章的学习，应当加深对行政法相关基本概念的理解，在此基础上更好地把握行政法的基本原则。

第一节　行政法的基本概念

一、行政与行政法

（一）行政

行政的原意是“执行事物”。从通常意义上理解，行政是指一定的社会组织基于特定目的对一定范围内的事物进行组织、管理的活动。这种一般意义上的行政存在于所有的社会组织之中。但是，现代行政法上所说的行政并不泛指一般行政，而是指公共行政。

所谓公共行政，是指国家行政机关对公共事物的组织与管理，包括军事行政管理，外交行政管理，民事行政管理，公安行政管理，司法行政管理，国民经济的行政管理，教育、科技、文化、卫生、体育的行政管理等。

（二）行政法

行政法是规范公共行政活动（即国家行政管理活动）的法律规范的总称。行政法的特征表现在内容和形式两个方面。

从内容上讲，行政法具有如下特征：

第一，内容的广泛性。行政法是有关国家行政管理的法，国家行政管理的广泛性决定了行政法内容的广泛性。较之于其他部门法来说，行政法的内容显得很繁杂。

第二，对象的确定性。虽然行政法的内容广泛、复杂，但它的调整对象是确定的，即行政法始终以行政关系为调整对象。

第三，内容的易变性。由于国家行政管理活动的领域广阔，内容复杂而具体，加之社会关系的发展又快，所以行政法的内容必须适时修改，其变动也就较大。

第四，实体与程序的统一性。在行政法中，实体性行政法规范与程序性行政法规范通常交织在一起，共存于一个法律文件中。当然，此处的程序性行政法规范是行政权的行使方法、步骤及规则的规范，而并非是指解决行政争议的行政诉讼法的规范。

从形式上讲，行政法的特征是：表现形式具有多样性。行政法的广泛性、复杂性和易变性，使它无法以一个单一的法规来表现，而通常由分散的各种法规来表现。而且行政法的专业性、技术性强，要制定统一的法典比较困难。

二、行政法的调整对象

行政法的调整对象是国家行政机关在行使行政职能过程中所发生的各种社会关系，即行政关系。行政关系是现代国家最基本和最重要的社会关系之一，主要包括以下四种：

第一，行政机关和其他国家机关之间的关系。其包括行政机关与权力机关、审判机关、检察机关等之间的关系。这类关系在一定范围内是监督与被监督的关系，行政机关也处于被监督的地位。

第二，行政机关内部的关系。其包括上级行政机关与下级行政机关的关系、同级行政机关之间的关系、行政机关与其工作人员之间的关系。在这种行政关系中，行政主体之间的关系往往都受到层级的限制。

第三，行政机关与其他社会组织的关系。其包括行政机关与企业事业单位的关系和行政机关与各种社会团体的关系。在这种行政关系中，行政机关处于管理和监督的地位，双方在法律地位上不平等。

第四，行政机关和个人的关系。其包括行政机关与公民、外国人和无国籍人之间的关系。

上述四种关系并非在任何情况下都是行政关系，也并非都受行政法的调整。如某行政机关与一个企业签订了一份购销合同，此时两者之间的关系是平等的民事法律关系，双方的主体地位在法律上是平等的，因此只能受合同法的调整而不受行政法的调整。只有因行政机关行使行政职权而发生的关系才是行政关系，才受行政法的调整。

第二节 行政法的渊源

行政法的渊源也称行政法的法源，是指行政法的外在表现形式。由于行政法调整的社会关系广泛而难以制定一部统一的行政法典，所以其法律规范极为分散，法源众多。一般来说，我国行政法的法源包括宪法、法律、行政法规、行政规章、地方性法规、自治条例、单行条例等。此外，还有我国与外国政府签订的条约、协定，国家机关的司法解释等。

一、宪法

宪法是国家的根本法，它不仅是行政法的渊源，也是其他部门法的渊源。由于宪法所确认的国家各项根本制度、根本任务和一系列基本原则都是行政法的立法根据和基本渊源，因此，行政法和宪法有着最为密切的联系。

二、法律

法律是我国行政法的主要渊源。法律是指国家最高权力机关制定的规范性文件，包括全国人民代表大会制定的基本法律，如《中华人民共和国行政诉讼法》，也包括全国人民代表大会常务委员会制定的非基本法律。其中，凡是涉及行政机关的组织、行政活动以及行政救济内容的部分都可以认为是行政法的渊源。

三、行政机关制定的规范性文件

（一）行政法规

行政法规是国务院依宪法的授权制定的规范性法律文件。发布行政法规是中央国家行政机关对国家实施行政管理的重要手段。

（二）部门规章

行政规章是国务院各部、委和某些工作部门制定的规章，如司法部发布的《司法鉴定机构登记管理办法》、公安部发布的《公安机关办理国家赔偿案件程序规定》等。

（三）地方性规章

地方性规章也称地方政府规章，是指各省、自治区、直辖市人民政府，省、自治区人民政府所在地的市和国务院批准的较大的市以及经济特区市的人民政府制定的规章。

上述行政机关制定的规范性文件都具有一定的法律效力，但作为行政法的渊源，必须具备一定的条件，即不得与国家法律相抵触。另外，上述规范性文件的效力层次不一样，下一位次的规范性文件不能与上一位次的规范性文件相抵触。

四、地方性法规、自治条例和单行条例

根据《宪法》第 100 条和第 116 条的规定，省、自治区、直辖市的人民代表大会及其常务委员会，省、自治区人民政府所在的市和经国务院批准的较大的市以及经济特区市的人民代表大会及其常务委员会等权力机关可以制定地方性法规，民族自治地方的权力机关有权制定自治条例和单行条例。

地方性法规、自治条例和单行条例中有关行政活动的规范性文件是行政法的渊源。但地方权力机关制定的规范性文件必须按照法定程序报有关机关批准、备案方能在本行政区内生效。

五、国际条约和协定

国际条约和国家间的协定有的涉及国内行政管理，成为调整国家行政机关与公民、法人或外国人之间行政关系的行为准则，因此，它们也是行政法的渊源。

第三节　行政法的基本原则

行政法的基本原则是指贯穿于全部行政法规范之中的、调整和决定行政法律关系主体全部行为的基本准则。换言之，是指导和规范行政法的立法执法，以及指导和规范行政行为的实施和行政争议的处理的基础性法则。由于行政法没有一部统一的法典，而是散见于各种不同形式的法律规范文件中，故行政法的基本原则具有特殊重要的意义。行政法的基本原则包括行政合法性原则和行政合理性原则。

一、行政合法性原则

行政合法性原则也称依法行政原则，是指行政权力的设定、实施必须依据法律，合乎法律的要求，不能与法律相抵触。行政合法性原则包括实体合法和程序合法两个方面的内容，具体包括以下内容：

（一）行政权力的取得必须有法律依据

行政权力的取得必须有法律依据，这是行政机关依法行政的基础。行政活动只能在法定的范围内，依照法律的规定进行。行政机关不能自由地采取行动，只能在法律授权的范围内采取措施。法律规定了每个行政机关的组织和权限、行政活动的方式和手段，行政机关只能依据法律规定行事，权限以外的行为是无效的行为。

（二）行政权力的行使必须依法进行

行政权力的行使必须依法进行，这是依法行政的核心。行政行为必须符合法律的规定，具体来说，要做到以下几点：①行政行为的做出必须基于一定的事实；②行政行为不能超越法定权限；③行政行为必须符合法定程序。

（三）违反法律的行政行为必须依法追究

违反法律的行政行为必须依法追究，这是依法行政的保障。法律存在的目的即在于对某种行为责任的追究，以保障一定的社会秩序。社会主义法制的基本要求是“有法可依、有法必依、执法必严、违法必究”，行政主体必须对其违法的行政行为承担相应的责任，否则，依法行政就失去了应有的保障。

二、行政合理性原则

行政机关的活动不仅要合法，还要做到合理，即必须用合理性去界定和匡正合法性。所谓行政合理性原则，也称为行政适当原则，是指行政行为的内容要客观、适度，符合公平、正义等法律理念。行政合理性原则也包括内容合理和程序合理两个方面，具体而言主要包括以下四个方面的内容：

（一）行政行为必须符合法律的目的

法律赋予行政机关自由裁量权的目的正是有效地实现立法的目的，凡不符合法律目的的行为，都是不合理的行为。

（二）行政行为必须具有合理的动机

行政行为的动机必须符合法律的要求，不能以执行法律的名义将行政机关的主观意志甚至个人的偏见强加于公民和社会组织。这就要求行政机关平等地对待所有的被管理者。

（三）行政行为必须考虑相关的因素

行政机关在做出行政决定时，应当全面考虑该行为所涉及或影响的因素，尤其是法律、法规所明示或默示的要求行政机关考虑的因素，不能以无关的因素为根据。这样才能使行政行为有充分、合理的依据，才能使行政机关做出合理的决定。

（四）行政行为必须符合公正法则

公正是社会的普遍要求，因而也是法的一般原则。公正有其客观的标准，行政机关的行政行为符合公正法则才是合理的行为。因为公正可以在任何场合下对行政机关的行政行为进行判断，因此，公正法则就成为行政合理性原则的具体内容之一。

第四节 行政法律关系

一、行政法律关系的概念和构成要素

行政法律关系是指行政机关在行政管理活动中发生的由行政法律规范所调整的各种社会关系。简言之，行政法律关系就是行政法调整行政关系时所形成的权利义务关系。行政法律关系同所有的法律关系一样，都由主体、客体和内容三个要素构成。

（一）行政法律关系的主体

行政法律关系的主体即行政法律关系的当事人，是指行政法律关系中权利的享有者和义务的承担者。行政法律关系的主体分为两方：一方是行政主体，即行政机关和经法律授权行使行政职能并对其行为承担责任的其他组织；另一方是行政相对人，即依法接受行政管理的当事人，包括国家机关、社会团体、公民以及在我国境内的外国组织、外国人和无国籍人。

（二）行政法律关系的客体

行政法律关系的客体是主体的权利、义务所指向的对象。行政法律关系客体的范围十分广泛，概括起来可以分为三大类，即物、行为和智力成果。

（三）行政法律关系的内容

行政法律关系的内容是指行政法律关系的主体在行政法律关系中享有的权利和承担的义务。由于行政法律关系的主体分为行政主体和行政相对人，所以行政法律关系的内容也分为两个方面：一方面表现为行政机关的职权和职责；另一方面表现为行政相对人的权利和义务。对行政机关而言，必须依法行使职权和履行职责。对行政相对人而言，主要享有参加国家管理的权利、对行政机关进行监督的权利、其合法权益受到国家保护的权利等，同时，也必须履行如下义务：遵守各种行政管理规范、接受委托代理执行、承担因违法行为而受到的处罚等。

二、行政法律关系的特点

相对于其他性质的法律关系，行政法律关系具有以下特点：

（一）行政法律关系主体的一方必须是行政主体

行政法律关系主体的一方必须是行政主体，即行政机关或根据法律的授权代行某种行政职能的社会组织。这是因为，行政法律关系是在行政机关进行行政管理中基于一定的法律事实产生的，如果没有行政机关的行政管理活动，就不会产生行政法律关系。

（二）行政法律关系具有单方面性和强制性

在行政法律关系中，行政主体一方处于主导的地位，是管理者，依法享有管理权、强制权、制裁权等权力；行政相对人则处于被管理者的地位。行政机关能以自己单方面的行为引起行政法律关系的产生、变更和消亡，而无须双方当事人意思表示一致。如政府发布的戒严令就直接为一定范围的公民设定义务，而无须征得对方同意。当然，行政法律关系中当事人双方的不对等性决不意味着行政机关可以享有超越法律的特权，相反，行政机关在行使职权时，必须严格遵守法律。

（三）行政法律关系具有法定性和统一性

行政法律关系的内容是法定的，既不能互相约定，也不可以自由选择，如行政处罚关系等。在一般情况下，权利与义务是统一的，具有双重性：既是权利同时又是义务，既是职权又是职责，没有法律依据和法定程序是不能转让和放弃的。

（四）行政主体有处理行政争议的权力

行政法律关系引起的争议通常由行政机关依据一定的行政程序予以解决。只有在行政相对人不服行政解决或法院另有规定的情况下，才能诉诸人民法院。这也是行政法律关系有别于民事法律关系的特点。

本章思考题

1. 简述行政法的概念和特征。
2. 行政法有哪些法律渊源？
3. 试述行政法的基本特征。
4. 什么是行政法律关系？行政法律关系有哪些特点？

第二章

行政主体

★本章要点★

本章实际上介绍的是行政组织法的内容。行政组织是国家进行行政管理的主体，包括行政机关和国家公务员。

通过学习本章内容，一定要正确区分行政主体和行政法主体（即行政法律关系的主体）。

第一节　行政主体概述

一、行政主体的概念和特征

行政主体是指享有行政职权，能以自己的名义从事国家行政管理活动，做出影响行政相对人权利和义务的行政行为，并能独立承担由此产生的行政法律责任的组织。行政主体具有以下法律特征：

（一）行政主体是享有国家行政权力、实施行政活动的组织

并非所有的组织都能成为行政主体，只有行使国家行政权力的组织才能成为行政主体。是否享有国家行政权力，是否可以实施行政活动，是区分行政主体与其他社会组织的关键。

（二）行政主体是以自己的名义实施行政管理活动的组织

以自己的名义是指能够依照自己的意志做出处理决定，能够以自己的名义采取措施。这一特征将行政主体与行政机关的内部管理机构和受行政机关委托执行某些行政管理任务的组织区别开来。

（三）行政主体是能承担其行为所产生的法律责任的组织

一个组织是否是行政主体，还要看其是否能够承担行政活动所产生的责任。如果仅仅是实施行政活动，并不承担所产生的责任，就不是行政主体。如在行政委托中，被委托人的行为所产生的后果不是由其自身承担，而是由委托的行政机关承担。

二、行政主体与相关概念的区别

为了进一步明确行政主体的概念，必须将行政主体和下列概念区分开：

（一）行政主体与行政机关

行政主体主要是指行政机关，但行政主体不能简单地等同于行政机关。并非所有的行政机关都能成为行政主体，行政机关只有具备一定的条件才能成为行政主体；行政机关并非在所有的场合都能成为行政主体，行政机关只有在行使行政职权、实施行政管理活动时，其身份才是行政主体。

（二）行政主体与行政法主体

行政法主体即行政法律关系的主体，包括双方当事人：一方是作为管理者的行政机关，称为行政主体；另一方是作为被管理者的公民、法人或其他组织，称为行政相对人。行政主体通常是相对于行政相对人而言的，表明其在行政法律关系中所处的地位。因此，行政主体只是行政法主体（即行政法律关系的主体）的一方当事人，不能将行政主体等同于行政法主体。

（三）行政主体与国家公务员

国家公务员不是行政主体，只是接受国家的委托，依法执行职务的人员。公务员具有执行职务的权力，但是公务员并不承担由此产生的法律后果。同时，行政主体又离不开国家公务员，行政活动是通过一个个具体的公务员实施的，行政主体即属于由若干公务员组合起来的法律上的人格。

第二节 行政机关

一、行政机关的概念和特征

行政机关是指依照宪法和行政组织法的规定而设置的行使国家行政职权的国家机关。行政机关具有如下法律特征：

（一）行政机关的行为后果归属国家

行政机关是代表国家行使国家权力的国家机关，它在职权范围内的一切行为及其后果都归属于国家。

（二）行政机关对国家权力机关负责

行政机关是国家权力机关的执行机关，由国家权力机关产生，对国家权力机关负责和报告工作，并受其监督。

（三）行政机关行使国家行政管理权

行政机关行使的职权是国家的行政管理权，所担负的职能是行政管理职能，因而它不同于行使其他职能的国家机关，如审判机关、检察机关等。

（四）行政机关实行首长负责制

行政机关实行首长负责制是指：国务院实行总理负责制；国务院各部、委实行部长、主任负责制；地方各级人民政府实行省长、市长、县长、区长、乡长、镇长负责制。

二、行政机关的分类

根据不同的标准，对行政机关可以做如下分类：

（一）中央行政机关和地方行政机关

根据行政机关职权管辖的范围，行政机关可分为中央行政机关和地方行政机关。

第一，中央行政机关的管辖范围及于全国，包括国务院、国务院各部委、国务院直属机构和国务院办事机构。具体内容包括：①国务院即中央人民政府，是最高国家权力机关的执行机关，是最高国家行政机关。②国务院各部、委是国务院的工作部门，部、委的设立经总理提出，由全国人民代表大会决定，在全国人民代表大会闭会期间，由全国人民代表大会常务委员会决定。部、委实行部长、主任负责制。③国务院直属机构是国务院主管各项专门业务的机构。国务院直属机构由国务院根据工作需要和精简的原则设立，无须全国人民代表大会或全国人民代表大会常务委员会批准。直属机构具有自己主管的专门行政事务，它可以在主管事项的范围内，对外发布命令、指示，因此，直属机构可以作为行政法上的主体。④国务院办事机构是协助总理办理事项的机构。国务院办事机构的设立由国务院根据工作的需要和精简的原则自行决定，其地位低于各部、委和直属机构。

第二，地方行政机关包括一般行政区域的行政机关和民族自治地方的行政机关。具体内容包括：①一般行政区域的行政机关包括地方各级人民政府及其工作部门。地方各级人民政府是地方各级人民代表大会的执行机关，同时也是地方各级国家行政机关。我国地方各级人民政府分为省（自治区、直辖市）、市（自治州）、县、乡镇四级。地方县以上各级人民政府根据工作的需要，设立若干工作部门，承担某一方面行政事务的组织和管理职能。工作部门对本级人民政府负责，管理所辖行政区域内的某项专门行政事务，属于专门权限的行政机关。②民族自治地方的行政机关是指自治区、自治州、自治县的人民政府。民族自治地方的人民政府既是行政机关又是自治机关，和民族自治地方的各级人民代表大会一样，行使自治权。

（二）一般权限行政机关和专门权限行政机关

根据行政机关权限的性质，行政机关可分为一般权限行政机关和专门权限行政机关。一般权限行政机关的权限是全面的，涉及各个行政领域和各种行政事务，如国务院和地方各级人民政府；专门权限行政机关是局部性的，仅涉及特定行政领域和特定行政事务，如国务院各部委、地方各级人民政府的工作部门。一般权限行政机关和专门权限行政机关都是独立的行政主体，能以自己的名义对外行使职权，由其本身承担相应职权行为的法律责任。专门权限行政机关受一般权限行政机关的领导，一般权限行政机关有权向专门权限行政机关发布命令、指令、指示，专门权限行政机关对一般权限行政机关的命令、指令、指示有服从的义务。

（三）派出机关和派出机构

所谓派出机关，是指由一级人民政府经有权机关批准在一定行政区域内设立的行政机关。根据法律的规定，我国的派出机关主要有：①省、自治区人民政府经国务院批准设立的行政公署；②县、自治县人民政府经省、自治区、直辖市人民政府批准设立的区公所；③市辖区、不设区的市的人民政府经上一级人民政府批准设立的街道办事处。

所谓派出机构，是指由政府的工作部门根据行政管理的需要在一定的行政区域内设立的管理某项行政事务的机构。在我国，派出机构较多，如公安派出所、税务所、工商所等。

第三节 国家公务员

一、国家公务员的概念和国家公务员制度

国家公务员是指依法履行公职、纳入国家行政编制、由国家财政负担工资和福利的工作人员。现代公务员制度起源于英国，公务员一词也是由英文翻译而来的。公务员制度是指国家管理和调整国家与公务员之间职务关系的法律制度。

2006 年 1 月起施行的《中华人民共和国公务员法》（以下简称《公务员法》）是新中国成立以来由最高立法机关制定公布的第一部公职人员基本法。

二、国家公务员的义务和权利

根据《公务员法》第 12 条的规定，我国公务员应当履行下列义务：①模范

遵守宪法和法律；②按照规定的权限和程序认真履行职责，努力提高工作效率；③全心全意为人民服务，接受人民监督；④维护国家的安全、荣誉和利益；⑤忠于职守，勤勉尽责，服从和执行上级依法做出的决定和命令；⑥保守国家秘密和工作秘密；⑦遵守纪律，恪守职业道德，模范遵守社会公德；⑧清正廉洁，公道正派；⑨法律规定的其他义务。

根据《公务员法》第 13 条的规定，我国公务员享有下列权利：①获得履行职责应当具有的工作条件；②非因法定事由、非经法定程序，不被免职、降职、辞退或者处分；③获得工资报酬，享受福利、保险待遇；④参加培训；⑤对机关工作和领导人员提出批评和建议；⑥提出申诉和控告；⑦申请辞职；⑧法律规定的其他权利。

三、公务员的分类

我国公务员实行职位分类制度。所谓职位分类，是指行政机关的职位以工作性质、责任大小、难易程度及所需任职资格等为标准划分为若干类别和等级，以此作为对公务员的录用、考核、奖惩、升降、培训、工资等方面管理的依据。

我国公务员职位目前主要有三个类别：综合管理类、专业技术类和行政执法类。我国公务员的职务分为领导职务和非领导职务两大类。

四、公务员的录用

行政机关录用担任主任科员以下及其他相当职务层次的非领导职务的公务员，采用公开考试、严格考察、平等竞争、择优录取的办法。

根据《公务员法》第 11 条和第 23 条的规定，报考公务员应当具备下列条件：具有中国国籍；年满 18 周岁；拥护宪法；具有良好的品行、具有正常履行职责的身体条件；具有符合职位要求的文化程度和工作能力；法律规定的其他条件。

五、公务员的考核和奖惩

（一）公务员的考核

公务员的考核是指行政机关按照管理权限，对公务员履行职责的情况进行考察和评定。考核的内容包括德、能、勤、绩、廉五个方面。考核的重点是工作实绩。考核应当遵循客观公正、民主公开、依法考核的原则，实行领导与群众相结合、平时与年度相结合的方法。

公务员的考核分为平时考核和定期考核。平时考核是定期考核的基础。定期考核结果分为优秀、称职、基本称职、不称职四个等次。定期考核的结果作为对公务员的奖惩、培训、辞退以及调整职务、级别和工资的依据。考核结果应当书面通知本人。

（二）公务员的奖惩

公务员的奖惩制度是国家行政机关对在工作中表现突出，有显著成绩和贡献以及有其他突出事迹的公务员给予物质的与精神的鼓励，对违纪公务员进行惩处的各项具体规定的总称。

对于公务员奖励的原则是精神奖励与物质奖励相结合，以精神奖励为主，奖励包括嘉奖，记三等功、记二等功、记一等功，授予荣誉称号。

对公务员的违纪行为，尚未构成犯罪或者虽构成犯罪但依法不追究刑事责任的，应当给予行政处分。行政处分分为警告、记过、记大过、降级、撤职和开除。对公务员进行行政处分，必须严格按照法律规定的程序进行。

六、公务员的培训、交流

行政机关根据经济、社会发展的需要，按照职位的要求，有计划地对公务员进行知识、业务和技能的培养和训练。对公务员的培训应贯彻理论联系实际、学用一致、按需施教、讲求实效的原则。国家采取分级分类的公务员培训措施，包括公务员初任培训、任职培训、专业培训和在职培训。公务员培训情况、学习成绩是任职和晋升的依据之一。

国家实行公务员交流制度。公务员交流既可以在行政机关内部进行，也可以在其他机关或企业、事业单位、人民团体和群众团体中进行。交流的方式包括调任、转任和挂职锻炼。

七、公务员的回避

《公务员法》第68条规定，公务员之间有夫妻关系、直系血亲关系、三代以内旁系血亲关系以及近姻亲关系的，不得在同一机关担任双方直接隶属于同一领导人员的职务或者有直接上下级领导关系的职务，也不得在其中一方担任领导职务的机关从事组织、人事、纪检、监察、审计和财务工作。公务员担任乡级机关、县级机关及其有关部门主要领导职务的，应当实行地域回避，法律另有规定的除外。

《公务员法》第70条规定，公务员执行公务时，有下列情形之一的，应当回避：①涉及本人利害关系的；②涉及与本人有《公务员法》第68条第一款所列亲属关系人员的利害关系的；③其他可能影响公正执行公务的。公务员有应当回避情形的，本人应当申请回避；利害关系人有权申请公务员回避。其他人员可以向机关提供公务员需要回避的情况。机关根据公务员本人或者利害关系人的申请，经审查后做出是否回避的决定，也可以不经申请直接做出回避决定。

八、公务员的工资、保险和福利

工资是公务员为国家服务后获得的劳动报酬。我国公务员的工资实行国家统一的职务与级别相结合的工资制度，由基本工资、津贴、补贴和奖金四部分构成。

国家建立公务员保险制度，保障公务员在退休、患病、工伤、生育、失业等情况下获得帮助和补偿。

公务员的福利制度是指国家根据经济社会发展水平提高公务员福利待遇。

九、公务员的辞职、辞退和退休

根据《公务员法》第十三章的规定，公务员辞去公职，应当向任免机关提出书面申请。任免机关应当自接到申请之日起 30 日内予以审批，其中，对领导成员辞去公职的申请，应当自接到申请之日起 90 日内予以审批。公务员有下列情形之一的，不得辞去公职：①未满国家规定的最低服务年限的；②在涉及国家秘密等特殊职位任职或者离开上述职位不满国家规定的脱密期限的；③重要公务尚未处理完毕，且须由本人继续处理的；④正在接受审计、纪律审查，或者涉嫌犯罪，司法程序尚未终结的；⑤法律、行政法规规定的其他不得辞去公职的情形。

担任领导职务的公务员，因工作变动依照法律规定需要辞去现任职务的，应当履行辞职手续。担任领导职务的公务员，因个人或者其他原因，可以自愿提出辞去领导职务。领导成员因工作严重失误、失职造成重大损失或者恶劣社会影响的，或者对重大事故负有领导责任的，应当引咎辞去领导职务。领导成员应当引咎辞职或者因其他原因不再适合担任现任领导职务，本人不提出辞职的，应当责令其辞去领导职务。

公务员有下列情形之一的，予以辞退：①在年度考核中，连续两年被确定为不称职的；②不胜任现职工作，又不接受其他安排的；③因所在机关调整、撤销、合并或者缩减编制员额需要调整工作，本人拒绝合理安排的；④不履行公务员义务，不遵守公务员纪律，经教育仍无转变，不适合继续在机关工作，又不宜给予开除处分的；⑤旷工或者因公外出、请假期满无正当理由逾期不归连续超过 15 天，或者一年内累计超过 30 天的。

对下列情形之一的公务员，不得辞退：①因公致残，被确认丧失或者部分丧失工作能力的；②患病或者负伤，在规定的医疗期内的；③女性公务员在孕期、产假、哺乳期内的；④法律、行政法规规定的其他不得辞退的情形。

公务员达到国家规定的退休年龄或者完全丧失工作能力的，应当退休，公务员符合下列条件之一的，本人自愿提出申请，经任免机关批准，可以提前退休：

①工作年限满30年的；②距国家规定的退休年龄不足5年，且工作年限满20年的；③符合国家规定的可以提前退休的其他情形的。公务员退休后，享受国家规定的退休金和其他待遇，国家为其生活和健康提供必要的服务和帮助，鼓励发挥个人专长，参与社会发展。

本章思考题

1. 简述行政主体的概念和特征。
2. 行政主体和行政法主体有何区别?
3. 简述行政机关的法律特征。
4. 对我国行政机关可做哪些分类?
5. 简述国家公务员的义务和权利。

第三章

行政行为

★本章要点★

本章是行政法的核心内容，着重介绍行政立法行为、行政执法行为和行政司法行为。

通过本章的学习，在行政行为概述中，要着重区分抽象行政行为和具体行政行为；在行政立法行为中，要明确行政立法的程序和效力；在行政执法中，需把握行政决定、行政许可、行政处罚、行政强制执行和行政合同的内容；在行政司法行为中，应当着重掌握行政复议。

第一节　行政行为概述

一、行政行为的概念和特征

行政行为是指行政主体为实现行政管理目标而依法行使行政职权和履行行政职责的法律行为。行政行为具有如下特征：

（一）行政行为是行政主体的行为

行政行为只能由行政主体实施，行政主体包括行政机关、法律和法规授权的组织以及行政机关委托的组织。行政主体以外的国家机关，如国家权力机关、审判机关、检察机关实施的行为不属于行政行为；企事业单位、社会团体非经法律、法规的授权或非经行政机关的委托而实施的行为也不是行政行为。当然，并非行政主体实施的所有行为都是行政行为，但是行政行为一定是行政主体实施的。

（二）行政行为是依法行使行政职权和履行行政职责的行为

行政主体实施的与行政职权无关的行为不是行政行为。国家因管理的需要，依法赋予行政主体特定的行政权力。行政行为就是行政主体实现这种特定权利和义务的方式。行政行为的这一特征将行政行为与行政主体的其他各种行为，如民事法律行为等区分开来。

（三）行政行为是法律行为

行政行为是行政主体就行政管理所发生的直接或间接产生法律效果的行为。行政行为使行政主体和行政相对人构建了行政法上的权利义务关系，从而使行政行为产生法律效果。不发生行政法律效果的行为不是行政行为。

二、行政行为的分类

行政行为的表现形式众多，根据不同的标准可以将其划分为不同的种类：

（一）抽象行政行为和具体行政行为

抽象行政行为是指行政机关制定和发布具有普遍约束力的规范性文件的行为，如国务院制定行政法规的行为。抽象行政行为是行政主体行使职权的一种重要形式，具有调整范围广泛的特征；而且抽象行政行为可以反复适用，具有长期性的特点，对相对人权利义务的影响很大，所以抽象行政行为在行政管理中发挥着重要作用。

具体行政行为是指行政主体对特定的对象，就特定的事项做出的处理，如行政许可、行政处罚等。相对于抽象行政行为，具体行政行为具有特定性和直接性，对特定对象的权利义务直接发生影响；而且具体行政行为没有反复适用性，具体行政行为只能适用一次。

区分抽象行政行为和具体行政行为有着十分重要的意义。抽象行政行为具有普遍的约束力，而具体行政行为只是对特定的对象发生法律效力。另外，抽象行政行为一般不受行政诉讼的司法审查，而具体行政行为一般都可以提起行政诉讼。

（二）行政立法行为、行政执法行为和行政司法行为

行政立法行为是指有权行政机关依照法律规定的权限和程序，制定并颁布有关行政管理的规范性文件的活动。

行政执法行为是指国家行政机关依照法律、法规对社会进行行政管理的活动。

行政司法行为是指国家行政机关作为第三方对行政争议做出裁决的活动。

（三）羁束的行政行为和自由裁量的行政行为

羁束的行政行为是指法律明确规定了行政行为的范围、条件、形式、程度、方法等，行政机关没有自由选择的余地，只能严格依照法律做出的行政行为。如

国家对税率的规定是明确的、具体的，行政机关没有自由裁量权。

自由裁量的行政行为是指法律仅规定了行政行为的范围、条件、幅度和种类等，由行政机关根据实际情况决定如何适用法律而做出的行政行为。如在《治安管理处罚法》（2012 年修订）第 10 条中规定，行政机关可以对违法公民处以警告、罚款、行政拘留等行政处罚，至于行政机关具体会适用何种处罚，则由行政机关根据相对人的违法情节而定。

（四）要式行政行为和非要式行政行为

要式行政行为是法律、法规规定必须具备某种方式或形式才能产生法律效力的行政行为。如行政处罚必须以书面形式，制作书面行政处罚决定书才能对相对人发生法律效力。

非要式行政行为是指法律没有明确规定行政行为的具体形式，行政机关根据实际需要做出各种形式的行政行为。

（五）外部行政行为和内部行政行为

外部行政行为是行政机关为了维护正常的社会秩序，对公民、法人和其他组织实施行政管理的行政行为。

内部行政行为是行政机关为了维护行政机关的内部秩序，对其所属的行政机关的工作人员实施管理的行政行为。

三、行政行为的效力

行政行为的法律效力包括确定力、拘束力和执行力。

（一）行政行为的确定力

行政行为的确定力是指行政行为一经做出并发生法律效力后，非经法定程序不得任意变更或者撤销。行政行为一旦生效后，相对人不得擅自改变或要求改变。行政相对人对行政行为不服，并不直接影响行政行为本身的效力。对具体行政行为不服的，相对人有权申请复议或者进行行政诉讼，从而对行政行为的合法性进行审查；对抽象行政行为不服的，一般只能向上级机关或国务院进行反映。

（二）行政行为的拘束力

行政行为的拘束力是指行政行为生效后，作为相对人的公民、法人和其他组织以及国家机关都要受该行为的拘束，不能做出与该行为相抵触的行为。

（三）行政行为的执行力

行政行为的执行力是指行政行为一经做出，相对人应当履行，如果相对人不履行行政行为，行政机关有权自己强制执行或者申请人民法院强制执行。

第二节 行政立法

一、行政立法的概念和分类

行政立法是指有权的行政机关依照法律规定的权限和程序，制定颁布有关行政管理的规范性文件的活动。行政立法包括制定行政法规和行政规章，行政机关制定规章以下的规范性文件的活动不属于行政立法，而是抽象行政行为。

行政立法兼有行政行为和立法行为的属性。一般而言，行政立法具有如下特点：行政立法具有普遍的约束力；行政立法是行政机关在职权范围内做出的行为；行政立法必须依照法律规定的程序进行。根据不同的标准，可以将行政立法划分为不同的类别：

（一）职权行政立法和授权行政立法

根据行政机关立法权来源的不同，可以将行政立法划分为职权行政立法和授权行政立法。职权行政立法是指行政机关依据宪法和立法法的规定，在其职权范围内进行的立法。如我国宪法规定，国务院有权根据宪法和法律，制定行政法规；地方组织法规定，省、自治区、直辖市以及省、自治区的人民政府所在地的市和经国务院批准的较大的市的人民政府，有权根据法律和国务院的行政法规，制定规章。授权行政立法是指行政机关根据宪法和立法法以外的其他法律的授权或者有权国家机关的专门授权所进行的立法。如《中华人民共和国专利法》规定："本法实施细则由专利局制定，报国务院批准后施行。"授权行政立法受到授权法律和法规的严格制约。

（二）中央行政立法和地方行政立法

根据行政立法的主体不同，可以将行政立法分为中央行政立法和地方行政立法。中央行政立法是指国务院及其部委根据授权或职权制定行政法规和行政规章的活动。地方行政立法是指有行政立法权的地方政府依法制定地方政府规章的活动。

（三）执行性立法和创制性立法

根据行政立法的功能、目的和内容的不同，可以将行政立法分为执行性立法和创制性立法。执行性立法是指为了执行法律或地方性法规以及上级行政机关发布的规范性文件而进行的行政立法活动。如《中华人民共和国海关法行政处罚实施细则》就是根据《中华人民共和国海关法》（2013 年修正）（以下简称《海关法》）第 60 条的规定，为了实施《海关法》关于法律责任的规定而制定的。创制性立法是指行政机关为了履行法律赋予其的行政职权而对管理对象创制一定规则的立法活动。创制性立法是对法律尚未规定的事项制定规范性文件，确定某种新的权利义务，因而必须严格掌握，非经有权机关的专门授权，行政机关无权制定。

二、行政立法的程序

行政立法也是国家的一种立法活动，必须严格遵守行政立法的程序。所谓行政立法的程序，是指国家行政机关在制定行政法规和行政规章的过程中所应遵循的方法、步骤的总称。

2000 年公布、2015 年修订的《立法法》和 2001 年公布的《行政法规制定程序条例》是目前规范行政法规制定行为的主要根据。行政立法程序主要包括以下几项：

（一）立项

国务院于每年年初编制本年度的立法工作计划。国务院有关部门认为需要制定行政法规的，应当于每年年初编制国务院年度立法工作计划前，向国务院报请立项。列入国务院年度立法工作计划的行政法规项目应当符合下列要求：适应改革、发展、稳定的需要；有关的改革实践经验基本成熟；所要解决的问题属于国务院职权范围并需要国务院制定行政法规。国务院有关部门认为需要制定行政法规的，应当向国务院报请立项。

（二）起草

行政法规由国务院组织起草。国务院年度立法工作计划确定行政法规由国务院的一个部门或者几个部门具体负责起草工作，也可以确定由国务院法制机构起草或者组织起草。起草行政法规，应当深入调查研究，总结实践经验，广泛听取有关机关、组织和公民的意见。听取意见可以采取召开座谈会、论证会、听证会等多种形式。

（三）审查

报送国务院的行政法规送审稿，由国务院法制机构负责审查。国务院法制机构主要从以下方面对行政法规送审稿进行审查：是否符合宪法、法律的规定和国家的方针政策；是否符合起草要求；是否与有关行政法规协调、衔接；是否正确处理有关机关、组织和公民对送审稿主要问题的意见；其他需要审查的内容。

（四）决定与公布

行政法规草案由国务院常务会议审议，或者由国务院审批。国务院常务会议审议行政法规草案时，由国务院法制机构或者起草部门做出说明。国务院法制机构应当根据国务院对行政法规草案的审议意见，对行政法规草案进行修改，形成草案修改稿，报请总理签署国务院令公布施行。签署公布行政法规的国务院令应载明该行政法规的施行日期。法规应当自公布之日起 30 日后施行；但是，涉及国家安全、外汇汇率、货币政策的确定以及公布后不立即施行将有碍行政法规施行的，可以自公布之日起施行。行政法规在公布后的30日内由国务院办公厅报全国人民代表大会常务委员会备案。

（五）解释

行政法规条文本身需要进一步明确界限或者做出补充规定的，由国务院解释。行政法规的解释与行政法规具有同等效力。国务院各部门和省、自治区、直辖市人民政府可以向国务院提出行政法规解释要求。

第三节 行政执法

一、行政执法概述

行政执法是指国家行政机关以及经行政机关授权的其他组织，按照法定职权和程序，实施国家行政管理的活动。换言之，行政执法是行政主体对行政相对人采取的直接影响其权利和义务的行政行为。

行政执法行为必须符合以下条件方可生效：①行政执法的主体合法。行政执法的主体必须是依法组成并具有行政执法权力的行政机关或经授权享有行政执法权力的其他组织。②行政执法的内容合法。行政主体必须在法定的职权和权限范围内进行执法活动。③行政执法的程序合法。行政执法必须遵守严格的程序，否则，行政执法就不具备法律效力。④行政执法的形式合法。例如，行政机关及其执法人员当场收缴罚款时，必须向当事人出具省、自治区、直辖市财产部门统一制发的罚款收据。

二、行政决定

（一）行政决定的概念

行政决定是指行政机关依法对行政相对人的权利或义务做出的单方处理的行政行为。行政决定是行政执法行为最常见的方式。

（二）行政决定的表现形式

行政决定一般具有以下几种表现形式：①命令，即行政机关要求相对人为一定的行为或不为一定的行为；②指示，即上级机关对下级机关进行原则或具体的工作布置；③审批，即行政机关对相对人的申请进行审查和批复；④批准，即行政机关对相对人的申请做出肯定的答复；⑤拒绝，即行政机关对相对人的申请做出否定的答复；⑥许可，即行政机关就一般的禁止行为对特定的人或事做出例外性的规定；⑦免除，即行政机关就一般的义务行为对特定的人或事做出例外性的规定；⑧赋予，即行政机关为相对人设定行政法上的某种能力、权利或法律地位；⑨剥夺，即行政机关使相对人丧失其行政法上的某种能力、权利的一部分或全部或消灭其法律地位；⑩确认，即行政机关对某项尚未最后确立的行政法律关系经审核后予以肯定或者否定；⑪证明，即行政机关肯定某种法律事实或法律关系的存在；⑫通知，即行政机关使相对人知悉某种事项。

三、行政许可

行政许可是指行政机关根据公民、法人或其他组织的申请，经过依法审查准予其从事特定活动的行为。行政许可具有以下法律特征：①行政许可是行政主体对行政相对人所实施的一种具体行政行为。行政许可是行政主体的具体行政行为，具有特定性和直接性，对特定对象的权利义务直接发生影响，因而不同于民事许可行为，民事许可行为的当事人主体地位是平等的。②行政许可的内容是赋予行政相对人从事某种活动的权利或资格的行为。③行政许可是一种依申请的行政行为。行政机关不能依职权主动进行行政许可，必须以行政相对人的申请为前提。④行政许可是要式行政行为。行政许可一般采用书面证书的形式，如卫生许可证、营业执照等。

四、行政处罚

（一）行政处罚的概念和特征

行政处罚是指享有行政处罚权的行政机关或经法律、法规授权、经行政机关委托的组织，对违反行政法律规范的公民、法人或其他社会组织实施法律制裁的行政执法行为。

行政处罚和行政处分是两个不同的概念，有着本质的区别。行政处分是国家行政机关对其内部违法失职的公务员实施的一种惩戒措施，是行政机关进行内部管理的一种活动。

行政处罚具有下列特征：①实施行政处罚的主体是依法享有行政处罚权的行政主体。其既包括享有行政处罚权的行政机关，也包括经法律、法规授权而取得行政处罚权或经行政机关委托而取得行政处罚权的其他组织。②行政处罚的对象是违反行政法律规范的行政相对人。行政处罚是行政主体对社会进行管理的外部行政行为，因此，行政处罚的对象只能是行政相对人，而不能是和行政主体有隶属关系的工作人员。行政相对人即公民、法人或其他组织，作为外部被管理人，其必须有违反行政法律规范的行政违法行为，这是其被行政主体进行行政处罚的前提。③行政处罚是一种行政制裁手段。行政处罚是国家矫正行政违法行为的一种法律制度，其目的在于对违法者的行政违法行为进行制裁。这种制裁方式是针对行政违法行为的制裁，既不同于民事制裁，也不同于刑事制裁。

（二）行政处罚的原则

行政主体对行政相对人违反行政法律规范的行为做出行政处罚规定时应遵循一定的原则，具体如下：

1. 处罚法定原则

处罚法定原则是指行政处罚必须严格依据法律的规定进行。《中华人民共和国行政处罚法》（以下简称《行政处罚法》）第 3 条明确规定：“公民、法人或者其他组织违反行政管理秩序的行为，应当给予行政处罚的，依照本法由法律、法规或者规章规定，并由行政机关依照本法规定的程序实施。没有法定依据或者不遵守法定程序的，行政处罚无效。”处罚法定原则是行政活动合法性要求的具体实现，包括以下四个基本要求：①处罚设定法定；②实施处罚的依据法定；③实施处罚的主体法定；④实施处罚的程序法定。

2. 处罚公正、公开原则

根据《行政处罚法》第 4 条规定，行政处罚必须遵循公正、公开的原则。所谓处罚公正原则，是指设定和实施行政处罚必须以事实为依据，与违法行为的事实、性质、情节以及社会危害程度相当。处罚公正原则是处罚法定原则的延伸，行政处罚不仅要合法，而且要公正、恰当。所谓处罚公开原则，是指对违法行为给予行政处罚的规定必须公布；未经公布的，不得作为行政处罚的依据。处罚公开原则是处罚公正原则得以实现的重要保障，只有将行政处罚的设定和实施向社会公开，才能将处罚的全过程置于社会的监督之下。处罚公开既要求对违法行为给予行政处罚的规定进行公开，同时还要求对实施处罚的程序进行公开。

3. 处罚与教育相结合原则

行政主体在实施行政处罚时，既要对违法行为进行处罚，又要对违法行为人进行说服教育，纠正违法，实现惩罚与教育的双重功能。《行政处罚法》第 5 条规定：“实施行政处罚，纠正违法行为，应当坚持处罚与教育相结合，教育公民、法人或者其他组织自觉守法。”

4. 保障当事人权利原则

公民、法人或者其他组织对行政机关所给予的行政处罚享有陈述权、申辩权；对行政处罚不服的，有权依法申请行政复议或者提起行政诉讼。公民、法人或其他组织因行政机关违法给予行政处罚而受到损害的，有权依法提出赔偿要求。

5. 一事不再罚原则

一事不再罚原则是指行政机关对行政相对人的一个违法行为，不能给予多次处罚。《行政处罚法》第 24 条规定：“对当事人的同一个违法行为，不得给予两次以上罚款的行政处罚。”一事不再罚原则包含以下内容：①一个行政机关或者多个行政机关不能根据同一法律规范对同一违法行为再次做出处罚；②一个行政机关或者多个行政机关不能根据不同法律规范做出同一种处罚。

（三）行政处罚的种类

《行政处罚法》第8条规定的行政处罚的种类包括以下七种：①警告，即对违法行为人进行谴责以示警诫的书面处罚措施；②罚款，即行政主体强制违法行为人在一定期限内缴纳一定数额钱款的处罚；③没收违法所得、没收非法财物，即将违法行为人的违法所得或非法财物收归国有的处罚；④责令停产停业，即行政主体强制违法行为人在一定时期内停止经营的处罚；⑤暂扣或者吊销许可证、暂扣或者吊销执照，即行政主体暂时扣留或撤销违法行为人从事某种活动的凭证或者资格证明的处罚；⑥行政拘留，即行政主体在短期内（1日以上15日以下）剥夺违法行为人人身自由的处罚；⑦法律、行政法规规定的其他行政处罚，如劳动教养、驱逐出境、通报批评等。

（四）行政处罚的设定

根据《行政处罚法》第二章的规定，对行政处罚的设定可以分为以下五个层次：

1. 法律

全国人民代表大会及其常务委员会制定的法律可以设定各种行政处罚。限制人身自由的行政处罚只能由法律设定。

2. 行政法规

行政法规可以设定除限制人身自由以外的行政处罚。法律对违法行为已经做出行政处罚规定，行政法规需要做出具体规定的，必须在法律规定的给予行政处罚的行为、种类和幅度的范围内规定。

3. 地方性法规

地方性法规可以设定除限制人身自由、吊销企业营业执照以外的行政处罚。法律、行政法规对违法行为已经做出行政处罚规定，地方性法规需要做出具体规定的，必须在法律、行政法规规定的给予行政处罚的行为、种类和幅度的范围内规定。

4. 部门规章

国务院各部、委员会制定的规章可以在法律、行政法规规定的给予行政处罚的行为、种类和幅度的范围内做出具体的规定。尚未制定法律、行政法规的，国务院各部、委员会制定的规章对违反行政管理秩序的行为，可以设定警告或者一定数量罚款的行政处罚。罚款的限额由国务院规定。国务院可以授权具有行政处罚权的直属机构依照前述规定，做出行政处罚。

5. 地方性规章

省、自治区、直辖市人民政府和省、自治区人民政府所在地的市人民政府，以及经国务院批准的较大的市的人民政府规定的规章可以在法律、行政法规规定的给予行政处罚的行为、种类和幅度的范围内做出具体规定。尚未制定法律、行政法规的，前述规定的人民政府制定的规章对违反行政管理秩序的行为，可以设定警告或者一定数量罚款的行政处罚。

罚款的限额由省、自治区、直辖市人民代表大会常务委员会规定。除了上述五种规范性文件外，其他规范性文件不得设定行政处罚。

（五）行政处罚的实施机关

根据《行政处罚法》第三章的规定，行政处罚的实施主体包括以下几类：

1. 行政机关

《行政处罚法》第 15 条规定，行政处罚由具有行政处罚权的行政机关在法定职权范围内实施。

2. 法律、法规授权的组织

《行政处罚法》第 17 条规定，法律、法规授权的具有管理公共事务职能的组织可以在法定授权范围内实施行政处罚。

3. 受行政机关委托的组织

基于公共管理的需要，行政机关依照法律、法规或者规章的规定，可以在其法定权限范围内委托符合一定条件的组织实施行政处罚。由于受行政机关委托的组织不具有行政主体的地位，受委托的组织只能在委托的范围内，以委托行政机关的名义实施行政处罚，而且不得再委托其他任何组织或者个人实施行政处罚。委托行政机关对受托的组织实施行政处罚的行为应当负责监督，并对该行为的后果承担法律责任。

（六）行政处罚的管辖和适用

1. 行政处罚的管辖

行政处罚的管辖是指行政机关在实施行政处罚权上的权限分工。《行政处罚法》第四章共规定了这几种管辖：①级别管辖和地域管辖。行政处罚由违法行为发生地的县级以上地方人民政府具有行政处罚权的行政机关管辖，法律、行政法规另有规定的除外。②指定管辖。两个或两个以上的行政机关对管辖发生争议的，报请共同的上一级行政机关指定管辖。③职能管辖。如果违法行为构成犯罪，行政机关必须将案件移送司法机关，依法追究刑事责任。

2. 行政处罚的适用

行政机关在实施行政处罚时，应当责令当事人改正或限期改正违法行为。对当事人的同一个违法行为，不得给予两次以上罚款的行政处罚。《行政处罚法》第四章规定有下列情形的不予处罚：①不满 14 周岁的人有违法行为的，不予行政处罚，责令监护人加以管教；②精神病人在不能辨认或者不能控制自己行为时有违法行为的，不予行政处罚；③违法行为轻微并及时纠正，没有造成危害后果的，不予行政处罚。对于有下列情形之一的，从轻或减轻处罚：①已满 14 周岁不满18周岁的人有违法行为的；②主动消除或者减轻违法行为危害后果的；③受他人胁迫有违法行为的；④配合行政机关查处违法行为有立功表现的；⑤其他依法从轻或者减轻行政处罚的。《行政处罚法》第28条和第29条规定，违法行为构成犯罪，人民法院判处拘役或有期徒刑，行政机关已经给予当事人行政拘留的，应当依法折抵相应的刑期。违法行为构成犯罪，人民法院判处罚金时，行政机关已经给予当事人罚款的，应当折抵相应的罚金。违法行为在两年内未被发现的，不再给予行政处罚，法律另有规定的除外。

（七）行政处罚的程序

1. 行政处罚决定程序

行政处罚决定程序又可分为简易程序、一般程序和听证程序。①简易程序。简易程序是指当场处罚程序，主要适用于事实清楚、情节简单、后果轻微的违法行为。简易程序有利于提高行政处罚的效率。适用简易程序必须符合以下三个条件：一是违法事实确凿，无须进一步调查取证；二是有法定依据；三是只有对公民处以50元以下、对法人或其他组织处以1 000元以下罚款或者警告的行政处罚，才可以当场做出行政处罚的决定。执法人员当场做出行政处罚决定的，应当向当事人出示执法身份证件，填写预定格式、编有号码的行政处罚决定书。行政处罚决定书应当当场交付当事人。执法人员当场做出行政处罚决定，必须报所属行政机关备案。②一般程序。一般程序也称普通程序，是指除简易程序以外做出处罚所适用的程序。一般程序包括以下几个具体步骤：一是立案；二是调查取证；三是说明理由，当事人陈述与申辩；四是做出处罚决定；五是送达。行政机关决定给予行政处罚的，应当制作行政处罚决定书。行政处罚决定书必须加盖做出行政处罚决定的行政机关的印章。③听证程序。听证程序是指行政机关在做出处罚决定以前，公开举行由利害关系人参加的听证会，对事实进行质证和辩驳的程序。听证程序是一般程序的特殊程序，只适用于需要听证的案件。

2. 行政处罚执行程序

行政处罚决定依法做出后，当事人应当在行政处罚决定的期限内予以履行。当事人对行政处罚决定不服，申请行政复议或者提起行政诉讼的，行政处罚不停止执行，但是法律另有规定的除外。除法定的当场收缴的罚款外，做出行政处罚决定的行政机关及其执法人员不得自行收缴罚款。当事人逾期不履行行政处罚决定的，做出行政处罚的行政机关可以依法强制执行或者申请人民法院强制执行。

五、行政强制执行

（一）行政强制执行概述

行政强制执行是指公民、法人或者其他组织不履行行政法上的义务，由行政机关或行政机关申请人民法院依法采取必要的强制措施，迫使其履行义务的具体行政行为。

《中华人民共和国行政强制法》已由中华人民共和国第十一届全国人民代表大会常务委员会第二十一次会议于2011年6月30日通过并公布，自2012年1月1日起已开始施行。

行政强制执行具有以下法律特征：①行政强制执行以行政相对人不履行行政法上的义务为前提；②行政强制执行的主体是法律规定的行政机关和人民法院；③行政强制执行的对象范围广泛，包括物、行为以及人身自由；④行政强制执行不允许和解。

（二）行政强制执行的种类

行政强制执行分为间接强制执行和直接强制执行。

1. 间接强制执行

间接强制执行是指执行机关通过某种间接的强制手段迫使义务人履行义务或达到与履行义务相同的状态。具体又可以分为代执行和执行罚两种。①代执行。代执行是指当公民、法人或者其他组织逾期不履行义务，而该义务又可以由他人代为履行时，由行政机关或第三人代替义务人履行义务，并向义务人收取代履行费用的强制执行方式。如拆除违章建筑时，人民法院可先请人代为拆除，再由义务人支付费用。②执行罚。执行罚也称滞纳金，是指当义务人逾期不履行义务，而该义务必须由其本人履行时，行政机关增加义务人财产上新的义务迫使当事人履行义务的强制执行方式。如对到期不纳税者，每天处以税款0.2%的滞纳金。

2. 直接强制执行

直接强制执行是指义务人不履行义务，行政机关采取间接强制执行方式不能达到目的，或者紧急情况下无法采用间接强制执行方式时，而将强制措施直接作用于义务人的人身或者财产，达到履行义务效果的强制执行方式。直接强制执行是迫使义务人履行义务或达到与履行义务相同状态的最有效的方法，其虽然有利于行政管理目标的实现，但容易侵害相对人的利益，因此直接强制执行在条件和程序上比间接强制执行更为严格。

（三）行政强制执行的具体方法

对人身的强制执行方法，具体包括强制拘留、强制传唤和遣送出境。

对财产的强制执行方法，具体包括加收滞纳金、强制划拨、强制扣缴、强制抵缴、强制拍卖、强制拆除、强制退还、强制变卖财产、强制收购以及扣除工资或扣押财物作抵。

对行为采取的强制执行方法，具体包括强制许可、强制铲除和强制检定。

六、行政合同

行政合同是指行政机关为实现行政管理目标，与相对人之间经过协商一致所达成的协议。行政合同结合了合同与传统行政行为的特点，是一种非常灵活的行政管理方式。一方面，行政合同改变了传统的行政机关单方决定的行政管理方式，体现了民事合同中契约自由的精神，反映了相对人的意志，有利于激发相对人的积极性和创造性；另一方面，行政合同保留了行政机关的行政优益权，行政机关对合同的履行有监督、指挥权，保证了行政管理目标的实现。

目前，我国行政合同主要有以下几种：①国有土地使用权出让合同；②全民所有制工业企业承包合同；③公用征收合同；④农村土地承包合同；⑤科研合同；⑥国家订购合同；⑦公共工程承包合同；⑧计划生育合同。

第四节　行政司法

一、行政司法概述

行政司法是指国家行政机关依法对行政争议做出裁决的活动。行政司法具有如下特征：

第一，在行政司法过程中，行政机关与行政相对人之间不是管理与被管理的关系，而是处于争议双方当事人之外的裁决人的地位。

第二，行政司法适用的是一种准司法程序。所谓准司法程序，是指具有司法程序的某些形式（如传唤、讯问、控告、答辩、陈述、听证、辩论、裁决、上诉等），而非完全的司法程序。

第三，行政司法的管辖权仅限于某些案件和争议。

第四，行政司法做出的裁决一般不具有终局性质，当事人如果不服，在多数情况下还可以向人民法院起诉。行政司法制度是解决行政争议（主要是指行政机关与相对人之间的争议，行政机关之间的争议由其上级行政机关按普通行政程序解决）的重要途径和方法。行政司法主要包括行政复议、行政仲裁、行政调解等。

二、行政复议

（一）行政复议的概念和特征

1. 行政复议的概念

行政复议是指公民、法人或者其他组织认为行政机关的具体行政行为侵犯其合法权益，向有关行政复议机关提出行政复议的申请，行政复议机关受理申请后，对有争议的具体行政行为进行审查并做出行政复议决定的行政司法活动。

2. 行政复议的特征

较之其他行政司法活动，行政复议具有下列特征：①行政复议只能由作为行政相对人的公民、法人或者其他组织提起，其他主体不得提起；②行政复议的对象原则上只能是行政机关做出的具体行政行为；③行政复议权只能由做出具体行政行为的行政机关的上一级行政机关或法律授权的组织行使；④行政复议是维护公民、法人或者其他组织合法权益的一种程序性权利。

（二）行政复议的原则

为了防止和纠正违法或者不正当的具体行政行为，保护公民、法人和其他组织的合法权益，保障和监督行政机关依法行使职权，我国第九届全国人民代表大会常务委员会第九次会议于1999年4月29日审议通过了《中华人民共和国行政复议法》（以下简称《行政复议法》），该法于2009年8月27日第十一届全国人民代表大会常务委员会第十次会议进行了修订。2007年5月，国务院制定的《行政复议法实施条例》进一步完善了现行行政复议制度。

《行政复议法》第4条明确规定了行政复议的基本原则，具体包括合法原则、公正原则、公开原则、及时原则、便民原则、有错必纠原则。

（三）行政复议的范围

《行政复议法》第6条明确规定，有下列情形之一的，公民、法人或者其他组织可以申请行政复议：①对行政机关做出的警告、罚款、没收违法所得、没收非法财物、责令停产停业、暂扣或者吊销许可证、暂扣或者吊销执照、行政拘留等行政处罚决定不服的；②对行政机关做出的限制人身自由或者查封、扣押、冻结财产等行政强制措施决定不服的；③对行政机关做出的有关许可证、执照、资质证、资格证等证书变更、中止、撤销的决定不服的；④对行政机关做出的关于确认土地、矿藏、水流、森林、山岭、草原、荒地、滩涂、海域等自然资源的所有权或者使用权的决定不服的；⑤认为行政机关侵犯合法的经营自主权的；⑥认为行政机关变更或者废止农业承包合同侵犯其合法权益的；⑦认为行政机关违法集资、征收财物、摊派费用或者违法要求履行其他义务的；⑧认为符合法定条件，申请行政机关颁发许可证、执照、资质证、资格证等证书，或者申请行政机关审批、登记有关事项，行政机关没有依法办理的；⑨申请行政机关履行保护人身权利、财产权利、受教育权利的法定职责，行政机关没有依法履行的；⑩申请行政机关依法发放抚恤金、社会保险金或者最低生活保障费，行政机关没有依法发放的，兜底规定，认为行政机关的其他具体行政行为侵犯其合法权益的。

同时，《行政复议法》第7条还规定：“公民、法人或者其他组织认为行政机关的具体行政行为所依据的下列规定不合法，在对具体行政行为申请行政复议时，可以一并向行政复议机关提出对该规定的审查申请：①国务院部门的规定；②县级以上地方各级人民政府及其工作部门的规定；③乡、镇人民政府的规定。”

（四）行政复议的申请与受理

1. 行政复议的申请

根据《行政复议法》第9条的规定，公民、法人或者其他组织认为具体行政行为侵犯其合法权益的，可以自知道该具体行政行为之日起60日内提出行政复议申请，但是法律规定的申请期限超过60日的除外。申请人申请行政复议，可以书面申请，也可以口头申请。口头申请的，行政复议机关应当当场记录申请人的基本情况、行政复议请求、申请行政复议的主要事实、理由和时间。对县级以上地方各级人民政府工作部门的具体行政行为不服的，由申请人选择，可以向该部门的本级人民政府申请行政复议，也可以向上一级主管部门申请行政复议。对海关、金融、国税、外汇管理等实行垂直领导的行政机关和国家安全机关的具体行政行为不服的，向上一级主管部门申请行政复议。对地方各级人民政府的具体行政行为不服的，向上一级主管部门申请行政复议。对省、自治区人民政府依法设立的派出机关所属的县级人民政府的具体行政行为不服的，向该派出机关申请行政复议。对国务院部门或者省、自治区、直辖市人民政府的具体行政行为不服的，向做出该具体行政行为的国务院部门或者省、自治区、直辖市人民政府申请行政复议。对行政复议决定不服的，可以向人民法院提起行政诉讼，也可以向国务院申请裁决，国务院依照《行政复议法》的规定做出最终裁决。

公民、法人或者其他组织申请行政复议，行政复议机关已经依法受理的，或者法律、法规规定应当先向行政复议机关申请行政复议，对行政复议决定不服再向人民法院提起行政诉讼的，在法定行政复议期间内不得向人民法院提起行政诉讼。公民、法人或者其他组织向人民法院提起行政诉讼，人民法院已经依法受理的，不得申请行政复议。

2. 行政复议的受理

行政复议机关收到行政复议申请后，应当在5日内进行审查，对不符合行政复议法规定的行政复议申请，决定不予受理，并书面告知申请人；对符合行政复议法规定，但是不属于本机关受理的行政复议申请，应当告知申请人向有关行政复议机关提出。除这一规定外，行政复议申请自行政复议机关负责法制工作的机构收到之日起即为受理。

法律、法规规定应当先向行政复议机关申请行政复议、对行政复议决定不服再向人民法院提起行政诉讼的，行政复议机关决定不予受理或者受理后超过行政复议期限不做答复的，公民、法人或者其他组织可以自收到不予受理决定书之日起15日内，依法向人民法院提起行政诉讼。公民、法人或者其他组织依法提出行政复议申请，行政复议机关无正当理由不予受理的，上级行政机关应当责令其受理；必要时，上级行政机关也可以直接受理。行政复议期间的具体行政行为不停止执行。但是，有下列情形之一的，可以停止执行：①被申请人认为需要停止执行的；②行政复议机关认为需要停止执行的；③申请人申请停止执行，行政复议机关认为其要求合理，决定停止执行的；④法律规定停止执行的。

三、行政复议的决定

行政复议机关负责法制工作的机构应当对被申请人做出的具体行政行为进行审查，提出意见，经行政复议机关的负责人同意或集体讨论通过后，按照下列规定做出行政复议决定：

第一，具体行政行为认定事实清楚、证据确凿、适用依据正确、程序合法、内容适当的，决定维持。

第二，被申请人不履行法定职责的，决定其在一定期限内履行。

第三，具体行政行为有下列情形之一的，决定撤销、变更或者确认该具体行政行为违法：主要事实不清、证据不足的；适用依据错误的；违反法定程序的；超越或者滥用职权的；具体行政行为明显不当的。决定撤销或者确认该具体行政行为违法的，可以责令被申请人在一定期限内重新做出具体行政行为。

第四，被申请人不按规定提出书面答复并提交当初做出具体行政行为的证据、依据和其他有关材料的，视为该具体行政行为没有证据、依据，决定撤销该具体行政行为。

行政复议机关责令被申请人重新做出具体行政行为的，被申请人不得以同一的事实和理由做出与原具体行政行为相同或基本相同的具体行政行为。行政复议机关应当自受理申请之日起60日内做出行政复议决定，但是法律规定的行政复议期限少于60日的除外。情况复杂，不能在规定期限内做出行政复议决定的，经行政复议机关负责人批准，可以适当延长，并告知申请人和被申请人，但是延长期限最长不得超过30日。

行政复议机关做出行政复议决定，应当制作行政复议决定书，并加盖印章。行政复议决定书一经送达，即发生法律效力。被申请人应当履行行政复议决定。被申请人不履行或者无正当理由拖延履行行政复议决定的，行政复议机关或者有关上级行政机关应当责令其限期履行。

本章思考题

1. 行政行为的特征有哪些？
2. 简述行政行为的效力。
3. 简述行政强制执行的种类。
4. 行政立法行为可以分为哪些种类？
5. 试述行政处罚的原则和行政复议的范围。

第四章

行政监督

★本章要点★

行政监督是保障国家的行政活动“依法行政”的一种监督制度。行政监督的制度化和法制化，是社会主义民主与法制建设的重要内容和社会主义建设的法制保障。

通过本章的学习，着重掌握行政监督的种类和具体内容。

第一节 行政监督概述

一、行政监督的概念和特征

（一）行政监督的概念

行政监督是现代国家关于组织和个人对行政机关及其工作人员行使职权、履行职责是否符合社会主义民主和法制的原则，是否符合国家和人民的利益而依法实行的监督制度，是行政法制的重要组成部分和重要保障环节。

（二）行政监督的特征

所谓行政监督，是指具有法定监督权的主体依法对国家行政机关及其工作人员的行政行为所实施的监督。行政监督具有如下特征：

1. 监督主体的多样性

可以实施行政监督的主体不仅包括行政机关，还包括行政机关以外的其他国家机关、组织和广大的人民群众。

2. 监督对象的特定性

行政监督只能对国家行政机关及其工作人员进行监督，而且只能对国家行政机关及其工作人员的行政行为进行监督。

3. 监督内容的广泛性

在进行行政监督时，监督主体可以对监督对象从以下两个方面进行监督：①对行政立法行为、行政执法行为和行政司法行为进行全面的监督；②对具体行政行为和抽象行政行为进行监督。

4. 监督方式的多样性

由于监督主体的职能、权限和手段不同，监督的种类、手段和方式也有所不同。其主要表现在：有国家机关的监督，也有非国家机关的监督；有以立法权、行政权、检察权和审判权实施的监督，也有运用民主、舆论等形式进行的监督；有通过监察、督促的方式进行的监督，也有通过检查等方式进行的监督。

二、行政监督的意义

任何权力的行使都必须受到监督，否则就会导致权力滥用甚至出现腐败。由于行政权力具有广泛性、强制性、行使的经常性和较大的自由裁量性，因而行政权力是否能够得到正确的行使，往往直接关系到国家和公民的利益。这就要求对行政行为的正确性和合法性既要在行政机关内部进行严格的监督，又要由党组织、其他国家机关以及社会组织和公民进行监督。

各种监督都必须依法进行，而且应当形成制度，做到行政监督的制度化、法律化。具体而言，行政监督具有以下重大意义：①行政监督是实现人民当家做主权利的重要保证。②行政监督是正确贯彻执行宪法、法律和政策的重要保证。③行政监督是克服官僚主义，提高行政效率的有效方法。④行政监督是防止腐败，建设廉洁政府的有力武器。⑤行政监督对防止和纠正违法和不当，保护国家、集体利益和公民合法权益具有重要的保障作用。

第二节　行政监督的种类

一、国家权力机关的监督

《宪法》第2条明确规定："中华人民共和国的一切权力属于人民。人民行使国家权力的机关是全国人民代表大会和地方各级人民代表大会。"第3条规定："国家行政机关、审判机关、检察机关都由人民代表大会产生，对它负责，受它监督。"

国家权力机关对行政机关的监督，主要通过以下几种方式实现：①听取和审查政府的工作报告；②审查和批准国民经济和社会发展计划和计划执行情况的报告；③审查和批准国家的预算和预算执行情况；④监督宪法和其他法律的实施；⑤撤销行政机关制定的同宪法、法律相抵触的行政法规、决定和命令；⑥有权决定或罢免行政机关的负责人；⑦向行政机关提出质询和询问，行政机关应予答复或说明；⑧视察和检查行政机关的工作。

二、中国共产党的监督

中国共产党是我国的执政党，对国家政治生活的各个方面和各个环节实施全面的领导和监督。

在我国，共产党对行政机关的监督是最重要的一种监督，是实现行政管理法制化的根本保证。党对国家行政的监督主要是指政治监督、法律监督和纪律监督。

三、中国人民政治协商会议的监督

中国人民政治协商会议（简称“人民政协”）是我国的爱国统一战线组织，也是在中国共产党领导下多党合作和政治协商的组织形式。人民政协章程的总纲规定，人民政协要对国家的大政方针、社会主义现代化建设和群众生活等重要问题进行政治协商，通过批评和建议，发挥民主监督的作用。

四、司法机关的监督

司法机关的监督是指检察机关和审判机关依照法定职权和程序，对行政机关及其工作人员的活动是否违法所实施的监督。

（一）检察机关的监督

《宪法》第 129 条规定：“中华人民共和国人民检察院是国家的法律监督机关。”各级人民检察院通过行使检察权，对行政机关及其工作人员的活动是否遵守宪法和法律进行监督。

（二）审判机关的监督

人民法院通过对具体案件的审理实施其监督权。审判机关对行政机关及其工作人员的监督，主要是通过审理行政诉讼案件的方式进行的，通过行政审判对行政机关及其工作人员的具体行政行为是否合法进行审理，确保行政行为的合法性。

另外，通过行政审判，还可以使因违法的具体行政行为而遭受到损失的相对人获得赔偿。

五、行政机关内部的监督

行政机关内部监督可以分为一般职能监督和专门职能监督。

（一）一般职能监督

一般职能监督是指上级行政机关对下级行政机关的监督以及各级人民政府对所属工作部门依法进行的监督。一般职能监督是行政自我控制和约束的重要手段，也是我国政权的社会主义民主性质的一种具体表现。

一般监督通常以工作报告、工作指导、工作检查、工作考核的形式进行，主要表现为：①国务院对全国国家行政机关实行统一的领导和监督；②国务院各部、委和直属机构对省、自治区、直辖市所属工作部门的监督；③地方各级人民政府对所属工作部门和下一级人民政府实行的监督；④对设在本辖区内不属于自己管理的国家机关的监督；⑤下级行政机关对上级行政机关的监督。

（二）专门职能监督

专门职能监督是指行政机关内部专职从事监督的行政机关依法对其他行政机关实施的监督。专门职能监督包括行政监察监督和审计监督。

1. 行政监察监督

行政监察监督是指行政监察机关依法对行政机关及其工作人员和行政机关任命的其他人员的执法情况和有无违法乱纪行为进行的专门监督活动。根据《中华人民共和国行政监察法》（2010 年修订）第 2 条的规定，监察机关是人民政府行使监察职能的专门机关，它对本级人民政府和上级监察机关负责并报告工作，业务上受上级监察机关领导。监察机关依法独立行使职权，不受其他行政机关、社会团体和个人的干涉。行政监察机关的主要职责是：监督检查行政机关及其工作人员和行政机关任命的其他人员贯彻执行国家法律、法规和政策以及决定、命令的情况；受理对行政机关及其工作人员和行政机关任命的其他人员违反法律、法规及违反政纪行为的检举、控告；调查处理行政机关及其工作人员和行政机关任命的其他人员违反法律、法规以及政纪的行为；受理行政机关工作人员和行政机关任命的其他人员不服行政处分的申诉以及法律、法规规定的其他由监察机关受理的申诉。

2. 审计监督

审计监督是指审计机关依法对行政机关和国有企事业单位的财政收支活动、经济效益和财政法纪的遵守情况所进行的监督检查活动。《中华人民共和国审计法》第 2 条明确规定，国务院和县级以上地方各级人民政府设立审计机关，审计机关依法行使独立审计监督权，不受其他行政机关、社会团体和个人的干涉。

六、社会监督

社会监督是指社会团体、企事业单位、新闻舆论和广大人民群众对行政机关及其工作人员所实行的监督。社会监督一般不具有直接的法律效力，但是社会监督是对行政行为进行监督的重要组成部分。社会监督包括以下几种：

（一）社会团体的监督

社会团体的监督主要是指工会、共青团和妇联等人民团体代表各自的成员对行政机关及其工作人员的行政行为进行的监督。工会、共青团和妇联在国家政治生活中具有重要的地位，是党和人民政府联系工人阶级和广大人民群众的桥梁和纽带，在行政监督中起到重要作用。

（二）企事业单位的监督

企事业单位可以有效地监督行政机关的行政行为。企事业单位主要对主管本单位的或者与本单位有直接利害关系的行政行为进行监督，同时也对行政机关任命的本单位的负责人进行监督。

（三）新闻舆论的监督

报纸、刊物、广播、电视等现代化的新闻传播工具是监督行政行为的主要形式，具有其他监督形式所无法替代的作用，是一种社会影响巨大的监督方式。因此，各类舆论工具应当增加对行政活动的报道，支持人民群众批评政府工作中的缺点和错误，反对官僚主义，弘扬正气，揭露腐败现象，推进廉政建设，充分发挥舆论监督的作用。

（四）人民群众的监督

《宪法》第41条明确规定："中华人民共和国公民对于任何国家机关和国家工作人员，有提出批评和建议的权利；对于任何国家机关和国家工作人员的违法失职行为，有向有关国家机关提出申诉、控告或者检举的权利。"人民群众是国家的主人，人民群众对行政行为的监督是各种监督中最重要、最广泛的一种，既能有效地监督行政机关的行政行为，又可充分体现人民当家做主这一宪法精神。

本章思考题

1. 简述行政监督的特征和意义。
2. 国家行政机关的内部监督有哪些？
3. 试述社会监督在行政监督中的重要作用。
4. 我国行政监督的种类有哪些？

行政法学·延伸阅读的推荐书目

[1]施瓦茨. 行政法[M]. 徐炳,译. 北京:群众出版社,1986.

[2]韦德. 行政法[M]. 徐炳,译. 北京:中国大百科全书出版社,1997.

[3]莫里斯·奥里乌. 行政法与公法精要[M]. 龚觅,等,译. 沈阳:辽海出版社,1998.

[4]毛雷尔. 德国行政法总论[M]. 高家伟,译. 北京:法律出版社,2001.

[5]罗豪才. 现代行政法的平衡理论[M]. 北京:北京大学出版社,1997.

[6]应松年. 行政法与行政诉讼法[M]. 北京:法律出版社,2009.

[7]王名扬. 比较行政法[M]. 北京:北京大学出版社,2006.

第四编

民商法学

第一章

民法学基本理论

★本章要点★

本章主要介绍了民法的概念、任务、基本原则、调整对象及诉讼时效制度。

通过对本章学习，应当熟练掌握有关民法学的基本理论。

第一节　民法的概念和任务

一、我国民法的概念

"民法"一词最早来源于罗马法中的市民法。民法曾经在西方社会历史上发挥过十分重要的作用，但由于我国历来实行诸法合一，受重刑轻民思想的影响，民法并不发达。直至中国共产党第十一届中央委员会第三次全体会议召开以后，我国的民事立法才大大加强，出台了一系列的民事法律、法规，如《中华人民共和国物权法》（以下简称《物权法》）等。这些成果的问世标志着我国社会主义民法体系确立，并走上了健康发展的道路。

民法为调整平等主体的自然人、法人和非法人组织之间的人身关系和财产关系的法律规范的总称。这一定义较为科学地揭示了民法的调整对象和任务，从而将民法和其他法律部门区别开来。具体而言，民法调整的社会关系包括以下两个方面：

（一）平等主体之间的人身关系

所谓人身关系，也称为人身非财产关系，是指与人身密不可分但又没有直接的财产内容的社会关系。人身关系是基于主体的人格（包括生命健康、自由、姓名、肖像、名誉等）和身份（包括亲属、监护、署名等）而产生的，所以又将人身关系分为人格关系和身份关系两类。人身关系具有下列特征：①主体的人格与身份不可分离；②人身关系没有直接的财产内容，但并不意味着和财产没有任何联系，比如，名誉权受到侵犯时可以要求侵权人给予金钱赔偿。

民法上的财产关系与人身关系有着密切的联系，某些人身关系是产生一定财产关系的前提。所以，在正确理解民法的调整对象时，切不可将财产关系和人身关系割裂开来。

（二）平等主体之间的财产关系

所谓财产关系，是指人们在产品的生产、分配、交换和消费的过程中形成的具有经济内容的社会关系。民法所调整的财产关系是指平等主体之间的财产所有关系和财产流转关系。财产关系一般具有以下特征：①民事主体的法律地位相互独立、相互平等；②等价有偿；③意思自治。正是因为民法上的财产关系具有上述特征，才清晰地将民法与行政法、经济法区别开来。概言之，民法上的财产关系主要包括物权关系、债权关系、知识产权关系和财产继承关系等。

二、民法的任务

民法的任务是由民法的类型决定的，我国的民法是社会主义类型的民法，因此决定了我国民法的基本任务是保护民事主体的民事权益，维护社会主义市场经济秩序。具体包括以下几点：

（一）保护民事主体的合法权益

民事主体的合法权益包括人身权利、财产权利、兼具人身和财产性质的知识产权等权利，以及其他合法权益。保护民事主体合法权益是民法首要目的，也是落实和体现宪法精神的表现。

（二）调整民事关系，维护社会和经济秩序

民法保护民事权利通过调整民事关系来实现，调整社会关系是法律基本功能，民法调整平等主体之间的权利和义务关系，最终目的是促进和实现民事主体之间生活秩序的和谐。民法通过调整民事主体之间的财产权关系、交易关系，实现对经济秩序的维护，使得民事主体享有合法的财产权，确保整个社会经济有条不紊运行。

（三）弘扬社会主义核心价值观

社会主义核心价值观是民族精神和时代精神的高度凝结，是中国特色社会主义法治的价值内核，是中国特色社会主义法治建设的灵魂。弘扬社会主义核心价值观是坚持中国特色社会主义法治发展道路的基本遵循。社会主义核心价值观融入法律，转化为法律规范性要求，使法律法规更好体现国家的价值目标、社会的价值取向、公民的价值追求。

第二节 民法的基本原则

民法的基本原则是指贯穿于整个民事立法和司法过程中的基本准则。这些基本原则可以调整一切民事法律关系，正是这些基本原则的存在，将众多的民事法律规范有机结合起来。我国于2017年3月15日由第十二届全国人民代表大会第五次会议通过《中华人民共和国民法总则》，全面确定我国民事活动的基本规定和一般性规则。我国民法基本原则包括以下几个方面：

一、平等原则

平等原则是指民事主体，不论自然人、法人还是非法人组织，在从事民事活动时，相互之间法律地位平等，合法权益受到法律平等保护。平等原则是民事法律关系区别于行政法律关系的特有原则，也是发展社会主义市场经济的客观要求。民事主体法律地位一律平等体现在三个方面：一是自然人的权利能力一律平等；二是所有民事主体之间在从事民事活动时双方法律地位平等；三是所有民事主体合法权益受到法律平等保护。

二、自愿原则

自愿原则也称意思自治原则，民事主体有权根据自己的意愿，自愿从事民事活动，按照自己的意思自主决定民事法律关系的内容及其设立、变更和终止，自觉承受相应的法律后果。

三、公平原则

公平原则要求各民事主体从事民事活动时要秉持公平理念，公正、平允、合理地确定各方的权利义务，并依法承担相应的民事责任。公平原则体现民法促进社会公平正义的基本价值，对规范民事主体的行为发挥着重要作用。

四、诚信原则

诚信原则要求所有民事主体在从事民事活动时，包括行使民事权利、履行民事义务、承担民事责任时，都应该秉持诚实、善意，信守自己的承诺。诚实信用原则要求民事主体在行使权利、履行义务的过程中，讲诚实、重诺言、守信用。对于建设诚信社会、规范经济秩序、引领社会风尚具有重要意义。诚信原则被称为民法的“帝王条款”，是各国民法公认的基本原则。

五、守法与公序良俗原则

公序良俗是指公共秩序和善良习俗。守法和公序良俗原则要求自然人、法人和非法人组织在从事民事活动时，不得违反各种法律的强制性规定，不违背公共秩序和善良风俗。

六、绿色原则

民事主体从事民事活动，应当有利于节约资源、保护生态环境。绿色原则是贯彻宪法关于保护环境的要求，落实中央关于生态文明建设、可持续发展的要求，将环境资源保护上升至民法基本原则的地位，具有鲜明的时代特征。

第三节　诉讼时效

一、诉讼时效的概念和种类

（一）诉讼时效的概念

诉讼时效是一项非常重要的民事法律制度，不仅能够稳定民事社会关系，还可以促使人民法院正确、高效地审理案件。诉讼时效是民事主体的实体权利得以实现的保障。

民法上的时效是指一定的事实状态持续经过一定的时间而导致一定民事法律后果的制度。诉讼时效是指民事权利人经过法定期限不行使自己的请求权，法律规定消灭其胜诉权（即人民法院对其民事权益不再予以保护）的制度。

我国民法上的诉讼时效具有如下特点：①诉讼时效以权利人未在时效期限届满前行使其法定权利为前提；②诉讼时效届满只是丧失权利人的胜诉权，并不消灭其实体权利，时效届满后，义务人自愿履行的，权利人依然可以受领且受到法律的保护；③诉讼时效具有强制性和普遍性。和诉讼时效很容易混淆的一个概念是除斥期间。所谓除斥期间，是指某种权利的法定存续期间，权利人若在此期间内不行使权利，期间届满后，该项实体权利即告消灭。

诉讼时效和除斥期间都是因时间的经过而引起的权利变动，但是两者有着明显的不同：①诉讼时效由权利不行使的事实状态和法定期间的经过两个要件构成，而除斥期间只需要一个要件，即法定期间的经过；②诉讼时效消灭的仅仅是胜诉权，其实体权利并未消灭，而除斥期间则导致实体权利消灭；③诉讼时效自权利被侵害或权利人知道或应当知道权利被侵害之日起计算，而除斥期间自权利成立时起计算；④诉讼时效可以延长也可以阻却，但除斥期间是固定不变的期间，不存在延长和阻却的问题。

（二）诉讼时效的种类

诉讼时效的期间是法定的，不同的诉讼时效有不同的期间。我国民法设立了两种诉讼时效，即普通诉讼时效和特殊诉讼时效。

1. 普通诉讼时效

普通诉讼时效也称一般诉讼时效，是由民法统一规定的，适用于一般情况下的诉讼时效。普通诉讼时效期间为 3 年。

2. 特殊诉讼时效

特殊诉讼时效是《民法总则》和其他单行法规定的时效期间，仅适用于特定民事法律关系的诉讼时效。当事人约定同一债务分期履行的，诉讼时效期间自最后一期履行期限届满之日起计算。无民事行为能力人或者限制民事行为能力人对其法定代理人的请求权的诉讼时效期间，自该法定代理终止之日起计算。未成年人遭受性侵害的损害赔偿请求权的诉讼时效期间，自受害人满 18 周岁之日起计算。

3. 最长诉讼时效

在实际生活中，权利人知道其权利受到损害因而可以向人民法院提出诉讼请求保护的期间，有时并不是在其权利实际已遭受损害的 3 年内，可能已经经过了多年。如果不规定一个最长的保护期限，就会使法律关系长期处于不稳定的状态。所以，法律规定，诉讼时效期间从权利人知道或应当知道其权利受到侵害之日起计算，但从权利受到损害之日起已超过 20 年的，人民法院不予以保护，有特殊情况的，人民法院可以根据权利人的申请决定延长。

二、诉讼时效的阻却和延长

（一）诉讼时效的阻却

诉讼时效的阻却包括诉讼时效的中止和诉讼时效的中断。

所谓诉讼时效的中止，是指在诉讼时效期间的最后 6 个月，因不可抗力或者其他障碍不能行使请求权的，诉讼时效的期间暂停计算，待中止事由消除后，继续计算诉讼时效的期间的制度。

所谓诉讼时效的中断，是指在诉讼时效进行中，因发生一定的法定事由而使诉讼时效中断，待中断事由消除后，诉讼时效重新起算的制度。诉讼时效中断的法定事由有以下四种：①提起诉讼或申请仲裁；②权利人向义务人提出履行请求；③义务人同意履行义务；④与提起诉讼或者申请仲裁具有同等效力的其他情形。

（二）诉讼时效的延长

有特殊情况的，人民法院可以延长诉讼时效期间。诉讼时效的延长是为了在特殊情况下保护权利人而设置的一种制度。

关于诉讼时效延长的事由和延长的时间，法律没有明确规定，由人民法院根据实际情况确定。这就要求人民法院对诉讼时效的延长严格把握，因为延长制度一旦被滥用，就违背了诉讼时效制度当初设立的目的了。

本章思考题

1. 简述我国民法的概念和调整对象。
2. 我国民法的任务有哪些?
3. 试述我国民法的基本原则。
4. 简述诉讼时效和除斥期间的区别。
5. 何谓诉讼时效的阻却和延长?

第二章

民事法律关系

★本章要点★

本章所涉及的内容是民法最基本的理论民事法律关系，主要介绍了民事法律关系的概念、特征和基本内容，同时简要介绍了民事法律事实。

通过本章的学习，应当全面掌握民事法律关系的基本理论，深刻理解民事法律关系的主体、客体和基本内容。

第一节 民事法律关系的概念和特征

民事法律关系是指由民事法律规范所调整的具有民事权利义务内容的社会关系，简称民事关系，它是法律关系的一种，除了具有法律关系的共同特征以外，还具有以下特点：

首先，民事法律关系具有平等性。具体表现在：①当事人在民事活动中的法律地位平等；②当事人的民事权利能力平等；③当事人的民事诉讼地位平等。

其次，民事法律关系具有任意性。民事主体在进行民事法律关系的设立、变更、终止时，取决于自己的真实的意思表示，即遵循意思自治原则。但是要注意，此种自由是有限制的自由，也就是说，当事人的行为必须符合法律的要求，否则行为无效。

最后，民事法律关系具有等价有偿性。民法的调整对象是平等主体之间的财产关系和人身关系，财产关系实质上反映的是一定的经济关系，所以在民法领域内，等价有偿很重要，尤其是在合同法律关系中，集中体现在支付对价上，该特点符合市场经济的法制要求。

第二节　民事法律关系的构成要素

民事法律关系和所有的法律关系一样，包括三个构成要素：主体、客体和内容。

一、主体

主体是指享有民事权利、承担民事义务的当事人，主要包括自然人、法人和非法人组织，在特定情况下，国家也可能成为民事法律关系的主体。它们之所以能成为民事法律关系的主体，是因为它们具有民事能力，民法将此种能力分解成民事权利能力和民事行为能力。

在民事法律关系中，自然人是最基本的主体。公民是指具有一国国籍的自然人，而自然人是指一切具有自然生命形式的人，包括公民、外国人和无国籍人。自然人要成为民事主体，必须具备民事权利能力和民事行为能力。

公民的民事权利能力和公民的民事权利是有区别的，民事权利能力是取得民事权利的前提，民事权利能力是一种资格，而民事权利则是各种现实的、具体的权益。自然人从出生时起到死亡时止，具有民事权利能力，依法享有民事权利，承担民事义务。涉及遗产继承、接受赠予等胎儿利益保护的，胎儿视为具有民事权利能力。但是胎儿娩出时为死体的，其民事权利能力自始不存在。

公民的民事行为能力是指公民通过自己的行为取得民事权利和承担民事义务的能力，取得民事行为能力后，公民即享有实施民事法律行为的能力和责任能力。公民的民事权利能力是平等的，而公民的民事行为能力因公民的年龄、智力和精神状况而有所差异，具体而言，分为以下三种：一是完全民事行为能力，即可以以自己的行为独立地进行民事活动，取得民事权利、承担民事义务的能力，包括：①18 周岁以上、精神健全的成年人是完全民事行为能力人；②16 周岁以上的未成年人，以自己的劳动收入为主要生活来源的，视为完全民事行为能力人。二是限制民事行为能力，即范围受到一定限制的民事行为能力，包括：①8 周岁以上的未成年人，可以独立实施纯获利益的民事法律行为或者与其年龄、智力相适应的民事法律行为，其他民事行为由他的法定代理人代理，或者征得他的法定代理人的同意、追认；②不能完全辨认自己行为的成年人，可以独立实施纯获利益的民事法律行为或者与其智力、精神健康状况相适应的民事法律行为，其他民事行为由他的法定代理人代理，或者征得法定代理人的同意、追认。三是无民事行为能力，即不具有独立进行民事活动、亲自取得民事权利和承担民事义务的能力，包括：①不满 8 周岁的未成年人；②不能辨认自己行为的成年人。他们的民事活动由他们的法定代理人代理。为了保护限制民事行为能力人和无民事行为能力人以及他人的合法权益，我国民法规定了监护制度，分为法定监护和指定监护。

法人是民法中相对于自然人而言的另一类民事主体，是为法律所拟制的人。《德国民法典》中首次使用了“法人”一词，建立了世界上第一个完整的法人制度。在现代社会，法人制度已被世界各国所普遍采用，成为推动各国经济发展的主要组织形式。法人是具有民事权利能力和民事行为能力，依法独立享有民事权利和承担民事义务的组织。在我国，法人分为以下几类：营利法人、非营利法人、特别法人。法人具有以下特征：①法人是一种社会组织。②法人是拥有独立财产的社会组织。③法人是能够独立承担财产责任的社会组织。法人的成立条件是指社会组织在法律上取得法人资格所应具备的条件。成立法人应当具备下列条件：①依法成立；②有必要的财产或者经费；③有自己的名称、组织机构和场所；④能够独立承担民事责任。法人以其全部财产独立承担民事责任。

法人包括营利法人、非营利法人和特别法人。营利法人是以取得利润并分配给其股东等出资人为目的成立的法人，包括有限责任公司、股份有限公司和其他企业法人。非营利法人是为公益目的或者其他非营利目的成立，不向其出资人、设立人或会员分配所取得利润的法人，包括事业单位、社会团体、基金会、社会服务机构。特别法人一般指机关法人、农村集体经济组织法人、合作经济组织法人、基层群众性自治组织法人。

非法人组织是指不具有法人资格，但是依法能够以自己名义从事民事活动的组织，包括个人独资企业、合伙企业、不具有法人资格的专业服务机构等。

二、客体

客体是指民事法律关系主体之间权利和义务指向的对象。客体是民事权利和民事义务之所依，是主体交往的基石和利益之所在。民事法律关系的客体包括物、行为以及智力成果。客体的种类将随着民事法律关系的发展而不断增加。

三、内容

内容是指民事法律关系的主体享有的权利和承担的义务。民事法律关系表现为权利义务关系，因此，如果民事主体之间不存在权利义务关系，也就不可能产生民事法律关系。在这种权利义务关系中，享有权利的一方称为权利主体，承担义务的一方称为义务主体。民事权利和民事义务是相互依存和相互联系的，没有无义务的权利，也没有无权利的义务。

民事权利包括以下三种：①在法定范围内为或不为一定的行为；②要求他人为或

不为一定的行为；③当合法权益受到侵犯时，可通过民事诉讼程序请求公力救济。

民事权利可以从不同的角度做不同的分类。以民事权利的客体所体现的利益为标准，可以划分为财产权、人身权和知识产权；以民事权利的效力和实现方式为标准，可以划分为绝对权和相对权；以民事权利的作用为标准，可以划分为支配权、请求权、形成权和抗辩权；以民事权利之间的相互关系为标准，可以划分为主权利和从权利；以民事权利形成的特点和目的为标准，可以划分为原权和救济权。

民事义务也包括三种：①依照法律或者依照约定必须为或不为一定的行为；②在法律或约定的范围内承担义务；③如果不履行义务则要承担相应的民事责任。

第三节　民事法律事实

民事法律事实简称法律事实，是指依法能够引起民事法律关系产生、变更和终止的客观情况。任何一个民事法律关系都是发生在民事主体之间具体的社会关系，它的产生、变更和终止必须基于一定的法律规定的原因，这个原因就是法律事实。例如，如果不是因为被继承人死亡这一事实，被继承人与继承人之间的继承关系就无法产生。

根据法律事实是否以当事人的主观意志为转移，可将其分为事件和行为两大类。前者是指那些与当事人意志无关的能够引起民事法律关系产生、变更和终止的客观情况，如人的出生和死亡、自然灾害等；后者是指人有意志的自觉的活动，包括作为和不作为两种方式，如订立合同、侵权等。

本章思考题

1. 民事法律关系的概念和基本特征是什么？
2. 民事法律关系的基本内容是什么？
3. 简述民事法律事实的基本概念。

第三章

民事法律行为和民事代理制度

★本章要点★

本章最主要的内容是民事法律行为和民事代理制度。

通过对本章的学习，要求掌握本章涉及的一些基本而重要的概念，如民事法律行为、无效民事法律行为、可撤销的民事法律行为、附条件的民事法律行为、附期限的民事法律行为、代理、无效代理等；同时要求在制度理解的基础上不断加深记忆，学会用本章的内容在具体的生活中解决现实的法律问题。

第一节　民事法律行为

一、民事法律行为的概念和基本特征

（一）民事法律行为的概念

民事法律行为是指民事主体通过意思表示设立、变更、终止民事法律关系的行为。民事法律行为包括两种行为方式，即作为（又称积极行为）与不作为（又称消极行为）。

（二）民事法律行为的基本特征

民事法律行为是一种带有目的性的、达到民事法律效果的行为，是行为人有意识地为发生特定民事法律后果而为的行为。该行为的目的是平等的民事主体设立、变更、终止特定的民事权利义务关系，无此目的，则不构成民事法律行为。

民事法律行为以意思表示为要素。意思表示是行为人将追求一定民事法律效果的内心意愿以一定的方式表现于外部的行为或活动。

二、民事法律行为的成立要件和有效要件

民事法律行为的成立和生效是两个有着本质不同的概念。民事法律行为的成立强调该行为是否已经存在，而民事法律行为的生效则着重强调该行为所产生的后果是否在当事人之间发生法律上的拘束力，即是否取得法律所认可的效力。

一般而言，民事法律行为的成立须具备以下条件：①要有行为人；②要有意思表示；③要有可能或确定的内容；④当事人约定的特殊条件。

但是，已经成立的民事法律行为不一定全部发生法律效力，只有具备了一定的生效要件，才能产生预期的法律效果。民事法律行为的有效要件分为一般有效要件和特殊有效要件。一般有效要件包括：①行为人具有相应的民事行为能力。民事主体进行民事活动时必须同时具备民事权利能力和民事行为能力。对自然人而言，完全民事行为能力人可以单独实施民事法律行为，限制民事行为能力人只能进行与之年龄、智力状况相当的法律行为。对法人而言，民事权利能力和民事行为能力是一致的，法人的民事行为能力不能超越法律和章程的范围。②意思表示真实。意思表示真实要求民事法律行为的行为人必须在自觉自愿的基础上为意思表示，也就是说，内心的意愿与其所表达的意思相一致。③不违反法律、行政法规的效力性强制规定，不违背公序良俗。以上三个要件是民事法律行为生效的实质要件，三者必须同时具备，缺一不可。

有些民事法律行为要生效，还必须具备特殊生效要件，包括法定要件和约定要件。前者是指民法规范所规定的民事法律行为发生法律效果的必备因素，如要式合同中的必须以特殊形式出现或履行特殊程序才能生效的条款；后者是指当事人约定的民事法律行为发生法律效果的必备要件，如当事人可约定在签订技术转让合同时先行进行公证方可生效。

三、无效、可撤销及效力待定的民事法律行为

（一）无效民事行为

无效民事行为是指欠缺法律行为根本生效要件，自始、确定和当然不发生行为人意思之预期效力的民事行为。无效民事法律行为包括以下几个方面：无民事行为能力人实施的民事法律行为；行为人与相对人以虚假的意思表示实施的民事法律行为；违反法律、行政法规的效力性强制规定或违背公序良俗的民事法律行为；行为人与相对人恶意串通，损害他人合法权益的民事法律行为。超越依法登记的经营范围从事经营活动的，除违反法律、行政法规有关限制经营、特许经营或者禁止经营的规定外，不影响民事法律行为的效力。

（二）可撤销民事法律行为

可撤销民事法律行为是指因为有法定重大瑕疵而须予以诉讼撤销的民事法律

行为。基于民法意思自治原则，对只涉及当事人而不涉及国家或者第三人利益的意思表示有缺陷的民事法律行为，赋予当事人撤销权。被撤销的民事法律行为，从开始时就没有法律约束力。

可撤销的民事法律行为主要包括以下几个方面：基于重大误解实施的民事法律行为；一方以欺诈手段，使对方在违背真实意思的情况下实施的民事法律行为；第三人实施欺诈行为，使一方在违背真实意思情况下实施的民事法律行为，对方知道或者应当知道该欺诈行为的；一方或者第三人以胁迫手段，使对方在违背真实意思情况下实施的民事法律行为；一方利用对方处于危困状态、缺乏判断能力等情形，致使民事法律行为成立时显失公平的。

（三）效力待定民事法律行为

行为人没有代理权，超越代理权或者代理权终止后，仍然实施代理行为，未经被代理人追认的，对被代理人不发生效力。相对人可以催告被代理人自收到通知之日起1个月内予以追认。被代理人未做表示的，视为拒绝追认。实施的行为被追认前，善意相对人有撤销的权利。撤销应当以通知的方式做出。

四、附条件的民事法律行为和附期限的民事法律行为

（一）附条件的民事法律行为

附条件的民事法律行为是指设定一定的条件，并将条件的成就与否作为决定效力发生或消灭的民事法律行为。民事法律行为可以附条件，附条件的民事法律行为在符合所附条件时生效。附条件的民事法律行为可以充分地体现当事人的意志，它将一定的事实作为条件附加于法律行为之上，作为行为的附属性要件，更好地满足当事人的需要。

（二）附期限的民事法律行为

附期限的民事法律行为是指当事人为民事法律行为设定一定的期限，并把期限的到来作为民事法律行为效力发生或消灭的前提。附生效期限的民事法律行为，自期限届至时生效。附终止期限的民事法律行为，自期限届满时失效。

第二节　民事代理制度

一、代理的概念

代理，是指代理人在代理权限内以被代理人的名义与第三人实施的、法律效果直接归属于被代理人的行为以及相应的法律制度。其中，代他人为法律行为的人，称为代理人；由他人代替自己为一定行为并承受法律效果的人，称为被代理人，也

叫本人；与代理人进行民事法律行为的一方当事人称为第三人，也叫相对人。

二、代理的法律特征

（一）代理行为是民事法律行为

民事主体可以通过代理人实施民事法律行为。这就意味着代理的标的是实施民事法律行为，即能够在被代理人与第三人之间设立、变更和终止民事权利和民事义务。

（二）代理产生的依据是代理权的授予

代理权的授予，使代理人取得了以被代理人的名义实施民事法律行为的资格，并为代理行为的法律效果归属于被代理人提供了依据。代理人若非通过法定、指定或者委托的途径获得代理权，就无法产生代理中的基础关系，代理制度也就失去了自身的意义。

（三）代理人须以被代理人的名义为民事法律行为

民法上的代理是一种直接代理，代理人须以被代理人的名义为之，此后所产生的法律后果才能及于被代理人；若代理人以自己的名义与第三人为一定的民事法律行为，后果还要被代理人承担，就变成了一种间接代理，民法上又称其为行纪。

（四）代理人可在代理权限范围内独立地为意思表示

代理人在代理关系中具有独立的地位，可自主地做出意思表示。代理人的代理行为属于法律行为，意思表示是核心因素。因此，当代理人的意思表示不真实时，其代理行为可以无效或者被撤销。

（五）代理行为的法律后果直接归属于被代理人

代理是代理人为了被代理人的利益，以被代理人的名义与第三人进行的民事活动，并非出于考虑代理人自己的利益，因此，由此产生的权利和义务自然应当由被代理人承受。

三、代理的种类

根据代理权产生原因的不同，代理可分为委托代理和法定代理。

（一）委托代理

委托代理又称意定代理或者任意代理，是指根据被代理人的授权而产生的代理。委托代理是适用最广泛的代理形式。委托代理产生的根据是被代理人的委托授权行为，委托代理授权采用书面形式的，授权委托书应当载明代理人的姓名或者名称、代理事项、权限和期间并由被代理人签名或者盖章。

（二）法定代理

法定代理是基于法律的直接规定而产生的代理。它是为无民事行为能力人和限制民事行为能力人设立的代理。法定代理的根据是代理人与被代理人之间有一定的亲属关系或婚姻关系等，无民事行为能力人、限制民事行为能力人的监护人是其法定代理人。

四、代理权的行使

代理权是整个代理制度的基础和核心，代理人在进行代理活动时应当遵循下列准则：①代理人的代理活动符合被代理人的利益；②代理人在代理权限范围内为一定的意思表示；③代理人行使代理权时须尽职尽责，履行同管理自己事务同等的注意义务。

正确行使代理权不仅要遵守上述准则，还要从反面对代理权进行一定的限制，典型的是滥用代理权的禁止。

滥用代理权是指代理人违背代理权的设定宗旨和代理行为的基本准则而进行的损害被代理人利益的行为。常见的滥用代理权的行为有以下几种：

第一，对己代理，也称自己代理，是代理人以被代理人的名义与自己实施的民事行为。法律另有规定或者被代理人同意、追认的除外。

第二，双方代理，是指同一个代理人代理双方当事人进行同一项民事活动的行为。

第三，代理人和第三人恶意串通，损害被代理人的利益的行为。代理人滥用代理权造成损失的，代理人应当自己承担民事责任，若是和第三人恶意串通，第三人和代理人负连带责任。

五、代理权的终止

代理权的终止是指代理关系因为一定法律事实的出现而消灭。

第一，委托代理终止的原因，具体包括：①代理期间届满或者代理事务完成；②被代理人取消委托或者代理人辞去委托；③代理人丧失民事行为能力的；④代理人或者被代理人死亡的；⑤作为代理人或者被代理人的法人、非法人组织终止。

第二，法定代理终止的原因，具体包括：①被代理人取得或者恢复完全民事行为能力；②被代理人或者代理人死亡；③代理人丧失民事行为能力；④法律规定的其他情形。

本章思考题

1. 简述民事法律行为的概念和特征。
2. 对民事法律行为可做哪些划分？

3. 试述民事法律行为的成立要件和生效要件。
4. 简述代理的概念和特征。
5. 委托代理终止的原因有哪些?
6. 试比较附条件的民事行为和附期限的民事行为。

第四章

物　权

★本章要点★

物权法律制度是民法中最重要的内容，物权是民法最基本的一种财产权，它反映了财产所有及对财产的支配关系。

通过本章的学习，应当重点掌握物权的法律特征及基本内容。

第一节　物权概述

一、物权的概念和特征

物权是指权利人依法对特定的物享有直接支配和排他的权利，包括所有权、用益物权和担保物权。

物权具有以下特点：①物权是一种绝对权。物权的权利主体是特定的，义务主体是不特定的，即除了权利人以外的所有人，所以物权是一种绝对权。②物权是以特定的物为客体的财产权。③物权具有独占性和排他性。一个物上只能设立一个所有权，任何人都不得干预所有权人对物权的支配权。④物权具有优先性。同一物上物权与债权并存时，物权有优先于债权的效力。

二、物权的分类

物权按照权利性质和作用的不同，可以分为以下几种：

（一）自物权和他物权

自物权是指物权所有人对自有物享有的物权；他物权是指权利人依照法律的规定或者依照合同的约定，对他人的物所享有的物权，是在所有权的权能与所有权人发生分离的基础上产生的。

（二）动产物权和不动产物权

动产物权和不动产物权是按物权的客体是动产还是不动产而进行的分类，物权的客体是动产的为动产物权，物权的客体是不动产的为不动产物权。这种分类的意义在于动产物权与不动产物权取得方法、成立要件等各有不同。一般来说，动产物权的公示方法为交付，而不动产物权的公示方法为登记。

三、物权法的基本原则

（一）物权法定原则

物权的种类和内容不是由当事人随意设定的，而是由法律直接规定的。当事人不得以合同的形式设定物权，也不得以其他形式设定与法定的物权不相符的物权。如法律规定，以动产设定质押时必须转移占有，如当事人自行设定不转移占有的质权，则属违法。物权法定原则还包括：物权的内容由法律规定；物权的效力由法律规定；物权的公示方法由法律规定。

（二）物权公示原则

所谓物权公示，是指物权变动时，必须将物权变动的事实通过一定的方法向社会公开，从而使第三人知道物权变动的情况，以免第三人遭受损害并保障交易安全。物权是一种绝对权，是一种对世权，物权的变动不仅涉及权利主体，还会对义务人产生相应的法律后果，因此必须进行公示。因为物权具有排他性和优先性，所以公示制度是物权变动所特有的制度。

公示的方法主要有两种：①动产物权以“交付”方式公示。物权法上还有简易交付、占有改定、指示交付等方法作为现实交付的补充。②不动产物权以“登记”方式公示。

（三）物权公信原则

物权公信原则是物权公示原则的补充，是指物权变动的效力具有可信性。一旦出让人依法对物权进行了公示，即表明该物权的变动具有可信性，依法会产生预期的效果。此时，即使依法公示的物权本身并不存在或者存在瑕疵，法律依然承认其具有与真实物权相同的法律效果，从而保障善意受让人的利益。物权公示原则与物权公信原则是紧密联系在一起的，公示如果不能产生公信力，公示的价值和作用就不能凸显，法定的物权变动方式也就无法得到有效的保障。

《中华人民共和国物权法》（以下简称《物权法》）第106条规定，无处分权人将不动产或者动产转让给受让人的，所有权人有权追回。除法律另有规定外，符合下列情形的，受让人取得该不动产或者动产的所有权：受让人受让该不动产或者动产时是善意的；以合理的价格转让；转让的不动产或者动产依照法律规定应当登记的已经登记，不需要登记的已经交付给受让人。受让人依照前款规定取得不动产或者动产的所有权的，原所有权人有权向无处分权人请求赔偿损失。当事人善意取得其他物权的，参照前两款规定。

第二节　所有权

一、所有权的概念

《物权法》第39条规定，所有权人对自己的不动产或者动产，依法享有占有、使用、收益和处分的权利。

所有权是一种最完整的物权，即自物权，物权的所有特征所有权都具有。“所有权”一词在不同场合使用有不同的含义：①作为一项法律制度，所有权是国家用法律的手段确认和保护一定社会所有制关系的法律规范；②作为一种民事法律关系，所有权是指权利主体因所有权占有、使用、收益、处分某项财产而与他人发生的权利义务关系；③作为一种民事权利，所有权是指所有人对自己的财产进行支配并排除他人干涉的权利。与债权相比，所有权具有排他性、永久性，是一种绝对权，一种最完全的物权。

二、所有权的内容

所有权的内容是财产所有人在法律规定的范围内，对其所有的财产可以行使的权能，包括占有、使用、收益和处分四项权能。

（一）占有

占有，是指所有人对财产的事实上的控制或管理。通常情况下，财产只能由财产所有人占有，但也可能与所有权脱离，由非所有人占有。非所有人占有可分为两种情况：合法占有和非法占有。合法占有也称有权占有，是指非所有人根据法律的规定或合同的约定而占有他人财产的行为。这种占有符合法律的规定，并不妨碍所有人的所有权，而且是所有人行使所有权的一种手段。如依据租赁合同租赁所有人的房屋就是合法占有的一种方式。非法占有也称无权占有，是指既没有法律依据也没有合同的约定，非法占有他人财产的行为。非法占有依据当事人主观意图的不同，可以分为善意占有和恶意占有。善意占有是指占有人在非法占有他人的财产时不知道或不应当知道其占有是非法的。

（二）使用

使用是权利主体按照财产的性能和用途进行利用的权利，即可以以营利为目的进行使用，也可以以非营利为目的进行使用。使用是以占有为前提的，一般情况下，使用权应当由所有人享有，但实际生活中，使用权往往和所有权相分离，即所有人以外的其他人也可以使用所有人的财产，只是必须合法使用。所有人或合法使用人的财产使用权受到法律的保护，当使用权受到侵犯时，有权请求排除妨害，赔偿损失。

（三）收益

收益是指权利主体从财产上获取基于财产而产生的物质利益的权利。在民法上，收益主要表现为孳息。收益权一般由财产所有人享有，但是收益权也可以随着占有权和使用权的变动，而转让给非财产所有人。收益分为天然孳息（即自然孳息）和法定孳息两种。天然孳息是原物按自然规律而产生的收益，如树上结的果实；法定孳息是根据法律的规定而产生的收益，如存款利息。收益权能一般由所有权人行使，他人使用所有物时，除法律或者合同另有约定外，物的收益归所有人所有。

（四）处分

处分是所有权的核心内容，是所有权最基本的权能。所谓处分权，是指权利主体从事实上或法律上决定财产命运的权利。事实上的财产处分权是财产通过法律事实而被变更或消灭，法律上的处分权则是财产通过法律行为而被处置。处分权能通常只能由所有人自己行使。占有、使用、收益和处分共同构成了完整的财产所有权。这四项权能可以由所有人合并使用，也可以依照法律的规定或合同的约定进行分离，由其他权利主体来行使。财产所有权四项权能的分离并不意味着所有人丧失了对该财产的所有权。

三、国家所有权、集体所有权和私人所有权

（一）国家所有权

在我国现阶段，社会主义全民所有制采取国家所有制形式，一切国家财产属于以国家为代表的全体人民所有。《物权法》第45条规定，法律规定属于国家所有的财产，属于国家所有即全民所有。国有财产由国务院代表国家行使所有权；法律另有规定的，依照其规定。国家机关对其直接支配的不动产和动产享有占有、使用以及依照法律和国务院的有关规定处分的权利。国家举办的事业单位对其直接支配的不动产和动产享有占有、使用以及依照法律和国务院的有关规定收益、处分的权利。国家出资的企业由国务院、地方人民政府依照法律、行政法规的规定分别代表国家履行出资人职责，享有出资人权益。

国家所有权的客体非常广泛，《物权法》第46~52条明确规定属于国家所有的财产有两类：一是国家专有的财产。法律规定专属于国家所有的不动产和动产，任何单位和个人不能取得所有权，具体包括：矿藏、水流、海域；城市的土地；无线电频谱资源以及国防资产。二是法律规定属于国家所有的财产。其具体包括：法律规定属于国家所有的农村和城市郊区的土地；森林、山岭、草原、荒地、滩涂等自然资源，属于国家所有，但法律规定属于集体所有的除

外；法律规定属于国家所有的野生动植物资源；法律规定属于国家所有的文物；铁路、公路、电力设施、电信设施和油气管道等基础设施，依照法律规定为国家所有的。

国家所有的财产受法律保护，禁止任何单位和个人侵占、哄抢、私分、截留和破坏。履行国有财产管理、监督职责的机构及其工作人员应当依法加强对国有财产的管理和监督，促进国有财产保值、增值，防止国有财产损失。滥用职权，玩忽职守，造成国有财产损失的，应当依法承担法律责任。违反国有财产管理规定，在企业改制、合并分立、关联交易等过程中，低价转让、合谋私分、擅自担保或者以其他方式造成国有财产损失的，应当依法承担法律责任。

（二）集体所有权

集体所有权又称劳动群众集体组织所有权，是集体组织对其不动产和动产享有的占有、使用、收益和处分的权利。城镇集体所有的不动产和动产，依照法律、行政法规的规定由本集体享有占有、使用、收益和处分的权利。农民集体所有的不动产和动产，属于本集体成员集体所有。

集体所有的不动产和动产包括：法律规定属于集体所有的土地和森林、山岭、草原、荒地、滩涂；集体所有的建筑物、生产设施、农田水利设施；集体所有的教育、科学、文化、卫生、体育等设施；集体所有的其他不动产和动产。

《物权法》第60条对农民集体所有权的行使做了具体规定，对集体所有的土地和森林、山岭、草原、荒地、滩涂等，依照下列规定行使所有权：属于村农民集体所有的，由村集体经济组织或者村民委员会代表集体行使所有权；分别属于村内两个以上农民集体所有的，由村内各该集体经济组织或者村民小组代表集体行使所有权；属于乡镇农民集体所有的，由乡镇集体经济组织代表集体行使所有权。集体所有的财产受法律保护，禁止任何单位和个人侵占、哄抢、私分和破坏。集体经济组织、村民委员会或者其负责人做出的决定侵害集体成员合法权益的，受侵害的集体成员可以请求人民法院予以撤销。

（三）私人所有权

私人所有权是私人对其不动产和动产享有占有、使用、收益和处分的权利。

《物权法》第64条规定，私人对其合法的收入、房屋、生活用品、生产工具、原材料等不动产和动产享有所有权。私人合法的储蓄、投资及其收益受法律保护。国家依照法律规定保护私人的继承权及其他合法权益。私人的合法财产受法律保护，禁止任何单位和个人侵占、哄抢和破坏。

四、业主的建筑物区分所有权

建筑物区分所有权是《物权法》第六章专章规定的不动产所有权的一种形

态。建筑物区分所有权，是指权利人，即业主对一栋建筑物中自己专有部分的单独所有权、对共有部分的共有权以及因共有关系而产生的管理权的结合。

（一）专有部分的单独所有权

专有部分是指一栋建筑物内区分出的独立住宅或者经营性用房等单元，具备构造上的独立性和使用上的独立性。《物权法》第 71 条规定，业主对其建筑物专有部分享有占有、使用、收益和处分的权利。业主行使权利不得危及建筑物的安全，不得损害其他业主的合法权益。业主不得违反法律、法规以及管理规约，将住宅改变为经营性用房。业主将住宅改变为经营性用房的，除遵守法律、法规以及管理规约外，应当经有利害关系的业主同意。

（二）共有部分的共有权

共有部分是指区分所有的建筑物及其附属物的共同部分，即专有部分以外的建筑物的其他部分。《物权法》第 72 条规定，业主对建筑物专有部分以外的共有部分享有权利，承担义务；不得以放弃权利不履行义务。业主转让建筑物内的住宅、经营性用房，其对共有部分享有的共有和共同管理的权利一并转让。建筑区划内的道路属于业主共有，但属于城镇公共道路的除外；建筑区划内的绿地属于业主共有，但属于城镇公共绿地或者明示属于个人的除外；建筑区划内的其他公共场所、公用设施和物业服务用房属于业主共有；建筑区划内规划用于停放汽车的车位、车库应当首先满足业主的需要；建筑区划内规划用于停放汽车的车位、车库的归属由当事人通过出售、附赠或者出租等方式约定；占用业主共有的道路或者其他场地用于停放汽车的车位，属于业主共有。共有部分为相关业主共同共有，不得分割。业主依据法律规范、合同以及业主公约，对共有部分享有使用、收益和处分权，并按照其专有部分占建筑物总面积比例，分担共有部分的修缮费以及其他负担。

（三）业主的管理权

业主可以设立业主大会，选举业主委员会。地方人民政府有关部门应当对设立业主大会和选举业主委员会给予指导和协助。下列事项由业主共同决定：①制定和修改业主大会议事规则；②制定和修改建筑物及其附属设施的管理规约；③选举业主委员会或者更换业主委员会成员；④选聘和解聘物业服务企业或者其他管理人；⑤筹集和使用建筑物及其附属设施的维修资金；⑥改建、重建建筑物及其附属设施；⑦有关共有和共同管理权利的其他重大事项。决定前款第⑤项和第⑥项规定的事项，应当经专有部分占建筑物总面积 2/3 以上的业主且占总人数 2/3 以上的业主同意。决定上述其他事项，应当经专有部分占建筑物总面积过半数的业主且占总人数过半数的业主同意。业主大会或者业主委员会的决定对业主具有约束力。业主大会或者业主委员会做出的决定侵害业主合法权益的，受侵害的业主可以请求人民法院予以撤销。建筑物及其附属设施的维修资金属于业主共有，经业主共同决定，可以用于电梯、水箱等共有部分的维修。维修资金的筹集、使用情况应当公布。

业主大会和业主委员会对任意弃置垃圾、排放污染物或者噪声、违反规定饲养动物、违章搭建、侵占通道、拒付物业费等损害他人合法权益的行为，有权依照法律、法规以及管理规约，要求行为人停止侵害、消除危险、排除妨害和赔偿损失。业主对侵害自己合法权益的行为，可以依法向人民法院提起诉讼。

五、相邻关系

相邻关系是指两个或两个以上相邻不动产的所有人或使用人，在行使占有、使用、收益和处分权利时因给对方提供必要便利而发生的权利义务关系。不动产的相邻权利人应当按照有利生产、方便生活、团结互助、公平合理的原则，正确处理相邻关系。法律、法规对处理相邻关系有规定的，依照其规定；法律、法规没有规定的，可以按照当地习惯。

《物权法》第86～92条对生活中经常出现的相邻法律关系做了列举性规定：不动产权利人应当为相邻权利人用水、排水提供必要的便利，对自然流水的利用，应当在不动产的相邻权利人之间合理分配，对自然流水的排放，应当尊重自然流向；不动产权利人对相邻权利人因通行等必须利用其土地的，应当提供必要的便利；不动产权利人因建造、修缮建筑物以及铺设电线、电缆、水管、暖气和燃气管线等必须利用相邻土地、建筑物的，该土地、建筑物的权利人应当提供必要的便利；建造建筑物，不得违反国家有关工程建设标准，妨碍相邻建筑物的通风、采光和日照；不动产权利人不得违反国家规定弃置固体废物，排放大气污染物、水污染物、噪声、光、电磁波辐射等有害物质；不动产权利人挖掘土地、建造建筑物、铺设管线以及安装设备等，不得危及相邻不动产的安全；不动产权利人因用水、排水、通行、铺设管线等利用相邻不动产的，应当尽量避免对相邻的不动产权利人造成损害，造成损害的，应当给予赔偿。

第三节　共　有

一、共有的概念和特征

共有是两个以上的人（公民或法人）对同一财产享有所有权。

共有的法律特征包括：共有的主体不是单一的，而是两个以上的公民、法人或者公民和法人，它的主体不是单一主体而是多数人；共有的客体是特定的独立物，在共有关系存续期间，不能分割成具体部分由共有人单独享有所有权，而是共有人共同享有所有权；共有人对共有物或者按照各自份额或者平等地享有权利。

共有不是一种独立种类的所有权，物权法确认了两种共有形式，即按份共有和共同共有。共有关系的产生主要有两种原因：一是法律的直接规定，如根据《婚姻法》第 17 条、第 19 条的规定，若当事人无特别规定，夫妻关系存续期间所得的财产归夫妻共有；二是依合同约定而产生。

二、按份共有和共同共有

按份共有是共有人对共有的不动产或者动产按照其份额享有所有权。共同共有是指共有人对共有的不动产或者动产共同享有所有权。

共有人按照约定管理共有的不动产或者动产；没有约定或者约定不明确的，各共有人都有管理的权利和义务。处分共有的不动产或者动产以及对共有的不动产或者动产做重大修缮的，应当经占份额 2/3 以上的按份共有人或者全体共同共有人同意，但共有人之间另有约定的除外。

对共有物的管理费用以及其他负担，有约定的，按照约定；没有约定或者约定不明确的，按份共有人按照其份额负担，共同共有人共同负担。

共有人约定不得分割共有的不动产或者动产，以维持共有关系的，应当按照约定，但共有人有重大理由需要分割的，可以请求分割；没有约定或者约定不明确的，按份共有人可以随时请求分割，共同共有人在共有的基础丧失或者有重大理由需要分割时可以请求分割。因分割对其他共有人造成损害的，应当给予赔偿。共有人可以协商确定分割方式。达不成协议，共有的不动产或者动产可以分割并且不会因分割减损价值的，应当对实物予以分割；难以分割或者因分割会减损价值的，应当对折价或者拍卖、变卖取得的价款予以分割。共有人分割所得的不动产或者动产有瑕疵的，其他共有人应当分担损失。

按份共有人可以转让其享有的共有的不动产或者动产份额。其他共有人在同等条件下享有优先购买的权利。

因共有的不动产或者动产产生的债权债务，在对外关系上，共有人享有连带债权、承担连带债务，但法律另有规定或者第三人知道共有人不具有连带债权债务关系的除外；在共有人内部关系上，除共有人另有约定外，按份共有人按照份额享有债权、承担债务，共同共有人共同享有债权、承担债务。偿还债务超过自己应当承担份额的按份共有人，有权向其他共有人追偿。

共有人对共有的不动产或者动产没有约定为按份共有或者共同共有，或者约定不明确的，除共有人具有家庭关系等外，视为按份共有。按份共有人对共有的不动产或者动产享有的份额，没有约定或者约定不明确的，按照出资额确定；不能确定出资额的，视为等额享有。

第四节　用益物权

一、用益物权的概念和特征

用益物权是指对他人所有的不动产或者动产，依法享有占有、使用和收益的权利。用益物权的特征主要表现在：①用益物权以对标的物的占有为前提，以对标的物的使用和收益为主要内容；②用益物权是他物权，是对他人所有的物设定物权，是限制物权，在一定方面支配物的权利，没有完全的支配权，是有期限的物权，存续期限届满时用益物权消灭；③用益物权是不动产物权，其标的物只限于不动产，主要是土地；④用益物权主要以民法为依据，但也有以特别法为依据的。

在《物权法》第 117～169 条的规定中，用益物权主要有土地承包经营权、建设用地使用权、宅基地使用权和地役权。

二、土地承包经营权

农村集体经济组织实行以家庭承包经营为基础、统分结合的双层经营体制。农民集体所有和国家所有由农民集体使用的耕地、林地、草地以及其他用于农业的土地，依法实行土地承包经营制度。土地承包经营权人依法对其承包经营的耕地、林地、草地等享有占有、使用和收益的权利，有权从事种植业、林业、畜牧业等农业生产。

耕地的承包期为 30 年，草地的承包期为 30～50 年，林地的承包期为 30～70 年；特殊林木的林地承包期，经国务院林业行政主管部门批准可以延长。承包期届满，由土地承包经营权人按照国家有关规定继续承包。

土地承包经营权自土地承包经营权合同生效时设立。县级以上地方人民政府应当向土地承包经营权人发放土地承包经营权证、林权证或草原使用权证，并登记造册，确认土地承包经营权。土地承包经营权人依照农村土地承包法的规定，有权将土地承包经营权采取转包、互换、转让等方式流转。流转的期限不得超过承包期的剩余期限。未经依法批准，不得将承包地用于非农建设。土地承包经营权人将土地承包经营权互换、转让，当事人要求登记的，应当向县级以上地方人民政府申请土地承包经营权变更登记；未经登记，不得对抗善意第三人。承包期内，发包人不得调整承包地。因自然灾害严重毁损承包地等特殊情形，需要适当调整承包的耕地和草地的，应当依照农村土地承包法等法律规定办理。承包期内，发包人不得收回承包地，农村土地承包法等法律另有规定的，依照其规定。

承包地被征收的，土地承包经营权人有权依照有关规定获得相应的补偿。通过招标、拍卖、公开协商等方式承包荒地等农村土地，依照农村土地承包法等法律和国务院的有关规定，其土地承包经营权可以转让、入股、抵押或者以其他方式流转。

三、建设用地使用权

建设用地使用权是因建筑物或者构筑物及其他附属设施使用国家所有的土地的权利。建设用地使用权人依法对国家所有的土地享有占有、使用和收益的权利，有权利用该土地建造建筑物、构筑物及其附属设施。

设立建设用地使用权，可以采取出让或者划拨等方式。工业、商业、旅游、娱乐和商品住宅等经营性用地以及同一土地有两个以上意向用地者的，应当采取招标、拍卖等公开竞价的方式出让。严格限制以划拨方式设立建设用地使用权。采取划拨方式的，应当遵守法律、行政法规关于土地用途的规定。采取招标、拍卖、协议等出让方式设立建设用地使用权的，当事人应当采取书面形式订立建设用地使用权出让合同。

设立建设用地使用权的，应当向登记机构申请建设用地使用权登记。建设用地使用权自登记时设立。登记机构应当向建设用地使用权人发放建设用地使用权证书。建设用地使用权人应当合理利用土地，不得改变土地用途；需要改变土地用途的，应当依法经有关行政主管部门批准。建设用地使用权人应当依照法律规定以及合同约定支付出让金等费用。建设用地使用权人建造的建筑物、构筑物及其附属设施的所有权属于建设用地使用权人，但有相反证据证明的除外。

建设用地使用权人有权将建设用地使用权转让、互换、出资、赠予或者抵押，但法律另有规定的除外。建设用地使用权转让、互换、出资、赠予或者抵押的，当事人应当采取书面形式订立相应的合同。使用期限由当事人约定，但不得超过建设用地使用权的剩余期限。建设用地使用权转让、互换、出资或者赠予的，应当向登记机构申请变更登记。建设用地使用权转让、互换、出资或者赠予的，附着于该土地上的建筑物、构筑物及其附属设施一并处分。建筑物、构筑物及其附属设施转让、互换、出资或者赠予的，该建筑物、构筑物及其附属设施占用范围内的建设用地使用权一并处分。

建设用地使用权期间届满前，因公共利益需要提前收回该土地的，应当依照有关法律的规定对该土地上的房屋及其他不动产给予补偿，并退还相应的出让金。住宅建设用地使用权期间届满的，自动续期。非住宅建设用地使用权期间届满后的续期，依照法律规定办理。该土地上的房屋及其他不动产的归属，有约定的，按照约定；没有约定或者约定不明确的，依照法律、行政法规的规定办理。建设用地使用权消灭的，出让人应当及时办理注销登记。登记机构应当收回建设用地使用权证书。

四、宅基地使用权

宅基地使用权是指农村集体经济组织的成员依法享有的在农民集体所有的土地上建造个人住宅的权利。宅基地使用权人依法对集体所有的土地享有占有和使用的权利，有权依法利用该土地建造住宅及其附属设施。

宅基地使用权的主体只能是农村集体经济组织成员，城镇居民不得购置宅基地，宅基地使用权的用途仅限于村民建造个人住宅，并且实行严格的“一户一宅”制。

宅基地因自然灾害等原因灭失的，宅基地使用权消灭。对失去宅基地的村民，应当重新分配宅基地。

五、地役权

地役权是指以他人土地供自己土地便利而使用，以提高自己不动产效益的权利。他人的土地为供役地，自己的土地为需役地。

设立地役权，当事人应当采取书面形式订立地役权合同。地役权自地役权合同生效时设立。当事人要求登记的，可以向登记机构申请地役权登记；未经登记，不得对抗善意第三人。

供役地权利人应当按照合同约定，允许地役权人利用其土地，不得妨害地役权人行使权利。地役权人应当按照合同约定的利用目的和方法利用供役地，尽量减少对供役地权利人物权的限制。

地役权的期限由当事人约定，但不得超过土地承包经营权、建设用地使用权等用益物权的剩余期限。土地所有权人享有地役权或者负担地役权的，设立土地承包经营权或宅基地使用权时，该土地承包经营权人和宅基地使用权人继续享有或者负担已设立的地役权。土地上已设立土地承包经营权、建设用地使用权或宅基地使用权等权利的，未经用益物权人同意，土地所有权人不得设立地役权。地役权不得单独转让。土地承包经营权、建设用地使用权等转让的，地役权一并转让，但合同另有约定的除外。地役权不得单独抵押。土地承包经营权、建设用地使用权等抵押的，在实现抵押权时，地役权一并转让。需役地以及需役地上的土地承包经营权、建设用地使用权部分转让时，转让部分涉及地役权的，受让人同时享有地役权。供役地以及供役地上的土地承包经营权、建设用地使用权部分转让时，转让部分涉及地役权的，地役权对受让人具有约束力。

地役权人有下列情形之一的，供役地权利人有权解除地役权合同，地役权消灭：违反法律规定或者合同约定，滥用地役权；有偿利用供役地，约定的付款期间届满后在合理期限内经两次催告未支付费用。已经登记的地役权变更、转让或者消灭的，应当及时办理变更登记或者注销登记。

第五节　担保物权

一、抵押权

（一）抵押权的概念

为担保债务的履行，债务人或者第三人不转移财产的占有，将该财产抵押给债权人的，债务人不履行到期债务或者发生当事人约定的实现抵押权的情形，债权人有权就该财产优先受偿。前款规定的债务人或者第三人为抵押人，债权人为抵押权人，提供担保的财产为抵押财产。

（二）抵押权的设立

抵押权依抵押行为而设立。根据《物权法》第185条的规定，当事人设立抵押权，应当采取书面形式订立抵押合同。抵押合同一般包括下列条款：被担保债权的种类和数额；债务人履行债务的期限；抵押财产的名称、数量、质量、状况、所在地、所有权归属或者使用权归属；担保的范围。抵押权人在债务履行期届满前，不得与抵押人约定债务人不履行到期债务时抵押财产归债权人所有。

（三）抵押财产

债务人或者第三人有权处分的下列财产可以抵押：建筑物和其他土地附着物；建设用地使用权；以招标、拍卖、公开协商等方式取得的荒地等土地承包经营权；生产设备、原材料、半成品、产品；正在建造的建筑物、船舶、航空器；交通运输工具；法律、行政法规未禁止抵押的其他财产。经当事人书面协议，企业、个体工商户、农业生产经营者可以将现有的以及将有的生产设备、原材料、半成品和产品抵押，债务人不履行到期债务或者发生当事人约定的实现抵押权的情形，债权人有权就实现抵押权时的动产优先受偿。以建筑物抵押的，该建筑物占用范围内的建设用地使用权一并抵押。以建设用地使用权抵押的，该土地上的建筑物一并抵押。乡镇、村企业的建设用地使用权不得单独抵押。以乡镇、村企业的厂房等建筑物抵押的，其占用范围内的建设用地使用权一并抵押。下列财产不得抵押：土地所有权；耕地、宅基地、自留地、自留山等集体所有的土地使用权，但法律规定可以抵押的除外；学校、幼儿园、医院等以公益为目的的事业单位、社会团体的教育设施、医疗卫生设施和其他社会公益设施；所有权、使用权不明或者有争议的财产；依法被查封、扣押、监管的财产；法律、行政法规规定不得抵押的其他财产。

（四）抵押权的范围

抵押权所担保的范围包括主债权及利息、违约金、损害赔偿金、保管担保财产和实现抵押权的费用。抵押合同另有约定的，从其约定。

（五）抵押权的实现

抵押权的实现必须具备以下要件：须抵押权有效存在；须债务已届清偿期。债务人不履行到期债务或者发生当事人约定的实现抵押权的情形，抵押权人可以与抵押人协议以抵押财产折价或者以拍卖、变卖该抵押财产所得的价款优先受偿。协议损害其他债权人利益的，其他债权人可以在知道或者应当知道撤销事由之日起1年内请求人民法院撤销该协议。抵押权人与抵押人未就抵押权实现方式达成协议的，抵押权人可以请求人民法院拍卖、变卖抵押财产。抵押财产折价或者变卖的，应当参照市场价格。抵押财产折价或者拍卖、变卖后，其价款超过债权数额的部分归抵押人所有，不足部分由债务人清偿。

同一财产向两个以上债权人抵押的，拍卖、变卖抵押财产所得的价款依照下列规定清偿：抵押权已登记的，按照登记的先后顺序清偿；顺序相同的，按照债权比例清偿；抵押权已登记的先于未登记的受偿；抵押权未登记的，按照债权比例清偿。

（六）特殊抵押权

特殊抵押权包括共同抵押和最高额抵押两种。

共同抵押是为同一债权就数个物设定抵押。

最高额抵押是指为担保债务的履行，债务人或者第三人对一定期间内将要连续发生的债权提供担保财产的，债务人不履行到期债务或者发生当事人约定的实现抵押权的情形，抵押权人有权在最高债权额限度内就该担保财产优先受偿。最高额抵押权设立前已经存在的债权，经当事人同意，可以转入最高额抵押担保的债权范围。

二、质权

质权是指为了担保债权的履行，债务人或者第三人将其动产或者权利移交债权人占有，当债务人不履行债务时，债权人有就其占有的财产优先受偿的权利。质权包括动产质权和权利质权。

（一）动产质权

为担保债务的履行，债务人或者第三人将其动产出质给债权人占有的，债务人不履行到期债务或者发生当事人约定的实现质权的情形，债权人有权就该动产优先受偿。前述债务人或者第三人为出质人，债权人为质权人，交付的动产为质押财产。

设立质权，当事人应当采取书面形式订立质权合同。质权人在债务履行期届满前，不得与出质人约定债务人不履行到期债务时质押财产归债权人所有。质权自出质人交付质押财产时设立。

质权人在质权存续期间，未经出质人同意，擅自使用、处分质押财产，给出质人造成损害的，应当承担赔偿责任。质权人负有妥善保管质押财产的义务；因保管不善致使质押财产毁损、灭失的，应当承担赔偿责任。质权人的行为可能使质押财产毁损、灭失的，出质人可以要求质权人将质押财产提存，或者要求提前清偿债务并返还质押财产。债务人履行债务或者出质人提前清偿所担保的债权的，质权人应当返还质押财产。

债务人不履行到期债务或者发生当事人约定的实现质权的情形，质权人可以与出质人协议以质押财产折价，也可以就拍卖、变卖质押财产所得的价款优先受偿。质押财产折价或者变卖的，应当参照市场价格。质押财产折价或者拍卖、变卖后，其价款超过债权数额的部分归出质人所有，不足部分由债务人清偿。

（二）权利质权

权利质权是为了担保债权清偿，就债务人或者第三人所享有的权利设定的质权。

债务人或者第三人有权处分的下列权利可以出质：汇票、支票、本票；债券、存款单；仓单、提单；可以转让的基金份额、股权；可以转让的注册商标专用权、专利权、著作权等知识产权中的财产权；应收账款；法律、行政法规规定可以出质的其他财产权利。

以汇票、支票、本票、债券、存款单、仓单、提单出质的，当事人应当订立书面合同。质权自权利凭证交付质权人时设立；没有权利凭证的，质权自有关部门办理出质登记时设立。汇票、支票、本票、债券、存款单、仓单、提单的兑现日期或者提货日期先于主债权到期的，质权人可以兑现或者提货，并与出质人协议将兑现的价款或者提取的货物提前清偿债务或者提存。以基金份额、股权出质的，当事人应当订立书面合同。以基金份额、证券登记结算机构登记的股权出质的，质权自证券登记结算机构办理出质登记时设立；以其他股权出质的，质权自工商行政管理部门办理出质登记时设立。基金份额、股权出质后，不得转让，但经出质人与质权人协商同意的除外。出质人转让基金份额、股权所得的价款，应当向质权人提前清偿债务或者提存。以注册商标专用权、专利权、著作权等知识产权中的财产权出质的，当事人应当订立书面合同。质权自有关主管部门办理出质登记时设立。知识产权中的财产权出质后，出质人不得转让或者许可他人使用，但经出质人与质权人协商同意的除外。出质人转让或者许可他人使用出质的知识产权中的财产权所得的价款，应当向质权人提前清偿债务或者提存。以应收账款出质的，当事人应当订立书面合同。质权自信贷征信机构办理出质登记时设立。应收账款出质后，不得转让，但经出质人与质权人协商同意的除外。出质人转让应收账款所得的价款，应当向质权人提前清偿债务或者提存。

三、留置权

留置权是指债权人按照合同约定占有债务人的财产，在债务人逾期不履行债务时，有留置该财产以迫使债务人先履行债务，并在债务人仍不履行债务时就该财产优先受偿的权利。债权人留置的动产应当与债权属于同一法律关系，但企业之间留置的除外。法律规定或者当事人约定不得留置的动产，不得留置。留置财产为可分物的，留置财产的价值应当相当于债务的金额。

留置权人负有妥善保管留置财产的义务；因保管不善致使留置财产毁损、灭失的，应当承担赔偿责任。留置权人与债务人应当约定留置财产后的债务履行期间；没有约定或者约定不明确的，留置权人应当给债务人两个月以上履行债务的期间，但鲜活易腐等不易保管的动产除外。

债务人逾期未履行的，留置权人可以与债务人协议以留置财产折价，也可以就拍卖、变卖留置财产所得的价款优先受偿。留置财产折价或者变卖的，应当参照市场价格。债务人可以请求留置权人在债务履行期届满后行使留置权；留置权人不行使的，债务人可以请求人民法院拍卖、变卖留置财产。留置财产折价或者拍卖、变卖后，其价款超过债权数额的部分归债务人所有，不足部分由债务人清偿。

同一动产上已设立抵押权或者质权，该动产又被留置的，留置权人优先受偿。

本章思考题

1. 简述所有权的权能。
2. 简答国家所有权的内容。
3. 联系生活中的案例分析建筑物区分所有权的内容。
4. 按份共有和共同共有的区别是什么？
5. 哪些财产可以成为抵押财产？

第五章

债　权

★本章要点★

债权也是民法的重要组成部分，债权和物权同为财产权，债法和物权法是财产法律中的两大基本制度。

通过对本章的学习，要求重点掌握债权法律制度中的基本概念和基本原理。

第一节　债权概述

一、债和债权

债权是因合同、侵权行为、无因管理、不当得利以及法律的其他规定，权利人请求特定义务人为或者不为一定行为的权利。民事主体依法享有债权。

现代民法大多从债权的角度对债的关系加以规定，这是因为，债权表现了债的关系中积极主动的一面，规定了债权也就意味着规定了债务。一般而言，凡民事主体都可以是债的主体，即债权人和债务人。但有些债，法律对其主体资格进行了限制，只有法律允许的民事主体才能成为特殊债的主体。如在国债中，债务人只能是国家。

债权和物权是财产法律制度中的两大基本制度，两者之间有着密切的关系。一方面，债权以物权为基础；另一方面，债权的实现又以债权人取得所有权为结果。但是，两者毕竟反映了不同的财产关系，所以有着不同的性质和特点。债权主要有如下特点：

（一）债权为请求权

债是特定当事人之间的特定的权利义务关系，所以债权人只能请求债务人为一定的行为，债权人的利益只能通过债务人履行债务才能实现。而物权是一种支配权，物权人无须借助他人的行为，只需通过对物的直接管领和支配，就可以行使自己的权利。

（二）债权为相对权

债的特点之一是主体的特定性，债权债务仅存在于特定的当事人之间，因而债权人只能请求特定的债务人为一定的行为，而不能对债务人以外的第三人提出请求。物权是一种绝对权，物权的义务主体是权利人以外的一切人。故债权被称为对人权，而物权被称为对世权。

（三）债权的设立具有任意性

债依其发生的原因可分为法定之债和约定之债，除法定之债外，约定之债的设立采取任意主义，当事人只要不违反法律的强制性规定，不违反公序良俗，均可以依据自己的自由意思设定债权。而物权的设立采用的是物权法定主义。

（四）债权具有平等性

数个债权人对同一债务人先后发生数个债权时，各个债权具有同等的效力。在债务人破产时，各个债权人不论债权发生的先后，按比例受清偿。而物权具有优先效力，并具有追及力，物权优于债权。

二、债的种类

根据不同的分类标准，可以将债划分为不同的类别，常见的有以下几种：

（一）合同之债与非合同之债

依据债发生的根据，债可以分为合同之债和非合同之债。合同之债是指基于当事人之间订立的合同而发生的债。它是最常见的一类债，同时也是最重要的一类债。非合同之债也称为法定之债，是指根据法律的规定，因某一法律事实的发生，在特定当事人之间产生的债权债务。非合同之债包括侵权之债、不当得利之债和无因管理之债。

（二）单一之债和多数人之债

根据债的主体的数量，债可分为单一之债和多数人之债。任何债都须有债权主体和债务主体双方，但债的任何一方主体既可以是一人，也可以是多个人。单一之债是债权主体一方和债务主体一方都仅为一人的债；多数人之债是指债权主体和债务主体至少有一方为二人以上的债。所以，在单一之债中，只有两个当事人，而在多数人之债中，则至少有三个以上的当事人。正确界定单一之债和多数人之债，有利于确定参加债的关系的每个当事人的具体的权利义务。

（三）按份之债和连带之债

对于多数人之债，根据多数人一方当事人相互之间的权利义务关系，可分为按份之债和连带之债。按份之债是指几个债权人或债务人各自按照一定份额享有债权和承担债务的债。连带之债是指债的多数主体之间有连带权利义务关系的债。

（四）特定之债和种类之债

根据债的标的物的性质，债可以分为特定之债和种类之债。特定之债是指以特定物为标的物的债。种类之债是指以种类物为标的物的债。在特定之债中，由于标的物是特定物，具有不可替代性，所以在特定的标的物灭失时，发生债的履行不能，债务人不负履行责任。

三、债的发生、变更和消灭

（一）债的发生

债的发生是指在某种法律事实出现时，在特定人之间产生一方取得债权、一方承担债务的结果。能够发生债的法律事实有合同之债、侵权行为、不当得利和无因管理。

（二）债的变更

债的变更是指债的关系在不失其同一性的前提下，变更债的当事人即债权人、债务人或债的内容。它不是消灭既存债，而是成立新债。债的当事人的变更包括两种情况：一是债权转让。一般情况下，权利人转让债权，不需要征得债务人的同意。二是债务承担，即债务人发生变更。一般情况下，债务承担须征得债权人的同意。

（三）债的消灭

债的消灭是指债权人和债务人之间法律关系的消灭。导致债消灭的原因很多，主要有以下五种：

1. 履行

债务人全面适当地履行债务，使债权人的债权得到实现，债的关系因此而消灭。这是最常见的债的消灭的原因。

2. 提存

提存是指债务人以消灭债务为目的，将给付物提交给提存机关的行为。这发生在债权人不为受领或受领不能的情况下，为保护债务人及担保人的利益，法律允许以债务人一方行为来消灭债的关系。

3. 抵销

抵销是指二人互负债务时，各以其债权充当债务之清偿，而使其债务与对方的债务在对等额内相互消灭。进行抵销时，必须符合下列条件：一是二人必须互负债务；二是双方给付的种类必须相同；三是双方债务必须均届清偿期。要注意的是，抵销权是一种形成权，经一方意思表示即可生效，不得附有条件和期限。

4. 免除

免除是指债权人以一方的意思表示而使债权消灭的单独行为。免除只需债权人一方做出意思表示即可，不需征得债务人的同意。债权人可以免除全部债务，也可以免除部分债务。

5. 混同

所谓混同，是指债权与债务同归一人，致使债的关系消灭的事实。混同是一种事实，无须有任何意思表示，只要有债权与债务同归于一人的事实，即发生债的消灭的效果。《合同法》第106条规定："债权和债务同归于一人的，合同权利义务终止，但涉及第三人利益的除外。"

第二节 合同之债

一、合同法概述

（一）合同法的概念和基本原则

1. 合同法的概念

合同法是调整因合同产生的以权利义务为内容的社会关系的法律规范的总称。合同法主要规范合同的订立、履行、变更、转让和终止以及违约责任等方面。合同法的概念有广义和狭义之分。广义的合同法是指包括合同法典和其他调整合同关系的法律规范；狭义的合同法是指合同法典，在我国就是指《合同法》。

2. 合同法的基本原则

合同法的基本原则是指指导合同立法、执法和守法活动的基本思想，是贯穿于合同法规范的法律准则。《合同法》的基本原则包括以下几项：

（1）当事人法律地位平等的原则。合同当事人的法律地位平等，一方不得将自己的意志强加给另一方。不论合同的当事人是自然人、法人还是其他经济组织，在法律上一律平等，任何人都不能享有凌驾于对方之上的特权。

（2）自愿订立合同的原则。当事人依法享有自愿订立合同的权利，任何单位和个人不得非法干预。合同是当事人协商一致的产物，是当事人真实意思表示的结果。当事人表达其内心的真实意思，不仅需要以双方的法律地位平等作为前提，而且需要以可以自由表达自己的真实意思为条件。

（3）公平原则。当事人应当遵循公平原则确定各方的权利和义务。在市场交易活动中，公平的含义主要是指双方当事人的利益关系均衡、对等。

（4）诚实信用原则。当事人行使权利、履行义务应当遵循诚实信用原则。

在大陆法系国家，诚实信用原则被认为是债法的最高指导原则，甚至被称为“帝王规则”。

（5）合法原则。当事人订立、履行合同，应当遵守法律、行政法规，尊重社会公德，不得扰乱社会经济秩序，损害社会公共利益。根据本条规定，当事人订立合同、履行合同应当遵守法律、行政法规规定。合法原则的含义是指当事人不得违反法律、行政法规的强制性规定。

（二）合同的概念和分类

1. 合同的概念

合同是平等主体的自然人、法人和其他组织之间设立、变更、终止民事权利义务关系的协议。合同是平等主体之间的协议，是以设立、变更、终止民事权利义务为内容和目的的民事行为，《合同法》调整的主要是财产关系的合同。

2. 合同的分类

合同主要分为以下几类：

（1）以当事人之间的权利义务是否互为对价为标准，可将合同分为有偿合同和无偿合同。有偿合同是指合同当事人互为给付对价，即一方当事人依据合同取得某种利益，必须向对方当事人支付相应代价的合同，如买卖合同、运输合同。无偿合同是指双方当事人之间的给付不成对价的关系，即一方依据合同取得某种利益无须向对方当事人支付任何对价的合同，如赠予合同。

（2）以当事人双方是否互负义务为标准，可将合同分为双务合同和单务合同。双务合同是指当事人双方互付对价给付义务的合同，即一方当事人依据合同所享有的权利正是对方当事人依据合同所应承担的义务，如买卖合同。单务合同是指只有一方当事人承担义务的合同，即当事人并不相互承担义务的合同，如赠予合同。

（3）以法律或者当事人对合同的形式是否有专门要求为标准，可将合同分为要式合同和不要式合同。要式合同是指法律、行政法规或者当事人约定应当采取一定形式的合同，如融资租赁合同、委托监理合同。不要式合同是指法律、行政法规没有要求必须具备一定形式的合同。

（4）以法律是否规定了一定的合同名称为标准，可将合同分为有名合同和无名合同。有名合同是指法律已经为其确立了特定名称的合同，如《合同法》分则中规定的15类合同。无名合同是指法律没有为其确定名称的合同。无名合同产生的原因主要是交易关系以及当事人合意内容的复杂性。

二、合同的订立

（一）合同的形式

合同的形式有书面的，也有口头的。关于合同采用形式的规定给予了当事人以充分的自主选择权，体现了合同自愿原则的方式自由。对这种方式自由，法律有时也有约束性的规定，《合同法》第10条规定，法律、行政法规规定采用书面形式的，应当采用书面形式。当事人约定采用书面形式的，应当采用书面形式。书面形式具有权利义务明确、发生纠纷以后便于举证等优点。书面形式具体可以包括合同书、信件、数据电文等形式。

（二）合同订立的程序

1. 要约

要约是希望与他人订立合同的意思表示，又称发盘、出价或报价等。发出要约的人称为要约人，接受要约的人称为受要约人。一个有效的要约应当符合两个条件：内容具体确定；表明接受受要约人承诺，要约人受该意思表示束缚。要约邀请是希望别人向自己发出要约的意思表示，如寄送价目表、招标公告等。在要约到达受要约人时，要约生效。对数据电文的到达，《合同法》第16条做出了特别的规定，采用数据电文形式订立合同，收件人指定特定系统接收数据电文的，该数据电文进入该特定系统的时间，视为到达时间；未指定特定系统的，该数据电文进入收件人的任何系统的首次时间，视为到达时间。要约可以撤回。撤回要约的通知应当在要约到达受要约人之前或者与要约同时到达受要约人。要约也可以撤销。撤销要约的通知应当在受要约人发出承诺通知之前到达受要约人。有下列情形之一的，要约不得撤销：一是要约人确定了承诺期限或者以其他形式表明要约不可撤销；二是受要约人有理由相信要约为不可撤销要约，并已经为履行合同做了准备工作。

2. 承诺

承诺是受要约人同意要约的意思表示。受要约人一旦承诺，合同即告成立。承诺的构成要件是：①承诺是受要约人的意思表示，所以必须由受要约人表示；②承诺应当在要约确定的期限内向要约人做出，受要约人超过承诺期限发出承诺的，除要约人及时通知受要约人承诺有效以外，视为新要约；③承诺的内容应当与要约的内容一致，受要约人对要约的内容做出实质性变更的，视为新要约。对合同标的、数量、价款、报酬、履行期限、履行地点和方式、违约责任和解决争议方法等的变更，都属于实质性变更。承诺也可以撤回。撤回承诺的通知应当在承诺通知到达要约人之前或者与承诺通知同时到达要约人。

3. 合同的成立

合同的成立是指合同对当事人具有约束力，其权利与义务确立，承诺生效时合同成立。当事人采用合同书形式订立合同的，自双方当事人签字或者盖章时合同成立。当事人采用信件、数据电文等形式订立合同的，可以在合同成立之前要求签订确认书，签订确认书时合同成立。关于合同成立的地点，承诺生效的地点为合同成立的地点。采用数据电文形式订立合同的，收件人的主营业地为合同成立地；没有主营业地的，以经常居住地为合同成立的地点。采用合同书形式订立合同的，以双方签字或者盖章的地点为合同成立的地点。

（三）合同的主要条款

合同的内容就是合同的主要条款。合同的内容由当事人约定，一般包括以下条款：①当事人的名称或者姓名和住所；②标的；③数量；④质量；⑤价款或者报酬；⑥履行期限、地点和方式；⑦违约责任；⑧解决争议的方法。《合同法》只规定了一般条款作为示范，在具体签订合同时，当事人可以根据合同的实际情况对合同主要条款进行补充或者修改。

（四）订立合同过程中的损害赔偿责任

合同订立过程中，由于一方当事人的过失使本来可以成立的合同未成立，并给另一方无过错的当事人造成损失的，应当承担赔偿责任，这种责任称为缔约过失责任。《合同法》第 42 条规定，当事人因为下列过失给对方造成损害，应当承担赔偿责任：①假借订立合同，恶意进行磋商；②故意隐瞒与订立合同有关的重要事项或者提供虚假情况；③有其他违背诚实信用原则的行为。

三、合同的效力

合同的效力即已经成立的合同的法律效力，其含义是指依法成立的合同对当事人具有的法律约束力。具有法律效力的合同不仅表现为对当事人的约束，而且还表现为当事人可以通过法院获得强制执行的法律效果。

（一）合同的生效和合同有效的要件

合同成立以受要约一方承诺要约人的要约为条件，但是已成立的合同是否有效，还要看合同是否符合法律规定的合同有效要件。有效合同应当具备的要件包括：①当事人订立合同，应当具有相应的民事权利能力和民事行为能力。②意思表示要真实；③不违反法律或者社会公共利益。《合同法》第 44 条还规定："法律、行政法规规定应当办理批准、登记等生效手续的，依照其规定。"

（二）附条件和附期限的合同

当事人对合同的效力可以约定附条件。附生效条件的合同，自条件成就时生效。附解除条件的合同，自条件成就时失效。当事人为了自己的利益，不正当阻止条件成就的，视为条件已经成就；不正当促使条件成就的，视为条件还未成就。当事人对合同的效力可以约定附期限。附生效期限的合同，自期限届至时生效。附终止期限的合同，自期限届至时失效。

（三）合同的代理

合同可以由当事人亲自订立，也可以通过代理人签订。代理人在代理权限内，以被代理人的名义实施签约行为。被代理人对代理人的代理行为承担民事责任。限制民事行为能力人订立的合同，经法定代理人追认后，该合同有效，但是纯获利益的合同或者与其年龄、智力、精神健康状况相适应订立的合同，不必经法定代理人追认。相对人可以催告法定代理人在 1 个月内追认。行为人没有代理权、超越代理权或者代理权终止以后以被代理人的名义订立的合同，相对人有理由相信行为人有代理权的，该代理行为有效，此种代理被称为表见代理。法人或其他组织的法定代表人、负责人超越权限订立合同的，除相对人知道或者应当知道其超越权限的以外，代表行为有效。无处分权的人处分他人财产，经权利人追认或者无处分权的人订立合同后取得处分权的，该合同有效。

（四）无效合同

无效合同是指虽已成立但不具备合同有效的条件，自始至终不具有法律约束力的合同。《合同法》第 52 条规定，有下列情形之一的，合同无效：①一方以欺诈、胁迫的手段订立合同，损害国家利益；②恶意串通，损害国家、集体或者第三人利益；③以合法形式掩盖非法目的；④损害社会公共利益；⑤违反法律、行政法规的强制性规定。《合同法》第 53 条还对合同预先免责条款的无效做出了规定："合同中的下列免责条款无效：（一）造成对方人身伤害的；（二）因故意或者重大过失造成对方财产损失的。"这体现出《合同法》维护社会公共利益、公共道德和诚实信用原则的目的。

四、合同的履行

合同的履行是指当事人按照约定全面完成自己的合同义务。只有合同得到履行，当事人订立合同的目的才能得到实现。

（一）合同履行的原则

当事人应当按照约定全面履行自己的义务。根据全面履行原则，当事人应当按照合同约定的标的、数量、质量、价款或者报酬、履行期限、履行地点和履行方式全面履行自己的义务，不得擅自变更或者终止合同的履行。同时，《合同法》第 6 条规定的诚实信用原则也应在合同履行中特别强调。

（二）合同条款的补充和推定

1. 合同条款的补充

合同生效后，当事人就质量、价款或者报酬、履行地点等内容没有约定或者约定不明确的，可以协议补充；不能达成协议的，按照合同有关条款或者交易习惯确定。

2. 合同条款的推定

当事人就合同约定不明确，又不能按照上述方法确定的，应当适用以下规则：①质量要求不明确的，按照国家标准、行业标准履行；没有国家标准、行业标准的，按照通常或者符合合同目的的特定标准履行。②价款或者报酬不明确的，按照订立合同履行地的市场价格履行；依法应当执行政府定价或者按照符合合同目的的特定标准履行。③履行地点不明确，给付货币的，在接受货币一方所在地履行；交付不动产的，在不动产所在地履行；其他标的在履行义务一方所在地履行。④履行期限不明确的，债务人可以随时履行，债权人也可以随时要求履行，但应当给对方必要的准备时间。⑤履行方式不明确的，按照有利于实现合同目的的方式履行。⑥履行负担费用约定不明确的，由履行义务一方负担。

（三）合同履行中的具体问题

1. 价格变动时价款的确定

执行政府定价或者政府指导价的，在合同约定的交付期限内政府价格调整时，按照交付时的价格计价。逾期交付标的物的，遇价格上涨时，按照原价格执行；价格下降时，按照新价格执行。逾期提取标的物或者逾期付款的，遇价格上涨时，按照新价格执行；价格下降时，按照原价格执行。

2. 第三人履行和受偿

当事人约定由第三人向债权人履行债务的，第三人不履行债务或者履行债务不符合约定，债务人应当向债权人承担违约责任。

3. 抗辩权

抗辩权是针对请求权而言的，它是指对抗合同当事人另一方的请求的权利。《合同法》第66~69条规定了双务合同中的同时履行抗辩权、先履行抗辩权以及不安履行抗辩权三种抗辩权。

同时履行抗辩权是指当事人互负债务，没有先后顺序的，应当同时履行。一方在对方履行之前有权拒绝其履行要求。一方在对方履行债务不符合要求时，有权拒绝其相应的履行要求。

先履行抗辩权是指互负债务，有先后履行顺序，先履行一方未履行的，后履行一方有权拒绝其履行要求。先履行一方履行债务不符合要求的，后履行一方有权拒绝其相应的履行要求。

不安履行抗辩权是指应当先履行债务的当事人有确切的证据证明对方有下列情形之一的，可以中止履行：①经营状况严重恶化；②转移财产、抽逃资金以逃避债务；③丧失商业信誉；④有丧失或者可能丧失履行债务能力的其他情形。当事人没有确切证据证明对方有上述情形之一而终止履行的，应当承担违约责任。当事人中止履行的，应当及时通知对方。对方提供适当担保时，应当恢复履行。中止履行后，对方在合理期限内未恢复履行能力并且未提供适当担保的，终止履行的一方可以解除合同。

4. 履行困难、提前履行和部分履行问题

债权人分立、合并或者变更住所没有通知债务人，致使履行债务发生困难的，债务人可以中止履行或将标的物提存。债权人可以拒绝债务人提前履行债务和部分履行债务，但提前履行和部分履行不损害债权人利益的除外。债务人提前履行和部分履行债务给债权人增加的费用由债务人负担。

（四）债权保全

1. 债权人的代位权

因债务人怠于行使其到期债权，对债权人造成损害的，债权人可以向法院请求以自己的名义代位行使债务人的债权，但该债权专属于债务人自身的除外。代位权的行使范围以债权为限。债权人行使代位权的费用，由债务人负担。

2. 债权人的撤销权

因债务人放弃其到期债权或者无偿转让财产，对债权人造成损害的，债权人可以请求法院撤销债务人的行为。债务人以明显不合理的低价转让财产，对债权人的债权造成损害，并且受让人知道该情形的，债权人也可以请求法院撤销债务人的行为。撤销权的行使范围以债权人的债权为限。债权人行使撤销权的必要费用由债务人负担。撤销权在债权人知道或者应当知道撤销事由之日起 1 年内行使。在债务人的行为发生之日起 5 年内没有行使撤销权的，该撤销权消灭。

五、合同的变更、转让和终止

（一）合同变更

合同变更是指合同有效成立以后、履行完毕之前，由双方当事人依照法律规定的条件和程序对合同内容进行修改和补充。合同变更的条件是合同有效成立。合同变更须经当事人协商一致。非经协商程序，任何一方当事人都不能擅自变更合同内容。对合同变更，当事人必须做出明确约定。当事人虽经协商，但是该合同变更的内容约定不明确的，推定为未变更，当事人仍然有义务履行尚未履行的合同。法律、行政法规规定变更合同应当办理批准、登记手续的，依照其规定办理相应的批准、登记手续。

（二）合同转让

合同转让即合同主体变更，是指当事人将依照合同享有的权利或者承担的义务全部或者部分转让给第三人的行为。合同转让包括债权转让、债务转移和权利义务概括转让三种类型。

1. 债权转让

债权转让即当事人将依照合同所享有的权利全部或者部分转让给第三人。一般情况下，当事人有权自主地将合同的权利全部或者部分转让给第三人，但是有下列情形之一的除外：①根据合同性质不得转让；②按照当事人约定不得转让；③依照法律规定不得转让。对债权人而言，转让债权是债权人的一项权利，所以，债权转让无须债务人同意。但是为了便于债务人履行合同义务，同时也为了便于债权受让人实现其受让的债权，根据《合同法》的规定，债权转让时，应当通知债务人。未经通知，该转让行为对债务人不发生效力。也就是说，债权转让未通知债务人的，对转让本身的效力没有影响，但是债权的转让人和受让人不得以债权已经转让对抗债务人，受让人没有权利要求债务人向其履行债务，债务人也没有义务向受让人履行债务。债权人转让权利的通知不得撤销，但经受让人同意的除外。根据从权利从属于主权利的原理，债权人转让权利的，受让人取得与债权有关的从权利，但是从属于债权人自身的除外。在债权转让的场合，为维护债务人的正当权利，《合同法》第 82 条规定，债务人接到债权转让的通知后，债务人对让与人的抗辩可以向受让人主张。

2. 债务转移

债务转移即当事人将根据合同应当承担的义务全部或者部分转移给第三人。债务转移可能会损害债权人债权的实现，因此，《合同法》第 84 条规定，债务人将合同的义务全部或者部分转移给第三人的，应当经债权人同意。法律、行政法规规定转让权利或者转移义务应当办理登记、批准等手续的，依照其规定。债务转移并没有消灭即存的债务，只是义务的主体发生了变化。所以，债务人转让义务的，新债务人可以主张原债务人对债权人的抗辩。根据从义务从属于主义务的原则，新债务人应当承担与主债务有关的从债务，但该从债务专属于原债务人的除外。

3. 概括转让

概括转让的形式可分为一般形式与特殊情形两种：

（1）概括转让的一般形式。在合同转让中，除单纯的债权转让和债务转移以外，还有合同权利和义务的概括转让，即当事人依据合同将所享有的权利和义务一并转让给第三人。在概括转让的情况下，受让人取代了让与人的法律地位，成为合同的当事人，让与人完全脱离了合同关系，合同对让与人不再具有法律约束力。因此，当事人将自己在合同中的权利和义务一并转让给第三人的，应当经对方同意。未经对方同意，不得转让。并非所有的合同都可以概括转让，根据合同性质不得转让的合同、按照当事人的约定不得转让的合同以及依照法律、行政法规规定不得转让的合同，不得概括转让。在概括转让时，附随于让与人的全部权利和义务完全转让给受让人。受让人取得与债权有关的从权利，但该权利专属于债权人自身的除外。受让人应当承担与主债务有关的从债务，但该从债务专属于原债务人的除外。法律、法规规定转让权利或者转移债务应当办理批准、登记等手续的，依照其规定办理相应的批准、登记手续。

（2）概括转让的特殊情形。概括转让也包括几种特殊情形，依照法律规定，只要出现这种情形，即发生概括转让，并不以取得对方当事人的同意为条件：一是根据《合同法》第 90 条的规定，当事人订立合同后合并的，由合并后的法人或者其他经济组织行使合同权利，履行合同义务；二是根据《合同法》第 90 条的规定，当事人订立合同后分立的，除债权人和债务人另有约定的以外，由分立的法人或者其他组织对合同的权利和义务享有连带债权，承担连带债务；三是根据《合同法》第229条的规定，租赁物在租赁期间发生所有权变动的，不影响租赁合同的效力；四是根据《合同法》第234条的规定，承租人在房屋租赁期间死亡的，与其生前共同居住的人可以按照原租赁合同租赁该房屋。

（三）合同权利义务的终止

合同权利义务的终止，即合同关系的消灭。《合同法》第91条规定，有下列情形之一的，合同的权利义务终止：①债务已经按照约定履行；②合同解除；③债务相互抵销；④债务人依法将标的物提存；⑤债权人免除债务；⑥债权债务同归于一人；⑦法律规定或者当事人约定终止的其他情形。

六、违约责任

（一）违约责任的概念

违约责任是指当事人因违反合同义务应承担的责任。违约责任制度是保障债权实现及债务履行的重要措施。合同义务是违约责任产生的前提，违约责任则是合同义务不履行的结果。

（二）违约责任的构成要件

违约责任的构成要件可以分为一般构成要件和特殊构成要件。一般构成要件是指违约当事人承担任何违约责任形式都必须具备的条件。特殊构成要件是指各种具体的违约责任形式所要求的构成要件。

1. 违约责任的一般构成要件

违约责任的一般构成要件以违约行为作为唯一的条件。违约行为是指合同当事人违反合同义务、侵害合同债权的客观行为。根据违约的时间，违约行为分为逾期违约与实际违约。实际违约又具体分为履行不能、履行迟延、履行拒绝及不完全履行。

2. 违约责任的特殊构成要件

违约责任的特殊构成要件因违约责任形式的不同而表现出差异。对于不同的违约责任形式，当事人在满足了违约责任的一般构成要件，即违约行为之后，还应当满足各种特殊构成要件。例如，损害赔偿责任的特殊构成要件是：①损害事实；②违约责任和损害事实之间要有因果关系。违约金责任形式的特殊构成要件是：①当事人在合同中事先约定了违约金，或者法律对违约金有规定；②当事人有关违约金的约定是合法成立的。

（三）违约责任的归责原则

违约的行为各种各样，需要有一个归责的一般规定，这就是违约责任的归责原则。《合同法》规定了合同违约责任原则是严格责任。严格责任是指只要有违约行为就要承担违约责任，而不考虑行为人主观上的过错。《合同法》第107条规定，当事人一方不履行合同义务或者履行合同义务不符合约定的，应当承担违约责任。

（四）违约责任的形式

1. 继续履行

当事人一方违约后，另一方可以要求其继续履行合同约定的义务。继续履行具有国家强制性，只要当事人提出，违约人就要继续履行。继续履行可与其他违约责任形式并用。

2. 修理、更换、重做、退货、减少价款或者报酬

修理、更换、重做、退货、减少价款或者报酬，主要是针对合同履行不符合质量要求的情况而定的违约责任形式。《合同法》规定，质量不符合约定的，应当按照当事人的约定承担违约责任。对违约责任没有约定或者约定不明确，又未达成补充协议或按交易习惯确定的，受损害方根据标的的性质以及损失的大小，可以合理选择要求对方承担修理、更换、重做、退货、减少价款或者报酬等违约责任。

3. 赔偿损失

违约人如果造成对方的损失，应当赔偿因违约而造成的全部损失，包括合同履行后可以获得的利益，但不得超过违反合同一方订立合同时预见到或者应当预见到的因违反合同可能造成的损失。经营者对消费者提供商品或者服务有欺诈行为的，依照《中华人民共和国消费者权益保护法》（以下简称《消费者权益保护法》）的规定承担损害赔偿责任。

4. 支付违约金

违约金是指按照当事人的约定或者法律的规定，违约人向对方支付的一定数量的金钱。违约金分为约定违约金和法定违约金。有约定的依约定，没有约定的依法律规定。

5. 定金制裁

当事人可以约定一方向另一方给付定金作为债权担保。当事人履约后，定金应抵作价款或者回收。给付定金一方违约的，无权要求返回定金；收受定金的一方违约的，应双倍返还定金。定金具有担保的性质，故不同于违约金。当事人既约定违约金，又约定定金的，一方违约时，对方可以选择违约金或者定金条款，定金和违约金不能同时适用。

（五）违约的免责条件

1. 不可抗力

不可抗力是指不能预见、不能避免并且不能克服的客观情况，如地震、洪水等。《合同法》第117条规定，因不可抗力不能履行合同的，根据不可抗力的影响，部分或者全部免除责任，但法律另有规定的除外。

2. 对方未采取措施而扩大的损失

当事人一方违约后，对方应当采取适当措施防止损失扩大；没有采取适当措施致使损失扩大的，不得就扩大的损失要求赔偿。当事人因防止损失扩大而支付的合理费用，由违约方承担。

3. 双方违约

当事人双方都违反合同的，应当各自承担相应的责任。

4. 第三人违约

当事人一方因第三人的原因造成违约的，不能构成免责的理由，还应当向对方承担违约责任。当事人一方与第三方之间的纠纷依照法律规定或者按照约定解决。

第三节　不当得利和无因管理

一、不当得利

不当得利是指没有合法根据，使他人受到损失而自己获得了利益。正因为不当得利没有合法根据，因此不能受到法律的保护。不当得利应当返还，这种权利义务关系就是不当得利之债。

不当得利的构成要件有四个：①一方获得利益；②他方受到损失；③获得利益和受到损失之间有因果关系；④获得利益没有合法根据。不当得利原则上均应返还，但获利人如当时并不知道其无法律上的根据而获得利益的，可仅就其尚存的得利予以返还；如果明知其无法律上的根据，则不论其得利是否已被消耗，均应当全部返还。

二、无因管理

无因管理是指没有法定的或约定的义务，为避免他人的利益受损失，自愿管理他人的事物或为他人提供服务的行为。管理他人事物的人为管理人，事物被管理的人为本人。无因管理发生后，在管理人和本人之间就发生了债权债务关系，这就是无因管理之债。

无因管理的构成要件有三个：①为他人管理事物；②有为他人谋利益的意思；③没有法定或约定的义务。管理人在进行事物管理时，应当以最适合本人利益的方法进行，而且在已知或可推知本人的意思时，应依此意思进行管理。此外，管理人还负有尽快通知本人的义务，并将管理所得的利益交付本人。

本章思考题

1. 简述债权的概念、特征和分类。
2. 债有哪些种类？债消灭的原因有哪些？
3. 简述合同的概念和特征及合同法的基本原则。
4. 简述不当得利和无因管理的构成要件。

第六章

侵权行为

★本章要点★

本章着重介绍了侵权行为的概念、分类和构成要件。

通过对本章的学习，要求重点掌握一般侵权行为的构成要件。

第一节　侵权行为的概念和分类

一、侵权行为的概念

侵权行为是指行为人不法侵害他人的财产权利或人身权利的行为。行为人因侵权行为而承担的损害赔偿责任就是侵权行为之债。在这种债权债务关系中，受不法侵害而享有请求行为人赔偿损失的权利的一方为债权人，不法行为人为债务人。

二、侵权行为的分类

侵权行为分为一般侵权行为和特殊侵权行为。凡国家机关、公职人员在执行职务中发生的侵权行为、法定代理人的责任、产品责任、高度危险作业人的责任、环境责任、修建人的责任、动物饲养人的责任等，均属于特殊侵权行为。

第二节　一般侵权行为的构成要件

根据《侵权责任法》第二章的规定，一般侵权行为有以下几个构成要件：

一、行为的违法性

行为的违法性是构成侵权行为的先决条件，如果行为不违法，则无民事责任可言。判断侵权行为的违法性，不仅要以现行的民事法律为依据，也要以社会主义道德准则为依据。违法行为表现为作为和不作为两种方式。

二、损害事实的客观存在

损害事实的客观存在是构成侵权、损害民事责任的前提和依据。如果某种行为没有造成损害，就不能构成侵权行为，行为人就不承担民事责任。损害包括财产损害和人身损害，财产损害又包括直接损害和间接损害两部分。

三、违法行为和损害事实之间存在因果关系

违法行为和损害事实之间的因果关系是构成侵权责任的要件之一，这种因果关系是原因与结果之间的必然联系，这种联系是客观存在的，不以任何人的意志为转移。

四、行为人有过错

过错是指行为人对其实施某种行为所产生的结果所持的心理状态，包括故意和过失两种。在传统民法理论中，行为人只对自己的过错行为承担民事责任。但目前，为了更好地保护各种合法权益，在越来越多的领域中适用“无过错责任”，也称为严格责任。

本章思考题

1. 简述侵权行为的概念和分类。
2. 一般侵权行为的构成要件有哪些？

第七章

人身权

★本章要点★

本章着重介绍了人身权、人格权和身份权。

通过对本章的学习，要求区分公民和法人人身权的范围不同之处；另外，要求学会正确区分公民的人格权和身份权。

第一节 人身权概述

人身权是公民和法人作为民事主体的一项重要民事权利。

所谓人身权，是指民事主体依法享有的、与特定人身相联系而又没有直接财产内容的民事权利。与人身权相对应的是财产权，它们共同构成了基本的两大类民事权利。人身权具有以下法律特征：

一、人身权是没有直接财产内容的民事权利

人身权体现的是权利主体精神上的需要，无法用金钱来衡量；而财产权直接反映的是权利主体的财产利益。虽然人身权没有直接的财产内容，但与财产权有一定的联系：一方面，人身权的确认是发生某些财产权利的前提；另一方面，公民的人身权受到不法侵害时，其财产利益往往也会受到损害。

二、人身权与公民人身不可分离

人身权与公民的人身紧密相连，具有不可分离性。因此，人身权不得以任何形式转让、替代、赠予或继承。

三、人身权是绝对权

人身权是绝对权利，具有排他性，其法律效力及于任何人。而财产权则不同，既可以是绝对权利，如物权，也可是相对权利，如债权。

第二节 人格权

人格权是民事主体固有的、由法律直接赋予的、民事主体必须享有的各种人身权利。不仅公民享有人格权，法人也可以享有人格权，只是公民的人格权和法人的人格权在范围上有所不同。某些专属于自然人的人格权，如生命权、肖像权、婚姻自由权等，法人并不享有。具体而言，人格权包括生命权、健康权、姓名权和名称权、肖像权、名誉权、荣誉权以及隐私权。

一、生命权

生命权是公民的生命不受非法侵害的权利。这是一种以自然人的生命安全利益为内容的权利，是每个人的最高人身利益。生命安全是自然人从事民事活动和其他一切活动的前提和基本要求，因此，法律赋予每个公民生命权，禁止任何机关、单位和个人非法剥夺他人的生命。保护公民的生命不受非法侵害，是我国法律对公民人身权保护的首要任务。

二、健康权

健康权是公民的身体健康不受非法侵害的权利。健康包括肉体组织、生理及心理机能三个方面，无论对哪一个方面的侵害，都构成对自然人健康的侵害。生命权和健康权有密切的联系，但二者的客体和内容还是有区别的。

三、姓名权和名称权

姓名权是自然人依法享有的决定、变更和使用自己的姓名并得以排除他人干涉或非法使用的权利。公民享有姓名权，有权决定、使用和依照规定改变自己的姓名，禁止他人干涉、盗用、假冒。公民的姓名权、名誉权、荣誉权受到侵害的，有权要求停止侵害、恢复名誉、消除影响、赔礼道歉，并可以要求赔偿损失。

名称权是特定团体依法享有的决定、使用、变更及依照法律规定转让自己的名称，并排除他人的非法干涉及不当使用的权利。法人、个体工商户、个人合伙享有名称权。企业法人、个体工商户、个人合伙有权使用、依法转让自己的名称。

四、肖像权

肖像是以摄影或其他造型艺术手段反映个人容貌特征形象的作品。肖像权是公民对自己肖像的制作和使用所享有的专用权利。公民享有肖像权，未经本人同意，不得以营利为目的使用公民的肖像。

五、名誉权

名誉是社会公众对特定的人的道德品质、才干、声望、信誉和形象等各方面的综合评价。名誉权是自然人和法人依法享有的就其自身特性所表现出来的社会价值而获得社会公正评价的权利。《民法通则》第 101 条规定："公民、法人享有名誉权，公民的人格尊严受法律保护，禁止使用侮辱、诽谤等方式损害公民、法人的名誉。"民事主体的名誉受到侵害的，有权要求停止侵害、恢复名誉、消除影响、赔礼道歉，并可以要求赔偿损失。

六、荣誉权

荣誉是国家或有关组织对有突出贡献的特定人予以的积极评价，通常表现为一定的荣誉称号或荣誉证书。荣誉的实质是光荣的名誉，是名誉的一种特殊表现形式。所谓荣誉权，是指公民和法人享有的保护其荣誉不受非法侵害的权利。荣誉权和名誉权不同，每个公民都享有名誉权，但不一定每个公民都享有荣誉权。法律保护公民、法人的荣誉权，禁止他人非法剥夺和贬损。

七、隐私权

隐私权是自然人就自己的个人私事、个人信息等个人生活领域内的情事不为他人知悉、禁止他人干涉的权利。我国的法律尚未明确隐私权是一项具体的人格权，但审判实践中，公民的隐私权受到法律的保护。最高人民法院《关于贯彻执行〈中华人民共和国民法通则〉若干问题的意见（试行）》第 140 条规定："以书面、口头等形式宣扬他人的隐私或捏造事实公然丑化他人人格，以及用侮辱、诽谤等方式损害他人名誉，造成一定影响的，应当认定为侵害公民名誉权的行为。"

第三节　身份权

身份权是指民事主体因具有某种特定的身份而依法产生或享有的权利。它和人格权是有区别的：人格权是民事主体具有法律上独立人格所必须享有的民事权利，这种民事权利是民事主体固有的，而且是平等享有的；而身份权则因人而异，主体不具有某种身份不至于丧失其主体资格和做人的权利。

身份权主要表现为家庭法上的亲属权、监护权等，其次表现为著作权、专利权、商标权、发明权、发现权中的人身权。法人也可以享有某些身份权，虽然不具有亲属权、监护权，但可在上述知识产权中享有一定的身份权。

本章思考题

1. 简述人身权的特征。
2. 人格权具体表现为哪些权利?
3. 人格权和身份权有哪些区别?

第八章

婚姻法

★本章要点★

本章主要介绍了我国婚姻法的基本原则和婚姻法规定的结婚、离婚的条件及离婚的法律后果。

通过对本章的学习，要求重点掌握婚姻法的基本原则以及结婚、离婚的条件和程序。

第一节　婚姻法的概念和基本原则

一、婚姻法的概念

婚姻法是调整婚姻家庭关系的法律规范的总称，它规定了婚姻家庭关系发生、终止以及基于这种关系所发生的夫妻之间、家庭成员之间的权利和义务。因此，婚姻法是“婚姻家庭关系的基本准则”。

1950 年 5 月 1 日，新中国第一部婚姻法正式公布，它也是新中国制定公布的第一部法律。1980 年 9 月 10 日，第五届全国人民代表大会第三次会议通过了新的《中华人民共和国婚姻法》（以下简称《婚姻法》），2001 年 4 月 28 日，第九届全国人民代表大会常务委员会第二十一次会议对其进行了修订。

二、婚姻法的基本原则

我国《婚姻法》的基本原则有婚姻自由，一夫一妻，男女平等，保护妇女、儿童和老人的合法权益以及实行计划生育。

（一）婚姻自由

婚姻自由是指婚姻当事人有权依法根据本人的意愿决定自己的婚姻，不受任何人的强制和干涉。婚姻自由包括结婚自由和离婚自由两个方面。结婚自由是指男女双方完全自愿，不允许任何一方对他方加以强迫或任何第三者加以干涉。离婚自由是指如果夫妻双方感情确已破裂，当事人有通过法定程序解除婚姻关系的权利。结婚自由是建立爱情婚姻的重要手段，离婚自由是结婚自由的必要补充。

（二）一夫一妻

根据《婚姻法》第 2 条、第 3 条的规定，一夫一妻是指一男一女结为夫妻的婚姻制度。任何人只能有一个配偶，不得同时拥有两个或两个以上的配偶，禁止一切形式的一夫多妻或一妻多夫的结合；已婚者在婚姻关系终止，即配偶死亡或离婚以前，不得再行结婚。实行一夫一妻制，禁止重婚，禁止有配偶者与他人同居和其他干涉一夫一妻制的行为。

（三）夫妻平等

《婚姻法》第 13 条规定的夫妻平等是指两性在婚姻关系和家庭关系的各方面都平等地享有权利，承担义务。按照夫妻平等的原则，男女双方在结婚、离婚上的权利和义务是平等的，夫妻在人身关系和财产关系上的权利和义务是平等的，父母在教育抚养子女问题上的权利和义务是平等的。

（四）保护妇女、儿童和老人的合法权益

保护妇女的合法权益是男女平等原则的必要补充。我国《婚姻法》第 2 条、第 34 条、第 39 条在规定男女平等的基础上必须对妇女的合法权益进一步给予保护。例如，女方在怀孕期间、分娩后 1 年内或中止妊娠后 6 个月内男方不得离婚，离婚时在财产分割上要照顾女方和儿童的权益，等等。保护儿童的合法权益是整个社会的任务，也是社会主义家庭的职能。《婚姻法》第 2 条在将保护儿童权益确定为基本原则的同时，在《婚姻法》有关家庭关系中的第 21 ~ 29 条还做出了具体的规定。

（五）实行计划生育

《宪法》第 25 条规定："国家推行计划生育，使人口的增长同经济和社会发展计划相适应。"《婚姻法》第 2 条规定，实行计划生育是一项基本原则，夫妻双方都有实行计划生育的义务。

第二节　结　婚

结婚是指男女双方按照法律规定的条件和程序，确立夫妻关系的法律行为。

一、结婚的实体性条件

《婚姻法》对结婚条件做了两方面的规定，即结婚的必备条件和禁止条件。

（一）结婚的必备条件

结婚的必备条件包括：

第一，男女双方完全自愿。《婚姻法》第5条规定，结婚必须男女双方完全自愿，不许任何一方对他方加以强迫或任何第三者加以干涉。

第二，均达到法定婚龄。《婚姻法》第6条规定，结婚年龄，男不得早于22周岁，女不得早于20周岁。晚婚晚育应予鼓励。

第三，符合一夫一妻制的规定。《婚姻法》第2条、第3条规定，我国实行一夫一妻制，禁止重婚。

以上三个条件共同构成了结婚的必备条件，缺一不可。

（二）结婚的禁止条件

结婚的禁止条件是指结婚必须排除的条件。《婚姻法》第7条明确指出，有下列情形之一的，禁止结婚：

第一，禁止结婚的血缘。直系血亲和三代以内旁系血亲禁止结婚。“直系血亲”是指具有直接的血缘关系的亲属。如父母子女、祖父母、外祖父母与孙子女、外孙子女等。“旁系血亲”是指具有间接血缘关系的亲属。“三代以内的旁系血亲”是指同出于祖父母、外祖父母的三代以内的亲属。

第二，禁止结婚的疾病。患有医学上认为不应当结婚的疾病的，禁止结婚。该规定有利于保证婚姻缔结以后当事人的身体健康和合法权益不受侵害，也有利于后代的健康。

二、结婚的程序性条件

我国采用结婚登记制度，要求结婚的男女双方必须亲自到婚姻登记机关进行结婚登记。符合《婚姻法》规定的，予以登记，发给结婚证。取得结婚证，即确立夫妻关系。

（一）结婚登记机关

《婚姻法》第8条规定，要求结婚的男女双方必须亲自到婚姻登记机关进行结婚登记。根据《婚姻登记管理条例》的规定，办理婚姻登记的机关，在城市是街道办事处或区人民政府、不设区的市人民政府的民政部门，在农村是乡、民族乡、镇的人民政府。

（二）结婚登记程序

1. 申请

当事人双方准备结婚，应正式向婚姻登记机关提出结婚登记的要求。申请必须双方亲自到一方户口所在地的婚姻登记机关提出。申请时应持有下列证件：户口证明，居民身份证，所在单位、村民委员会或居民委员会出具的写明本人出生年月和婚姻状况（未婚、丧偶、离婚）的证明。离过婚的申请再婚时，须持有离婚证件（离婚证或法院的判决书）。

2. 审查

婚姻登记员要审查当事人所持证件是否真实、完备、符合法定要求，证件的内容是否与当事人本人的情况完全相符，证件是否有伪造、涂改或冒名顶替的迹象，还要审查当事人双方是否都符合结婚条件。

3. 登记

婚姻登记机关对当事人结婚申请进行审查后，认为当事人符合法定的结婚条件的，应当进行正式的登录和记载，签发结婚证。经婚姻登记机关审查不符合结婚条件的，不予登记，并向当事人说明不予登记的理由，同时，还有义务向当事人进行法律宣传，教育当事人自觉遵守法律。

三、无效婚姻和可撤销婚姻

无效婚姻是指男女两性的结合违反法定的结婚条件，不具备法律效力的一种结婚形式。可撤销婚姻是因受胁迫结婚而形成的表面具有合法形式的婚姻，受胁迫一方可请求婚姻登记机关或人民法院撤销该婚姻。

（一）无效婚姻

根据《婚姻法》第10条的规定，具有下列情形之一的，婚姻无效：

第一，重婚的。任何人不得同时拥有两个或两个以上的配偶。重婚包括双方均有配偶的重婚和一方无配偶而与已有配偶的人结婚。

第二，有禁止结婚的亲属关系的。《婚姻法》第7条规定的结婚的禁止条件中规定，直系血亲和三代以内旁系血亲禁止结婚。因此，凡属直系血亲和三代以内旁系血亲结婚的是无效婚姻。婚姻当事人及其近亲属可向人民法院请求宣告该婚姻无效。

第三，婚前患有医学上认为不应当结婚的疾病，结婚后尚未治愈的。

第四，未达到法定结婚年龄的。结婚年龄，男不得早于22周岁，女不得早于20周岁。违背《婚姻法》第6条规定的法定婚龄而结婚是违法行为，为了体现法律的强制性和权威性，现行《婚姻法》第10条规定其为无效婚姻。婚姻当事人和未达到法定婚龄者的近亲属可向人民法院宣告该婚姻无效。

（二）可撤销婚姻

《婚姻法》第11条规定："因胁迫结婚的，受胁迫的一方可以向婚姻登记机关或人民法院请求撤销该婚姻。受胁迫的一方撤销婚姻的请求，应当自结婚登记之日起1年内提出。被非法限制人身自由的当事人请求撤销婚姻的，应当自恢复人身自由之日起1年内提出。"

（三）无效婚姻和可撤销婚姻的法律后果

无效或被撤销的婚姻自始无效。当事人不具有夫妻的权利和义务。同居期间所得的财产，由当事人协议处理；协议不成时，由人民法院根据照顾无过错方的原则判决。对重婚导致的婚姻无效的财产处理，不得侵害合法婚姻当事人的财产权益。

第三节　家庭关系

家庭是以婚姻关系为基础的社会组织，是社会的细胞。家庭关系是指家庭成员之间法律上的权利和义务关系。在我国，家庭关系包括夫妻关系、父母子女关系、收养关系和其他家庭成员之间的关系。

一、夫妻

夫妻关系是指由合法婚姻而产生的男女之间在人身关系和财产关系等方面的权利义务关系。它是家庭关系的核心和基础。

夫妻在家庭中地位平等，这里的平等主要是指夫妻之间权利和义务的平等，不允许出现只享受权利不履行义务或只履行义务不享受权利的现象。

（一）人身关系

首先，夫妻双方都有各用自己姓名的权利。夫妻双方都有各用自己姓名的权利，拥有姓名权，保持姓名的独立，也是人格独立的一个体现。《婚姻法》第 14 条的规定是男女平等的体现。另外，夫妻双方都有各用自己姓名的权利也是子女姓氏确定的前提。《婚姻法》第 22 条规定："子女可以随父姓，也可以随母姓。"

其次，夫妻双方都有参加生产、工作、学习和社会活动的自由。

再次，夫妻双方都有实行计划生育的义务。

最后，夫妻在抚养教育子女方面平等地享有权利和承担义务。

（二）财产关系

1. 夫妻共同财产

夫妻共同财产是指在婚姻关系存续期间，夫妻双方或一方所得的财产，除另有约定的外，均为夫妻共同所有。夫妻对共同所有的财产，平等地享有占有、使用、收益和处分的权利。

2. 对财产的约定

夫妻可以约定婚姻关系存续期间所得的财产以及婚前财产归各自所有、共同所有或部分各自所有、部分共同所有。约定应当采用书面形式。夫妻对婚姻关系存续期间所得的财产以及婚前财产的约定，对双方具有约束力。

3. 夫妻之间相互扶养的义务

夫妻之间有相互扶养的义务，即丈夫有扶养妻子的权利和义务，妻子也有扶养丈夫的权利和义务。上述权利和义务的规定是基于婚姻效力而产生的。需要扶养的条件是：一方无独立生活能力，如丧失劳动能力、无固定收入、缺乏生活来源、年老患病等，而另一方有能力支付扶养费。如果符合法律规定的扶养条件而一方未尽扶养义务，致使其处于十分困难的境地，需要扶养的一方可以向人民法院提出诉讼，要求给付扶养费。

4. 夫妻有相互继承遗产的权利

按照《中华人民共和国继承法》第 10 条的规定，法定继承分第一顺序和第二顺序，夫妻之间互为第一顺序继承人，这也是夫妻之间财产关系的体现，前提就是应在夫妻关系存续期间。

二、父母与子女

父母子女关系是家庭关系中的重要组成部分，它是基于子女出生的事实和通过合法的收养、抚养关系形成的家庭关系。根据《婚姻法》第 25 ~ 27 条的规定，《婚姻法》调整的父母子女关系，既包括婚生的、非婚生的父母子女关系，也包括合法的养父母与养子女，以及发生了抚养教育关系的继父母与继子女的关系。

（一）父母子女之间的权利和义务

《婚姻法》第 21 条规定，父母对子女有抚养教育的义务，子女对父母有赡养扶助的义务。父母不履行抚养义务时，未成年的或不能独立生活的子女有要求父母给付抚养费的权利。子女不履行赡养义务时，父母有要求子女给付赡养费的权利。禁止溺婴、弃婴和其他残害婴儿的行为。

（二）父母与非婚生子女

非婚生子女享有与婚生子女同等的权利，任何人不得加以危害和歧视；不直接抚养非婚生子女的生父或生母，应当负担子女的生活费和教育费，直至子女能独立生活为止。

（三）继父母与继子女

《婚姻法》第 27 条规定，继父母与继子女间不得虐待或歧视，继父或继母和受其抚养教育的继子女间的权利和义务，适用本法对父母子女关系的有关规定。

继父母与继子女之间是否发生父母子女的权利和义务关系，关键看是否形成抚养教育关系。具体包括以下几种情形：①已经独立生活的子女，不与继父或继母一起生活，不需要继父或继母的抚养教育，就不发生视同父母子女关系的法律后果；②继子女和继父或继母生活在一起，但其教育和抚养费用由生父或生母负担时，仍不发生视同父母子女关系的法律后果；③继子女同继父或继母生活在一起，他的生活费、教育费由继父或继母负担时，即有抚养教育关系的，发生视同父母子女关系的法律后果。

继父母与继子女形成抚养教育关系后，继父母不履行抚养义务的，继子女有要求继父母给付抚养费的权利；继父母年老丧失劳动能力、生活困难的，继父母有要求继子女给付赡养费的权利。

三、祖孙和兄弟姐妹

有负担能力的祖父母、外祖父母，对于父母已经死亡或父母无力抚养的未成年的孙子女、外孙子女，有抚养的义务。有负担能力的孙子女、外孙子女，对于子女已经死亡或子女无力赡养的祖父母、外祖父母，有赡养的义务。

《婚姻法》第 29 条规定："有负担能力的兄、姐，对于父母已经死亡或父母无力抚养的未成年的弟、妹，有扶养的义务。由兄、姐扶养长大的有负担能力的弟、妹，对于缺乏劳动能力又缺乏生活来源的兄、姐，有扶养的义务。"

第四节　离　婚

一、离婚的概念

离婚是婚姻关系终止的一种形式，是指夫妻双方按照法律的规定解除夫妻关系的法律行为。离婚不仅会导致夫妻双方的人身关系和财产关系发生变化，还涉及子女的抚养和教育问题，对家庭和社会也有一定影响，因此必须正确处理。

二、离婚的法律程序

当代中国处理离婚的指导思想是保障离婚自由，反对轻率离婚，这是我国婚姻制度的重要特征之一。根据《婚姻法》第 31 条和第 32 条的规定，离婚分为双方自愿离婚和一方要求离婚。

（一）双方自愿离婚

双方自愿离婚又称协议离婚，是在男女双方自愿的情况下达成的解除婚姻关系的方式。这种方式简便易行，有利于双方当事人正确行使婚姻自由的权利，有利于社会的安定团结，有利于子女的健康成长，有利于离婚协议的实际履行。

《婚姻法》第 31 条规定，男女双方自愿离婚的，准予离婚。双方必须到婚姻登记机关申请离婚。婚姻登记机关查明双方确实是自愿并对子女和财产问题已有适当处理时，发给离婚证。

（二）一方要求离婚

《婚姻法》第32条规定，男女一方要求离婚的，可由有关部门进行调解或直接向人民法院提出离婚诉讼。人民法院审理离婚案件，应当进行调解；如感情确已破裂，调解无效，应准予离婚。

三、有关离婚的特别规定

（一）现役军人配偶要求离婚的限制规定

《婚姻法》第33条规定，现役军人的配偶要求离婚，须得现役军人同意，但军人一方有重大过错的除外。

（二）在一定期间对男方离婚请求权的限制

《婚姻法》第34条规定，女方在怀孕期间、分娩后1年内或中止妊娠后6个月内，男方不得提出离婚。女方提出离婚的，或人民法院认为有必要受理男方离婚请求的，不在此限。

四、离婚的法律后果

（一）离婚对夫妻双方人身关系的解除

解除夫妻间的身份关系是离婚的直接法律后果，具体包括扶养义务的解除、继承人资格的丧失、再婚的自由等。

（二）离婚后对子女的法律后果

《婚姻法》第36条规定，父母与子女的关系不因父母离婚而消除。离婚后，子女无论由父或母直接抚养，仍是父母双方的子女。夫妻双方关系解除并不能消除与子女之间的血缘关系。

1. 离婚后子女的抚养与教育

根据法律及相关司法解释的规定，在处理离婚后子女的抚养与教育问题时，应把握好以下几个方面：①哺乳期内的子女原则上由哺乳的母亲抚养，这是符合子女利益的。在特殊情况下，例如，母亲患有严重的疾病或传染性的疾病，或出于职业等原因不宜或不能抚养的，也可由父亲抚养。②关于哺乳期后的子女随何方抚养的问题，解决办法首先由父母协商，在双方自愿的基础上达成协议，协议不成时，由人民法院判决。不论是协议还是判决，都应当综合考虑父母双方的思想品质、抚养能力、生活环境、与子女的感情等多方面的因素。在子女有识别能力的情况下，也应当征求子女本人的意见。

2. 离婚后抚养费的承担

离婚后，父母双方都有抚养教育子女的义务，有关费用主要包括抚养费、教育费和医疗费等。《婚姻法》第37条规定：“离婚后，一方抚养的子女，另一方应负担必要的生活费和教育费的一部或全部，负担费用的多少和期限的长短，由双方协议；协议不成时，由人民法院判决。关于子女生活费和教育费的协议或判决，不妨碍子女在必要时向父母任何一方提出超过协议或判决原定数额的合理要求。”

3. 探望权

修订后的《婚姻法》第38条，赋予离婚后不直接抚养子女的父或母有探望子女的权利，同时规定直接抚养子女的一方必须履行协助探望子女的义务，这一规定弥补了修订前的《婚姻法》欠缺探望权利制度的不足。

（三）离婚后对财产的处理

离婚不仅中止了夫妻的人身关系，而且中止了夫妻之间原有的财产关系，因此，在离婚时，夫妻的财产需要明确范围，进行分割。

1. 夫妻共同财产的分割

《婚姻法》第39条规定，离婚时，夫妻的共同财产由双方协议处理；协议不成时，由人民法院根据财产的具体情况和照顾子女和女方权益的原则判决。夫或妻在家庭土地承包中享有的权益等，应当依法予以保护。

在分割夫妻共同财产时，应当遵循以下原则：

第一，必须明确夫妻共同财产的范围。根据《婚姻法》第17条的规定，夫妻在婚姻关系存续期间所得的财产为夫妻共同财产，其范围包括：工资、奖金；生产经营的收益；知识产权的收益；继承或赠予所得的财产，但遗嘱或赠予合同中确定归夫或妻一方的财产除外；其他应当归共同所有的财产。

第二，必须坚持男女平等的原则。夫妻双方对共同财产有平等的权利，对共同债务有平等的义务。

第三，必须坚持照顾子女和女方权益的原则。在一般情况下，男方处在经济地位的优势，因此，在分割夫妻共同财产时，应当遵循照顾子女和女方权益的原则。

第四，必须坚持有利于当事人生产和生活的原则。在分割共同财产时，应当注意生产和生活的需要，不损害财产的效用和经济价值，必要时，可通过合理的方法使一方获得补偿。修订后的《婚姻法》第39条补充了“夫或妻在家庭土地承包中享有的权益等，应当依法予以保护”的具体内容。

第五，必须坚持照顾无过错方的原则。因第三者介入或一方喜新厌旧而离婚的，处理财产时，要照顾无过错方的利益。只有这样，才能体现法律的公平，才能使无过错方获得安慰。

第六，必须坚持不得损害国家、集体和他人利益的原则。离婚时的财产处理问题，先由双方协商解决，协商不成时，应由人民法院根据以上原则，对财产依法判决。

2. 对夫妻双方书面约定财产的处理

《婚姻法》第19条规定，夫妻可以约定婚姻关系存续期间所得的财产以及婚前财产归各自所有、共同所有或部分各自所有、部分共同所有。约定应当采用书面形式。夫妻书面约定婚姻关系存续期间所得的财产归各自所有，一方因抚育子女、照料老人、协助另一方工作等付出较多义务的，离婚时有权向另一方请求补偿，另一方应当予以补偿。

3. 共同债务的清偿

离婚时，原为夫妻共同生活所负的债务，应当共同偿还。共同财产不足以清偿的，或财产归各自所有的，由双方协商清偿；协议不成时，由人民法院判决。

4. 对生活困难一方的经济帮助

《婚姻法》第42条规定："离婚时，如一方生活困难，另一方应从其住房等个人财产中给予适当帮助。具体办法由双方协议；协议不成时，由人民法院判决。"离婚时给予经济困难一方帮助，有助于消除在离婚问题上可能发生的经济顾虑，有利于离婚自由的实现。

本章思考题

1. 《婚姻法》的基本原则有哪些？
2. 在我国，结婚的条件和程序包括哪些？
3. 在我国，离婚的条件和程序包括哪些？

第九章

继承法

★本章要点★

本章主要介绍了《中华人民共和国继承法》的概念和基本原则，同时重点介绍了法定继承、遗嘱继承及遗赠抚养协议和遗产处理制度。

通过对本章的学习，要求重点掌握法定继承与遗嘱继承的联系与区别以及我国有关遗产处理的法律规定。

第一节　继承法的概念和基本原则

一、继承法的概念

继承法是调整财产继承关系的法律规范的总称。财产继承是自然人死亡后把遗留的个人合法财产转移给他人所有的一种法律制度。在继承中，遗留财产的死者称为被继承人，继承财产的人称为继承人，继承人依法取得财产的权利是继承权。

二、继承法的基本原则

《中华人民共和国继承法》（以下简称《继承法》）的基本原则如下：

第一，保护公民私有财产继承权的原则。根据《继承法》第3条规定，凡是公民生前所有的个人合法财产，在其死后都可以作为遗产转移给他的继承人，包括：公民的收入、房屋、储蓄和生活用品，林木、牲畜、家禽、文物、图书资料、法律允许公民所有的生产资料，公民的著作权、专利权中的财产权利，个人承包应得的个人收益和其他合法财产。

第二，继承权男女平等原则。继承权男女平等原则主要表现在：被继承人不分男女都有同样处分自己遗产的权利；同一亲等的继承人不分男女，享有平等的继承权；夫妻都有继承对方遗产的权利。

第三，权利与义务相一致的原则。该原则主要表现在，继承人对被继承人遗产所享有的权利一般应与他对被继承人生前所尽义务一致。

第四，养老育幼原则。《继承法》第 13 条、第 14 条对保护老年人、儿童的合法权益做了规定。值得指出的是《继承法》第 28 条有关胎儿预留份的规定，“遗产分割时，应当保留胎儿的继承份额。胎儿出生时是死体的，保留的份额按照法定继承办理”。

第五，互谅互让、团结和睦原则。

第二节　法定继承

一、法定继承的概念

法定继承是按照法律规定的继承人的范围、继承的顺序和遗产分配的原则进行继承的继承方式。法定继承的主要特征有：①法定继承以一定的人身关系为前提；②法定继承人的范围、继承顺序和遗产分配原则都由法律规定。根据《继承法》第 5 条的规定，继承开始后，按照法定继承办理；有遗嘱的，按照遗嘱继承或者遗赠办理；有遗赠扶养协议的，按照协议办理。

二、法定继承人的范围和顺序

法定继承人是法律直接规定可以依法继承被继承人遗产的人，法定继承人是以一定的人身关系和抚养关系为前提的。

《继承法》第 10 条规定的法定继承人有：配偶、子女、父母，兄弟姐妹、祖父母、外祖父母，对公婆或岳父母尽了主要赡养义务的丧偶儿媳或丧偶女婿。在这里，父母包括生父母、养父母和有抚养关系的继父母；子女包括婚生子女、非婚生子女和有抚养关系的继子女；兄弟姐妹包括同父母的兄弟姐妹、同父异母或同母异父的兄弟姐妹、养兄弟姐妹、有抚养关系的继兄弟姐妹。

法定继承的顺序是法定继承人继承遗产的先后次序。《继承法》第 10 条规定，配偶、子女、父母是第一顺序继承人；兄弟姐妹、祖父母、外祖父母是第二顺序继承人。对公婆或岳父母尽了主要赡养义务的丧偶儿媳或丧偶女婿，也作为第一顺序继承人。继承开始后，由第一顺序继承人继承，第二顺序继承人不继承，没有第一顺序继承人继承的，由第二顺序继承人继承。

同一顺序继承人继承遗产的份额，一般应当均等。对生活有特殊困难的缺乏劳动能力的继承人，分配遗产时，应予以照顾；对被继承人尽了主要抚养义务或与被继承人共同生活的继承人，分配遗产时，可以多分；有抚养能力和有抚养条件的继承人，不尽抚养义务的，分配遗产时，应当不分或少分；继承人协商同意的，也可以不均等。

三、代位继承和转继承

代位继承是被继承人的子女先于被继承人死亡的，被继承人子女的晚辈直系血亲可以代替被继承人的子女继承其应继承的遗产。在代位继承中，先于被继承人死亡的子女为被代位继承人，代替继承被继承人遗产的人为代位继承人。代位继承是在法定继承中被继承人的子女先于被继承人死亡的情况下采取的一种补充措施，只发生在法定继承中，遗嘱继承不存在代位继承。

转继承是指继承人在继承开始后、遗产分割前死亡，其所应继承的遗产份额由其法定继承人承受的遗产继承方式。

代位继承和转继承的主要区别是：①继承时间不同。代位继承中继承人死于被继承人之前，即继承开始之前；转继承中继承人死于被继承人之后、遗产分割之前。②继承人不同。代位继承中代位继承人只限于继承人的晚辈直系血亲，转继承中继承人的所有合法继承人都有继承权。③继承对象不同。代位继承是继承人的子女直接参与对被继承人遗产的分配，转继承是继承人的法定继承人对他的遗产进行的分配。④适用范围不同。代位继承只适用于法定继承；转继承不仅适用于法定继承，也适用于遗嘱继承。

第三节　遗嘱继承、遗赠和遗赠扶养协议

一、遗嘱继承

遗嘱继承是指被继承人死后，按其生前所立遗嘱的内容，将其遗产转移给指定的法定继承人的一种继承方式。立遗嘱的被继承人是遗嘱人，接受遗嘱指定的继承人是遗嘱继承人。

遗嘱继承发生的根据是被继承人生前立下的合法有效的遗嘱。遗嘱是被继承人生前按照法律规定的内容和方式，对自己的财产预做处分并在死亡时发生法律效力的法律行为。

遗嘱作为一种法律行为，必须具备法律行为的有效条件，有效的遗嘱必须具备以下条件：①立遗嘱人必须具备完全的民事行为能力；②遗嘱必须是立遗嘱人真实意思的表示，受胁迫、欺诈所立遗嘱无效，伪造的遗嘱无效，遗嘱被篡改

的，篡改的内容无效；③遗嘱的内容必须合法，遗嘱的内容不得违背国家的法律和政策，不能剥夺缺乏劳动能力又无生活来源的继承人所应继承遗产的份额；④遗嘱必须具有合法的形式。

遗嘱形式是遗嘱人处分自己遗产的意思表示方式。《继承法》第 17 条规定的遗嘱形式主要有五种：公证遗嘱、自书遗嘱、代书遗嘱、录音遗嘱和口头遗嘱。遗嘱人可以撤销、变更自己所立遗嘱。立有数份遗嘱且内容相抵触的，以最后的遗嘱为准。自书、代书、录音、口头遗嘱不得撤销、变更公证遗嘱。

二、遗赠

遗赠是公民生前用遗嘱的方式将其遗产的一部分或全部赠送给国家、集体或法定继承人以外的其他自然人，并在其死后发生法律效力的行为。立遗嘱人为遗赠人，接受遗赠的人为受遗赠人。

遗赠不同于遗嘱继承，其区别在于：①受遗赠人必须是法定继承人以外的人；②受遗赠人只接受遗赠财产中的权利，并不接受遗赠财产中的财产义务；③受遗赠人无权参与遗产分配，而是从继承人和遗嘱执行人那里取得遗赠财产。

三、遗赠扶养协议

遗赠扶养协议是指遗赠人与扶养人之间所订立的以遗赠和扶养为内容的协议。

根据《继承法》第 31 条的规定，公民可以与扶养人或者集体所有制组织签订遗赠扶养协议，按照协议，扶养人或集体所有制组织承担公民生养死葬义务，并在该公民死后，享有受遗赠的权利。遗赠扶养协议一旦依法成立，就具有法律效力，双方当事人都必须严格履行，任何一方不得擅自变更或解除。

第四节　遗产处理和债务清偿

一、遗产处理

继承从被继承人死亡或者依法宣告死亡时开始。继承开始的地点通常是死者生前的住所所在地，如果死者生前住所不明，则是主要遗产所在地。继承开始后，知道被继承人死亡的继承人应当及时通知其他继承人和遗嘱执行人，继承人中无人知道被继承人死亡或知道被继承人死亡而不能通知的，由被继承人生前所在单位或住所地的居民委员会、村民委员会负责通知。

死亡的公民同他人订有遗赠扶养协议的，先按协议处理遗产；没有协议、协议无效或协议未处分的遗产，如有遗嘱的，按遗嘱处理遗产，如无遗嘱，或者遗嘱无效以及遗嘱未做处分的遗产，按照法定继承办理。继承人放弃继承的，应当在遗产处理前做出表示，没有表示的，视为接受继承。受遗赠人应当在知道受遗赠后 2 个月内做出接受或放弃的意思表示，到期未表示的，视为放弃受遗赠。

二、债务清偿

继承遗产时，应当清偿被继承人依法应缴纳的税款和债务，继承人放弃继承的，可以不负清偿责任，被继承人的税款和债务应从被继承人的遗产中扣除。

清偿被继承人的债务的原则和方法是：①缴纳税款和清偿债务，以被继承人的遗产实际价值为限，超出遗产实际价值部分，继承人自愿偿还的，不受此限。②对缺乏劳动能力又没有生活来源的继承人，即使遗产不足清偿债务，也应当为其保留适当的遗产，其余遗产再依法清偿债务。③遗赠必须在清偿债务后执行，死者债务超过遗产价值的，遗赠不得执行，已经执行的，应当扣回。④遗产已被分割而未清偿债务的，如既有法定继承又有遗嘱继承或遗赠，首先由法定继承人用其所得遗产清偿；不足清偿时，剩余的债务由遗嘱继承人和受遗赠人按比例所得遗产偿还，如果只有遗嘱继承和遗赠，由遗嘱继承人和受遗赠人按比例用所得遗产偿还。

本章思考题

1. 什么是法定继承和遗嘱继承？
2. 简述遗赠扶养协议。
3. 遗产处理与债务清偿之间的关系是什么？

第十章

知识产权法

★本章要点★

本章主要学习知识产权及知识产权法的基本概念、商标法的基本制度、著作权法的基本制度和专利法的基本制度。

通过本章的学习，要求在掌握基本概念的基础上进一步了解知识产权法的调整规范作用，同时要求全面掌握商标权、著作权、专利权的基本内容。

第一节　知识产权与知识产权法

一、知识产权

（一）知识产权的概念

知识产权是指基于人的智力创造性劳动成果，依照法律所产生的权利，或者说是指法律赋予智力成果完成人对其特定的创造性智力成果在一定的期限内享有的专有权利。

2008 年 6 月 5 日，国务院发布《国家知识产权战略纲要》，确定到 2020 年，把我国建设成为知识产权创造、运用、保护和管理水平较高的国家。

2015 年 12 月 18 日，国务院发布《关于新形势下加快知识产权强国建设的若干意见》，进一步明确到 2020 年，在知识产权重要领域和关键环节改革上取得决定性成果，创新创业环境进一步优化，形成国际竞争的知识产权新优势，为建设中国特色、世界水平的知识产权强国奠定坚实基础。

（二）知识产权的法律特征

1. 知识产权是无形财产权

知识产权的客体是智力成果。智力成果不同于生产资料和生活资料等实物产品，可以不占有一定空间，其间所包含的学术价值、艺术价值、社会价值和经济价值不同于实物产品的使用价值，不能直接用金钱等计算出来。智力成果是知识形态的产品，是非物质财富，是无形财产。知识产权是无形财产权或精神产权。智力成果必须以发明创造、作品、显著标记等表现形式固定在一定的物质载体上，才能受到知识产权的保护。

2. 知识产权的双重性

知识产权具有双重内容：一是人身方面的权利，即精神权利；二是财产方面的权利，即经济权利。知识产权的核心内容是财产权，但由于智力成果是创造性脑力劳动的成果，智力成果的完成与成果完成人的人身有密切的关系，因此，确认和保护智力成果完成者的身份权、人格权等精神权利也非常必要。

3. 知识产权的法律确认性

知识产权必须经专门法律直接确认才能产生。智力成果本身不直接产生知识产权，必须经过著作权法、专利法、商标法等专门立法确认之后才能受到法律保护。

4. 知识产权的专有性

知识产权是一种独占性的权利。同样的智力成果只能有一个成为知识产权保护对象。取得知识产权后，权利人依法享有独占使用或专有专用的权利。这种专有性表现在两个方面：一是权利人依法可以独占地行使其知识产权，他人无权干涉；二是权利人依法有权排斥任何他人未经其许可而行使该知识产权。

5. 知识产权的地域性

知识产权只能在授予国范围内发生法律效力，得到保护，其他国家没有必须给予法律保护的义务；要想取得他国的法律保护，必须按照该国知识产权法律规定的实质和程序条件得到授权。

6. 知识产权的时间性

知识产权是一种有期限的权利。智力成果虽然没有有形损耗，可以永续存在，但是，随着技术更新和社会发展会有无形损耗，将被淘汰或替代，因而知识产权法律规定了知识产权权利存在的时间限制，旨在体现科学发展规律，鼓励创新，淘汰落后。

二、知识产权法

（一）知识产权法的概念

知识产权法是指调整公民、法人及其他社会组织在确认、保护和行使创造性智力成果的知识产权过程中产生的社会关系的法律规范的总称。

（二）知识产权法律关系

知识产权法律关系是指国家有关知识产权行政管理机关、智力成果的完成者、知识产权的所有者、知识产权的使用者之间在确认、保护和行使知识产权活动中根据法律规定形成的权利和义务关系。具体来说，知识产权法律关系包括以下几个方面：

1. 知识产权权利归属方面的法律关系

知识产权权利归属方面的法律关系涉及依照法律规定或者合同约定，谁有权取得知识产权的问题。它主要发生在智力成果完成者之间、知识产权所有者之间及他们相互之间。

2. 知识产权权利行使方面的法律关系

知识产权权利行使方面的法律关系发生在知识产权所有者之间、知识产权使用者之间及其相互之间，涉及知识产权所有人对知识产权的行使或许可他人使用的问题。

3. 知识产权侵权赔偿方面的法律关系

知识产权侵权赔偿方面的法律关系因侵权事实根据法律规定而产生，是有关损害赔偿方面的法律关系。它发生在知识产权所有者与侵权人之间。

4. 知识产权行政管理方面的法律关系

知识产权行政管理方面的法律关系发生在国家有关知识产权行政管理机关与智力成果完成者、知识产权所有者、知识产权使用者以及其他公司、法人或社会组织之间。

（三）知识产权法的渊源

知识产权法的渊源是指知识产权法律规范的各种具体表现形式。它分国内法律规范和国际条约、地区性条约、双边协定几个部分。

我国知识产权国内法律规范分为宪法、法律、行政法规、部门规章和地方性法规以及司法解释几大块。

知识产权保护的国际条约和协定在加强国际保护，促进国际科学技术文化交流合作方面的作用越来越大。截至目前，我国已加入了15个重要的知识产权方面的国际公约，具体为：《建立世界知识产权组织公约》《保护工业产权巴黎公约》《集成电路知识产权条约》《商标国际注册马德里协定》《商标国际注册马德里协定有关议定书》《保护文学艺术作品伯尔尼公约》《世界版权公约》《保护录音制品制作者 防止未经许可复制其录音制品公约》《专利合作条约》《商标注册用商品和服务分类尼斯协定》《国际承认用于专利程序的微生物保存布达佩斯条约》《工业用品外观设计分类洛迦诺协定》《专利国际分类协定》《保护植物新品种国际公约》《与贸易有关的知识产权协定》。

法律与国际公约有冲突时，优先适用国际公约的规定。

第二节　商标法

一、商标法概述

（一）商标的概念和特征

商标即商品标记，俗称“牌子”，是附置于特定商品或服务之上的，由文字、图形、字母、数字、三维标记、颜色组合、声音等要素或上述要素的组合构成，具有显著特征，便于将一生产者或经营者的商品或服务与其他生产者或经营者的商品或服务区别开来的标记。

商标的特征，主要包括以下几个方面：

第一，商标是附置于特定商品或服务之上的标记。商标和其他标记的区别在于：商标使用于商品或服务之上，即它必须附置于特定商品或服务之上，以达到标志此种特别的商品和服务的目的。

第二，商标是由文字、图形、字母、数字、三维标记和颜色组合以及上述要素的组合构成，从而具有显著特征的标记。“具有显著特征”为商标的区分功能所要求，是指商标的构成要素要有明显的特色。这种“显著的特征”应达到“便于识别”的程度，即消费者凭借商标的外观能够辨别及区分与其结合的商品或服务与他人的商品或服务。

第三，商标是区别商品或服务的标记。商标的基本功用是将不同企业生产或经销的相同商品或类似商品区别开来。

（二）商标的分类

根据不同的标准，可对商标进行不同类型的划分。

1. 商品商标和服务商标

商标按其使用对象进行区分，可以分为商品商标与服务商标。

（1）商品商标是生产经营者在其提供的商品上使用的商标。

（2）服务商标是服务性行业所使用的区别标志，即服务提供者在其向社会公众提供的服务项目上所使用的标志。

2. 平面商标、立体商标和声音商标

商标的识别方法可由不同的识别要素来提供，按商标的构成，可将商标大体划分为以下三种：

（1）平面商标，是传统的常见商标，为各国商标法所普遍承认。这种商标又可分为文字商标、图形商标及文字与图形相结合的商标。

（2）立体商标，是指由商品或其包装的外形或者表示服务特征的外形构成的商标。

（3）声音商标，是以发出某种特殊声音来标示某种商品的商标。此种新颖的商标类型目前只被少数国家的商标法所承认，我国于2013年修正的《中华人民共和国商标法》正式承认声音商标。

3. 制造商标、销售商标和集体商标

按使用者的不同，可将商标分为制造商标、销售商标和集体商标。

（1）制造商标亦称生产商标，是商品制造者所使用的商标。

（2）销售商标又叫商业商标，是商品经营者使用的商标。

（3）集体商标是指以团体、协会或者其他组织的名义注册，供该组织成员在商事活动中使用，以表明使用者在该组织中的成员资格的标志。

4. 联合商标、防护商标和证明商标

商标按其特殊性质，可以分为联合商标、防护商标和证明商标。

（1）联合商标是指同一人在同类商品上使用的一组近似的商标。在这些近似商标中，首先注册或主要使用的商标为正商标，其余商标为该商标的联合商标。

（2）防护商标是指同一人在不同类别的商品上注册使用同一个商标。最先注册的商标为正商标，后在不同类别商品上使用的同一商标为防护商标。

联合商标和防护商标是为了防止他人以近似的商标或近似的商品影射而采取的自我救济方法。

（3）证明商标是指由对某种商品或服务具有监督能力的组织所控制，而由该组织以外的单位或者个人使用于其商品或者服务，用以证明该商品或者服务的原产地、原料、制造方法、质量或者其他特定品质的标志。

（三）商标法规范

从狭义上理解，构成商标规范基础的，除了《中华人民共和国民法总则》的规定外，还有《中华人民共和国商标法》（2013年修正）、《中华人民共和国商标法实施条例》。从广义上理解，商标法规范还应当包括规定商业名称、服务标记等相关的法律规范，如《中华人民共和国企业法人登记管理条例》《企业名称登记管理规定》等。

二、商标权及商标权的取得

（一）商标权的主体

《中华人民共和国商标法》（以下简称《商标法》）第4条规定，我国商标专用权经注册取得。所以，在我国可以成为商标权原始取得主体的，首先是有资格申请商标注册的人。我国的自然人、法人或者其他组织，以及其所属国和我国签订有协议或同为国际条约成员国的外国人或外国企业，可以申请商标注册。

（二）商标权的概念、内容和期限

1. 商标权的概念

商标权是商标所有人依法对其商标所享有的专有使用权。在我国，商标权实指注册商标专用权。

2. 商标权的内容

（1）独占使用权。其又称专有使用权，是指商标权人在核定商品上享有排他性地使用注册商标的权利。

（2）许可使用权。这是指商标权人许可他人使用其注册商标的权利。许可使用是他人对注册商标的“租赁”或“借用”，其实质是租借商标的信誉。鉴于商标的品质保证功能，依《商标法》第 43 条规定，商标权人对许可使用人的商品负有质量监督及保证义务。

（3）处分权。处分权是指商标权人对注册商标的归属进行放弃或转让的权利。

（4）禁止权。禁止权是指商标权人拥有的禁止任何第三方未经其许可在相同或类似的商品或服务上使用与其注册商标相同或近似的商标的权利。

3. 商标权的期限

商标权的期限是商标权存续的有效期限。商标权的有效期自核准注册之日起计算为 10 年。商标权有效期满可申请续展注册，每次续展注册的有效期也是 10 年。对续展的次数，法律不做限制。

（三）商标权的取得

商标权的取得可分为原始取得和继受取得。

1. 原始取得

原始取得是商标权的最初取得。对此，各国基本上采取以下三种做法：

（1）注册取得原则。这是指按申请注册的先后来确定商标权的归属，商标须经过注册后才能取得商标权。目前，绝大多数国家都规定了商标权经由注册产生这一制度。我国《商标法》第 4 条亦采取这一制度。

（2）使用取得原则。这是指按使用商标的先后来确定商标权的归属。这是商标保护制度产生初期的一项制度，它注重的是商标的使用功能。目前只有少数国家采用此原则。

（3）混合原则。这是指注册取得和使用取得并用，两种方式都可以获得商标权。以英国为代表的英联邦国家实行的就是这一制度。

2. 继受取得

继受取得是基于他人既有的商标权的取得方式。根据转让合同是否具有有偿性分为有偿或无偿取得，此外还有继承取得。

三、商标注册

（一）商标注册的概念及原则

1. 商标注册的概念

商标注册是指商标使用人为了取得商标权，将其使用的商标，依照法律规定的注册条件、原则和程序，向商标局提出注册申请，经商标局审核、准予注册的法律制度。

2. 商标注册的原则

（1）自愿注册原则。这是指商标使用人自由决定申请商标注册与否的原则。但作为例外，对于国家规定必须使用注册商标的商品，则必须申请商标注册。

（2）先申请原则。两个或两个以上的商标注册申请人，在同一种商品或类似商品上，以相同或者近似的商标申请注册的，初步审定并公告申请在先的商标；同一天申请的，初步审定并公告使用在先的商标，驳回其他人的申请，不予公告。

（3）优先权原则。一是商标注册申请人自其商标在外国第一次提出商标注册申请之日起6个月内，又在中国就相同商品以同一商标提出商标注册申请的，依照该外国同中国签订的协议或共同参加的国际条约，或者按照相互承认优先权的原则，可以享有优先权；二是商标在中国政府主办的或者承认的国际展览会展出的商品上首次使用的，自该商品展出之日起6个月内，该商标的注册申请人可以享有优先权。

（4）单一性原则。这是指一份注册申请，仅限于使用于一类商品的一件商标。

（二）商标注册的条件

1. 商标注册申请人的条件

根据《商标法》第4条和第17条的规定，商标申请人须符合下列两个条件：①申请人是中国自然人、法人或者其他组织，或者是其所属国和我国签订有相关协议或同为相关国际公约成员国的外国人或外国企业；②申请人须为商品的生产者或服务的提供者。同时，根据《商标法》第18条的规定，申请商标注册或者办理其他商标事宜的，可以自行办理，也可以委托依法设立的商标代理机构办理。但外国人或者外国企业在中国申请商标注册或者办理其他商标事宜的，应当委托依法设立的商标代理机构办理。

2. 申请注册的商标应具备的条件

商标成为商标权客体应具备的条件包括积极条件及禁止条件。

（1）积极条件，是商标必须具备的条件。其主要内容包括：①有构成的要素，即商标须为可视性标志，并具有文字、图形、字母、数字、三维标记和颜色组合或上述要素的组合；②商标应当有显著特征，便于识别。所谓“显著特征”，是指商标的构成要素有明显的特色；“便于识别”是指商标的外观能使消费者据以辨别及区分其结合的商品与其他商标结合的商品，不致发生混淆。

（2）禁止条件，亦称消极条件，是指注册商标的标记不应当具有的情形。根据《商标法》第一章的规定，这些禁止要件共计13项：①同中华人民共和国的国家名称、国旗、国徽、军旗、勋章相同或者近似的，以及同中央国家机关所在地特定地点的名称或者标志性建筑物的名称、图形相同的；②同外国的国家名称、国旗、国徽、军旗相同或者近似的，但该国政府同意的除外；③同政府间国际组织的名称、旗帜、徽记相同或者近似的，但经该组织同意或者不易误导公众的除外；④与表明实施控制、予以保证的官方标志、检验印记相同或者近似的，但经授权的除外；⑤同“红十字”“红新月”的名称、标志相同或者近似的；⑥带有民族歧视性的；⑦夸大宣传并带有欺骗性的；⑧有害于社会主义道德风尚或者有其他不良影响的；⑨以县级以上行政区划的地名或者公众知晓的外国地名作为商标的，但地名具有其他含义或者作为集体商标、证明商标组成部分的除外，已经注册的使用地名的商标继续有效；⑩仅有本商品的通用名称、图形、型号的，但经过使用取得显著特征，并便于识别的除外；⑪仅仅直接表示商品的质量、主要原料、功能、用途、重量、数量及其他特点的，但经过使用取得显著特征并便于识别的除外；⑫缺乏显著特征的，但经过使用取得显著特征并便于识别的除外；⑬以三维标志申请注册商标的，仅由商品自身的性质产生的形状、为获得技术效果而需有的商品形状或者使商品具有实质性价值的形状。

（三）商标注册的程序

1. 商标注册的申请

商标注册的申请是指申请人向商标局做出请求注册商标的意思表示。申请人在这一过程中须按照商品分类提出申请，按照规定格式填写申请书，报送商标图样，按规定提交其他书件，缴纳申请费和注册费。

2. 商标注册申请的审查

目前，大多数国家都实行审查原则，即对商标进行形式审查和实质审查。《商标法》第三章具体规定了我国商标审查的原则：

（1）形式审查。这主要是对商标注册申请的决定条件及手续等形式要件进行审查，以确定是否受理申请。

（2）实质审查。这是对商标注册申请人的条件以及申请注册的商标的积极条件与禁止条件的审查。实质审查有两个结果：申请被初步审定或申请被驳回。根据《商标法》第34条的规定，商标注册申请人不服商标局的驳回决定的，可以自收到通知之日起15日内向商标评审委员会申请复审。

（3）初步审定和公告。初步审定是对经过实质审查符合条件的商标注册申请做出初步核准的审定；初步审定的商标须经过公告程序，在《商标公告》上公之于众，这个公告即初步审定公告。

(4) 异议。对于已由商标局初步审定并予公告的商标，自公告之日起3个月内，任何人均可以提出异议。

3. 商标注册的核准

核准，是指初步审定的商标在初审公告期间届满时，未出现针对该申请的异议或者出现了异议，但该异议不成立，并且异议人未再提出异议裁定的复审申请或者所提复审申请不成立的，商标局给予核准注册，发给注册证书并予公告。

四、注册商标的使用许可和转让

（一）注册商标的使用许可

1. 注册商标的使用许可的概念

注册商标的使用许可，是指商标注册人通过订立许可使用合同，许可他人使用其注册商标的法律行为。许可他人使用注册商标，是商标权的一项重要的权利内容。商标注册人为许可人，获得注册商标使用权的人为被许可人。《商标法》第43条规定："商标注册人可以通过签订商标使用许可合同，许可他人使用其注册商标。"

2. 许可人和被许可人的权利和义务

商标使用许可人与被许可人双方的权利义务应由双方在合同中约定。许可人除承担允许被许可人使用注册商标的主义务以外，被许可人除承担向许可人支付使用费的义务以外，应分别承担下列义务：

(1) 许可人的义务。具体包括：①保持注册商标的有效性。在商标使用许可合同的有效期内，对独占使用许可，未经被许可人同意的，许可人不得将其注册商标向第三人转让；商标权期满须续展商标；不得申请注销其注册商标。②维护被许可人合法的使用权，当第三人侵犯注册商标专用权时，许可人应及时采取有效措施予以制止。③监督被许可人使用其注册商标的商品的质量。

(2) 被许可人的义务。具体包括：①未经许可人的书面授权，不得将商标权移转给第三人；②保证使用许可人注册商标的商品质量，在使用该注册商标的商品上标明被许可人的名称和商品产地；③如被许可使用的商标被他人侵犯，被许可人应协助许可人查明事实。

（二）注册商标的转让

1. 注册商标转让的概念

注册商标的转让，是指商标注册人将其所有的注册商标的商标权，依照法定程序移转给他人的法律行为。注册商标转让是商标权人行使处分权的行为。

2. 注册商标转让中的一并转让

为了充分发挥商标的功用，防止权利冲突，更好地保护商标受让人对商标享有真实而充分的权利，《商标法实施条例》第31条第2款规定："转让注册商标的，商标注册人对其在同一种或者类似商品上注册的相同或者近似的商标，未一并转让的，由商标局通知其限期改正；期满不改正的，视为放弃转让该注册商标的申请，商标局应当书面通知申请人。"

3. 注册商标转让的程序

（1）签订转让协议及申请。转让当事人之间应当签订转让协议，并共同向商标局提出申请。

（2）公告。转让注册商标经核准后，予以公告。

五、注册商标的撤销

注册商标的撤销是指商标注册人违反《商标法》的规定，因而被商标局撤销其注册商标的制度。注册商标的撤销是因注册人的原因引起注册商标不再符合法定条件产生的。

根据《商标法》第49条的规定，注册商标的撤销的法定事由包括：①商标注册人在使用注册商标的过程中，自行改变注册商标、注册人名义、地址或者其他注册事项的，由地方工商行政管理部门责令限期改正；期满不改正的，由商标局撤销其注册商标。②注册商标成为其核定使用的商品的通用名称或者没有正当理由连续3年不使用的，任何单位或者个人可以向商标局申请撤销该注册商标。商标局应当自收到申请之日起9个月内做出决定。有特殊情况需要延长的，经国务院工商行政管理部门批准，可以延长3个月。

根据《商标法》第54条的规定，注册商标的撤销的救济途径：对商标局撤销注册商标的决定，当事人不服的，可以自收到通知之日起15日内向商标评审委员会申请复审，由商标评审委员会在9个月内做出决定，并书面通知申请人。有特殊情况需要延长的，经国务院工商行政管理部门批准，可以延长3个月。当事人对商标评审委员会的决定不服的，可以自收到通知之日起30内向人民法院起诉。

第三节　著作权法

一、著作权法概述

（一）著作权的意义

著作权是支配特定作品并享受其利益的人格权及财产权的合称。由此可知，著作权的客体是特定作品，著作权是基于作品的人格权与财产权两位一体的权利，著作权是支配权与绝对权。

（二）著作权法的基本原则

1. 作者权利神圣原则

《世界人权宣言》把著作权宣布为一项基本人权。《中华人民共和国著作权法》（以下简称《著作权法》）在第1条宣示，保护作者的著作权是该法的基本宗旨之一。

2. 作者权利完全原则

作者权利完全原则是指在作者权利中，既有著作财产权，亦有著作人身权，后者是著作权的精髓和灵魂。

3. 鼓励作品传播原则

《著作权法》第1条规定，《著作权法》具有鼓励作品传播，促进知识积累和交流，丰富社会文化生活，提高全民族文化素质，推动经济发展和社会进步的重要使命。

4. 促进文化发展原则

促进文化发展原则是对作者利益与公众利益的一种协调，是《著作权法》中关于“权利的限制”规定的基本原理所在，与鼓励作品传播原则互为表里。

二、作品

（一）作品的概念

著作权是基于作品发生的民事权利。所谓作品，是指文学、艺术和科学领域内具有独创性并能以某种有形形式复制的智力成果。

（二）作品的法律要件

作品的法律要件是构成著作权法意义上的作品在法律上所应具备的条件。作品须具备以下五个法律要件：

第一，须属信号集合。《著作权法》所指的作品，皆为信号集合，而不是信号所表达的思想、情感、主题、概念等。

第二，须具独创性。作品的创作是一项复杂的智力活动，需要智慧的投入。这一要件具体又包含三层含义：须属独创作品；须具备智慧投入；须属原件。

第三，须属文学、艺术和学术领域。《著作权法》第3条规定：“本法所称的作品，包括以形式创作的文学、艺术和自然科学、社会科学、工程技术等作品。”由此可知，只有属于文学、艺术和学术领域内的创作性信号集合，才属于著作权法所保护的作品。

第四，须能以有形形式复制。作品应当以法律所允许的客观形式表现出来。作品要能为人们所感知，但并不必然要求须以某物质形式固定下来。《著作权法实施条例》第2条要求作品必须具备以有形形式复制的性质，这是基于作品的法定内涵特质及解决纠纷中易于举证的考虑。

第五，须处于法定期间。作品是信号集合，信号集合被赋予著作权法意义上的作品的法律地位，是有期间性的，只有未逾该期间的那些信号集合，才是本法意义上的作品。

著作权的保护期因著作人身权和著作财产权所要保护的角度不同而有所区别。《著作权法》第20条规定，作者的署名权、修改权、保护作品完整权的保护期不受限制。著作人身权是基于作品而产生的，不是每个公民都享有的人身权。《著作权法》第21条规定，公民的作品，其发表权和著作财产权的保护期为作者终生及其死亡后50年，截至作者死亡后第50年的12月31日；如果是合作作品，截至最后死亡的作者死亡后第50年的12月31日。

（三）不受著作权法保护的作品

依照《著作权法》第5条的规定，不受保护的作品有四类：

第一，法律禁止的作品。依法禁止出版、传播的作品，不受本法保护。

第二，法律、法规、政府文件等。《著作权法》第5条规定，把法律、法规、政府文件这类作品排除在受保护范围之外。

第三，时事新闻。时事新闻是指全部由信息（包括时间、地点、人物、事件等客观现象或事实）组成的新闻。这种信息自身要求它的迅速的传递性和扩散性，如果给予时事新闻以著作权保护，就会妨碍它的传播，故不给予其著作权保护。

第四，历法、通用数表、通用表格和公式。历法与公式皆为客观规律的“唯一表达”形式，此种表达显无独创性可言。历法、通用数表、通用表格和公式已处于“公有”领域，若把公有的内容划入专有，将有碍社会文化的发展。

（四）作品的类型

作品依其功能领域，划分为文学作品、艺术作品和科学作品。

作品依其信息类型，划分为口头语言作品、文字作品、造型艺术作品及其他信号形式作品。这种划分方式对界定作品的使用方式有实际意义，尤其在依合同移转使用权时更是如此。

作品依其创作上的关联性，划分为基础作品和演绎作品。凡依据既有作品而创作形成的作品，是演绎作品。演绎创作的主要方式是改编、汇集和翻译。基础作品与演绎作品都是有著作权的独立的作品。

作品依其创作之际有无基础法律关系，可划分为职务作品、受托创作作品和独立人作品：①职务作品。根据《著作权法》第16条的规定，公民为完成法人或者非法人单位工作任务所创作的作品是职务作品。②受托创作作品。这是指受托人基于授权而创作的作品，如根据授权而翻译作品、拍摄照片、进行产品设计等。③独立人作品。创作之际不存在上述基本法律关系的作品，即为独立人作品。大部分作品都是独立人作品。

作品依其是否由单一作者创作，划分为共同作品和非共同作品。共同作品被《著作权法》第 13 条称为“合作作品”。二人合作创作同一件作品，在创作中形成了关联共同关系，此作品即为共同作品。

作品依其发表与否，划分为已发表作品和未发表作品。发表与否不是作品受保护的要件。

三、著作权

根据我国《著作权法》第 10 条的规定，著作权包括两个方面的内容：著作人身权与著作财产权。

（一）著作人身权

著作人身权是作者基于作品依法所享有的以人格利益为内容的权利。根据《著作权法》第 10 条的规定及民法的体系可知，著作权中的人格权有四项，即发表权、署名权、修改权和保护作品完整权。

1. 发表权

发表权，即决定作品是否公之于众的权利。发表有两种样态：①出版并发行，使第三人得到作品的复制本；②公开展示和表演，公开的程度应超出家庭或社交的正常范围。发表权只能行使一次，且需和其他著作财产权一起行使。例如，在作品出版发行过程中，作品的发表权和出版发行权一起行使。另外，如果作品涉及第三人，发表权还受到该第三人权利的制约。

2. 署名权

署名权，即表明作者身份、在作品上署名的权利。作者可在其作品上署真名、假名或匿名，而且署名及于一切复制本，其署名状态不受侵犯。

3. 修改权

修改权，即修改或者授权他人修改作品的权利。

4. 保护作品完整权

保护作品完整权，即保护作品不受歪曲、篡改的权利。

（二）著作财产权

著作财产权是著作权人依法对作品进行支配而获得财产收益的权利。著作财产权的法律性质是以作品的支配利用权为标的的商品交换关系的价格体现。

1. 控制权

作品是信号集合，信号的易拷贝性使得作品于发表之后很容易为他人所用。因此，对作品的控制与对所有权标的物的占有就有所不同，只有通过控制他人对作品的使用，才可达到控制作品之目的。因此，控制权便体现在著作权人的排他性使用之中，亦即使用兼控制之义。

2. 使用权

使用权就是按照作品的性能与用途加以利用，以实现其价值的权利。其包括：①复制权，即制作作品复制本的权利，是著作财产权中最首要、最基本和最普遍的权利。《著作权法》第10条规定的“复制”为：以印刷、复印、拓印、录音、录像、翻录、翻拍等方式将作品制作一份或多份的行为。②演绎创作权，即创作演绎作品的权利，包括改编、翻译、注释、整理、编辑五项使用权。③发行权，指为满足公众的合理需求而向其提供作品复制本的权利。复制与发行共同构成出版行为。④音像录制权，亦称摄制权，即使用摄影术、电磁记录术等技术手段把作品加以固定的权利，包括摄制电影、电视、录像的权利。⑤表演权，即自己或授权他人向不特定的多数人公开表演作品的权利。⑥播放权，指著作权人授权他人通过有线、无线电波及网络等传播作品的权利。⑦展览权，指公开陈列作品的使用权。按照我国《著作权法实施条例》附释，展览是指公开陈列美术作品、摄影作品的原件或复制件，而且对作品是否发表不做限制。

3. 收益权

收益权是指因作品的使用而获取收益的权利。

4. 处分权

处分权的基本样态是使用许可权。绝大多数作品需借助于出版人、广播人、表演者才能同广大消费者见面，作者本人亲自实施复制或广播的可能性不大，故处分权在著作财产权中居于核心地位。

（三）著作财产权在法律上的限制

《著作权法》第22～23条基于兼顾鼓励作品创作和保护消费的原则，对著作权中的财产权规定了一系列的限制，此种限制仅针对已出版作品。

1. 合理使用

合理使用是在法律规定的条件下直接无偿使用已出版的作品，而无须经著作权人许可的著作财产权限制制度。根据《著作权法》第22条的规定，在法定情况下使用作品，可以不经著作权人的许可，不向其支付报酬，但应当指明作者的姓名、作品名称，并且不得侵犯著作权人的其他权利。

我国《著作权法》第22条具体规定了合理使用的法律要件，这些要件包括：一是使用标的须为已出版的作品。二是须尊重被使用作品的人格权状态。合理使用制度限制的只是著作财产权，而不涉及著作人格权。三是须限于下列场合和目的，具体包括：①个人使用。这是指为个人学习、研究或欣赏而使用他人已发表的作品。②引用。这是指为了论证某一问题或介绍、评论某一作品而适当引用他人已发表的作品。③新闻使用。这是指为了报道时事新闻，在报纸、期刊、广播、电视节目或者新闻纪录影片中引用已经发表的作品。④传媒转载转播。这是指报纸、期刊、广播电台、电视台刊登或播放其他报纸、期刊、广播电台、电视台已经发表的社论、评论员文章。⑤讲演作品的传媒刊播。这是指报纸、期刊、广播电台、电视台刊登或播放在公众集会上发表的讲话，但作者声明不许刊登、播放的除外。⑥教学与科研使用。这是指为学校课堂教学及科学研究，翻译或少量复制已经发表的作品，供教学或科研人员使用，但不得出版发行。⑦公务使用。这是指立法、行政和司法机关在执行公务中使用已经发表的作品。⑧“五馆”复制。这是指图书馆、档案馆、纪念馆、博物馆和美术馆等馆所为了陈列和保存藏品的必要而复制本馆收藏的作品。⑨无偿表演。这是指免费表演已经发表的作品。免费表演是指非营业性的表演，即不向观众收费，也不向表演者支付报酬或变相报酬的表演。⑩公共场所美术作品的非接触式使用。这是指对设置或陈列在室外公共场所的艺术作品进行临摹、绘画、摄影和录像。⑪“汉译少”。这是指把原作为汉文的作品翻译为我国少数民族语言的演绎作品。⑫以盲文出版。这是指将已发表的非盲文作品改制为盲文版。

符合合理使用法律要件者，可以不经著作权人许可，直接无偿取得在法律规定的方式和范围内使用作品的权利。

2. 法定许可

法定许可是指根据法律直接规定，不经著作权人许可，以特定的方式直接有偿使用已出版的作品的著作财产权限制制度。

根据《著作权法》第23条、第33条、第40条、第42条的规定，法定许可包括三个要件：一是须作品已合法出版；二是须权利人无不许使用的意思表示；三是须依法律规定的目的和范围使用。其目的和范围限于：①编写教科书。《著作权法》第23条规定，为实施九年制义务教育和国家教育规划而编写出版教科书，除作者事先声明不许使用的外，可以不经著作权人许可，在教科书中汇编已经发表的作品片段或者短小的文字作品、音乐作品或者单幅的美术作品、摄影作品，但应当按照规定支付报酬，指明作者姓名、作品名称，并且不得侵犯著作权人依照本法享有的其他权利。②报刊转载其他报刊刊载的作品。《著作权法》第33条第2款规定，凡是著作权人向报社、期刊社投稿的，作品刊登后，除著作权人声明不得转载、摘编的外，其他报刊可以转载或者作为文摘、资料刊登，但应当按照规定向著作权人支付报酬。③以他人已合法录制为录音制品的音乐作品制作录音制品。《著作权法》第40条第3款规定，录音制作者使用他人已经合法录制为录音制品的音乐作品制作录音制品，可以不经著作权人许可，但应当按照规定支付报酬；著作权人声明不许使用的不得使用。④制作广播电视节目。《著作权法》第42条第2款规定，广播电台、电视台播放他人已发表的作品，可以不经著作权人许可，但应当支付报酬。

法定许可的法律效果，即依法直接有偿取得作品在特定目的和范围内的使用权，而无须经著作权人的许可，体现了法律政策向公共利益的倾斜。法定许可与合理使用的区别在于，合理使用是无偿的，而法定许可则是有偿的。

3. 强制许可

所谓强制许可，就是在法律规定的条件下，经政府批准而有偿取得已出版的有著作权作品翻译权和出版权的著作财产权限制制度。

《著作权法》无强制许可制度，但由于我国已加入两个基本的著作权国际公约（即《伯尔尼公约》与《世界版权公约》），故也适用公约关于强制许可的规定。根据两个公约的规定，缔约国主管当局享有一些颁发强制许可证的权力。特别是为便于发展中国家教学、开展学术活动和科学研究，允许主管部门颁发翻译权与复制权的强制许可证。由于内国政府可依职权强制本国或他国的著作权人许可翻译和出版，故该制度被称为强制许可。

（四）著作权的取得

著作权的取得有两种方式，即原始取得与继受取得。

1. 原始取得

著作权因著作行为当然取得。作品一经著作，即使并未完成，也不影响其著作权。著作权的取得，系当然取得。另外，作品是否发表、出版，也不影响作品的著作权。

2. 继受取得

（1）依法律行为。著作权中的使用权既可依合同方式移转他人，亦可以遗嘱为之。

（2）依继承。自然人作者死亡时，其著作财产权依继承移转。权利继受人死亡时，仍可再依继承移转，直至著作财产权期满为止。

（3）依法律规定。有著作权的法人终止时，其著作权由其财产继受人取得。若继受人为国家，则由国家依法取得。

四、邻接权

邻接权制度产生于作品传播技术的进步。邻接权是直接支配演艺表演、音像制品和广播电视节目等与传播作品有关的智慧产品并享受其利益的知识产权。由此定义可知：①邻接权的客体是与再现和传播作品有关的智慧产品；②邻接权是直接支配演艺表演、音像制品和广播电视节目并享受其利益的知识产权；③邻接权是邻接于著作权的知识产权。

（一）表演者权

表演者权，即表演者对其演艺表演进行支配并享受其利益的邻接权。

根据《著作权法》第 38 条的规定，表演者的主要权利包括：一是表演者的人身权。其具体包括：①署名权，即表演者对其表演行为所享有的表示姓名的权利，也就是表明表演者身份的权利。②保护表演完整权，即保护表演形象不受歪曲。表演形象的记录要与原表演形象具有同一性。二是表演者的财产权。其具体包括：①录音录像权。表演者对自己的表演享有排他的录音录像权。未经表演者许可，任何人不得对表演录音录像，也不得制作记录表演的录音录像制品，但法律另有规定的除外。②机械表演权，即借助解读装置或其他终端设施，以人们可以理解的信号再现记录表演的录音录像制品的控制权。未经表演者许可，任何人不得播放录制表演录音录像制品，但法律另有规定的除外。本项权利亦包含许可他人通过信息网络向公众传播其表演的权利。③广播权，具体包括现场直播权与非现场直播权。未经表演者许可，任何人不得做上述传播，但法律另有规定的除外。④收益权，即对表演、表演的录音录像、机械表演及广播的收费权。

根据《著作权法》第38条的规定，表演者的主要义务包括：表演者使用他人的作品演出，应当征得著作权人许可，并支付报酬；使用改编、翻译、注释、整理已有作品而产生的作品演出，应当征得演绎作品著作权人和原作品著作权人许可，并支付报酬。

（二）录音录像制作者权

录音录像制作者权，即录音录像制作者对其制作的音像制品进行支配而享受其利益的著作邻接权。录音制品是指任何对表演的声音和其他声音的录制品。录像制品是指电影和以类似摄制电影的方法创作的作品以外的任何有伴音或无伴音的连续相关形象、图像的原始录制品。

根据《著作权法》第40～42条的规定，录制者对其制作的录音录像制品，享有许可他人复制、发行、出租、通过信息网络向公众传播并获得报酬的权利。录制者使用他人作品制作录音录像制品，应当取得著作权人许可，并支付报酬；使用演绎作品制作录制品的，应当征得演绎作品著作权人和原作品著作权人的许可，并支付报酬；录制表演活动的，应当同表演者订立合同，并支付报酬。

（三）播放者权

播放者权，即广播电台、电视台对其制作的广播、电视节目进行支配并享受其收益的著作邻接权。

根据《著作权法》第43～46条的规定，播放者有权禁止未经许可的下列行为：将其播放的广播、电视转播；将其播放的广播、电视录制在音像载体上以及复制音像载体。播放者应当履行下列义务：播放他人未发表的作品，应当取得著作权人的许可，并支付报酬；播放已发表的作品或已出版的录音录像制品，可以不经著作权人许可，但应按规定支付报酬。

（四）出版者权

出版者权，即图书装帧与版式设计人依法对其装帧与版式设计进行支配并获取其收益的著作邻接权。

根据《著作权法》第30~36条的规定，出版者的主要权利包括：①版式设计专有权。版式设计，是指出版者对其出版的图书、期刊的版面和外观装饰所做的设计。版式设计是出版者，包括图书出版者（如出版社）和期刊出版者（如杂志社、报社）的创造性智力成果，出版者依法享有专有使用权，即有权许可或者禁止他人使用其出版的图书、期刊的版式设计。②专有出版权。图书出版者对著作权人交付出版的作品，按照双方订立的出版合同的约定享有专有出版权。其他出版者未经许可不得出版同一作品，著作权人也不得将出版者享有专有出版权的作品一稿多投。图书出版合同中约定图书出版者享有专有出版权但没有明确具体内容的，视为图书出版者享有在合同有效期内和在合同约定的地域范围内以同种文字的原版、修订版出版图书的专有权利。专有出版权是依出版合同而产生的权利而非法定权利，因而严格意义上讲它不属于邻接权范畴。③报社、杂志社对著作权人的投稿作品在一定期限内享有先载权。但著作权人自稿件发出之日起15日内未收到报社通知决定刊登的，或者自稿件发出之日起在30日内未收到期刊社通知决定刊登的，可以将同一作品向其他报社、期刊社投稿。双方另有约定的除外。

根据《著作权法》第30~36条的规定，出版者的主要义务包括：①按合同约定或国家规定向著作权人支付报酬；②按照合同约定的出版质量、期限出版图书；③重版、再版作品的，应当通知著作权人，并支付报酬；④出版改编、翻译、注释、整理已有作品而产生的作品，应当取得演绎作品的著作权人和原作品的著作权人许可，并支付报酬；⑤对出版行为的授权、稿件来源的署名、所编辑出版物的内容等尽合理的注意义务，避免出版行为侵犯他人的著作权等民事权利。

第四节 专利权法

一、专利权概述

（一）专利权的含义及我国专利制度

专利权是指法律赋予公民、法人或其他组织对其获得专利的发明创造在一定期限内依法享有的专有权利。专利权作为知识产权中的创造性工业产权，其保护的对象为专利技术。权利人通过依法公开专利信息而获得对专利技术的排他性独占权。任何单位或个人未经专利权人许可而以营利为目的制造、使用、销售、进口其专利产品或者使用其专利方法以及使用、销售、进口依照该专利方法直接获得的产品，即构成侵权。

我国现行的专利法以1984年《中华人民共和国专利法》（以下简称《专利法》）为基础，经过1992年9月、2000年8月和2008年12月三次修正。另外，国务院于2010年修订的《中华人民共和国专利法实施细则》（以下简称《专利法实施细则》）也是我国专利法规的重要组成部分。《专利法》的修正，是在"增强自主创新能力，建设创新型国家"发展战略背景下，与切实推动我国自主创新能力提高，加强知识产权保护，转变经济发展方式的要求相吻合的。

（二）专利权的主体

专利权的主体即专利权人，是指依法享有提出专利申请和取得专利权并承担相应义务的人，包括专利权的所有人和持有人。

依照《专利法》第10条的规定，专利权的主体包括：发明人或设计人、发明人或设计人的工作单位及专利权的合法受让人。另外，外国人和外国组织在一定条件下也可以成为我国《专利法》调整和保护的对象。其具体包括以下几类：

1. 发明人或设计人

发明人是指发明或实用新型的创造人，设计人是指外观设计的制作人。他们都是对发明创造的实质性特点做出创造性贡献的人。对同一项发明创造共同进行构思并且都做出创造性贡献的人，为共同发明人或共同设计人。共同发明的专利申请权和专利权归共同发明人或设计人共有。在完成发明创造的过程中，只负责组织工作或为物质条件的利用提供方便及从事其他辅助工作的人，由于没有提供创造性构思，不是共同发明人或设计人。

2. 发明人或设计人的工作单位

（1）职务发明的概念及判断标准。《专利法》第6条规定："执行本单位的任务或者主要是利用本单位的物质技术条件所完成的发明创造为职务发明创造。"具体而言，只要发明人或设计人做出的发明创造符合下列条件之一，均属于职务发明：①在本职工作中做出的发明创造；②履行本单位交付的本职工作之外的任务所做出的发明创造；③退职、退休或者调动工作后1年内做出的，与其在原单位承担的本职工作或者分配的任务有关的发明创造；④主要利用本单位的物质技术条件所完成的发明创造。

（2）职务发明的权利归属。如无特别约定，职务发明的专利申请权、专利权属于发明人或者设计人的单位。发明人、设计人依法享有受奖励的权利，包括基于发明创造的完成应得到的奖励和基于发明创造的实施应得到的奖励。发明人、设计人还享有在专利文件上署名的权利。

3. 因合法受让而取得专利权的人

同其他知识产权一样，专利权也具有两权一体的性质。除专属于发明人或设计人的专利人身权不能转让外，发明人或设计人可以将具有财产性质的专利申请权、实施权等有偿或无偿地转让给他人。该权利也可以因发明人或者设计人去世而依继承关系由继承人继承。专利权经合法受让后，受让人成为专利权的主体，让与人或被继承人的专利权主体资格即行消灭。

4. 外国人和外国组织

遵循国际惯例，《专利法》第 18 条规定，在一定条件下承认外国人、外国企业或外国其他组织受《专利法》的保护。

（三） 专利权的客体

专利权的客体是指专利法保护的对象，亦即作为专利的发明创造。我国专利权的客体有三个，即发明、实用新型和外观设计。

1. 发明

发明是《专利法》的主要保护对象，是指对产品、方法或者其改进所提出的技术方案。发明可以分为产品发明、方法发明和改进发明三种。

2. 实用新型

实用新型是指对产品的形状、构造或者其结合所提出的适于实用的新的技术方案。这里所谓的“形状”，是指产品的外部立体表现形式，而“构造”是产品之部件或零件的有机结合或联结。

3. 外观设计

外观设计，是指对产品的形状、图案、色彩或其结合所做出的富有美感并适于工业上应用的新设计。

（四） 专利权的内容

专利权的内容即专利权法律关系中专利权人依法可以享有的权利和应当承担的义务。

1. 专利权人的权利

《专利法》第 17 条规定，发明人或者设计人有在专利文件中写明自己是发明人或者设计人的权利。专利权的所有单位或者持有单位应当对职务发明创造的发明人或设计人进行奖励；发明创造专利实施后，根据其推广应用的范围和取得的经济效益，对发明人或者设计人给予奖励。发明人的这种基于人身所享有的权利不得转让和继承，不因专利技术的转让或者其财产权的转让而消灭。专利权人的财产权是指专利权人因取得专利而依法享有的具有经济内容的权利。该权利可依法转让或继承。

根据《专利法》第 10 条、第 11 条、第 12 条、第 17 条和第 44 条的规定，专利权人具有以下权利：①独占实施权。独占实施权是指专利权人对其专利产品或者专利方法依法享有的进行制造、使用、销售或进口的专有权利。②转让权。转让权是指专利权人将其专利申请权或专利所有权转让给他人的权利。专利权转让的法律后果是发生专利权主体的变更。依照《专利法》第 10 条的规定，转让专利申请权或者专利权的，当事人应当订立书面合同，并向国务院专利行政部门登记和公告。专利申请权或者专利权的转让自登记之日起生效。③实施许可权。实施许可权是指专利权人通过实施许可合同的方式，许可他人实施其专利并收取专利使用费的权利。④放弃权。专利权人可以在专利权保护期限届满前的任何时候，以书面形式声明或以不缴年费的方式放弃其专利权。专利权人提出放弃专利权声明后，一经国务院专利行政部门登记和公告，其专利权即可终止。自此以后，其发明创造即成为公有技术，任何人都可以自由使用，既不必经过许可，也不必支付费用，更不存在侵权的问题。⑤标记权。标记权是指专利权人享有在专利产品或者该产品的包装、容器、说明书上以及产品广告中做上专利标记和专利号的权利。

2. 专利权人的义务

（1）缴纳专利年费的义务。《专利法》第43条规定，专利权人应当自被授予专利的当年开始缴纳年费。

（2）不得滥用专利权的义务。不得滥用专利权是指专利权人有在法律划定的范围内依诚信原则行使专利权的义务。

（五）专利权的期限

专利权的期限是专利权存续的最长有效期限。专利权的期限自申请之日起计算，发明专利权的期限为20年，实用新型和外观设计专利权的期限为10年。专利权期限届满后，专利权终止。

二、授予专利权的条件、原则及不授予专利权的情形

（一）授予发明、实用新型及外观设计专利权的实质条件

1. 授予发明、实用新型专利权的实质条件

根据《专利法》第22条的规定，授予发明、实用新型专利权的实质条件包括：

（1）新颖性。这是指在申请日以前没有同样的发明或者实用新型在国内外出版物上公开发表过、在国内公开使用过或者以其他方式为公众所知，也没有同样的发明或者实用新型由他人向国务院专利行政部门提出过申请并且记载在申请日以后公布的专利申请文件中。

（2）创造性。这是指同申请日以前已有的技术相比，该发明有突出的实质性特点和显著的进步，该实用新型有实质性特点和进步。

（3）实用性。这是指发明或实用新型能够制造或者使用，并且产生积极效果。

2. 授予外观设计专利权的实质要件

根据《专利法》第23条的规定，授予专利权的外观设计，应当具备新颖性，富有美感且适于工业应用并且没有任何单位或个人向国务院专利行政部门提出过

申请并记载在申请日之后公布的专利申请文件或公告的专利文件中。

（二）授予专利权的形式条件

一项发明创造欲取得专利权，除必须符合实质条件外，还必须按照《专利法》第26~33条的规定提出申请，并符合对专利申请文件格式的要求，履行各种申请手续，这就是通常所说的授予专利的形式要件。

1. 专利申请人的资格

专利申请人是指对某项发明创造依法律规定或者合同约定享有专利申请权的公民、法人或者其他组织。

2. 专利申请文件

专利申请程序实行书面原则，办理专利申请的各种手续应当采用书面形式，但国务院专利行政部门规定了其他形式的除外。专利申请人在提交发明专利申请或者实用新型专利申请时，必须提交请求书、说明书及其摘要和权利要求书等文件。

3. 外观设计专利申请文件的要求

申请外观设计专利的，应当提交请求书以及该外观设计的图片或者照片等文件，并且应当写明使用该外观设计的产品及其所属的类别。

（三）授予专利权的原则

1. 先申请原则

先申请原则，是指在两个以上的申请人分别就同样的发明创造申请专利的情况下，对最先提出申请的申请人授予专利权。

2. 单一性原则

单一性原则，是指一件发明或者实用新型专利申请应当限于一件发明或者实用新型。属于一个总的发明构思的两项以上的发明或者实用新型，可以作为一件申请提出。一件外观设计专利申请应当限于一种产品所使用的一项外观设计。用于同一类别并且成套出售或者使用的产品的两项以上的外观设计，可以作为一件申请提出。

3. 优先权原则

优先权原则，是指申请人自发明或者实用新型在外国第一次提出专利申请之日起12个月内，或者自外观设计在外国第一次提出专利申请之日起6个月内，又在中国就相同主题提出专利申请的，依照该外国同中国签订的协议或者共同参加的国际条约，或者依照相互承认优先权的原则，可以享有优先权。申请人自发明或者实用新型在中国第一次提出专利申请之日起12个月内，又向国务院专利行政部门就相同主题提出专利申请的，可以享有优先权。

（四）不授予专利权的情形

根据《专利法》第22条的规定，只有符合法定条件的发明创造才能被授予专利权。不属于《专利法》规定的保护对象或者不符合《专利法》规定的条件，都不能被授予专利权。

1. 属于《专利法》第5条规定的不授予专利权的发明创造

《专利法》第5条规定的不授予专利权的发明创造包括以下三种：①违反国家法律的发明创造，如用于赌博的工具、用于吸毒的器具或方法等；②违反社会公德的发明创造，如带有淫秽内容的外观设计；③妨害公共利益的发明创造。

2. 属于《专利法》第25条规定的不授予专利权的情形

《专利法》第25条规定的不授予专利权的情形包括以下6种：①科学发现。这是指人们通过自己的智力活动对客观世界存在的但未被揭示出来的规律、性质和现象等的认识。由于它不属于技术方案，因此不是专利法意义上的发明。②智力活动的规则和方法。③疾病的诊断和治疗方法。④动植物品种。因为动植物品种不是依靠工业的方法批量生产的，因而不适用专利权的保护，但动植物品种的生产方法属于产业技术领域，可以依法取得专利权。⑤用原子核变换方法获得的物质。⑥对平面印刷品的图案、色彩或者二者的结合做出的主要起标识作用的设计。

本章思考题

1. 简述知识产权的概念和法律特征。
2. 简述知识产权与知识产权法的关系。
3. 商标的种类和商标权的主要内容是什么？
4. 著作权的种类和著作权的主要内容是什么？
5. 专利权的客体和专利权的主要内容是什么？

第十一章

商法学

★本章要点★

本章的重点内容是涉及相关商事主体的法律规范，因此，本章把公司法律制度同调整其他类型企业的法律制度分开加以讲述，以便于更好地学习和掌握。

通过本章的学习，应当重点掌握《中华人民共和国公司法》和《中华人民共和国企业破产法》中的相关法律制度的规定。

第一节　公司法

一、公司法概述

（一）公司和公司法的概念

公司是指依照公司法设立的，以营利为目的的企业法人。公司是商品经济发展的产物，当独资、合伙企业形式已经难以满足市场经济迅速发展的需要时，公司的出现就成为必然的结果。在西方市场经济国家，一般是按经济组织的资金组合方式和企业信用基础的不同，将经济组织划分为独资企业、合伙企业和公司三种。因此，公司的概念是相对于独资企业与合伙企业而言的一种经济组织形式，而不是针对“企业”这一概念而言的。实际上，公司与企业并不是两个并立的概念，而是种属概念，公司只是企业的一种表现形式。

公司法是规定公司的设立、组织、运营、变更、解散及其内外部关系的法律规范的总称。公司法规范的对象是公司企业。公司法是组织法，是公司设立、变更、解散及内部机构组织和管理的规范；同时，公司法也是活动法，它规范着与公司组织特点密切相关的股票和公司债券的发行、转让等公司行为。公司法主要由具有强制性的法律规范组成，体现了国家对微观经济的干预。

（二）我国公司法的立法状况

1993年12月29日第八届全国人民代表大会常务委员会第5次会议通过了《中华人民共和国公司法》（以下简称《公司法》），1999年12月进行第一次修订，2004年8月进行第二次修订，2005年10月进行第三次修订，2013年12月进行第四次修订。

二、有限责任公司的设立和组织机构

（一）有限责任公司的概念

有限责任公司亦称有限公司，是指依《公司法》设立，由不超过一定人数的股东出资组成，每个股东以其认缴的出资额为限对公司承担责任，公司以其全部资产对公司的债务承担责任的企业法人。

有限责任公司具有以下特点：①股东人数有法定的限制。最高是50人，最低是1人。②股东以其出资额为限对公司承担有限责任。③设立手续和机构比较简单。例如，对人数较少、规模较小的有限责任公司可以设立董事会，也可以不设立；可以设立监事会，也可以不设立。④有限责任公司是封闭型的公司。它不向社会募集资本，无须向社会公开财务资料，也无须公开其经营状况。⑤有限责任公司是人合性兼资合性的公司。有限责任公司人合性的特点体现在股东转让其出资必须符合严格的条件；同时，我国《公司法》第23条规定，有限责任公司的设立需有符合公司章程规定的全体股东认缴的出资额，这体现出其资合性的特点。

（二）有限责任公司的设立

《公司法》第23条规定，有限责任公司的设立必须具备以下条件：①股东符合法定人数，即50人以下。②有符合公司章程规定的全体股东认缴的出资额。有限责任公司的注册资本为在公司登记机关登记的全体股东认缴的出资额。法律、行政法规以及国务院决定对有限责任公司注册资本实缴、注册资本最低限额另有规定的，从其规定。③股东共同制定的公司章程。④必须有公司名称，有符合要求的公司组织机构。⑤有公司住所。

有限责任公司的成立必须遵守一定的程序：①登记程序。由全体股东指定的代表或者共同委托的代理人向公司登记机构申请设立登记，提交公司设立申请书、公司章程等文件，公司登记机构对符合《公司法》第23条规定的予以登记注册，并发给公司营业执照。按照法律、行政法规规定需要经过有关部门批准的，应先办理审批手续，经有关部门批准后，在申请登记的同时提交审批文件。②公司在登记注册、领取营业执照后成立。公司营业执照签发之日就是有限责任公司成立的日期。有限责任公司成立以后，应当向股东签发由公司盖章的出资证明书，出资证明书应当包括以下几项内容：公司名称；公司登记日期；公司注册资本；股东姓名；出资证明书的编号与核发日期。

（三）有限责任公司的组织机构

1. 股东会

有限责任公司的股东会由全体股东组成，是公司最高权力机构，决定公司的一切重大事项。但是它对外并不代表公司，对内不管理公司日常事务，只负责公司的重大事项。有限责任公司的股东会分为三种：第一种是首次股东会，即在公司成立后第一次召开的股东会，由出资最多的股东召集并主持；第二种是定期股东会，定期股东会为按会计年度定期召开的股东会，召开的具体时间由公司章程规定；第三种是临时股东会，临时会议可经代表1/10以上表决权的股东或1/3以上的董事或监事会或不设监事会的公司监事提议召开。股东会的议事日程规则分为普通决议和特别决议。普通决议的通过条件由公司章程规定；特别决议则关系到公司合并、分立、解散、清算、增减资本等重大事项，法律明确规定必须经代表2/3以上表决权的股东通过。

2. 董事会

董事会是公司经营决策机构，是股东会的执行机关。根据《公司法》第44条的规定，有限责任公司的董事会由3～13名董事组成，但股东人数较少或者规模较小的有限公司除外。董事又分为两种：一种是股东董事，由股东会选举产生；一种是职工董事，由职工代表大会选举产生。董事会设董事长1人，副董事长1～2人，其产生方法由公司章程规定。董事会的职权主要是执行股东会的决议，制订有关公司经营和发展的各种方案，提交股东会表决。按照《公司法》第110条的规定，只要1/3以上董事提议即可召开董事会会议。董事会会议由董事长召集并主持。公司的董事长是公司的法定代表人。如规模较小、人数少的公司可以不设董事会，只设1名执行董事。

3. 经理

董事会下设经理，经理是具体承担有限责任公司经营管理工作的机构，由董事会聘任或者解聘，向董事会负责。经理的具体职权包括：①主持公司的生产经营管理工作，组织实施董事会决议；②组织实施公司年度经营计划和投资计划；③拟订公司内部管理机构的设置方案；④拟定公司的基本管理制度；⑤制定公司的具体规章；⑥提请聘任、解聘副经理、财务负责人；⑦聘任、解聘除应由董事会聘任以外的管理人员；⑧公司章程和董事会授予的其他职权。除此之外，经理还可以列席董事会会议。

4. 监事会

监事会是有限责任公司的监督机构，它对股东会负责并报告工作。监事会的职责是监督公司的董事、经理及其他高级管理人员。监事会的人数不能少于3

人。监事也分为股东监事和职工监事。董事、经理及财务负责人不得兼任监事。监事的每届任期为3年。

5. 董事、监事、经理的任职资格

董事、监事和经理必须具备经营管理才能，法律对其任职资格也有限制性的规定：①无民事行为能力和限制民事行为能力人不能出任有限责任公司的董事、监事和经理；②有经济犯罪前科的人执行期满未逾5年不能出任有限责任公司的董事、监事和经理；③对企业、公司破产负有个人责任的企业负责人，自破产清算终结之日起未满3年的，不能担任董事、监事和经理；④对企业被吊销营业执照负有个人责任的企业负责人，自营业执照被吊销之日起不满3年，不能担任董事、监事和经理；⑤负有个人较大数额债务，到期未偿还的，不能担任董事、监事和经理；⑥国家公务员不能担任董事、监事和经理。

6. 董事、监事和经理的共有义务

董事、监事和经理首先负有忠诚义务，必须维护公司利益，不得利用职务谋取私利；其次是负有保密义务，不得泄露公司的经营秘密和商业秘密；最后是负有赔偿义务，因其违法或违反公司章程给公司造成损失的，应当承担赔偿责任。

（四）有限责任公司的资本增加或者减少

根据公司资本不变原则，公司不得随意增加或者减少其注册资本。如果必须增减资本，则需依照法律程序进行。对公司增加资本，法律的限制并不严格，但对公司减少资本，法律要求必须自股东会做出减资决议之日起10日内通知债权人，并于30日内在报纸上至少公布3次，债权人自接到通知之日起30日内，未接到通知的自第1次公告之日起90日内，有权要求公司清偿债权或者提供担保。同时，公司减少注册资本后的注册资本不能少于法定的最低限额。

（五）一人有限责任公司

一人有限责任公司是指只有一个自然人股东或者一个法人股东的有限责任公司。一人有限责任公司应当在公司登记中注明自然人独资或者法人独资，并在公司营业执照中载明。章程由股东制定。一人有限责任公司不设股东会。一人有限责任公司应当在每一会计年度终了时编制财务会计报告，并经会计师事务所审计。一人有限责任公司的股东不能证明公司财产独立于股东自己的财产的，应当对公司债务承担连带责任。

（六）国有独资公司

国有独资公司是指国家单独出资、由国务院或者地方人民政府授权本级人民政府国有资产监督管理机构履行出资人职责的有限责任公司。国有独资公司实际上只有一个股东，即国家，因此不设立股东会，国有资产监督管理机构以唯一股东身份行使股东会的职权。

国有独资公司的董事会根据《公司法》第46条的规定行使职权，其成员由国有资产监督管理机构委派、选任。董事会成员中应当有公司职工代表。董事长是公司的法定代表人。国有独资公司设监事会，其成员由国有资产监督管理机构委派，但监事会成员中的职工代表由公司职工代表大会选举产生。国有独资公司的经理由董事会聘任、解聘。

三、股份有限公司的设立和组织机构

股份有限公司是全部资本分为等额股份，股东以其所认购股份为限对公司承担责任，公司以其全部资产对公司债务承担责任的企业法人。

（一）股份有限公司的设立

根据《公司法》第76条的规定，设立股份有限公司必须具备以下条件：

第一，发起人必须符合法定人数。发起人是指依法承担股份有限公司筹办发起事务的人，可以是自然人，也可以是法人。发起人为2人以上200人以下，同时，过半数的发起人必须在中国境内有住所。发起人可以是自然人，也可以是法人。

第二，发起人认缴和社会公开募集的股本达到法定资本最低限额。

第三，股份发行和筹办事宜必须符合法律规定。法律对股份发行规定了严格的程序和条件，发起人在设立公司时必须遵守。

第四，发起人制订公司章程，并经创立大会通过。股份有限公司的股东人数无法确定，所以不可能由全体股东制定公司章程，因此，只能由发起人制定，经创立大会通过。

《公司法》第77条对股份有限公司的设立方式做出了明确规定。在我国，股份有限公司的设立有两种方式：一种是发起设立，即发起人认购公司发行的全部股份，因此而设立的公司为发起设立；另一种是募集设立，即发起人依法认购一定比例的股份，其余部分向社会公开募集或者向特定对象募集。

（二）股份有限公司的组织机构

1. 股东大会

股东大会为股份有限公司的最高权力机关，由全体股东组成。股东大会分为定期会议和临时会议两种。定期会议每年至少召开一次，在出现下列情况之一时，两个月内必须召开临时会议：一是董事人数不足法定人数或者章程规定人数的2/3时；二是公司未弥补的亏损达到实收股本总额的1/3时；三是持有公司股份10%以上的股东请求时；四是董事会或者监事会认为必要时。股东大会做出一般决议必须经出席会议的股东所持表决权的半数以上通过，做出特别决议必须经出席会议的股东所持表决权的2/3以上通过。

2. 董事会和经理

股份有限公司必须设立董事会，董事会由5～19名董事组成。董事会的性质、地位与有限责任公司的董事会基本相同。董事会设董事长 1 名，可以设副董事长，由全体董事的过半数选举产生。董事长是公司的法定代表人。董事的任期每届不超过 3 年。董事会每年至少召开 2 次。董事会必须有 1/2 上的董事出席才能召开，其做出的决议必须经全体董事的过半数通过。董事会下设经理，其由董事会聘任和解聘。

3. 监事会

股份有限公司的监事会是公司经营活动的监督机构，其成员不得少于 3 人。监事会由股东代表和适当比例的职工代表组成，其中，职工代表的比例不得低于 1/3。职工代表由公司职工民主选举产生。公司监事列席董事会会议，监事不得兼任公司的董事、经理及财务负责人。

四、股份发行和转让

股份有限公司的资本划分为股份，每一股的金额相等。公司的股份采取股票的形式。股票是公司签发的证明股东所持股份的凭证。股份的发行实行公开、公平、公正的原则，必须同股同权，同股同利。股票发行价格可以依票面金额，也可以超过票面金额，但不得低于票面金额。

股份有限公司登记成立后，应向股东交付股票。公司发行的股票，可以为记名股票，也可以为无记名股票。股东转让其持有的股份，必须在依法设立的证券交易所进行或者按照国务院规定的其他方式进行。但是发起人持有的本公司股份，自公司成立之日起 1 年内不得转让；公司的董事、高级管理人员、监事必须向公司申报其所持有的公司股份，并且在其任职期间每年转让的股份不得超过其所持有本公司股份总数的 25%，所持本公司股份自公司股票上市交易之日起 1 年内不得转让。上述人员离职后半年内，不得转让其持有的本公司股份。公司不得收购本公司股票，但符合法律规定的除外。

五、上市公司

上市公司是指发行的股票经国务院或者国务院授权的证券管理部门批准，在证券交易所上市交易的股份有限公司。

上市公司在 1 年内购买、出售重大资产或者担保金额超过公司资产总额 30% 的，应当由股东大会做出决议，并经出席会议的股东所持表决权的 2/3 以上通过。

上市公司设立独立董事。上市公司设董事会秘书，负责公司股东大会和董事会会议的筹备、文件保管以及公司股东资料的管理，办理信息披露事务等事宜。

上市公司董事与董事会会议决议事项所涉及的企业有关联关系的，不得对该项决议行使表决权，也不得代理其他董事行使表决权。该董事会会议由过半数的无关联关系董事出席即可举行，董事会会议所做决议须经无关联关系董事过半数通过。出席董事会的无关联关系董事人数不足3人的，应将该事项提交上市公司股东大会审议。

第二节　企业法

一、企业法概述

企业是指依法设立的、以营利为目的、从事生产及经营活动的独立核算的经济组织。企业法是指规范企业设立、组织机构，明确企业权利义务关系的法律规范的总称。

我国的企业法体系主要包括一系列法律、法规，本节主要介绍《中华人民共和国个人独资企业法》（以下简称《个人独资企业法》）、《中华人民共和国合伙企业法》（以下简称《合伙企业法》）和《中华人民共和国全民所有制工业企业法》（以下简称《全民所有制工业企业法》）。

二、个人独资企业法

（一）个人独资企业的概念

个人独资企业是指依照《个人独资企业法》在中国境内设立，由一个自然人投资，财产为投资个人所有，投资人以其个人财产对企业债务承担无限责任的经营实体。个人独资企业法的概念有广义和狭义之分：广义的个人独资企业法，是指国家关于个人独资企业的各种法律规范的总称；狭义的个人独资企业法是指1999年8月30日第九届全国人民代表大会常务委员会第十一次会议通过的《个人独资企业法》。该法共6章48条。

《个人独资企业法》遵循以下基本原则：①依法保护个人独资企业的财产和其他合法权益；②个人独资企业从事经营活动必须遵守法律、行政法规，遵守诚实信用原则，不得损害社会公共利益；③个人独资企业应当依法履行纳税义务；④个人独资企业应当依法招用职工；⑤个人独资企业职工的合法权益受法律保护。

（二）个人独资企业的设立

1. 个人独资企业的设立条件

《个人独资企业法》第8条规定，设立个人独资企业应当具备以下条件：①投资人为一个自然人；②有合法的企业名称；③有投资人申报的出资；④有固定的生产经营场所和必要的生产经营条件；⑤有必要的从业人员。

2. 个人独资企业的设立程序

个人独资企业的设立程序如下：①提出申请。投资者或其委托的代理人应当向个人独资企业所在地的登记机关提出设立申请。②工商登记。登记机关应当在收到设立申请文件之日起15日内，对符合个人《独资企业法》规定条件的予以登记，发给营业执照；对不符合条件的，不予登记，并给予书面答复，说明理由。③分支机构登记。个人独资企业设立分支机构，应当由投资人或者其委托的代理人向分支机构所在地的登记机关申请设立登记。分支机构的登记事项应当包括：分支机构的名称、经营场所、负责人姓名和居所、经营范围及方式。

（三）个人独资企业投资人的权利和责任

1. 个人独资企业投资人的权利

《个人独资企业法》第17条和第19条规定，个人独资企业享有以下权利：个人独资企业投资人对本企业的财产依法享有所有权，其有关权利可以依法进行转让或继承；个人独资企业投资人可以自行管理企业事务，也可以委托或者聘用其他具有民事行为能力的人负责企业的事务管理。

2. 个人独资企业投资人的责任

个人独资企业投资人在申请企业设立登记时明确以其家庭共有财产作为个人出资的，应当依法以家庭共有财产对企业债务承担无限责任。

（四）个人独资企业的解散和清算

1. 个人独资企业的解散

个人独资企业的解散是指个人独资企业终止活动，民事主体资格消灭的行为。《个人独资企业法》第16条规定，个人独资企业出现下列情形之一时，应当解散：①投资人决定解散；②投资人死亡或者被宣告死亡，无继承人或者继承人决定放弃继承；③被依法吊销营业执照；④法律、行政法规规定的其他情形。

2. 个人独资企业的清算

个人独资企业解散时，应当进行清算。关于清算，《个人独资企业法》第27条做了如下规定：①通知和公告债权人。②财产清偿顺序。《个人独资企业法》第29条规定的财产清偿顺序依次为：所欠职工工资和社会保险费用、所欠税款和其他债务，个人独资企业财产不足以清偿债务的，投资人以其个人的其他财产予以清偿。③清算期间对投资人的要求。在清算期间，个人独资企业不得开展与清算无关的经营活动，在清偿债务前，投资人不得转移、隐匿财产。④投资人的持续偿债责任。个人独资企业解散后，原投资人对个人独资企业存续期间的债务人应承担偿还责任，但债权人在5年内未向债务人提出偿债请求的，该责任消灭。⑤注销登记。个人独资企业清算结束后，投资人或者人民法院指定的清算人应当编制清算报告，并于清算结束之日起15日内向原登记机关申请注销登记。经登记机关注销登记，个人独资企业终止。

三、合伙企业法

（一）合伙企业的概念

合伙是指两个以上的主体为共同目的，相互约定共同出资、共同经营、共同受益、共担风险的自愿联合。合伙企业是指自然人、法人和其他组织依照《合伙企业法》在中国境内设立的普通合伙企业和有限合伙企业。

（二）合伙企业的设立

根据《合伙企业法》第14条的规定，设立合伙企业，应当具备下列条件：①有2个以上合伙人。合伙人为自然人的，应当具有完全民事行为能力。②有书面合伙协议。③有合伙人认缴或者实际缴付的出资。④有合伙企业的名称和生产经营场所。⑤法律、行政法规规定的其他条件。

《合伙企业法》第16条和第17条规定，合伙人可以用货币、实物、知识产权、土地使用权或者其他财产权利出资，也可以用劳务出资。合伙人以实物、知识产权、土地使用权或者其他财产权利出资，需要评估作价的，可以由全体合伙人协商确定，也可以由全体合伙人委托法定评估机构评估。合伙人以劳务出资的，其评估办法由全体合伙人协商确定，并在合伙协议中载明。合伙人应当按照合伙协议约定的出资方式、数额和缴付期限履行出资义务。以非货币财产出资的，依照法律、行政法规的规定，需要办理财产权转移手续的，应当依法办理。但根据《合同企业法》第64条规定，有限合伙人不得以劳务进行出资。

（三）合伙企业的财产

根据《合伙企业法》第20条的规定，合伙人的出资、以合伙企业名义取得的收益和依法取得的其他财产，均为合伙企业的财产。合伙人在合伙企业清算前，不得请求分割合伙企业的财产，但是《合伙企业法》另有规定的除外。合伙人在合伙企业清算前私自转移或者处分合伙企业财产的，合伙企业不得以此对抗善意第三人。

除合伙协议另有约定外，合伙人向合伙人以外的人转让其在合伙企业中的全部或者部分财产份额时，须经其他合伙人一致同意。合伙人之间转让在合伙企业中的全部或者部分财产份额时，应当通知其他合伙人。合伙人向合伙人以外的人转让其在合伙企业中的财产份额的，在同等条件下，其他合伙人有优先购买权，但是，合伙协议另有约定的除外。合伙人以外的人依法受让合伙人在合伙企业中的财产份额的，经修改合伙协议即成为合伙企业的合伙人，依照《合伙企业法》和修改后的合伙协议享有权利，履行义务。合伙人以其在合伙企业中的财产份额出质的，须经其他合伙人一致同意；未经其他合伙人一致同意，其行为无效，由此给善意第三人造成损失的，由行为人依法承担赔偿责任。

（四）合伙企业事务的执行

合伙企业事务的执行是指为实现合伙目的而进行的业务活动。根据法律规定，合伙人对执行合伙事务享有同等的权利。按照合伙协议的约定或者经全体合伙人决定，可以委托一个或者数个合伙人对外代表合伙企业，执行合伙事务。作为合伙人的法人、其他组织执行合伙事务的，由其委派的代表执行。不执行合伙事务的合伙人有权监督执行事务合伙人执行合伙事务的情况。

由一个或者数个合伙人执行合伙事务的，执行事务合伙人应当定期向其他合伙人报告事务执行情况以及合伙企业的经营和财务状况，其执行合伙事务所产生的收益归合伙企业，所产生的费用和亏损由合伙企业承担。合伙人为了解合伙企业的经营状况和财务状况，有权查阅合伙企业会计账簿等财务资料。

合伙人对合伙企业有关事项做出决议，按照合伙协议约定的表决办法办理。合伙协议未约定或者约定不明确的，实行合伙人一人一票并经全体合伙人过半数通过的表决办法。

除合伙协议另有约定外，合伙企业的下列事项应当经全体合伙人一致同意：改变合伙企业的名称；改变合伙企业的经营范围和主要经营场所的地点；处分合伙企业的不动产；转让或者处分合伙企业的知识产权和其他财产权利；以合伙企业名义为他人提供担保；聘任合伙人以外的人担任合伙企业的经营管理人员。合伙人不得自营或者同他人合作经营与本合伙企业相竞争的业务。除合伙协议另有约定或者经全体合伙人一致同意外，合伙人不得同本合伙企业进行交易。合伙人不得从事损害本合伙企业利益的活动。

（五）入伙与退伙

入伙是指合伙企业存续期间，合伙人以外的第三人加入合伙企业并取得合伙人资格的行为。按照《合伙企业法》第43条的规定，新合伙人入伙，除合伙协议另有约定外，应当经全体合伙人一致同意，并依法订立书面入伙协议。订立入伙协议时，原合伙人应当向新合伙人如实告知原合伙企业的经营状况和财务状况。入伙的新合伙人与原合伙人享有同等权利，承担同等责任。入伙协议另有约定的，从其约定。新合伙人对入伙前合伙企业的债务承担无限连带责任。

合伙协议约定合伙期限的，在合伙企业存续期间，有下列情形之一的，合伙人可以退伙：合伙协议约定的退伙事由出现；经全体合伙人一致同意；发生合伙人难以继续参加合伙的事由；其他合伙人严重违反合伙协议约定的义务。合伙协议未约定合伙期限的，合伙人在不给合伙企业事务执行造成不利影响的情况下，可以退伙，但应当提前30日通知其他合伙人。合伙人有下列情形之一的，当然退伙：作为合伙人的自然人死亡或者被依法宣告死亡；个人丧失偿债能力；作为合伙人的法人或者其他组织依法被吊销营业执照、责令关闭、撤销，或者被宣告破产；法律规定或者合伙协议约定合伙人必须具有相关资格而丧失该资格；合伙人在合伙企业中的全部财产份额被人民法院强制执行。

合伙人被依法认定为无民事行为能力人或者限制民事行为能力人的，经其他合伙人一致同意，可以依法转为有限合伙人，普通合伙企业依法转为有限合伙企业。其他合伙人未能一致同意的，该无民事行为能力或者限制民事行为能力的合伙人退伙。

合伙人有下列情形之一的，经其他合伙人一致同意，可以决议将其除名：未履行出资义务；因故意或者重大过失给合伙企业造成损失；执行合伙事务时有不正当行为；发生合伙协议约定的事由。对合伙人的除名决议应当书面通知被除名人。被除名人接到除名通知之日，除名生效，被除名人退伙。被除名人对除名决议有异议的，可以自接到除名通知之日起30日内，向人民法院起诉。

合伙人退伙，其他合伙人应当与该退伙人按照退伙时的合伙企业财产状况进行结算，退还退伙人的财产份额。退伙人对给合伙企业造成的损失负有赔偿责任的，相应扣减其应当赔偿的数额。退伙时有未了结的合伙企业事务的，待该事务了结后进行结算。退伙人在合伙企业中财产份额的退还办法，由合伙协议约定或者由全体合伙人决定，可以退还货币，也可以退还实物。退伙人对基于其退伙前的原因发生的合伙企业债务，承担无限连带责任。

（六）有限合伙企业

根据《合伙企业法》第61条的规定，有限合伙企业由2个以上50个以下合伙人设立；但是，法律另有规定的除外。有限合伙企业至少应当有一个普通合伙人。有限合伙企业名称中应当标明“有限合伙”字样。有限合伙企业由普通合伙人执行合伙事务。执行事务合伙人可以要求在合伙协议中确定执行事务的报酬及报酬提取方式。有限合伙人不执行合伙事务，不得对外代表有限合伙企业。

有限合伙人可以用货币、实物、知识产权、土地使用权或者其他财产权利作价出资，不得以劳务出资。

有限合伙人具有特殊权利：有限合伙人以其认缴的出资额为限对合伙企业的债务承担责任；除非合伙协议另有约定，有限合伙人可以同本有限合伙企业进行交易；除非合伙协议另有约定，有限合伙人可以自营或者同他人合作经营与本有限合伙企业相竞争的业务；除非合伙协议另有约定，有限合伙人可以将其在有限合伙企业中的财产份额出质；有限合伙人可以按照合伙协议的约定向合伙人以外的人转让其在有限合伙企业中的财产份额，提前30日通知其他合伙人即可；作为有限合伙人的自然人在有限合伙企业存续期间丧失民事行为能力的，其他合伙人不得因此要求其退伙。

（七）合伙企业的解散和清算

根据《合伙企业法》第85条的规定，合伙企业有下列情形之一的，应当解散：合伙期限届满，合伙人决定不再经营；合伙协议约定的解散事由出现；全体合伙人决定解散；合伙人已不具备法定人数满30天；合伙协议约定的合伙目的已经实现或者无法实现；依法被吊销营业执照、责令关闭或者被撤销；法律、行政法规规定的其他原因。

合伙企业解散，应当由清算人进行清算。清算人由全体合伙人担任；经全体合伙人过半数同意，可以自合伙企业解散事由出现后15日内指定一个或者数个合伙人，或者委托第三人担任清算人。自合伙企业解散事由出现之日起15日内未确定清算人的，合伙人或者其他利害关系人可以申请人民法院指定清算人。

清算人自被确定之日起10日内将合伙企业解散事项通知债权人，并于60日内在报纸上公告。债权人应当自接到通知书之日起30日内，未接到通知书的自公告之日起45日内，向清算人申报债权。清算期间，合伙企业存续，但不得开展与清算无关的经营活动。

合伙企业注销后，原普通合伙人对合伙企业存续期间的债务仍应承担无限连带责任。合伙企业不能清偿到期债务的，债权人可以依法向人民法院提出破产清算申请，也可以要求普通合伙人清偿。合伙企业依法被宣告破产的，普通合伙人对合伙企业债务仍应承担无限连带责任。

四、全民所有制工业企业法

（一）全民所有制企业的设立、变更和终止

1. 全民所有制企业的设立

全民所有制企业又称国有企业，是指以生产资料全民所有为基础的，依法自主经营、自负盈亏、独立核算的生产和经营单位。根据《全民所有制工业企业法》第17条的规定，设立全民所有制企业必须具备以下条件：①产品为社会所需要；②有能源、原材料、交通运输的必要条件；③有自己的名称和生产经营场所；④有符合国家规定的资金；⑤有自己的组织机构；⑥有明确的经营范围；⑦法律、法规规定的其他条件。

设立全民所有制企业要有一定的程序。根据《全民所有制企业法》第16条的规定，设立全民所有制企业的程序是：①依照法律和国务院规定，报请政府或者政府主管部门审核批准。这种审核批准分为两类：一是设立全民所有制企业，其设立者必须是某一个全民所有制单位，该单位新设立一个企业会影响国有资产等方面的变化，它必须报经自己的主管部门或者政府部门批准；二是一些特殊经营范围还须经有关监督管理部门或者政府批准。②办理工商登记。工商登记是企业取得法律地位的一种法律行为，企业只有在国家法定机关依法登记以后，才能正式成立。

2. 全民所有制企业的变更和终止

全民所有制企业的变更是指企业的合并、分立以及其他事项的变更。全民所有制企业的变更程序是：①报经有关部门批准。企业办理变更登记前须报经主管部门或原审批机关批准。②办理变更登记手续。企业要求变更的，应在有关部门批准后30日内，向工商行政登记主管机关申请变更登记。③公告。全民所有制企业办理完变更登记事项后，应将变更情况进行公告。全民所有制企业的终止是指企业法人资格的撤销。全民所有制企业终止的原因包括：①违反法律、法规被责令撤销；②政府主管部门依照法律、法规的规定决定解散；③依法宣告破产；④其他原因。

全民所有制企业终止的程序是：首先，必须依法做出正式的决定或裁定，这种决定或者裁定可以由企业做出，也可以由企业主管部门、工商行政机关或者人民政府做出。其次，必须保护其财产，依法清理债权、债务。再次，依法办理注销登记。最后，公告。

（二）全民所有制企业的经营权

全民所有制企业的经营权是指企业对国家授予的经营管理的财产享有占有、使用、收益和依法处分的权利。总结《全民所有制工业企业转换经营机制条例》（2011年修订）第二章有关企业经营权的规定，全民所有制企业的经营权包括：①生产经营决策权；②产品、劳务定价权；③产品销售权；④物资采购权；⑤进出口权；⑥投资决策权；⑦留用资金支配权；⑧联营、兼并权；⑨劳动用工权；⑩资产处置权；⑪人事管理权；⑫工资、奖金分配权；⑬内部机构设置权；⑭拒绝摊派权。

（三）全民所有制企业的组织机构

全民所有制企业实行厂长（经理）负责制。厂长（经理）是企业的法定代表人，领导着企业的生产经营管理工作，并且对企业的精神文明和物质文明负有全面责任。全民所有制企业的职工依法享有参与企业民主建设，享受劳动保护、劳动保险、休息休假以及对企业领导干部提出批评和控告的权利。全民所有制企业职工代表大会是我国法律规定的在全民所有制企业内设立的一种特有的组织形式，它是企业实行民主管理的基本形式，也是职工行使民主管理的机构。

（四）全民所有制企业与政府的关系

根据《全民所有制工业企业转换经营机制条例》（2011年修订）第五章有关企业和政府的关系的规定，政府对企业的职责包括：一是对企业行使所有权管理职能。企业的财产属于全民所有，国务院代表国家行使企业财产的所有权。国务院对国有资产所有权的行使是通过其有关部门进行的，主要考核企业资产的保值和增值，同时维护企业依法行使经营权，并协助企业解决实际困难。二是对企业实施社会管理职能。政府对企业的社会管理职能主要包括：①加强宏观调控和行业管理；②培育和完善市场体系，发挥市场调节作用；③建立社会保障体系，为企业提供社会福利服务；④发展社会中介组织，为企业提供社会服务。

第三节 外商投资企业法

一、外商投资企业法概述

（一）外商投资企业的概念

外商投资企业是指在我国境内依照我国法律设立的，由外国投资者单独直接投资或者由外国投资者和中国投资者共同投资的企业。目前，在我国设立的外商投资企业，依照外商在企业注册资本和资产中所占股权和份额比例的不同，可以分为合资企业和外商独资企业。合资企业以其是股权式还是契约式又可分为中外合资经营企业和中外合作经营企业两种。外商独资企业又称为外资企业。

（二）外商投资企业法的概念

外商投资企业法是指调整外商投资企业在设立、经营过程中发生的经济关系的法律规范的总称。外商投资企业法调整以下三个方面的经济关系：首先是我国有关国家机关与外商投资企业在审批、设立、登记、税收、外汇等方面的管理关系；其次是外商投资企业与我国境内、境外的企业、经济组织之间的经济关系；最后是外商投资企业内部的组织管理关系。

二、中外合资经营企业法

（一）中外合资经营企业的概念

中外合资经营企业是指中国合营者与外国合营者按照平等互利的原则，依照中华人民共和国的法律在中华人民共和国境内共同投资、共同经营并按投资比例分享利润、分担风险和亏损的企业。中国合营者包括中国公司、企业和其他经济组织，外国合营者包括外国公司、企业和其他经济组织或者个人。中国的自然人不能与外国的合营者设立中外合资经营企业。

（二）合资企业的设立

1. 合资企业的设立条件

合资企业的设立必须具备以下四个条件：①采用先进技术和科学管理方法，能增加产品品种，提高产品质量和产量，节约能源和材料；②有利于技术改造，能做到投资少、见效快、收益大；③能扩大产品出口，增加外汇收入；④能培养技术人员和经营管理人员。

2. 合资企业的设立申请

设立合资企业应由中国合资者向企业主管部门呈报拟与外国合资者设立合资企业的项目建议书和初步可行性报告，经企业主管部门审查同意，转报审批机关批准后，合资各方正式进行谈判，在此基础上签订合资企业协议、合同和章程。经合资各方同意，可以不订立合资协议，只订立合同和章程。

3. 设立审批和登记

设立合资企业的审批机关是国家对外经济贸易主管部门或其委托的省、自治区、直辖市人民政府或者国务院有关部门。属于受托机关批准的合资企业包括以下两类：一是投资总额在国务院规定的金额内，中国合资者的资金来源已经落实的；二是不需要国家增拨原材料，不影响燃料、动力、交通运输、外贸出口配额等全国平衡的。

（三）合资企业的组织形式与注册资本及投资总额

1. 合资企业的组织形式

根据合资企业法的规定，合资企业的组织形式为有限责任公司，合资企业不能采取其他组织形式，合资各方以其出资额为限对公司承担责任，公司以其全部资产对其债务承担责任，合资经营企业属于中国法人。

2. 注册资本和投资总额

合资企业的注册资本是指合资各方认缴的经企业登记机关登记的资本总额，它是合资各方认缴的出资额之和。在注册资本中，外国合资者的出资比例一般不得低于25%，特殊情况下需要低于该比例的，须报国务院批准。合资企业的投资总额是指按照合资企业合同、章程规定的生产规模需要投入的基本建设资金和生产流动资金的总和。合资企业的注册资本少于投资总额的，可以以合资企业的名义通过借贷来弥补差额，因此，投资总额等于注册资本加上企业借款。

（四）合资企业合资各方的出资方式与出资期限

1. 出资方式

合资各方的出资方式与《公司法》第27条规定的股东出资方式基本相同，即以货币、实物、工业产权、专有技术、场地使用权出资，但是对外国合资者以实物出资和以工业产权、专有技术等无形资产出资，《中外合资经营企业法实施条例》第25条做出了特殊规定。

2. 出资期限

合资各方可以在合资合同中约定一次性出资，也可以约定分期出资。一次性出资的，合资各方必须在营业执照签发之日起的6个月内缴清；分期出资的，第一期出资不得低于合资各方各自认缴的出资额的15%，并且应当在营业执照签发之日起3个月内缴清。合资各方未能在合同规定的期限内缴清出资的，视为合资企业自动解散，批准证书自动失效。合资各方缴付第一期出资后，超过合同规定的其他任何一期出资期限3个月仍未出资或者出资不足的，由企业登记机关会同审批机关向其发出通知，要求在1个月内缴付出资，其到期仍未出资的，原审批机关有权撤销批准证书。合资一方未按合同规定如期交付或者缴清出资的，即构成违约。守约方有权催告违约方在1个月内缴付或者缴清出资，逾期未缴付或缴清的，视为违约方放弃对合资企业合同中的一切权利，自动退出合资企业。给守约方造成损失的，依法承担赔偿责任。

（五）合资企业的权力机构和经营管理机构

1. 合资企业的权力机构

合资企业的董事会是合资企业的最高权力机构，董事会的人数由合资企业各方协商确定，但不得少于3人。董事名额参照各出资方比例分配，合资各方按照协商确定的名额分别委派董事，董事每届任期4年，任期届满，经合资者委托可以连任。董事会设董事长和副董事长，其产生方式由合资各方协商确定或由董事会选举产生。一方为董事长的，由他方任副董事长，董事长是合资企业的法定代表人。董事会每年至少召开一次会议，经1/3以上的董事提议可以召开临时会议，董事会应有2/3以上的董事出席才能举行，董事会的议事规程由合资企业章程规定。

2. 合资企业的经营管理机构

合资企业设经营管理机构负责企业日常经营管理工作。经营管理机构设总经理1人，副总经理若干人，设总工程师、审计师和总会计师，上述人员由董事会聘任。

（六）合资企业的经营管理

1. 税收管理

合资企业的毛利润按照我国税法规定缴纳后，提取章程规定的储备基金、奖励及福利基金、企业发展基金，剩余的净利润按各自出资比例进行分配，而且可以依法享受减税、免税的优惠待遇。外国合资者以其分得的净利润在中国境内进行再投资的，可以申请退还已缴纳的部分所得税。

2. 外汇及保险管理

合资企业的有关外汇管理事宜，按照我国外汇管理条例的规定办理。合资企业的各项保险应向中国境内的保险公司投保。

3. 物资的购买和产品的销售

关于物资的购买，《中外合资企业法》第10条规定，在公平合理原则的基础上，既可以向国内市场购买，也可以在国外市场购买。关于产品的销售，合资企业法鼓励向中国境外销售产品，合资企业也可以在中国市场销售产品。

（七）合资企业的合资期限与解散

1. 合资期限

合资企业的合资期限按不同行业、不同情况可做不同约定，有的行业必须约定合资期限，有的行业可以约定也可以不约定合资期限。约定合资期限的，期限届满，经合资各方同意延长的，应当在距合资期限届满6个月前向审批机关提出申请，审批机关在接到申请之日起1个月内决定批准或者不批准。

2. 解散

合资企业发生严重亏损或一方不履行约定义务以及发生不可抗力事件，经合资各方协商同意报请审批机关批准并经工商管理局登记即可终止合资合同。因违约而终止，给守约方造成损失的，违约方应承担赔偿责任。

三、中外合作经营企业法

（一）中外合作经营企业的概念

中外合作经营企业是指中国合作者与外国合作者依照中国法律的规定在中国境内共同举办的按合作企业合同约定分配收益或者产品，分担风险和亏损的企业。中方合作者是中国的企业或者其他经济组织，外方合作者是外国企业、其他经济组织或者个人。

（二）中外合作经营企业的设立

《中外合作经营企业法》第4条和第5条规定，国家鼓励举办产品出口的或者技术先进的生产型合作企业。中外合作经营企业的设立审批应当由中方投资者提出合作申请，由对外经济贸易主管部门或者国务院授权部门和地方人民政府审批。审查批准机关应当自接到申请之日起45天内决定批准或者不批准。

（三）中外合作经营企业的组织形式与注册资本

1. 中外合作经营企业的组织形式

中外合作经营企业依我国法律规定分为法人企业和非法人企业。具备中国法人条件的合作企业取得中国法人资格，其组织形式为有限责任公司；不具备中国法人资格的合作经营企业，其合作各方的关系是一种合伙关系，合作企业各方按照合作企业合同的约定对企业的债务承担责任，合作各方对企业承担的责任是连带责任。

2. 中外合作经营企业的注册资本

中外合作经营企业的注册资本是指合作各方认缴的并在工商管理机关登记的出资额之和。出资方式依照《公司法》第27条的规定，合作企业与合资企业一样，也有投资总额和注册资本问题。

（四）中外合作经营企业的投资与合作条件

1. 出资方式

合作各方对合作企业的出资可以是货币、实物、工业产权、非专利技术、土地使用权或者其他财产权利。合作各方以自有财产出资的，不能对该财产对外设立抵押或者担保。出资后，应经中国注册会计师或者有关机构验资并出具验资证明。

2. 合作各方的出资比例

合作各方的出资比例通过合作合同约定，但是外方合作者的出资一般不得低于合作企业注册资本的25%，合作各方的出资期限在合作企业合同中约定。一方不按约定进行出资的，应对他方承担违约责任。

（五）中外合作经营企业的组织机构以及议事规则

依照《中外合作经营企业法》第12条的规定，中外合作经营企业的组织机构有下列三种：第一种是董事会制，具备法人资格的合作企业，其管理机构实行董事会制。第二种是联合管理制，不具备法人资格的合作企业，其管理机构为联合管理委员会，联合管理委员会由合作各方的代表组成，它是合作企业的最高权力机构。联合管理委员会设立主任和副主任，如果一方任主任，则另一方必须任副主任。第三种是委托管理制，经合作各方协商一致，可以将合作企业委托合作一方进行管理，他方不参加管理，也可以委托合作各方以外的第三方负责经营管理。但是，委托第三方进行经营管理属于合作企业合同的重大变更，除经董事会或者联合管理委员会一致同意外，还必须报审批机关批准，获批准后，还必须到工商行政管理部门办理变更登记。

（六）中外合作经营企业的收益分配和投资回收

1. 中外合作经营企业的收益或者产品分配

合作各方可以约定分配合作企业的利润，也可以约定分配产品，其分配方式、份额或比例由合作各方通过企业合作合同约定。这与合营企业不一样，合营企业是按照各自的出资比例分享利润，而合作企业只能按照约定来分配利润，并且可以分配产品。

2. 中外合作经营企业的投资回收

根据《中外合作经营企业法》第21条的规定，合作企业的外方投资者可以在合作企业经营期限届满前先行收回投资。回收投资的方法有三种：第一种是增加外方利润分配比例，直到收回全部投资；第二种是加速固定资产折旧，用折旧金返还外方投资；第三种是经财政、税务部门和审批机关批准的其他回收投资方式。外方合作者先行收回投资后，中外方合作者应当依照法律规定或者合同约定对合作企业的债务承担责任。

（七）中外合作经营企业的经营期限和解散

合作各方可以在合同中约定经营期限，也可以不约定合作期限。约定合作期限的，期限届满，合作各方同意延长经营期限，应当在期限届满180天前向审批机关提出延期的申请，审批机关自接到申请之日起30日内做出批准或不批准的决定。经批准延长合作期限的，合作企业应当到工商管理部门办理工商登记手续。合作企业在出现下列情况之一时解散：①合作期限届满；②合作企业发生严重亏损或因不可抗力造成严重损失无力继续经营；③合作一方或者数方不履行合同、章程规定的义务致使合作企业无法继续经营；④合作企业合同章程规定的其他解散事由出现；⑤因违法被责令关闭。

四、外资企业法

（一）外资企业的概念

外资企业即外商独资企业，是指依照中华人民共和国法律在中国境内设立的全部资本由外国投资者投资的企业，外资企业不包括外国的企业和其他经济组织在中国境内设立的分支机构。

（二）外资企业的设立

国家鼓励设立产品出口型或者技术先进型的外资企业。与合营企业和合作企业不同，外资企业必须向拟设立外资企业所在地的县级或县级以上地方人民政府提出申请。地方人民政府在接到外国投资者提交的报告之日起30日内以书面形式答复外国投资者，然后，外国投资者通过上述地方人民政府向审批机关提出设立申请并报送法律规定的一系列文件。两个或者两个以上的外国投资者共同申请设立外资企业的，应当将其签订的合同副本报送审批机关备案。外资企业的设立申请由国家对外经济贸易主管部门或国务院授权的机关审批。设立外资企业的申请经批准后，外国投资者应当在接到批准证书之日起30日内向国家工商行政管理局或者国家工商行政管理局授权的地方工商行政管理局申请设立登记。登记机关应当在接到申请之日起30日内做出准予登记或不予登记的决定。准予登记的签发营业执照，签发营业执照之日即为企业成立之日。外资企业应当自成立之日起30日内到税务部门办理税务登记。

（三）外资企业的组织形式和注册资本

外资企业的组织形式为有限责任公司，经批准也可以为其他责任形式。

外资企业的出资方式主要包括货币出资，也可以以机器设备、工业产权和专有技术作价出资。以货币出资的，必须以可自由兑换的外币出资，以工业产权、专有技术作价出资的，该工业产权、专有技术应当为外国投资者所有，作价金额不得超过外资企业注册资本的20%。外国投资者缴付出资的期限应当在设立申请书和企业章程中载明。外国投资者可以一次出资，也可以分期出资，最后一次出资应当在营业执照签发之日起3年内缴清，其第一次出资不得少于外国投资者认缴的投资额的15%，并应当在外资企业营业执照签发之日起90日内缴清。

（四）外资企业的经营期限、终止和清算

外资企业的经营期限由外资企业申报，经审批机关批准。需要延长经营期限的，应当在期满前180日以前向审批机关提出申请，审批机关在接到申请之日起30日内决定是否批准。延长经营期限的，外资企业应当在接到批准文件之日起30日内向工商行政管理机关办理变更手续。

外资企业出现下列情况之一的，应当终止：①经营期限届满；②经营不善，严重亏损，外国投资者决定解散；③因自然灾害、战争等不可抗力造成严重损失，无法继续经营；④破产；⑤违反中国法律、法规，危害社会公共利益被依法撤销；⑥外资企业章程规定的其他解散事由已经出现。

外资企业解散后要进行清算。清算委员会应当由外资企业的法定代表人、债权人代表及有关主管机关代表组成，并聘请中国的注册会计师、律师参加。清算财产在支付清算费用后，依照法定顺序进行清偿。管理机关办理注销登记手续，缴销营业执照。

第四节　企业破产法

一、破产程序的适用范围

《中华人民共和国企业破产法》（以下简称《企业破产法》）由第十届全国人民代表大会常务委员会第二十三次会议于 2006 年 8 月通过，自 2007 年 6 月 1 日起施行。

企业法人不能清偿到期债务，并且资产不足以清偿全部债务或者明显缺乏清偿能力的，依照《企业破产法》第 43 条的规定清理债务。破产法的适用范围是企业法人，其中，不仅包括国有企业法人，也包括承担有限责任的其他所有制的企业法人。

二、破产案件的申请和受理

破产申请是破产申请人请求法院受理破产案件的意思表示，它是破产程序开始的条件。根据我国法律规定，破产案件的申请人分为两类：债权人申请和债务人申请。债务人不能清偿到期债务并且资产不足以清偿债务或者明显缺乏清偿能力的，可以向人民法院提出重整、和解或者破产清算申请；债务人不能清偿到期债务，债权人可以向人民法院提出对债务人进行重整或者破产清算的申请。企业法人已解散但未清算或者未清算完毕，资产不足以清偿债务的，依法负有清算责任的人应当向人民法院申请破产清算。提出破产申请应该采用书面形式。

破产案件的受理是指人民法院在收到破产案件的申请后，认为符合法定条件的，应当裁定受理破产申请；认为不符合法定条件或者申请理由不成立的，裁定驳回破产申请。债权人提出破产申请的，人民法院应当自收到申请之日起 5 日内通知债务人。债务人对申请有异议的，应当自收到人民法院的通知之日起 7 日内向人民法院提出。人民法院应当自异议期满之日起 10 日内裁定是否受理。此外，人民法院应当自收到破产申请之日起15日内裁定是否受理。有特殊情况需要延长裁定受理期限的，经上一级人民法院批准，可以延长15日。

人民法院裁定不受理破产申请的，应当自裁定做出之日起5日内送达申请人并说明理由。申请人对裁定不服的，可以自裁定送达之日起10日内向上一级人民法院提起上诉。人民法院应当自裁定受理破产申请之日起25日内通知已知债权人，并予以公告。人民法院受理破产申请后，债务人对个别债权人的债务清偿无效。

人民法院受理破产申请后，债务人的债务人或者财产持有人应当向管理人清偿债务或者交付财产。人民法院受理破产申请后，有关债务人财产的保全措施应当解除，执行程序应当中止。人民法院受理破产申请后，已经开始而尚未终结的有关债务人的民事诉讼或者仲裁应当中止；在管理人接管债务人的财产后，该诉讼或者仲裁继续进行。人民法院受理破产申请后，有关债务人的民事诉讼，只能向受理破产申请的人民法院提起。

三、管理人

人民法院裁定受理破产申请的，应当同时指定管理人。管理人可以由有关部门、机构的人员组成的清算组或者依法设立的律师事务所、会计师事务所、破产清算事务所等社会中介机构担任。人民法院根据债务人的实际情况，可以在征询有关社会中介机构的意见后，指定该机构具备相关专业知识并取得执业资格的人员担任管理人。管理人依法执行职务，向人民法院报告工作，并接受债权人会议和债权人委员会的监督。管理人应当列席债权人会议，向债权人会议报告职务执行情况，并回答询问。

管理人履行下列职责：接管债务人的财产、印章和账簿、文书等资料；调查债务人财产状况，制作财产状况报告；决定债务人的内部管理事务；决定债务人的日常开支和其他必要开支；在第一次债权人会议召开之前，决定继续或者停止债务人的营业；管理和处分债务人的财产；代表债务人参加诉讼、仲裁或者其他法律程序；提议召开债权人会议；人民法院认为管理人应当履行的其他职责。管理人应当勤勉尽责，忠实执行职务。

四、债务人财产

债务人财产是指在破产程序中被纳入破产管理的为债务人所拥有的财产。按照破产法的规定，破产申请受理时属于债务人的全部财产以及破产申请受理后至破产程序终结前债务人取得的财产，为债务人财产。

为了保护债权人的利益，维护清偿公平，《企业破产法》针对破产程序开始前的有关交易活动设立撤销权和追回权。《企业破产法》规定，人民法院受理破产申请前1年内，涉及债务人财产的下列行为，管理人有权请求人民法院予以撤销：①无偿转让财产的；②以明显不合理的价格进行交易的；③对没有财产担保的债务提供财产担保的；④对未到期的债务提前清偿的；⑤放弃债权的。人民法院受理破产申请前6个月内，债务人有《企业破产法》第2条第1款规定的情形，仍对个别债权人进行清偿的，管理人有权请求人民法院予以撤销。但是，个别清偿使债务人财产受益的除外。另外，涉及债务人财产的以下行为无效：为逃避债务而隐匿、转移财产的；虚构债务或者承认不真实的债务的。对于因以上规定的行为而取得的债务人的财产，管理人有权追回。

为遏制企业高级管理人员不正当自利行为，管理人应当追回债务人的董事、监事和高级管理人员利用职权从企业获取的非正常收入和侵占的企业财产。

债权人在破产申请受理前对债务人负有债务的，可以向管理人主张抵销。但是，有下列情形之一的，不得抵销：①债务人的债务人在破产申请受理后取得他人对债务人的债权的；②债权人已知债务人有不能清偿到期债务或者破产申请的事实，对债务人负担债务的，但是，债权人因为法律规定或者有破产申请1年前所发生的原因而负担债务的除外；③债务人的债务人已知债务人有不能清偿到期债务或者破产申请的事实，对债务人取得债权的，但是，债务人的债务人因为法律规定或者有破产申请1年前所发生的原因而取得债权的除外。

五、债权申报

人民法院受理破产申请后，应当确定债权人申报债权的期限。债权申报期限自人民法院发布受理破产申请公告之日起计算，最短不得少于30日，最长不得超过3个月。未到期的债权在破产申请受理时视为到期。附利息的债权自破产申请受理时起停止计息。债权人应当在人民法院确定的债权申报期限内向管理人申报债权。债务人所欠职工的工资和医疗、伤残补助、抚恤费用，所欠的应当划入职工个人账户的基本养老保险、基本医疗保险费用，以及法律、行政法规规定应当支付给职工的补偿金，不必申报，由管理人调查后列出清单并予以公示。职工对清单记载有异议的，可以要求管理人更正；管理人不予更正的，职工可以向人民法院提起诉讼。

在人民法院确定的债权申报期限内，债权人未申报债权的，可以在破产财产最后分配前补充申报；但是，此前已进行的分配不再对其补充分配。审查和确认补充申报债权的费用由补充申报人承担。债权人未依照破产法规定申报债权的，不得依照破产法规定的程序行使权利。

六、重整程序

债务人或者债权人可以依照《企业破产法》的规定，直接向人民法院申请对债务人进行重整。债权人申请对债务人进行破产清算的，在人民法院受理破产申请后、宣告债务人破产前，债务人或者出资额占债务人注册资本1/10以上的出资人，可以向人民法院申请重整。人民法院经审查认为重整申请符合破产法规定的，应当裁定债务人重整，并予以公告。自人民法院裁定债务人重整之日起至重整程序终止，为重整期间。在重整期间，经债务人申请，人民法院批准，债务人可以在管理人的监督下自行管理财产和营业事务。

在重整期间，债务人的出资人不得请求投资收益分配。在重整期间，债务人的董事、监事、高级管理人员不得向第三人转让其持有的债务人的股权。但是，经人民法院同意的除外。在重整期间，有下列情形之一的，经管理人或者利害关系人请求，人民法院应当裁定终止重整程序，并宣告债务人破产：①债务人的经营状况和财产状况继续恶化，缺乏挽救的可能性；②债务人有欺诈、恶意减少债务人财产或者其他显著不利于债权人的行为；③由于债务人的行为致使管理人无法执行职务。

债务人或者管理人应当自人民法院裁定债务人重整之日起6个月内，同时向人民法院和债权人会议提交重整计划草案。经债务人或者管理人请求，有正当理由的，人民法院可以裁定延期3个月。债务人或者管理人未按期提出重整计划草案的，人民法院应当裁定终止重整程序，并宣告债务人破产。

人民法院应当自收到重整计划草案之日起30日内召开债权人会议，对重整计划草案进行表决。出席会议的同一表决组的债权人过半数同意重整计划草案，并且其所代表的债权额占该组债权总额的2/3以上的，即为该组通过重整计划草案。重整计划草案涉及出资人权益调整事项的，应当设出资人组，对该事项进行表决。各表决组均通过重整计划草案时，重整计划即为通过。自重整计划通过之日起10日内，债务人或者管理人应当向人民法院提出批准重整计划的申请。人民法院经审查认为符合本法规定的，应当自收到申请之日起30日内裁定批准，终止重整程序，并予以公告。重整计划草案未获得通过或者已通过的重整计划未获得批准的，人民法院应当裁定终止重整程序，并宣告债务人破产。

重整计划由债务人负责执行。经人民法院批准的重整计划，对债务人和全体债权人均有约束力。

七、和解程序

债务人可以依照《企业破产法》第95条的规定，直接向人民法院申请和解；也可以在人民法院受理破产申请后、宣告债务人破产前，向人民法院申请和解。债务人申请和解，应当提出和解协议草案。人民法院经审查认为和解申请符合破产法规定的，应当裁定和解，予以公告，并召集债权人会议讨论和解协议草案。

债权人会议通过和解协议的决议，由出席会议的有表决权的债权人过半数同意，并且其所代表的债权额占无财产担保债权总额的2/3 以上。

债权人会议通过和解协议的，由人民法院裁定认可，终止和解程序，并予以公告。管理人应当向债务人移交财产和营业事务，并向人民法院提交执行职务的报告。和解协议草案经债权人会议表决未获得通过，或者已经债权人会议通过的和解协议未获得人民法院认可的，人民法院应当裁定终止和解程序，并宣告债务人破产。经人民法院裁定认可的和解协议，对债务人和全体和解债权人均有约束力。

债务人应当按照和解协议规定的条件清偿债务。因债务人的欺诈或者其他违法行为而成立的和解协议，人民法院应当裁定无效，并宣告债务人破产。债务人不能执行或者不执行和解协议的，人民法院经和解债权人请求，应当裁定终止和解协议的执行，并宣告债务人破产。

人民法院受理破产申请后，债务人与全体债权人就债权债务的处理自行达成协议的，可以请求人民法院裁定认可，并终结破产程序。

八、破产清算程序

法院依照《企业破产法》的规定宣告债务人破产的，应当自裁定做出之日起5 日内送达债务人和管理人，自裁定做出之日起 10 日内通知已知债权人，并予以公告。破产宣告前，有下列情形之一的，人民法院应当裁定终结破产程序，并予以公告：①第三人为债务人提供足额担保或者为债务人清偿全部到期债务的；②债务人已清偿全部到期债务的。

对破产人的特定财产享有担保权的权利人，对该特定财产享有优先受偿的权利。

管理人应当及时拟订破产财产变价方案，提交债权人会议讨论。变价出售破产财产应当通过拍卖进行，但是，债权人会议另有决议的除外。破产企业可以全部或者部分变价出售。企业变价出售时，可以将其中的无形资产和其他财产单独变价出售。破产财产在优先清偿破产费用和共益债务后，依照下列顺序清偿：①破产人所欠职工的工资和医疗、伤残补助、抚恤费用，所欠的应当划入职工个人账户的基本养老保险、基本医疗保险费用，以及法律、行政法规规定应当支付给职工的补偿金；②破产人欠缴的除前项规定以外的社会保险费用和破产人所欠税款；③普通破产债权，破产财产不足以满足同一顺序的清偿要求的，按照比例分配。破产企业的董事、监事和高级管理人员的工资按照该企业职工的平均工资计算。

债权人会议通过破产财产分配方案后，由管理人将该方案提请人民法院裁定认可。破产财产分配方案经人民法院裁定认可后，由管理人执行。

破产人无财产可供分配的，管理人应当请求人民法院裁定终结破产程序。管理人在最后分配完结后，应当及时向人民法院提交破产财产分配报告，并提请人民法院裁定终结破产程序。人民法院应当自收到管理人终结破产程序的请求之日起 15 日内做出是否终结破产程序的裁定。裁定终结的，应当予以公告。管理人应当自破产程序终结之日起 10 日内，持人民法院终结破产程序的裁定，向破产人的原登记机关办理注销登记。

本章思考题

1. 什么是股份及其发行条件？什么是上市公司及公司上市条件？
2. 何种公司可以发行公司债券？发行公司债券应当具备什么条件？
3. 什么是合伙企业？合伙企业有什么法律特征？合伙企业的债务如何清偿？
4. 简述个人独资企业的概念和特征。
5. 简述外商投资企业的种类及其设立条件。
6. 简述破产的法律程序及破产财产清偿的顺序。

民商法学·延伸阅读的推荐书目

[1]谢怀栻．外国民商法精要[M]．北京:法律出版社,2014.

[2]罗尔夫·克尼佩尔．法律与历史——论德国民法典的形成与变迁[M]．北京:法律出版社,2003.

[3]梁慧星．民法总则[M].4版．北京:法律出版社,2010.

[4]朱庆育．民法总论[M]．北京:北京大学出版社,2013.

[5]王泽鉴．民法学说与判例研究[M]．北京:北京大学出版社,2016.

[6]王利明,尹飞．中国物权法教程[M]．北京:人民法院出版社,2008.

[7]韩世远．合同法总论[M]．北京:法律出版社,2011.

[8]程啸．侵权责任法教程[M]．北京:中国人民大学出版社,2014.

[9]杨大文．婚姻家庭法[M]．北京:中国人民大学出版社,2011.

[10]王迁．知识产权法教程[M]．北京:中国人民大学出版社,2016.

[11]赵旭东．商法学[M]．北京:高等教育出版社,2011.

第五编

经济法学

第一章

经济法学基本理论

★本章要点★

本章主要介绍经济法这一法律部门的调整对象、基本原则及经济法律关系等基础知识。

通过本章的学习，要求掌握经济法的概念、调整对象和基本原则以及经济法律关系主体、客体及主要内容。

第一节　经济法的概念、调整对象和原则

一、经济法的概念

经济法是20世纪兴起并发展起来的一个新兴法律部门，它是国家从维护社会整体利益出发，对国民经济进行干预、参与和管理的产物。经济法是调整国家参与、组织和管理社会经济中发生的经济关系的法律规范的总称。

二、经济法的调整对象

在我国，经济法的调整对象是指为实现市场机制和宏观调控的有机结合，维护社会整体利益，在参与、组织和管理社会经济的过程中形成的社会关系。具体包括以下四个方面：一是国民经济管理关系，即各级国家机关之间，国家机关与经济组织、公民之间在国民经济管理活动中发生的经济关系；二是经济协作关系，即法人、其他经济组织、个体工商户、农村承包经营户以及其他公民相互之间在经济往来中产生的经济关系；三是市场经济主体在内部经济管理中产生的经济关系，即企业、其他经济组织在内部经济管理中产生的经济关系；四是涉外经济关系，即涉外经济管理关系和涉外经济协作关系。

三、经济法的原则

所谓经济法的原则，就是统率经济法律规范的基本准则。经济法的基本原则包括以下几项：

（一）交易自由与国家干预相统一原则

市场经济的本质要求是交易自由，没有交易自由就没有市场经济。在市场经济条件下，任何市场主体在进行市场行为时都不能一味地追求自身经济利益的最大化而忽视社会公共利益，应平衡、协调各市场主体的利益，在利益冲突时，应当以社会利益为重。

（二）维护公平竞争原则

经济法，既体现出法律对市场主体正当竞争的保护和鼓励，又表现为对市场上不正当竞争情况的禁止和对破坏市场秩序行为的制裁。

（三）责权利效相统一原则

责权利效相统一原则是指在经济法律关系中，各市场主体在国家管理机关管理之下所承受的义务、权利、利益和职责相一致。这四者的关系应当是：责为先，权由责定，利由责生，效是目的。

第二节　经济法律关系

经济法律关系就是指国家在调整经济过程中所形成的权利和义务关系。经济法律关系由主体、内容和客体三个要素构成。

一、经济法律关系主体

经济法律关系的主体是指参加经济法律关系，依法享有经济权利和承担经济义务的组织和个人。

根据我国现行经济法律的规定，经济法律关系的主体包括以下八类：

第一，国家。中华人民共和国既是全民所有制财产和土地所有权的主体，又是国民经济的组织和管理者。

第二，国家机关。国家机关是行使国家职能，特别是直接行使国家对经济的管理职能的机关，是经济法律关系的重要主体。

第三，法人。法人是具有独立管理和行为能力，依法独立享有权利和承担义务的组织。

第四，非法人经济组织。这是指依法取得营业执照，具有生产经营资格的非法人组织，包括合伙企业、分公司、个人独资企业、不具备法人资格的中外合作经营企业和外资企业等。

第五，个体工商户。公民在法律允许的范围内，经核准登记，从事工商业经营，并且不符合个人独资企业设立条件的，为个体工商户。

第六，农村承包经营户。农村集体经济组织成员，在法律允许的范围内，按照承包合同规定从事商品经营的，为农村承包经营户。

第七，公民。中国公民是指具有中华人民共和国国籍的自然人。公民作为经济法律关系的主体，其参与经济法律关系的领域十分广泛。

第八，外国经营者。外国经营者是指与我国进行经济技术合作和往来的外国公司、其他经济组织及个人。

二、经济法律关系的内容

经济法律关系的内容是指经济法律关系的主体享有的经济权利和承担的经济义务。经济法律关系的内容包括经济权利和经济义务。

（一）经济权利

经济权利是指经济法律关系主体在法定范围内享有自己从事或者要求他人从事一定经济行为和不为一定经济行为的资格，是经济法律关系主体在经济管理和经济协作中实现其利益或者意志的可能性。

经济权利包括：①经济职权，包括决策权、资源配置权、指挥权、调节权、监督权等权利。②财产所有权，包括对财产的占有权、使用权、收益权和处分权。③无形财产权，包括著作权、工业产权和非专利技术等。④债权，是按照合同的约定或者按照法律的规定，在当事人之间产生的特定权利和义务关系。⑤其他权利。其他权利包括的范围很广泛，如股权等。

（二）经济义务

经济义务是指经济法律关系的主体在经济管理和经济协作过程中，依法必须为一定经济行为和不为一定经济行为。经济义务的范围很广泛，如依法履行经济职权、依法纳税、履行合同义务等。

三、经济法律关系的客体

经济法律关系的客体是指经济法律关系主体享有的经济权利和承担的经济义务所共同指向的对象。经济法律关系的客体包括物、行为和无形财产等。

具体来讲，物是指由人们所控制和支配的具有经济价值的财产，它是最为广泛的经济法律关系的客体。行为是指经济法律关系的主体为达到一定的目的所进行的活动，包括完成一定的工作，提供一定的劳务或者行使管理职权。无形财产一般是指人类的智力成果，因为它也能给经济法律关系主体带来一定的利益，所以也是一类重要的经济法律关系客体。

本章思考题

1. 简述经济法的概念、调整对象和基本原则。
2. 简述我国经济法律关系的内容。

第二章

市场运行法

★本章要点★

本章主要介绍反不正当竞争法、反垄断法、证券法、票据法等几部在市场运行中起重要作用的法律。

通过本章的学习，要求在重点掌握反不正当竞争法、反垄断法、证券法中相关法律制度的规定。

第一节　反不正当竞争法

一、不正当竞争法的概念

不正当竞争行为就是指经营者违反法律规定损害其他经营者的合法利益，扰乱社会经济秩序的行为。不正当竞争法是调整在制止不正当竞争行为过程中所发生的社会关系的法律规范的总称。

1993 年 9 月 2 日，我国第八届全国人民代表大会常务委员会第三次会议通过了《中华人民共和国反不正当竞争法》（以下简称《反不正当竞争法》）。经过 20 多年的发展，我国经济市场化程度大幅提高，经济总量、市场规模、市场竞争程度和竞争状况都发生了极为广泛而深刻的变化。《反不正当竞争法》修订已被列为第十二届全国人民代表大会常务委员会立法规划预备项目、国务院 2014 年立法工作计划研究项目和 2015 年立法工作计划预备，由工商总局负责修订起草工作，国务院法制办公室已于 2016 年 2 月 25 日向全社会公布《中华人民共和国反不正当竞争法（修订草案送审稿）》，征求社会各方面意见。

二、限制竞争行为

限制竞争行为是指相关市场主体利用自己的各种优势来妨碍、阻止、排除其他市场主体进行公平竞争的行为。根据《反不正当竞争法》第二章的规定，限制竞争行为有以下四种具体表现形式：

第一，公用企业或其他依法具有独占地位的经营者限制竞争的行为。公用企业是指涉及公用事业的经营者，包括供水、供电、供热、供气、邮政、电信和公共交通运输等行业的经营者。依法具有独占地位的经营者是指在各行业或者对某产品依法或者自然形成的具有某种垄断性质的经营者。这两类经营者在某些行业或对某些产品享有其他经营者无法比拟的经济优势，因此，它们最容易利用其优势限制其他经营者的公平竞争。

第二，政府及其所属部门的限制竞争行为。政府部门的限制竞争行为主要表现在滥用行政权力，实行地方保护主义，限制商品进入或者资源流出本地市场，其目的是谋取行业或者地方的局部利益。

第三，搭售或者附加其他不合理条件的行为。这种限制竞争条件的行为是指经营者销售商品时违背购买者意志强行搭售其他商品或附加对方难以接受的不合理条件，如出售商品的同时搭售滞销商品。

第四，招标投标中的串通行为。招标投标是市场经济活动中的一种竞价缔约行为，它必须建立在公平、公正、公开的基础上，如果招标者与投标者或者投标者与投标者之间相互串通，即丧失了招标投标的意义。因此，《中华人民共和国招标投标法》第 32 条明确禁止串通招标和投标。

三、不正当竞争行为

不正当竞争行为是指经营者在市场经营活动中，采取非法的或者违反商业道德的手段和方式与其他经营者进行竞争的行为。根据《反不正当竞争法》第二章的规定，不正当竞争行为具体有以下七种表现形式：

（一）欺骗性交易行为

欺骗性交易行为是指经营者在其经营活动中以虚假不实的方式或手段来推销自己的商品和服务，损害其他经营者及消费者利益的行为。其主要表现为：①假冒他人注册商标；②与知名商品相混淆；③擅自使用他人的企业名称或者姓名，使人误以为是他人商品的行为；④伪造、冒用各种质量标志和产地的行为。

（二）商业贿赂行为

商业贿赂行为是指经营者为争取交易机会给予交易对方相关人员和能够影响交易的其他相关人员以财物或其他好处的行为。商业贿赂具体表现为回扣、折扣、佣金、介绍费等形式。当然，不是所有的回扣、折扣、佣金、介绍费都是商业贿赂，以账外暗中给付的方式支取的回扣是商业贿赂，折扣和佣金不如实入账构成商业贿赂。

（三）虚假宣传行为

虚假宣传行为是指经营者利用广告和其他形式对商品的质量、性能、成分、用途和场地等所做的引人误解的宣传。虚假宣传既损害消费者的利益及用户的合法权益，同时，对其他经营同类商品和相同行业的经营者也构成了不正当竞争。所谓引人误解的宣传，是指宣传内容容易引起他人的错误联想，从而导致其做出错误的购买决策。

（四）侵犯商业秘密的行为

侵犯商业秘密的行为是指利用非法手段获取、使用、披露其他经营者的商业秘密的行为。所谓商业秘密，是指不为公众所知悉、能为权利人带来经济利益、具有实用性并为权利人所采用保密措施的技术信息和经营信息，具体表现为产品配方、制作工艺、产销策略、客户名单、供货渠道等。

（五）低价倾销行为

低价倾销行为是指经营者以排挤竞争对手为目的，以低于成本的价格销售商品的行为。低价倾销不仅损害其他经营者的合法权益，而且扰乱正常的市场秩序。因此，经营者只要是以排挤竞争对手或独占市场为目的的、以低于成本价销售商品的，都为法律所禁止。

（六）不正当有奖销售行为

有奖销售是市场经济条件下经营者所经常采用的一种刺激购买力的促销手段，法律并不禁止所有的有奖销售行为，而是禁止以下不正当的有奖销售行为：①谎称有奖实则无奖，或者对奖项内容做虚假、引人误解的表示；②故意让内定人员中奖；③故意将设有标志的商品、奖券不与同类商品同时投放；④抽奖式的有奖销售，最高奖的金额超过5 000元。

（七）商业诋毁行为

商业诋毁行为是指经营者故意捏造、散布虚假事实，损害竞争对手的商业信誉和商业声誉，为自己争取竞争优势的行为。构成这样的行为必须要有主观上故意捏造、散布虚假的事实。如果不存在故意捏造、散布虚假的事实，而是采取对比的方式，对产品或者服务的客观情况给予描述，即使是通过这种方式使竞争对手的优势明显低于经营者，也不构成商业诋毁行为。

第二节 反垄断法

一、反垄断法概述

《中华人民共和国反垄断法》（以下简称《反垄断法》）已由第十届全国人民

代表大会常务委员会第二十九次会议于2007年8月通过，自2008年8月1日起施行。制定《反垄断法》的目的是预防和制止垄断行为，维护市场公平竞争，提高经济运行效率，维护消费者利益和社会公共利益，促进社会主义市场经济健康发展。反垄断法调整的主要是相关市场中具有竞争关系的经营者之间的法律关系。经营者是指从事商品生产、经营或者提供服务的自然人、法人和其他组织。相关市场是指经营者在一定时期内就特定商品或者服务进行竞争的商品范围和地域范围。反垄断法的制定是为了健全统一、开放、竞争、有序的市场体系，保护经济自由权与监管和调控相结合。

二、垄断行为

（一）经营者达成垄断协议

垄断协议是指排除、限制竞争的协议、决定或者其他协同行为。禁止具有竞争关系的经营者达成下列垄断协议：①固定或者变更商品价格；②限制商品的生产数量或者销售数量；③分割销售市场或者原材料采购市场；④限制购买新技术、新设备或者限制开发新技术、新产品；⑤联合抵制交易；⑥国务院反垄断执法机构认定的其他垄断协议。

禁止经营者与交易相对人达成下列垄断协议：①固定向第三人转售商品的价格；②限定向第三人转售商品的最低价格；③国务院反垄断执法机构认定的其他垄断协议。但是，经营者能够证明所达成的协议属于下列情形之一的，不属于垄断协议：①为改进技术、研究开发新产品的；②为提高产品质量、降低成本、增进效率，统一产品规格、标准或者实行专业化分工的；③为提高中小经营者经营效率，增强中小经营者竞争力的；④为实现节约能源、保护环境、救灾救助等社会公共利益的；⑤因经济不景气，为缓解销售量严重下降或者生产明显过剩的；⑥为保障对外贸易和对外经济合作中的正当利益的；⑦法律和国务院规定的其他情形。

经营者违反规定，达成并实施垄断协议的，由反垄断执法机构责令停止违法行为，没收违法所得，并处上一年度销售额1%以上10%以下的罚款；尚未实施所达成的垄断协议的，可以处50万元以下的罚款。经营者主动向反垄断执法机构报告达成垄断协议的有关情况并提供重要证据的，反垄断执法机构可以酌情减轻或者免除对该经营者的处罚。

（二）经营者滥用市场支配地位

市场支配地位是指经营者在相关市场内具有能够控制商品价格、数量或者其他交易条件，或者能够阻碍、影响其他经营者进入相关市场能力的市场地位。

为了方便执法和司法实践的操作，《反垄断法》第19条设计了市场支配地位推定制度，有下列情形之一的，可以推定经营者具有市场支配地位：①一个经营者在相关市场的市场份额达到1/2的；②两个经营者在相关市场的市场份额合计达到2/3的；③三个经营者在相关市场的市场份额合计达到3/4的。被推定具有市场支配地位的经营者有证据证明不具有市场支配地位的，不应当认定其具有市场支配地位。

《反垄断法》第17条规定禁止具有市场支配地位的经营者从事下列滥用市场支配地位的行为：①以不公平的高价销售商品或者以不公平的低价购买商品；②没有正当理由，以低于成本的价格销售商品；③没有正当理由，拒绝与交易相对人进行交易；④没有正当理由，限定交易相对人只能与其进行交易或者只能与其指定的经营者进行交易；⑤没有正当理由搭售商品，或者在交易时附加其他不合理的交易条件；⑥没有正当理由，对条件相同的交易相对人在交易价格等交易条件上实行差别待遇；⑦国务院反垄断执法机构认定的其他滥用市场支配地位的行为。《反垄断法》第47条规定，经营者违反规定，滥用市场支配地位的，由反垄断执法机构责令停止违法行为，没收违法所得，并处上一年度销售额1%以上10%以下的罚款。

（三）经营者集中

根据《反垄断法》第四章的规定，经营者集中是指下列情形：①经营者合并；②经营者通过取得股权或者资产的方式取得对其他经营者的控制权；③经营者通过合同等方式取得对其他经营者的控制权或者能够对其他经营者施加决定性影响。经营者违反规定实施集中的，由国务院反垄断执法机构责令停止实施集中、限期处分股份或者资产、限期转让营业以及采取其他必要措施恢复到集中前的状态，可以处50万元以下的罚款。

行政机关和法律、法规授权的具有管理公共事务职能的组织不得滥用行政权力，实施下列行为，妨碍商品在地区之间的自由流通：①对外地商品设定歧视性收费项目、实行歧视性收费标准，或者规定歧视性价格；②对外地商品规定与本地同类商品不同的技术要求、检验标准，或者对外地商品采取重复检验、重复认证等歧视性技术措施，限制外地商品进入本地市场；③采取专门针对外地商品的行政许可，限制外地商品进入本地市场；④设置关卡或者采取其他手段，阻碍外地商品进入或者本地商品运出；⑤妨碍商品在地区之间自由流通的其他行为。根据《反垄断法》第8条的规定，行政机关和法律、法规授权的具有管理公共事务职能的组织不得滥用行政权力，以设定歧视性资质要求、评审标准或者不依法发布信息等方式，排斥或者限制外地经营者参加本地的招标投标活动，不得滥用行政权力，采取与本地经营者不平等待遇等方式，排斥或者限制外地经营者在本地投资或者设立分支机构，不得滥用行政权力，强制经营者从事反垄断法规定的垄断行为。

具有管理公共事务职能的组织滥用行政权力，实施排除、限制竞争行为的，由上级机关责令改正；对直接负责的主管人员和其他直接责任人员依法给予处分。反垄断执法机构可以向有关上级机关提出依法处理的建议。

第三节　证券法

一、证券法概述

证券法是调整证券发行、交易和证券监管过程中发生的经济关系的法律规范的总称，这是广义上的证券法；狭义上的证券法即指证券法典，在我国就是指《中华人民共和国证券法》（2014 年修订）（以下简称《证券法》）。

证券法的基本原则是指证券法所规定的证券发行和证券交易活动必须遵守的基本准则，是证券立法、司法和执法的出发点和指导思想，它体现了证券法的基本精神。《证券法》第 3 条和第 4 条规定，“证券的发行、交易活动，必须实行公开、公平、公正的原则”，“证券发行、交易活动的当事人具有平等的法律地位，应当遵守自愿、有偿、诚实信用的原则”。可见，证券法的基本原则就是公开、公平、公正的原则和自愿、有偿、诚实信用的原则。

二、证券市场的主体

证券市场的主体主要由证券投资者、证券公司、证券交易的服务机构、上市公司、证券交易所以及证券监督管理机关构成。

（一）证券投资者

证券法律关系只有证券投资人参加才能形成，因此，证券投资人是证券市场上最重要的主体。《证券法》第 166 条规定：“客户开立账户，必须持有证明中国公民身份或者中国法人资格的合法证件。”在证券交易中，禁止法人以个人名义开立账户，买卖证券。法律、行政法规规定禁止参与股票交易的人员，直接或者以化名、借他人名义持有、买卖股票的，责令其依法处理非法持有的股票，没收违法所得，并处以所买卖股票等值以下的罚款。

（二）证券公司

1. 证券公司的概念

证券公司是指依照《公司法》规定设立并经国务院证券监督管理机构审查批准可以从事证券经营业务的有限责任公司或者股份有限公司。证券公司必须在其名称中标明证券有限责任公司或者证券股份有限公司的字样。

2. 证券公司的设立条件

设立证券公司，应当具备下列条件：①有符合法律、行政法规规定的公司章程；②主要股东具有持续盈利能力，信誉良好，最近3年无重大违法违规记录，净资产不低于人民币2亿元；③有符合本法规定的注册资本；④董事、监事、高级管理人员具备任职资格，从业人员具有证券从业资格；⑤有完善的风险管理与内部控制制度；⑥有合格的经营场所和业务设施；⑦法律、行政法规规定的和经国务院批准的国务院证券监督管理机构规定的其他条件。

（三）证券交易所

1. 证券交易所的设立和组织机构

证券交易所是为证券集中竞价交易提供场所和设施，组织和监督证券交易，实行自律管理的法人。证券交易所有会员制证券交易所和公司制证券交易所之分。会员制证券交易所是以会员协会的形式成立的不以营利为目的的法人组织，其会员只能是券商，只有会员以及有特许权的经纪人才能在交易所交易。公司制证券交易所是以营利为目的的法人，公司对在本所内的交易负有担保责任。我国的证券交易所是会员制证券交易所。

2. 证券交易所的设立

证券交易所由国务院证券监督管理机构审核，由国务院决定而设立。证券交易所章程的制定和修改，必须经国务院证券监督管理机构批准。

3. 证券交易所的职能

证券交易所具有以下职能：①为组织公平的集中竞价交易提供保障；②办理股票、公司债券的暂停上市、恢复上市或者终止上市的事务；③采取技术性停牌、临时停市措施；④对在证券交易所进行的证券交易和上市公司披露信息进行监控和监督；⑤筹集并管理好证券风险基金。

（四）证券登记结算机构和证券服务机构

证券登记结算机构是为证券交易提供集中的登记、存管与结算服务的中介服务机构，是不以营利为目的的法人。集中登记包括对投资者证券账户的开立、挂失等证券账户管理登记，上市证券的发行登记，上市证券非流通股份的抵押、冻结以及法人股、国家股股权的转让过户登记和证券持有人的名册登记等。证券登记结算采取全国集中统一的运营方式。

证券服务机构是指为证券交易提供投资咨询和资信评估的机构，包括专业的证券交易服务机构和其他证券交易服务机构。证券投资咨询机构、财务顾问机构、资信评级机构、资产评估机构、会计师事务所从事证券服务业务，由国务院证券监督管理机构和有关部门批准。

（五）证券监督管理机构和证券业协会

证券监督管理机构是指中国证券监督管理委员会。中国证券监督管理委员会是国务院直属事业单位，是全国证券期货市场的主管部门。《证券法》第178条规定："国务院证券监督管理机构依法对证券市场实行监督管理，维护证券市场秩序，保障其合法运行。”

证券业协会是证券业的自律性组织，是社会团体法人。中国证券业协会于1991年8月28日成立，其宗旨是：根据发展社会主义市场经济的要求，贯彻执行国家有关方针、政策和法规，发挥政府与证券经营机构之间的桥梁和纽带作用，促进证券业的开拓和发展，加强证券业的自律管理，维护会员的合法权益，建立和完善具有中国特色的证券市场体系。

三、证券发行

证券发行是指经批准符合条件的证券发行人，以筹集资金为目的，按照一定程序将证券销售给投资人的行为。通过证券发行建立起的证券市场称为发行市场，也称为一级市场。一级市场由发行人、承销机构和投资人组成。证券承销业务采用代销和包销的方式。证券代销是指证券公司代发行人发售证券，在承销期结束时，将未售出的证券全部退还给发行人的承销方式。证券包销是指证券公司将发行人的证券按照协议全部购入或者在承销期结束时将售后剩余的证券全部自行购入的承销方式。

（一）股票的发行

股票的发行是指股份有限公司（包括经批准拟成立的股份有限公司）以募集资本为目的，分配或者出售自己的股份，由投资人认购的行为。

股票发行按照不同的标准有不同的分类。按照股票发行时间的不同，可分为设立发行和新股发行。设立发行又可分为发起设立方式中的发行和募集设立方式中的发行；新股发行又可分为公开发行新股、配股和送股。按照股票发行方式的不同，可分为公募发行和私募发行。公募发行是指股份有限公司通过证券承销机构公开向广大社会公众发行股票的方式；私募发行是指股份有限公司直接向特定的认购人发行股票，如发起设立发行、送股发行和配股发行。按照发行地域范围的不同，可分为境内发行和境外发行。按照股票投资者的不同，可分为内资股发行和外资股发行。不同种类股票的发行程序是不同的。

上市公司发行新股，应当符合《公司法》规定的发行新股的条件，可以向社会公开募集，也可以向原股东配售。上市公司对发行股票所募集的资金，必须按照招股说明书所列资金用途使用。改变招股说明书所列资金用途，必须经股东大会批准。擅自改变用途而未作纠正的，或者未经股东大会认可的，不得发行新股。股票依法发行后，发行人经营与收益的变化，由发行人自行负责；由此变化引起的投资风险，由投资人自行承担。

《证券法》第34条规定，股票的发行采用溢价发行的，其发行价格由发行人和承销证券公司协商确定。合理的股票发行价格不仅有利于保护市场投资人的利益，而且也是股票上市后在二级市场能够有良好表现的基础。

（二）债券的发行

债券的发行分为金融债券的发行和企业债券的发行。目前，在我国境内发行的企业债券，依据债券发行企业是否属于公司制的企业为标准，可以分为公司债券和非公司债券。根据《公司法》的有关规定，股份有限公司、国有独资公司和两个以上的国有企业或者其他两个以上国有投资主体投资设立的有限责任公司，为筹措生产经营资金，可以发行公司债券。所以，公司债券的发行主要适用《公司法》和《证券法》的规定。

四、证券交易

（一）证券交易的一般规则

证券交易是指证券的买卖与转让。证券可以在市场上依法买进、卖出和转让，其价格随市场行情的变化而变化，这就是证券投资的风险所在。因此，国家对证券交易做出严格的规定。《证券法》第三章所确定的证券交易规则包括：①证券必须合法；②经依法核准的上市交易的证券，应当在证券交易所挂牌交易；③应当采用公开的集中竞价的交易方式；④证券交易当事人买卖的证券可采用纸面形式或者国务院证券监督管理机构规定的其他形式；⑤证券交易以现货形式进行；⑥证券从业人员和管理人员不得持有和买卖股票；⑦为股票发行出具审计报告、资产评估报告或者法律意见书等文件的专业机构和人员买卖股票要遵守有关限制性的规定；⑧证券交易的收费必须合理；⑨为客户保密。

（二）股票上市交易

1. 股票上市交易的条件

股票上市除要符合国家的产业政策以外，还必须符合国家规定的股票上市条件。《证券法》第 50 条规定，股份有限公司申请其股票上市交易必须具备以下条件：①股票经国务院证券监督管理部门核准已经向社会公开发行。②公司股本总额不少于人民币 3 000 万元。③向社会公开发行的股份达公司股份总数的 25% 以上；公司股本总额超过人民币 4 亿元的，其向社会公开发行股份的比例为 10% 以上。④公司在最近 3 年内无重大违法行为，财务会计报告无虚假记载。

2. 股票交易程序

进行股票交易要经过开户、委托、成交、结算与交付四个阶段，具体如下：①开户。我国上海证券交易所和深圳证券交易所都已实现了无纸化交易，股票的交易都以转账的方式进行。开户包括开设证券账户和资金账户。②委托。进行股票交易只能委托证券交易所的会员（券商）进行。投资者给证券交易所会员的委托指令必须指明买进或卖出股票的名称或代码、数量和价格。③成交。券商接到委托后，即将委托指令传送到证券交易所的撮合主机，经过自动检测系统检测合法无误后，即可进行交易，交易采用集中竞价方式进行。④结算与交付。结算是指股票交易成交后对买卖股票双方应收或者应付的股票和价款进行计算核定，并转移股票和资金的行为。股票的交付在证券交易所已经实现无纸化的条件下，只需由结算系统直接划拨即可。

（三）债券上市交易

根据《证券法》第57条和《公司法》第159条的有关规定，公司债券可以上市交易。公司申请其发行的债券上市交易必须报经国家证券监督管理机构核准。公司申请其发行的债券上市交易必须符合以下条件：①公司债券的期限为1年以上；②公司债券实际发行额不少于人民币5 000万元；③公司申请其债券上市时符合法定的公司债券发行条件。

第四节　票据法

一、票据法的概念

票据是指由出票人签发的，约定由自己或委托他人于见票时或确定的日期，向持票人或收款人无条件支付一定金额的有价证券。

票据法所称的票据是有一定的范围的，仅指汇票、本票和支票。票据法是关于票据的种类、形式、内容以及有关当事人的权利义务的法律规范的总称。

我国票据法主要是指1995年5月10日第八届全国人民代表大会常务委员会第十三次会议通过的、2004年8月28日第十届全国人民代表大会常务委员会第十一次会议修订的《中华人民共和国票据法》（以下简称《票据法》），以及国务院和中国人民银行关于票据的有关规定。

《票据法》意义上的票据具有以下特点：①票据是表示财产权的有价证券；②票据是设权证券；③票据是要式证券；④票据是可流通证券；⑤票据是无因证券；⑥票据是表示债权而非物权的证券，以给付金钱为目的。

二、票据行为

票据行为是指以承担票据所载明之债务为目的而为的要式法律行为。行为人的签名为行为的有效要件即凡在票据上签名者均应对票据所载义务负全部责任。

（一）出票

出票是指出票人签发票据并将其交付给收款人的票据行为。出票是其他票据行为的基础，其他票据行为皆因出票而发生，而且出票又是其他票据共有的行为，所以出票是基本票据行为，其他票据行为都属于附属票据行为。

（二）背书

背书是指持票人在票据背面或者粘单上记载有关事项并签章的行为，通常用于转让票据权利。写明接受人（即背书人）姓名或名称的为记名背书，不写明者则为不记名背书。背书是前手的主要责任，须保证出票人或者直接前手背书人的签章真实无误，并保证票据肯定会被承兑和付款。后手是指票据背书后的受让人。

（三）承兑

承兑是指票据付款人承诺在票据到期日支付票据金额的行为。只有汇票才需承兑。付款人承兑票据的，应当在汇票正面记载“承兑”字样和承兑日期并签名。见票后定期付款的，应当在承兑时记载付款日期。一经承兑，承兑人就必须承担到期无条件付款的责任。

（四）保证

保证是指票据债务人以外的第三人担保票据债务履行的行为。保证人对合法取得票据的持票人所享有的票据权利承担保证责任。但是，被保证人的债务因票据记载事项欠缺而无效的除外。

（五）付款

付款是指汇票的付款人向持票人支付票据金额的行为。

三、汇票

（一）汇票的概念和种类

汇票是出票人签发的、委托付款人在见票时或者在指定日期无条件支付确定的金额给收款人或者持票人的票据。

汇票具有以下特点：①汇票有三个基本当事人，即出票人、付款人和收款人；②汇票是由出票人委托他人支付的票据；③汇票是在指定到期日付款的票据；④汇票是付款人无条件支付票据金额给收款人或持票人的票据。

汇票从不同角度可以进行不同的分类：①以付款期限长短为标准，汇票可以分为即期汇票和远期汇票。即期汇票是指见票即付的汇票，远期汇票是指约定一定的到期日付款的汇票。②以记载收款人的方式不同为标准，汇票可以分为记名汇票和无记名汇票。③以签发和支付的地点不同为标准，汇票可以分为国内汇票和国际汇票。④以银行对付款的要求不同，汇票可以分为跟单汇票和原票。跟单汇票是指使用汇票时须附加各种单据的汇票；原票是指只需提出汇票本身即可付款，无须附加任何单据的汇票。《票据法》第19条将汇票分为商业汇票和银行汇票。

（二）汇票的票据行为

1. 汇票的出票

出票是指出票人签发票据并将其交付给收款人的票据行为。汇票的出票人与付款人之间必须存在真实的委托付款关系，并具有支付汇票金额的可靠资金来源。签发汇票还必须以真实的债务关系为依托。汇票必须记载下列事项：①表明“汇票”的字样；②无条件支付的委托；③确定的金额；④付款人名称；⑤收款人姓名；⑥出票日期；⑦出票人签章。以上事项必须具备，缺一不可。汇票上可以记载付款日期、付款地、出票地等事项，且应当清楚、明确。付款日期为汇票到期日，其记载方式为：①见票即付；②定日付款；③出票后定期付款；④见票后定期付款。

2. 汇票承兑

汇票已被拒绝承兑、拒绝付款或者超过付款提示期限的，则不得再背书转让。背书转让的，背书人应当承担汇票责任。汇票如果是定日付款或者是出票后定期付款的，持票人应当在汇票到期日前向付款人提示承兑。提示承兑是指持票人向付款人出示汇票，并要求付款人承诺付款的行为。见票后定期付款的汇票，持票人必须自出票日期 1 个月内向付款人提示承兑。见票即付的汇票无须提示承兑。以上须提示承兑的汇票未按照规定期限提示承兑的，持票人即丧失对其前手的追索权。付款人对其提示承兑的汇票，应当自收到提示承兑的汇票之日起 3 日内承兑或者拒绝承兑。承兑汇票的，付款人应当在汇票正面记载“承兑”字样和承兑日期并签章；见票后定期付款的，还应在承兑时记载付款日期。如果承兑时未记载承兑日期，应当以付款人收到提示承兑汇票之日起第 3 日为承兑日期。

3. 保证

汇票所代表的债务可以由保证人承担保证责任，而保证人只能由汇票债务人以外的其他人担当。保证人必须在汇票或粘单上记载以下事项：①表明“保证”的字样；②保证人的名称和住址；③被保证人的名称；④保证日期；⑤保证人签章。其中，未记载被保证人名称的，已承兑的汇票，承兑人为被保证人；未承兑的汇票，出票人为被保证人；未记载保证日期的，则以出票日期为保证日期。

4. 付款

在付款之前，持票人应当向付款人提示付款。提示付款可以按照下列期限进行：①见票即付的汇票，自出票之日起 1 个月内向付款人提示付款；②定日付款、出票后定期付款或者见票后定期付款的汇票，自到期日起 10 日内向承兑人提示付款。如持票人未按上述规定期限提示付款，在做出说明后，承兑人或者付款人仍应当继续对持票人承担付款责任。

（三）汇票的追索权

追索权是指汇票的持有人被拒绝付款或承兑时，要求汇票的出票人、背书人偿付汇票金额及有关费用的权利。发生下列情况时，汇票的持有人可以行使追索权：①汇票到期被拒绝付款；②汇票被拒绝承兑；③承兑人、付款人死亡或逃逸；④承兑人、付款人被依法宣告破产或者因违法被责令终止业务活动。持票人行使追索权时，应当提供被拒绝承兑或者被拒绝付款的有关证明。

持票人应当自收到被拒绝承兑或者被拒绝付款的有关证明之日起3日内，将被拒绝的事由书面通知其前手；其前手应当自收到通知之日起3日内书面通知其再前手。持票人也可以同时向各持票债务人发出书面通知。通知中应当记明汇票的主要记载事项，并说明该汇票已经被退票。

汇票的出票人、背书人、承兑人和保证人都要对被拒绝承兑或者被拒绝付款的汇票的持票人承担连带责任。持票人可以按照也可以不按照汇票债务人的先后顺序，对其中任何一人、数人或者全部行使追索权。持票人对其中一人或者数人已经进行追索的，对其他债务人仍可以行使追索权。

被追索的债务人清偿债务后与持票人享有同一权利。持票人为出票人的，对其前手没有追索权。持票人为背书人的，对其后手无追索权。追索权的权利范围是请求被追索人支付以下金额和费用：①被拒绝付款的金额和费用；②汇票金额自到期日或者提示付款日起至清偿日止，按照中国人民银行规定的利率计算的利息；③取得的有关拒绝证明和发出通知书的费用。被追索人按照上述规定清偿后，可以向汇票其他债务人行使再追索权。

四、本票

本票是出票人签发的，承诺自己在见票时无条件支付确定金额给收款人或者持票人的票据。《票据法》第73条规定，本法所称的本票仅指银行本票。本票的出票人必须具有支付本票金额的可靠的资金来源，并保证支付。

《票据法》第75条规定，本票必须记载以下事项：①表明“本票”的字样；②无条件支付的承诺；③确定的金额；④收款人姓名；⑤出票日期；⑥出票人签章。本票上未记载其中任何一项的，均为无效。

本票上记载出票地、付款地等事项的，应当清楚、明确。如未记载付款地，则以出票人的营业场所为付款地；如未记载出票地，也以出票人的营业场所为出票地。本票的付款期限为自出票日期起，最长不得超过2个月。出票人在持票人提示见票时，必须承担付款责任。持票人未按规定提示见票的，丧失对出票人以外的前手的追索权。

五、支票

支票是指出票人签发的，委托办理支票存款业务的银行或者其他金融机构在见票时无条件支付确定金额给收款人或者持票人的票据。

《票据法》第84条规定，支票必须记载以下事项：①表明“支票”的字样；②无条件支付的委托；③确定的金额；④付款人名称；⑤出票日期；⑥出票人签章。支票上未记载以上各项之一的，均为无效。

办理支票必须具有支票账户，开立支票存款账户，申请人必须使用其本名，并提交证明其身份的合法证明，预留其本名的签名式样和印鉴。开立账户和领用支票还应有可靠的资信，并存入一定的现金。支票可以支取现金也可以转账。用于转账的应当在支票正面注明。专门用于支取现金或者转账的，可以另行制作现金支票或者转账支票。出票人必须按照签发的支票金额承担保证向持票人付款的责任，禁止签发空头支票。

第五节 消费者权益保护法

一、消费者权益保护法的概念、特征和适用范围

所谓消费者，是指为生活消费需要而购买、使用经营者所提供的商品或者接受经营者所提供的服务的市场主体。消费者权益保护法是调整在保护公民消费权益的过程中所产生的社会关系的法律规范的总称。

1993 年 10 月 31 日第八届全国人民代表大会常务委员会第四次会议通过、2009 年 8 月 27 日第十一届全国人民代表大会常务委员会第十次会议第一次修正、2013 年 10 月 25 日第十二届全国人民代表大会常务委员会第五次会议第二次修正的《中华人民共和国消费者权益保护法》（以下简称《消费者权益保护法》）具有以下特征：①消费者权益保护法以保护消费者利益为己任，向消费者倾斜。特别是规定有惩罚性赔偿措施，确定了对遭受损害的消费者以精神赔偿。②强调经营者与消费者处于平等地位。③保护水平高。④鼓励全社会对损害消费者利益的不法行为进行监督。

《消费者权益保护法》的适用范围是：消费者为生活需要而购买、使用商品或者接受服务，其权益受本法的保护；经营者为消费者提供其生产、销售的商品或者服务，其行为受本法的规范。此外，农民购买、使用直接用于农业生产的各种生产资料时，也受《消费者权益保护法》的保护。

二、消费者的权利和经营者的义务

（一）消费者的权利

根据《消费者权益保护法》第二章的规定，消费者享有以下各项权利：①安全保障权，即消费者在购买、使用商品或者接受服务时，享有人身、财产不受损害的权利；②知情权，即消费者享有知悉其购买、使用的商品或者接受的服务的真实情况的权利；③自主选择权，即消费者自主地选择商品或者服务的权利；④公平交易权，即消费者在与经营者的交易中获得公平待遇的权利；⑤获得赔偿权，即消费者在受到损害时有权要求经营者予以赔偿的权利；⑥结社权，即

消费者享有成立维护自身权利的组织的权利；⑦获得知识权，即消费者享有获得有关知识的权利；⑧受尊重权，即消费者在购买、使用商品和接受服务时，享有其人格尊严、民族风俗习惯得到尊重的权利；⑨监督权，即消费者享有对商品和服务以及保护消费者权利工作进行监督的权利。

（二）经营者的义务

经营者的义务是指经营者在与消费者的商品交换关系中承担的义务。根据《消费者权益保护法》第三章的规定，经营者的义务包括以下几项：①依法定或者约定履行义务；②听取意见和接受监督；③保障商品和服务的安全；④提供真实信息；⑤出具凭证和单据；⑥保证质量；⑦不得从事不公平、不合理的交易；⑧不得侵犯消费者的人身权。

三、消费者合法权益保护机构

（一）工商行政管理机关及其职能

根据《消费者权益保护法》第32条的规定，各级人民政府工商行政管理部门是对消费者权益提供保护的主要部门。工商行政管理部门保护消费者权益，主要体现在以下职能中：①通过企业登记管理，维护消费者合法权益；②通过市场监督管理，维护消费者合法权益；③通过商标管理，维护消费者合法权益；④通过广告管理，维护消费者合法权益；⑤通过个体私营经济管理，维护消费者合法权益；⑥通过经济监督，维护消费者合法权益。

（二）消费者自我保护组织

消费者协会和其他消费者组织是依法成立的对商品和服务进行社会监督的保护消费者合法权益的社会团体。

我国消费者协会成立于1984年，并于1987年加入国际消费者联盟。消费者协会是非营利性组织，根据《消费者权益保护法》第37条的规定，其具有以下职能：①向消费者提供消费信息和咨询服务；②参与有关行政部门对商品和服务的监督和检查；③参与制定有关消费者权益的法律、法规、规章和强制性标准；④就有关消费者合法权益问题，向有关行政部门反映、查询及提出建议；⑤受理消费者的投诉，并对投诉事项进行调查和调解；⑥投诉事项涉及商品和服务质量问题的，可以请鉴定部门鉴定，鉴定部门应当告知鉴定结果；⑦就损害消费者合法权益的行为，支持受损害的消费者提起诉讼；⑧对损害消费者合法权益的行为，通过大众传播媒体予以揭露和批评。

四、消费者权益争议的解决

（一）消费者权益争议的概念和解决途径

消费者权益争议是指在消费领域中，消费者与经营者之间因交易中的权利义务关系而产生的争议。消费者权益争议主要分为以下几类：①经营者不履行法定或者约定的义务，损害消费者的权益而产生的争议；②经营者与消费者对经营者提供的商品或服务存在不同看法而产生的争议；③其他争议。

消费争议在本质上属于民事争议，因此，《消费者权益保护法》第39条规定了解决消费者权益争议的方法，包括：①与经营者协商和解；②请求消费者协会调解；③向有关行政部门申诉；④根据与经营者达成的仲裁协议提请仲裁机构仲裁；⑤向人民法院提起诉讼。

（二）损害赔偿责任

消费者合法权益受到损害，有权要求经营者承担赔偿责任，具体包括以下几种：①消费者在购买、使用商品时，其合法权益受到损害的，可以向销售者请求赔偿。②消费者或者其他受害人因商品缺陷造成人身、财产损害的，可以向销售者要求赔偿，也可以向生产者要求赔偿。③消费者在接受服务时，若其合法权益受到损害，消费者可以向服务者要求赔偿。④消费者在购买、使用商品或者接受服务时，其合法权益受到损害，原企业分立、合并的，消费者可以向变更后承受其权利义务的企业要求赔偿。⑤使用他人营业执照的违法经营者，若其提供的商品或服务损害了消费者的合法权益，则消费者可以直接向其要求赔偿，也可以向营业执照的持有人要求赔偿。⑥消费者在展销会、租赁柜台购买商品或者接受服务时，其合法权益受到损害的，可以向销售者或者服务者要求赔偿。展销结束或者柜台租赁期满后，也可以向展销会的举办者、柜台的出租者要求赔偿。⑦消费者因经营者利用虚假广告提供商品或者服务，其合法权益受到损害的，可以向经营者要求赔偿。广告的经营者发布虚假广告的，消费者可以请求行政主管部门予以处罚。广告的经营者不能提供经营者的真实名称、地址的，应当承担赔偿责任。

第六节　产品质量法

一、产品质量法的概念

产品质量法是指明确产品质量责任，保护用户、消费者合法权益的法律规范的总称。

1993年2月22日第七届全国人民代表大会常务委员会第三十次会议通过的《中华人民共和国产品质量法》（以下简称《产品质量法》），是为适应市场经济发展的需要而制定的有关产品质量的基本法律。2000年7月8日第九届全国人民代表大会常务委员会第十六次会议进行了第一次修订，2009年8月27日第十一届全国人民代表大会常务委员会第十次会议进行了第二次修订。

此外，其他法律中有关产品质量的规定也属于产品质量法的广义范畴。

二、产品质量的监督管理制度

国务院产品质量监督管理部门负责全国的产品质量监督管理工作，各行业主管部门在各自的职责范围内负责产品质量工作。产品质量监督管理的基本要求是：①禁止伪造或者冒用认证标志、名优标志等质量标志；②禁止伪造产品的产地，伪造或者冒用他人的厂名、厂址；③禁止在生产、销售的商品中掺杂、掺假、以假充真、以次充好。也就是说，禁止生产、流通领域中的假冒伪劣产品。

《产品质量法》第二章规定：①一切产品须经质量检验合格，方准进入市场，不得以不合格产品冒充合格产品。②对可能危及人体健康和人身、财产安全的工业产品，必须符合国家标准和行业标准；无此标准的，必须符合保障人体健康，人身、财产安全的要求。③国家根据国际通用的质量管理标准，推行企业质量体系认证制度，并参照国际先进的产品标准和技术要求，推行产品质量认证制度。④国家对产品质量实行以抽查为主要方式的监督检查制度。⑤用户或者消费者有权就产品质量问题向产品生产者、销售者查询，向产品质量监督管理部门、工商行政管理部门及有关部门申诉，有关部门应当负责处理。⑥消费者组织可以就消费者反映的产品质量问题，建议有关部门负责处理，支持消费者对因产品质量造成的损害向人民法院起诉。

三、生产者、销售者的产品质量责任和义务

（一）生产者的产品质量责任和义务

生产者的产品质量责任和义务如下：

第一，生产者生产的产品质量应当符合下列要求：①不存在危及人身、财产安全的不合理的危险；②具备产品应具备的性能，但对产品使用性能的瑕疵已做出说明的除外；③符合在产品或其包装上注明采用的标准。

第二，产品或者其包装上的标志，应当符合以下条件：①有质量检验合格的证明；②有中文标明的产品名称、生产厂厂名和厂址；③需要标明的产品规格、等级、所含主要成分的名称和含量；④限期使用的产品，标明生产日期、安全使用期或者失效日期；⑤使用不当，易造成产品损坏或者可能危及人身、财产安全的产品，应有警示标志或者中文警示说明。

第三，剧毒、危险、易碎、储运中不能倒置，以及其他有特殊要求的产品，其包装必须符合相应要求，有警示标志或者警示说明，标明储运注意事项。

第四，不得生产国家明令淘汰的产品。

（二）销售者的产品质量责任和义务

产品销售者对产品质量负有以下责任和义务：①执行进货检查验收制度，验明产品合格证明和其他标志；②采取相应措施，保持销售产品的质量；③不得销售变质产品；④产品标志应当符合对生产者的同样要求。

四、对消费者的损害赔偿

对因为产品质量问题给消费者或者用户造成损失或财产、人身损害的，生产者和销售者应当承担赔偿责任。赔偿责任的承担方式包括以下几种：

（一）修理、更换、退货

售出的产品如不具备产品应有的使用性能，事先未做说明的，不符合在产品或者包装上注明采用的产品标准的，以及不符合以产品说明、实物样品方式标明的产品质量状况的，由生产销售者负责修理、更换、退货；如属生产者或者供货者的责任，销售者向用户、消费者承担责任以后，有权向生产者或者供货者追偿。

（二）赔偿

因产品存在缺陷造成人身或该产品以外的其他财产的损害的，由生产者承担赔偿责任，但是国家另有规定的除外。如生产者能够证明尚未将产品投入流通中，就可不承担该责任。因销售者的过错使产品存在缺陷，造成人身、财产损害的，由销售者承担赔偿责任。销售者不能指明缺陷产品的生产者或供货者的，由销售者承担全部赔偿责任。

（三）受害人索赔

因产品存在缺陷造成人身、财产损害的，受害人可以向生产者，也可以向销售者索赔。如属生产者责任，已由销售者赔偿受害人的，销售者有权向生产者追偿，反之亦然。赔偿的范围包括：医疗费、误工减少的收入、残废者生活补助费用；造成受害人死亡的，还应支付丧葬费用、抚恤费，以及死者生前抚养的人必要的生活费用等。因产品质量存在缺陷造成受害人损失的，索赔诉讼时效是2年，自当事人知道或者应当知道其权益受到损害时起计算。因产品存在缺陷造成损害要求赔偿的请求权，在造成损害的缺陷产品交付最初消费者满10年丧失；但是，尚未超过明示的安全使用期的除外。

同时《产品质量法》第49条规定，凡造假售劣者，其处罚金额为“没收已售和未售的全部伪劣产品货值金额”，并处以3倍以下罚款，对造假售劣者的处罚力度大大加强。《产品质量法》第58条还规定：“如果某一社会团体对某种产品质量做出承诺，而产品实际上又达不到质量要求，并给消费者造成损失的，该社会团体也要承担连带民事责任。”

本章思考题

1. 限制竞争行为和不正当竞争行为的表现形式有哪些？
2. 《反垄断法》禁止的垄断行为有哪些？
3. 证券发行的方式有哪些？何为证券上市？证券上市应当具备什么条件？
4. 票据法所称的票据行为包括哪些内容？
5. 消费者依法享有哪些权利和经营者应当履行哪些义务？
6. 《产品质量法》对产品质量规定了哪些监督管理制度？

第三章

宏观调控法

★本章要点★

本章主要介绍了税法、会计法、审计法这三部在国家对市场进行宏观调控过程中发挥重要作用的法律。

通过本章的学习，要求重点掌握税法中的有关规定，同时理解我国的会计和审计制度。

第一节 税 法

一、税法概述

（一）税收的概念和分类

税收是以实现国家职能为目的，基于政治权力和法律规定，由政府专门机构依法律规定的程序对满足法定课税要件的自然人和法人所征收的货币或实物。税收具有强制性、无偿性和法定性的特点。

税收的分类是指对税收体系中的各种税按照一定的标准进行归类。依据不同的标准，税收可以分为以下几类：

第一，根据征税对象性质和特点的不同，可以将税分为流转税、所得税、财产税、行为税和资源税五大类。流转税是以商品交换和提供劳务为前提，以商品流转额和非商品流转额为征税对象的税种。所得税是以纳税人的所得或者受益额为征税对象的税种。财产税是以国家规定的纳税人的某些特定财产数量和价值额为征税对象的税种。行为税是因某种特定行为发生而对行为人加以征税的税种。资源税是对占用和开发国有自然资源获得的收入为征税对象的税种。

第二，根据税收最终归宿的不同，可以将税收划分为直接税和间接税。直接税是指由纳税人自己承担税负的税种。间接税是指纳税人可以将税负转移给他人，由他人承担税负的税种。

第三，根据税收管理权和税收收入支配权的不同，可以将税收划分为中央税、地方税和中央地方共享税。中央税是指由中央人民政府管理和支配的税种。地方税是指由地方政府管理和支配的税种。中央地方共享税是指由中央和地方共同管理和支配的税种。

第四，根据计税标准的不同，可以将税收划分为从价税和从量税。从价税是指以征税对象的价格为计税标准征收的税种。从量税是指以征税对象特定的计量单位为计税标准征收的税种。

第五，根据税收是否具有特定用途，可以将税收划分为普通税和目的税。普通税是指用于国家财政经常开支的税收。目的税是指专款专用的税种，如城市建设维护税和耕地占用税。

第六，根据计税价格中是否包含税款，可以将从价计收的税种划分为价内税和价外税。我国的关税和增值税，其计税价格不包含税款在内，属于价外税。其他从价税均属价内税。

（二）税法的概念和体系

税法是国家制定的调整在税收过程中发生的社会关系的法律规范的总称，是国家向社会组织和个人征税的法律依据。在征税过程中形成的社会关系主要包括税收分配关系和税收征纳程序关系。凡是为了调整税收分配关系和税收征纳程序关系制定的一切法律、行政法规等规范性文件都是税法的表现形式。

我国税法在实体法方面有《中华人民共和国个人所得税法》《中华人民共和国企业所得税法》《中华人民共和国车船税法》等法律。在征管程序法方面有《中华人民共和国税收征收管理法》《中华人民共和国发票管理办法》等法律和行政法规。

（三）税法的构成要素

税法的构成要素一般包括总则、纳税义务人、征税对象、税目、税率、纳税环节、纳税期限、纳税地点、减税免税、罚则和附则等项目。

1. 总则

总则主要包括立法依据、立法目的和适用原则等。

2. 纳税义务人

纳税义务人即纳税主体，主要包括一切履行纳税义务的法人、自然人和其他组织。

3. 征税对象

征税对象即纳税客体，主要是指税收法律关系中征纳双方权利义务所指向的物或者行为，如企业所得税的征税对象就是企业所得。

4. 税目

税目是指各个税种所规定的具体征税项目，是征税对象的具体化，如消费税规定了烟、酒等14个税目。

5. 税率

税率是指对征税对象的征收比例或者征收额度。我国的税率主要有以下几种：①定额税率；②比例税率，即对同一征税对象，不分数额大小，规定相同的征税比例，如增值税、营业税和资源税；③超额累进税率，即把征税对象按数额的大小分为若干等级，每一等级规定一个税率，税率依次提高，每一纳税人的征税对象则以所属等级的不同而同时使用几个税率分别计算，将计算结果相加后得出相应税款。我国采用这种税率的目前只有个人所得税。

6. 纳税环节

纳税环节是指税法规定的纳税对象在从生产到消费的流转过程中应当缴纳税款的环节，如流转税在生产和流通环节交税。

7. 纳税期限

纳税期限是指纳税人按照税法的规定缴纳税款的期限。

8. 纳税地点

纳税地点即纳税人具体缴纳税款的地点。

9. 减税免税

减税免税主要是对某些纳税人和征税对象减少征税或者免予征税的特殊规定。

10. 罚则

罚则主要是对纳税人违反税法的行为采取的处罚措施。

11. 附则

附则一般都规定与该法紧密相关的内容，如该法的解释权、生效日期等。

二、税收实体法

税收实体法是指主要规定国家征税和纳税主体的实体权利和义务的法律、法规的总称。我国现行实体税法结构体系包括流转税法、所得税法、财产税法、行为税法和其他实体税法。

（一）增值税法

增值税是以商品生产流通和劳务服务各个环节的增值额为征税对象的一种税。1993年颁布、2011年修改的《中华人民共和国增值税暂行条例》和《增值税暂行条例实施细则》是我国增值税法的主要法律规范性文件。

1. 纳税主体

凡在中华人民共和国境内销售货物或者提供加工、修理修配劳务以及进口货物的单位和个人，为增值税的纳税义务人。增值税的纳税义务人分为一般纳税人和小规模纳税人。

2. 征税对象

增值税的征税对象是在我国境内销售的货物或者提供加工、修理修配劳务以及进口的货物。

3. 税率

《增值税暂行条例》规定，一般纳税人适用17%、13%和零税率三档税率。

4. 应纳税额的计算公式

应纳税额 = 当期销项税额 - 当期进项税额。当期销项税额小于当期进项税额不足抵扣时，其不足部分可以转接下期继续抵扣。

5. 纳税期限

增值税纳税期限分别是1日、3日、5日、10日、15日或者1个月。纳税人的具体纳税期限，由主管税务机关根据纳税人应当缴纳税额的大小分别核定；不能按期缴纳税款的，可以按次缴纳。纳税人进口货物，自海关填发税款缴纳证的次日起7日内缴纳税款。

（二）消费税法

消费税是以应税消费品的流转额为征税对象的一种税。

1993年颁布、2008年修订的《中华人民共和国消费税暂行条例》和《消费税暂行条例实施细则》是规范消费税的两个最重要的法律文件。

1. 纳税人

消费税的纳税人为在我国境内生产、委托加工和进口应税消费品的单位和个人。

2. 征税客体和税目

消费税的征税客体是生产、委托加工和进口的应税消费品的流转额。税目是征税客体的具体项目，包括：①烟；②酒；③化妆品；④贵重首饰及珠宝玉石；⑤鞭炮、焰火；⑥成品油（含铅汽油除外）和用于调和汽油的主要原材料；⑦250毫升以上排量的摩托车；⑧小汽车；⑨高尔夫球及球具；⑩高档手表；⑪游艇；⑫木制一次性筷子；⑬实木地板；⑭电池、涂料。

3. 税基和税率

消费税的税基为销售额或销售数量。销售额，为纳税人销售应税消费品向购买方收取的全部价款和价外费用。消费税实行从价定率或者从量定额的办法计算应纳税额，按不同消费品分别采用比例税率和定额税率。具体税率、税额表参见《消费税暂行条例》后所附的消费税税目税率（税额）表。

4. 消费税的税收减免

对纳税人出口应税消费品，免征消费税；国务院另有规定的除外。

（三）营业税法

营业税是以从事工商营利事业和服务业所取得的收入为征税对象的一种税。

1993 年颁布、2008 年修订的《中华人民共和国营业税暂行条例》是营业税最主要的法律规范文件。

1. 营业税的纳税人

营业税的纳税人为在中国境内提供应税劳务、转让无形资产或者销售不动产的单位和个人。

2. 营业税的征税对象

营业税的征税对象为应税劳务、转让无形资产或者销售不动产，具体包括：①交通运输业；②建筑业；③金融保险业；④邮电通信业；⑤文化体育业；⑥娱乐业；⑦服务业；⑧转让无形资产；⑨销售不动产。

3. 营业税的税基

营业税的税基为营业额。营业额为其提供应税劳务、转让无形资产或者销售不动产向对方收取的全部价款和价外费用。

4. 营业税的税率

根据现行规定，营业税的具体税率为：①交通运输业，3%；②建筑业，3%；③金融保险业，5%；④邮电通信业，3%；⑤文化体育业，3%；⑥娱乐业，20%（但台球、保龄球为 5%）；⑦服务业，5%；⑧转让无形资产，5%；⑨销售不动产，5%。

5. 营业税的税收减免

下列项目免征营业税：①托儿所、幼儿园、养老院、残疾人福利机构提供的育养服务、婚姻介绍、殡葬服务；②残疾人员个人提供的劳务；③医院、诊所和其他医疗机构提供的医疗服务；④学校和其他教育机构提供的教育劳务，学生勤工俭学提供的劳务；⑤农业机耕、排灌、病虫害防治、植保、农牧保险以及相关技术培训业务，家禽、牲畜、水生动物的配种和疾病防治；⑥纪念馆、博物馆、文化馆、美术馆、展览馆、书画院、图书馆、文物保护单位举办文化活动的门票收入，宗教场所举办文化、宗教活动的门票收入；⑦境内保险机构为出口货物提供的保险产品。

纳税人营业额未达到财政部规定的营业税起征点的，免征营业税。起征点规定仅限于个人。

（四）企业所得税法

《中华人民共和国企业所得税法》（以下简称《企业所得税法》）已由第十届全国人民代表大会第五次会议于 2007 年 3 月通过，自 2008 年 1 月 1 日起施行。我国对内、外资企业实行统一的所得税法、统一的税率、统一的税前扣除范围和标准以及统一的税收优惠政策。企业所得税的纳税人是企业和其他取得收入的组织。个人独资企业和合伙企业除外。

企业分为居民企业和非居民企业。居民企业是指依法在中国境内成立，或者依照外国（地区）法律成立但实际管理机构在中国境内的企业。非居民企业是指依照外国（地区）法律成立且实际管理机构不在中国境内，但在中国境内设立机构、场所的，或者在中国境内未设立机构、场所，但有来源于中国境内所得的企业。居民企业应当就其来源于中国境内、境外的所得缴纳企业所得税；非居民企业在中国境内设立机构、场所的，应当就其所设机构、场所取得的来源于中国境内的所得，以及发生在中国境外但与其所设机构、场所有实际联系的所得，缴纳企业所得税。非居民企业在中国境内未设立机构、场所的，或者虽设立机构、场所但取得的所得与其所设机构、场所没有实际联系的，应当就其来源于中国境内的所得缴纳企业所得税。企业所得税的税率为25%，非居民企业所得适用税率为20%。

企业每一纳税年度的收入总额，减除不征税收入、免税收入、各项扣除以及允许弥补的以前年度亏损后的余额，为应纳税所得额。企业的应纳税所得额乘以适用税率，减除依照《企业所得税法》关于税收优惠的规定减免和抵免的税额后的余额，为应纳税额。国家对重点扶持和鼓励发展的产业和项目，给予企业所得税优惠。

（五）个人所得税法

个人所得税是以个人的所得为征税对象的一种税。2011 年 6 月 30 日第十一届全国人民代表大会常务委员会第二十一次会议对《中华人民共和国个人所得税法》进行了第六次修正。

1. 个人所得税的纳税人

个人所得税的纳税人为在中国境内有住所，或者无住所而在中国境内居住满 1 年的个人（居民纳税人），以及在中国境内无住所又不居住或者在境内居住不满 1 年但有来源于中国境内所得的个人（非居民纳税人）。

在中国境内无住所，但是居住 1 年以上 5 年以下的个人，其来源于中国境外的所得，经主管税务机关批准，可以只就由中国境内公司、企业以及其他经济组织或者个人支付的部分缴纳个人所得税；居住超过 5 年的个人，从第六年起，应当就其来源于中国境外的全部所得缴纳个人所得税。

在中国境内无住所，但是在一个纳税年度中在中国境内连续或者累计居住不超过 90 日的个人，其来源于中国境内的所得，由境外雇主支付并且不由该雇主在中国境内的机构、场所负担的部分，免予缴纳个人所得税。

2. 个人所得税的征税对象

个人所得税的征税对象为应税所得，具体包括：①工资、薪金所得；②个体工商户的生产、经营所得；③对企事业单位的承包经营、承租经营所得；④劳务报酬所得；⑤稿酬所得；⑥特许权使用费所得；⑦利息、股息、红利所得；⑧财产租赁所得；⑨财产转让所得；⑩偶然所得；⑪经国务院财政部门确定征税的其他所得。

3. 个人所得税的税基

个人所得税的税基为应纳税所得额。应纳税所得额的计算方法如下：①工资、薪金所得，以每月收入额减除费用3 500元后的余额，为应纳税所得额（根据2011年6月30日第十一届全国人民代表大会常务委员会第二十一次会议《关于修改〈中华人民共和国个人所得税法〉的决定》第六次修正）；②个体工商户的生产、经营所得，以每一纳税年度的收入总额，减除成本、费用以及损失后的余额，为应纳税所得额；③对企事业单位的承包经营、承租经营所得，以每一纳税年度的收入总额（纳税义务人按照承包经营、承租经营合同规定分得的经营利润和工资、薪金性质的所得），按月减除费用2 000元后的余额，为应纳税所得额；④劳务报酬所得、稿酬所得、特许权使用费所得、财产租赁所得，每次收入不超过4 000元的，减除费用800元，4 000元以上的，减除20%的费用，其余额为应纳税所得额；⑤财产转让所得，以转让财产的收入额减除财产原值和合理费用后的余额，为应纳税所得额；⑥利息、股息、红利所得，偶然所得和其他所得，以每次收入额为应纳税所得额。

对在中国境内无住所而在中国境内取得工资、薪金所得的纳税义务人和在中国境内有住所而在中国境外取得工资、薪金所得的纳税义务人，可以根据其平均收入水平、生活水平以及汇率变化情况确定附加减除费用，标准为2 800元。

4. 个人所得税的税率

个人所得税根据不同的税目适用不同的税率：①工资、薪金所得，适用超额累进税率，税率为3% ~45%；②个体工商户的生产、经营所得和对企事业单位的承包经营、承租经营所得，适用5% ~35%的超额累进税率；③稿酬所得，适用比例税率，税率为20%，并按应纳税额减征30%；④劳务报酬所得，适用比例税率，税率为20%，对劳务报酬所得一次收入畸高的，可以实行加成征收，应纳税所得额超过2万小于5万元的部分，依照税法规定计算应纳税额后再按照应纳税额加征五成，超过5万元的部分，加征十成；⑤特许权使用费所得，利息、股息、红利所得，财产租赁所得，财产转让所得，偶然所得和其他所得，适用比例税率，税率为20%。

5. 个人所得税的税收减免

对下列各项个人所得，免纳个人所得税：①省级人民政府、国务院各部委和中国人民解放军军以上单位，以及外国组织、国际组织颁发的科学、教育、技术、文化、卫生、体育、环境保护等方面的奖金；②国债和国家发行的金融债券利息；③按照国家统一规定发给的补贴、津贴；④福利费、抚恤金、救济金；

⑤保险赔款；⑥军人的转业费、复员费；⑦按照国家统一规定发给干部、职工的安家费、退职费、退休工资、离休工资、离休生活补助费；⑧依照我国有关法律规定应予免税的各国驻华使馆、领事馆的外交代表、领事官员和其他人员的所得；⑨中国政府参加的国际公约、签订的协议中规定免税的所得；⑩按照国家规定，单位为个人缴付和个人缴付的基本养老保险费、基本医疗保险费、失业保险费、住房公积金，从纳税义务人的应纳税所得额中扣除；⑪经国务院财政部门批准免税的所得。

有下列情形之一的，经批准可以减征个人所得税：①残疾、孤老人员和烈属的所得；②因严重自然灾害造成重大损失的；③其他经国务院财政部门批准减税的。

纳税人从中国境外取得的所得，准予其在应纳税额中扣除已在境外缴纳的个人所得税税额，但扣除额不得超过该纳税人境外所得依照我国法律规定计算的应纳税额。

6. 个人所得税的纳税申报

个人所得税，以所得人为纳税义务人，以支付所得的单位或者个人为扣缴义务人。纳税义务人有下列情形之一的，应当按照规定到主管税务机关办理纳税申报：①年所得 12 万元以上的；②从中国境内两处或者两处以上取得工资、薪金所得的；③从中国境外取得所得的；④取得应纳税所得，没有扣缴义务人的；⑤国务院规定的其他情形。年所得 12 万元以上的纳税义务人，在年度终了后 3 个月内到主管税务机关办理纳税申报。纳税义务人办理纳税申报的地点以及其他有关事项的管理办法，由国家税务总局制定。扣缴义务人应当按照国家规定办理全员全额扣缴申报，扣缴义务人在代扣税款的次月内，向主管税务机关报送其支付所得个人的基本信息、支付所得数额、扣缴税款的具体数额和总额以及其他相关涉税信息。

三、税收征管法

税收征收管理法，是指国家调整征税管理过程中发生的社会关系的法律规范的总称。1992 年制定并于 1995 年、2001 年、2015 年三次修订的《中华人民共和国税收征收管理法》是我国税收征收管理的主要法律。

（一）税务管理

1. 税务登记

税务登记是指纳税人向税务机关办理书面登记的法定手续。税务登记是纳税人应当履行的义务。凡是税法规定应当纳税的纳税义务人，都应当在领取营业执照之日起 30 日内，持有关证件向当地税务机关办理税务登记。当发生分立、改组、合并、破产等需要办理税务登记的事项时，应当在有关部门批准或者宣告之日起30日内，向主管税务机关申报办理变更登记、成立登记或者注销税务登记。

2. 账簿、凭证管理

纳税人必须按照国家财务会计法规和税务机关的要求，建立和健全财务会计制度，配备人员办理纳税事项，并按照规定完整地保存账簿、凭证、完税凭证等资料。发票由税务机关统一印制和管理。

3. 纳税申报

纳税申报是纳税人履行纳税义务的法定手续和办理征收业务、核定应收税款、开具纳税凭证的主要依据。纳税人必须进行纳税申报，向主管税务机关报送纳税申请表。

（二）税款征收

税款征收是指税务机关按照税法的规定将纳税人应纳的税款收缴入库。税款征收的方式是查账征收、查定征收、查验征收、定期定额征收以及代征、代扣、代缴等。

（三）税务监察

税务监察是税务机关依法对纳税人履行纳税义务和代征人履行代征、代扣、代缴义务的情况进行监督检查。纳税人必须接受税务机关的纳税检查，据实提供有关的资料，并为检查盘点事务提供方便，不得隐瞒、阻挠。

第二节 会计法

一、会计法的概念

会计是指以货币计量为基本形式，采用专门方法，连续、完整、系统地反映和控制单位的经济行为，进而达到加强经济管理，提高经济效益目的的一种管理方法。

会计法是调整会计法律关系的法律。广义上的会计法是指国家颁布的所有会计方面的法律、法规和规章的总称。狭义上的会计法是专指全国人民代表大会常务委员会通过的《中华人民共和国会计法》（以下简称《会计法》）。

二、会计工作管理体制

会计工作管理体制是指会计工作的组织和管理制度。我国实行统一领导、分级管理的会计工作管理体系，主要包括会计工作的领导体制、会计制度的制定权限、会计机构和会计人员的管理体制。

（一）会计工作的领导体制

根据《会计法》第7条的规定，国务院财政部门管理全国的会计工作；县级以上地方各级人民政府的财政部门管理本地区的会计工作；各单位领导人按规定的职权对本单位会计工作进行管理。

（二）会计制度的制定权限

会计制度是办理会计事务、从事会计工作所遵循的原则和规范的总称。在社会主义市场经济条件下，作为市场管理制度重要组成部分的会计制度，其制定和实施对国家财政、经济方针、政策、法规的具体贯彻，对会计工作的统一、科学和规范具有重要意义。国家实行统一的会计制度。国家统一的会计制度由国务院财政部门根据《会计法》制定并公布。国务院有关部门可以依照《会计法》和国家统一的会计制度制定对会计核算和会计监督有特殊要求的行业实施国家统一的会计制度的具体办法或者补充规定，报国务院财政部门审核批准。中国人民解放军总后勤部可以依照本法和国家统一的会计制度制定军队实施国家统一的会计制度的具体办法，报国务院财政部门备案。

（三）会计机构和会计人员的管理体制

根据《会计法》第五章的规定，会计机构和会计人员的管理体制包括以下内容：

第一，会计机构和会计人员的设置。其具体内容包括：①设置会计机构或会计人员，各单位根据会计业务的需要设置会计机构，或在有关机构中设置会计人员并指定会计主管人员；②设置总会计师；③设置出纳人员；④会计机构内部要建立稽核制度。

第二，会计机构和会计人员的主要职责。根据《会计法》的规定，会计机构和会计人员的主要职责是：①依法进行会计核算；②依法实行会计监督；③拟定本单位办理会计事务的具体办法；④参与拟订经济计划、业务计划，考核、分析预算和财务计划的执行情况；⑤办理其他会计事务。

第三，会计人员的任免。《会计法》第38~41条对会计人员的任免做了如下规定：①会计人员应当具备必要的专业知识，担任单位会计机构负责人的，除取得会计从业资格证书外，还应当具备会计师以上专业技术职务资格或者有从事会计工作3年以上经历。②会计人员应当遵守职业道德，提高业务素质。对会计人员的教育和培训工作应当加强。③因有提供虚假财务会计报告，做假账，隐匿或者故意销毁会计凭证、会计账簿、财务会计报告，贪污，挪用公款，职务侵占等与会计职务有关的违法行为被依法追究刑事责任的人员，不得取得或者重新取得会计从业资格证书。④会计人员调动工作或者离职，必须与接管人员办清交接手续。

三、会计核算制度

会计核算是指以货币为主要计量单位，通过专门的程序和方法，对国家机关、社会团体、企业、事业单位、个体工商户和其他组织已经发生的经济业务进行连续、系统、全面、综合的记录、计算和分析，为经济管理提供数据资料的工作。

（一）会计核算的内容

根据《会计法》第10条的规定，下列事项应当办理会计手续，进行会计核算：①款项和有价证券的收付；②财物的收发、增减和使用；③债权债务的发生和结算；④资本、基金的增减；⑤收入、支出费用、成本的计算；⑥财务成果的计算和处理；⑦需要办理会计手续、进行会计核算的其他事项。

（二）核算期及计算单位

根据《会计法》第11条的规定，会计核算期采用公历年制，自公历1月1日起至12月31日止为一个会计年度。

会计核算以人民币为记账本位币。业务收支以外国货币为主的单位，也可以选定某一种外国货币为记账本位币，但是编报的财务会计报告应当折算成人民币。

（三）《会计法》对会计核算的基本规定

《会计法》第二章对会计核算的规定包括以下内容：

第一，各单位必须依法建立原始记录、审核、检验、清查、财务收支审批和领报等制度。

第二，依法必须办理会计手续、进行会计核算的事项，必须填制或取得原始凭证，并及时送交会计机构。

第三，各单位按国家统一的会计制度的规定设置会计科目和会计账簿，会计机构根据经过审核的原始凭证和记账凭证，按国家统一的会计制度关于记账规则的规定记账。

第四，各单位按照国家统一的会计制度的规定，根据账簿记录编制会计报表，报送财政部门和有关部门。

第五，会计凭证、会计账簿、会计报表和其他会计材料必须符合国家统一的会计制度的规定，用电子计算机进行会计核算的，对使用的软件及其生成的会计凭证、会计账簿、会计报表和其他会计资料的要求，应符合国家财政部门的规定。

第六，会计凭证、会计账簿、会计报表和其他会计资料，应当按照国家有关规定建立档案，妥善保管。

四、会计监督

会计监督也称会计检查，是监督各单位执行国家法律、财经政策、财务制度，提高经济效益，维护财经纪律的有力手段。

（一）会计监督机构

会计监督可分为内部监督和外部监督，根据《会计法》第四章的规定，会计监督机构也相应地划分为内部监督机构及外部监督机构。内部监督机构由各单位的会计机构和会计人员组成，监督范围限于本单位；外部监督机构是指财政、审计、税务机关，外部监督机构按国家有关法律和有关规定对各单位实行会计监督。

（二）《会计法》对会计监督的基本规定

根据《会计法》第四章的规定，会计监督主要包括以下内容：①对原始凭证的监督；②对账簿记录的监督；③对财务收支的监督；④各单位必须依照法律和有关规定如实向财政、审计、税务机关提供会计凭证、会计报表和其他会计资料以及有关情况，不得拒绝、隐匿或谎报。

第三节 审计法

一、审计法的概念

审计是一种经济监督活动，它是由专职从事审计工作的机关和人员以国家法律及有关规定为依据，运用专门程序和方法，对国家财政收支、国有金融机构和企事业组织的财务收支及其他依法应接受审计的财政和财务收支进行审计，以维护国家财政经济秩序，促进廉政建设，保障国民经济的健康发展。审计法是调整审计关系的法律规范的总称。

所谓审计关系，是指审计机关依法对国家财政收支、国有金融机构和企事业组织的财务收支以及其他依法应接受审计的财政和财务收支进行审查监督过程中发生的经济关系。审计具有独立性、强制性和权威性的特点。

1994 年颁布并于 2006 年 2 月修正的《中华人民共和国审计法》（以下简称《审计法》）是我国最主要的审计法律规范。

二、审计机关

（一）审计机关的组成

国务院设立审计署，为主要的审计机关。审计署在国务院总理的领导下，主管全国的审计工作。审计长是审计署的行政首长。省、自治区、直辖市，设区的市、自治州、县、自治县，不设区的市、市辖区的人民政府的审计机关，为地方审计机关。地方审计机关分别在省长、自治区主席、市长、州长、县长、区长和上一级审计机关的领导下，负责本行政区内的审计工作。地方各级审计机关负责人的任免，应当首先征求上级审计机关的意见。

（二）审计机关的职责

根据《审计法》第三章的规定，审计机关履行以下职责：①对本级政府各部门和下级政府预算的执行情况和决算以及其他财政收支情况进行审计监督；②对国有金融机构的资产、负债和损益进行审计监督；③对国家事业单位组织的财政收支，国有企业的资产、负债和损益进行审计监督；④对与国计民生有重大关系的国有企业、接受财政补贴较多或亏损数额较大的国有企业，以及国务院和本级人民政府指定的其他国有企业有计划地定期进行审计；⑤按国务院的规定对国有资产占控股或主导地位的企业进行审计监督；⑥对国家建设项目预算的执行情况和决算进行审计监督；⑦对政府部门管理的和社会团体受政府委托管理的社会保障基金、社会捐赠资金以及其他有关基金、资产的财务收支进行审计监督；⑧对国际组织和外国政府援助、贷款项目的财务收支进行审计的事项依法进行审计监督；⑨对其他法律、行政法规规定应由审计机关进行审计的事项依法进行审计监督。

（三）审计机关的权限

根据《审计法》第四章的规定，审计机关在履行职责的过程中，享有以下权利：①有权要求被审计单位按规定报送预算或财务收支计划、预算执行情况、决算、财务报告，运用电子计算机储存、处理的财政收支、财务收支电子数据和必要的电子计算机文档，社会审计机构出具的审计报告以及其他与财政收支有关的材料。②在审计过程中，有权审查被审计单位的会计凭证、会计账簿、财务会计报告以及其他与财政收支或财务收支有关的资料和财产，有权就审计事项的有关问题向有关单位和个人进行调查。③对被审计单位正在进行的违反国家财政开支、财务收支的行为有权予以制止，制止无效的，在不影响被审计单位的合法业务活动和生产经营活动的前提下，经县级以上审计机关负责人批准，通知财政部门和有关主管部门暂停拨付与违反国家规定的财政开支、财务收支行为直接有关的款项，已经拨付的，暂停使用。④审计机关认为被审计单位所执行的上级主管部门有关财政开支、财务收支的规定与法律、行政法规相抵触的，应建议有关主管部门纠正；有关主管部门不予纠正的，审计机关应提请有权处理的机关依法处理。⑤审计机关可以向政府有关部门通报或向社会公布审计结果。

本章思考题

1. 税法的构成要素有哪些?
2. 简述增值税法的基本内容。
3. 简述个人所得税法的主要内容。
4. 简述会计核算和会计监督的主要内容。
5. 简述审计机关的构成与权限。

经济法学·延伸阅读的推荐书目

[1]杰弗里·哈里森．法与经济学[M]．北京:法律出版社,2003.
[2]金泽良雄．经济法概论[M]．北京:中国法制出版社,2005.
[3]乌茨·施利斯基．经济公法[M]．北京:法律出版社,2006.
[4]李昌麒．经济法学[M]．北京:中国政法大学出版社,2011.
[5]王晓晔．经济法学[M]．北京:中国社会科学出版社,2010.
[6]漆多俊．经济法学[M]．上海:复旦大学出版社,2010.
[7]杨紫烜,徐杰．经济法学[M]．北京:北京大学出版社,2012.
[8]徐孟洲．经济法学原理与案例教程[M]．北京:中国人民大学出版社,2006.

第六编

社会法学

第六部

学治合体

第一章

劳动法

★本章要点★

本章主要介绍劳动法的相关理论及法律规定。

通过本章的学习，要求掌握劳动法的概念和调整对象以及我国劳动法的适用范围，准确理解劳动法律关系的相关知识。

第一节　劳动法的概念和调整对象

一、劳动法的概念

劳动法是调整劳动关系以及与劳动关系密切联系的其他社会关系的法律规范的总和。制定劳动法的目的是保护劳动者的合法权益，构建和发展和谐稳定的劳动关系，维护社会安定，促进经济发展和社会进步。

劳动法有广义和狭义之分：广义上的劳动法，是指调整劳动关系以及与劳动关系有密切联系的其他社会关系的法律规范的总称；狭义上的劳动法，是指1994年颁布、2009年修订的《中华人民共和国劳动法》（以下简称《劳动法》）。

2008年颁布、2012年修订的《中华人民共和国劳动合同法》（以下简称《劳动合同法》），是全面调整劳动合同关系的法律规范，在规范用人单位与劳动者订立、履行、解除、变更、终止、续订劳动合同中发挥着重要作用。劳动法与《劳动合同法》是一般法与特别法的关系，即《劳动合同法》有规定的，优先适用《劳动合同法》，《劳动合同法》没有规定的，适用劳动法。

二、劳动法的调整对象

劳动法的调整对象为劳动关系和与劳动关系密切联系的其他社会关系。

劳动法的主要调整对象是劳动关系，狭义上是指劳动者与用人单位之间在实现劳动过程中发生的社会关系，广义上的主体还应包括劳动者的团体组织。

狭义的劳动关系的特征是：

第一，劳动关系的当事人是特定的，一方是劳动者，另一方是用人单位。

第二，劳动关系是在实现劳动过程中发生的社会关系，是在职业劳动、集体劳动、工业劳动过程中发生的社会关系。私人雇佣劳动关系和农业劳动关系、家庭成员的共同劳动关系等不由劳动法调整。

第三，劳动关系具有人身、财产关系的属性。劳动关系的人身属性决定了劳动者必须亲自履行劳动义务，并应遵守用人单位的劳动规章制度，按照用人单位的要求进行劳动。劳动关系具有财产关系的属性，是指劳动者有偿提供劳动力，用人单位向劳动者支付劳动报酬，由此缔结的社会关系具有财产关系的性质。

第四，劳动关系具有平等、从属关系的属性。双方当事人在建立、变更劳动关系时，应依照平等自愿、合法原则进行，因而劳动关系具有平等性，不具有惩罚性和强制性。同时，劳动关系具有从属性，劳动关系一经确立，劳动者成为用人单位的职工，与用人单位存在身份、组织和经济上的从属关系。

劳动法还调整与劳动关系密切联系的其他社会关系。包括：①劳动行政管理方面的社会关系，即劳动行政部门、其他业务主管部门因行使劳动行政管理权与用人单位之间发生的社会关系；②人力资源配置服务方面的关系，如职业介绍机构、职业培训机构为人力资源的配置与流动提供服务过程中与用人单位、劳动者之间发生的关系；③社会保险方面的社会关系，即国家和地方社会保险机构与用人单位及职工劳动者之间因执行社会保险制度而发生的关系；④工会组织关系、工会监督方面的社会关系，即工会在代表和维护职工合法权益的活动中与用人单位之间发生的关系；⑤处理劳动争议方面的社会关系，即劳动争议的调解机构、劳动争议的仲裁机构、人民法院与用人单位、职工之间由于调处和审理劳动争议而产生的关系；⑥劳动监督检查方面的社会关系，即国家劳动行政部门、卫生部门等有关主管部门与用人单位之间因监督、检查劳动法律、法规的执行而产生的关系。

第二节　我国劳动法的适用范围

一、我国劳动法的空间适用范围

由于我国劳动法的立法层次不同，因而其适用的地域范围也不同。凡由全国人民代表大会及其常务委员会通过的劳动法律和由国务院发布的劳动行政条例、规定、决定，除法律、法规有特别规定的外，在中华人民共和国境内发生法律效力，统一适用于我国的全部领域；凡属地方性的劳动法规，只适用于当地人民政府行政管辖区域范围之内；民族自治地方的人民代表大会制定的劳动自治条例和单行条例，只适用于该民族自治地方。我国劳动法不适用于香港、澳门特别行政区。

在劳动法的空间适用范围上，较之其他部门法，我国劳动法具有较强的地域性特点。

二、我国劳动法对人的适用范围

根据我国劳动法和《劳动合同法》有关劳动行政法规和劳动规章的规定，我国劳动法对人的适用范围如下：

首先，中华人民共和国境内的企业、个体经济组织、民办非企业单位等组织与劳动者建立劳动关系，适用劳动法。依法成立的会计师事务所、律师事务所等合伙组织和基金会，属于《劳动合同法》规定的用人单位。

其次，国家机关、事业单位、社会团体和与其建立劳动关系的劳动者，订立、履行、变更、解除或者终止劳动合同关系，依照劳动法的有关规定执行。

依据我国现行法律规定，不适用劳动法的主要有：

第一，国家机关的公务员，事业单位和社会团体中纳入公务员编制或者参照公务员进行管理的工作人员，适用《公务员法》，不适用劳动法。

第二，实行聘用制的事业单位与其工作人员的关系，法律、行政法规或国务院另有规定的，不适用劳动法；如果没有特别规定，适用劳动法。实行聘用制的事业单位，指的是以聘用合同的形式确定事业单位与工作人员基本人事关系的社会服务组织。

第三，从事农业劳动的农村劳动者（乡镇企业职工和进城务工、经商的农民除外）不适用劳动法。

第四，现役军人、军队的文职人员不适用劳动法。

第五，家庭雇佣劳动关系不适用劳动法。

第六，在中华人民共和国境内享有外交特权和豁免权的外国人等不适用劳动法。

另外，义务性劳动关系、慈善性劳动关系、家务劳动关系不适用劳动法。

三、我国劳动法的时间效力

劳动法的时间效力是指劳动法何时生效、何时失效以及是否有溯及既往的效力。由于我国劳动法的表现形式较多，因此其生效及失效时间一般有两种：一种是法律规范性文件本身规定了从其通过或公布之日起生效；另一种是通过或公布之日并不立即生效，而是在该法律规范性文件中规定施行日期，待施行日期到来时，该法律规范性文件开始生效。

劳动法失效的时间，一般有两种：一种是法律规范性文件本身明文规定了失效时间或失效的特定条件，当失效时间或特定条件出现时，该法律规范性文件自然失效；另一种是国家制定了与旧法律规范性文件内容相同或相抵触的新的法律规范性文件，根据“新法优于旧法”的原则，明确规定旧法律规范性文件失效或虽未明确规定，但旧法律规范性文件自然失效。

第三节　劳动法律关系

劳动法律关系是当事人依据劳动法律规范，在实现劳动过程中形成的权利义务关系。劳动法律关系是受国家劳动法律规范、调整和保护的劳动关系，是国家干预劳动关系的后果，具有以国家意志为主导、以当事人意志为主体的特征。

事实劳动关系与劳动法律关系，虽同属于劳动法调整范围，但由于事实劳动关系不符合法定模式（如未签订劳动合同)，因而不是劳动法律关系，但事实劳动关系中劳动者合法权益仍受劳动法保护。

狭义的劳动法律关系主体包括劳动者和用人单位。广义的劳动法律关系主体还应包括工会组织和雇主组织。

一、劳动者

劳动者是在法定劳动年龄内具有劳动能力，以从事劳动获取合法劳动报酬的自然人。自然人要成为劳动者，须具备主体资格，即须具有劳动权利能力和劳动行为能力。所谓劳动权利能力，是指自然人能够依法享有劳动权利和承担劳动义务的资格或能力；所谓劳动行为能力，是指自然人能够以自己的行为依法行使劳动权利和履行劳动义务的能力。

劳动者的法定劳动年龄为最低就业年龄 16 周岁，退休年龄为男年满 60 周岁，女工人年满 50 周岁，女干部年满 55 周岁。对有可能危害未成年人健康、安全或道德的职业或工作，最低就业年龄不应低于 18 周岁，用人单位不得招用已满 16 周岁未满 18 周岁的未成年人从事过重、有毒、有害的劳动或者危险作业。

根据劳动法的规定，劳动者的劳动权利主要有：①平等就业和选择职业的权利；②取得劳动报酬的权利；③休息休假的权利；④获得劳动安全卫生保护的权利；⑤接受职业技能培训的权利；⑥享受社会保险和福利的权利；⑦依法参加工会和职工民主管理的权利；⑧提请劳动争议处理的权利；⑨法律规定的其他劳动权利。

二、用人单位

作为劳动法律关系主体的用人单位，应具有相应的主体资格，即同时具有用人权利能力和用人行为能力。用人权利能力是用人单位依法享有用人权利和承担用人义务的资格或能力，用人行为能力是指用人单位能够以自己的行为依法行使用人权利和履行用人义务的能力。用人单位的用人权利能力和用人行为能力的范围取决于法律、法规的规定及用人单位的用人需求。

本章思考题

1. 简述劳动法的概念和调整对象。
2. 简述我国劳动法的适用范围。
3. 劳动法律关系的具体内容是什么？

第二章

劳动合同法

★本章要点★

本章主要介绍劳动合同法的相关理论及法律规定。

通过本章的学习，要求掌握劳动合同的概念和种类，准确理解劳动法律关系的相关知识。

第一节　劳动合同的概念和种类

劳动合同，是劳动者与用人单位之间确立劳动关系，明确双方权利和义务的书面协议。“建立劳动关系应当订立劳动合同”，劳动合同是确立劳动关系的普遍性法律形式，是用人单位与劳动者履行劳动权利义务的重要依据，劳动合同区别于民商事合同，具有以国家意志为主导，以当事人意志为主体的特征。

根据《劳动合同法》第 12 条的规定，劳动合同的类型分为固定期限、无固定期限和以完成一定工作任务为期限三种。

固定期限的劳动合同，是指用人单位与劳动者约定合同终止时间的劳动合同。固定期限劳动合同的期限届满，双方无续订劳动合同的意思表示，劳动合同即告终止，劳动关系消灭。如果双方有续订劳动合同的意思表示，可以经协商一致续订。

无固定期限劳动合同，是指用人单位与劳动者约定无确定终止时间的劳动合同，即双方当事人在合同书上只约定合同生效的起始日期，没有确定合同的终止日期。但无固定期限劳动合同并不是“铁饭碗”，在符合法律、法规规定的或双方当事人约定的变更、解除的条件或法定终止情形时，可以依法解除、变更、终止。法律规定无固定期限劳动合同的目的在于保护劳动者的“黄金年龄”，保护劳动者的职业稳定权，解决劳动合同短期化问题。《劳动合同法》第 14 条规定了用人单位应当与劳动者订立无固定期限劳动合同的四种情形：①劳动者在该用人单位连续工作满 10 年的；②用人单位初次实行劳动合同制度或者国有企业改制重新订立劳动合同时，劳动者在该用人单位连续工作满 10 年且距法定退休年龄不足 10 年的；③连续订立 2 次固定期限劳动合同，且劳动者没有《劳动合同法》第 39 条规定的过错性辞退和第 40 条第 1 项、2 项规定的非过错性辞退情形，续订劳动合同的；④用人单位自用工之日起满 1 年不与劳动者订立书面劳动合同的，视为用人单位与劳动者已订立无固定期限劳动合同。

以完成一定工作任务为期限的劳动合同，是指用人单位与劳动者约定以某项工作任务的完成时间为合同期限的劳动合同。当该项工作完成后，劳动合同即告终止。这种劳动合同主要是便于用人单位根据工作性质、工作任务完成的状况，灵活确定劳动合同开始和结束的时间，具有较大的灵活性。

第二节　劳动合同的订立

一、劳动合同应采用书面形式订立

《劳动合同法》第 10 条第 1 款规定：“建立劳动关系，应当订立书面劳动合同。”除全日制用工双方当事人可以口头订立劳动合同外，用人单位与劳动者建立劳动关系，均应订立书面劳动合同。

为保护劳动者的劳动报酬权，用人单位未在用工的同时订立书面劳动合同，与劳动者约定的劳动报酬不明确的，新招用的劳动者的劳动报酬应当按照企业的或者行业的集体合同规定的标准执行；没有集体合同的，用人单位应当对劳动者实行同工同酬。

劳动合同的书面形式除劳动合同书外，还包括用人单位依法制定的劳动规章制度等劳动合同书的附件。用人单位制定的内部规章制度与集体合同或者劳动合同约定的内容不一致，劳动者请求优先适用合同约定的，人民法院应予支持。

二、劳动合同订立的原则

根据《劳动合同法》第二章和第三章的规定，订立和变更劳动合同必须遵循下列原则：

（一）合法原则

合法原则，是指劳动合同必须依法订立，不得违反法律、行政法规的规定，不得违反国家强制性、禁止性的规定。合法原则的具体要求如下：①订立劳动合同的主体合法；②劳动合同的内容合法；③劳动合同订立的程序和形式合法。

（二）公平原则

公平原则，是指订立、履行、变更、解除或者终止劳动合同时，应公平合理，利益均衡，不得使某一方的利益过于失衡。

（三）平等自愿、协商一致原则

平等，是指在订立劳动合同过程中，双方当事人的法律地位平等，有双向选择权；自愿，是指劳动合同的订立及其合同内容的达成，完全出于当事人自己的意志；协商一致，是指经过双方当事人充分协商，达成一致意见，签订劳动合同。以欺诈或威胁手段强迫劳动者签订的劳动合同或未经协商一致签订的劳动合同为无效劳动合同。

（四）诚实信用原则

诚实信用原则，是指劳动合同的双方当事人订立、履行、变更、解除或者终止劳动合同过程中，应当讲究信用，诚实不欺，在追求自身合法权益的同时，以善意的方式履行义务，尊重对方当事人的利益和他人利益，不得损人利己。

三、劳动合同的条款

劳动合同的条款，一般分为必备条款和可备条款。

劳动合同的必备条款是法律规定劳动合同必须具备的条款，它是生效劳动合同所必须具备的条款。劳动合同的必备条款包括：①用人单位的名称、住所和法定代表人或者主要负责人；②劳动者的姓名、住址和居民身份证或者其他有效身份证件号码；③劳动合同的期限；④工作内容和工作地点；⑤工作时间和休息休假；⑥劳动报酬；⑦社会保险；⑧劳动保护、劳动条件和职业危害防护；⑨法律、法规规定应当纳入劳动合同的其他事项。

劳动合同的可备条款，即劳动合同的约定条款，是指除法定必备条款外劳动合同当事人可以协商约定，也可以不约定的条款。劳动合同的约定条款一般包括：①试用期条款；②保守商业秘密和与知识产权相关的保密事项条款；③竞业限制条款；④服务期限协议；⑤违约金条款。

第三节　劳动合同的效力

劳动合同依法成立，即具有法律效力，对双方当事人都有约束力，双方必须履行劳动合同中规定的义务。劳动合同由用人单位与劳动者协商一致，并经用人单位与劳动者在劳动合同文本上签字或者盖章生效。

劳动合同的无效是指当事人违反法律、法规，订立的不具有法律效力的劳动合同。劳动合同的无效有下列情形：①以欺诈、胁迫的手段或者乘人之危，使对方在违背真实意思的情况下订立或者变更劳动合同的；②用人单位免除自己的法定责任、排除劳动者权利的；③违反法律、行政法规强制性规定的。对劳动合同的无效或者部分无效有争议的，由劳动争议仲裁委员会或者人民法院确认。

无效劳动合同的法律后果有：①停止履行。②支付劳动报酬、经济补偿、赔偿金。③修正劳动合同。劳动合同部分无效，不影响其他部分效力的，其他部分仍然有效。对于部分无效劳动合同，有效部分可以继续履行，同时对部分无效的条款应予以修改，使其合法，能够依法继续履行。④赔偿损失。《劳动合同法》第 86 条规定：劳动合同被依法确认无效，给对方造成损害的，有过错的一方应当承担赔偿责任。不具备合法经营资格的用人单位被依法追究法律责任，给劳动者造成损害的，应当承担赔偿责任。个人承包经营违反《劳动合同法》规定招用劳动者，给劳动者造成损害的，发包的组织与个人承包经营者承担连带赔偿责任。

第四节　劳动合同的履行、变更

一、劳动合同的履行

劳动合同的履行是指劳动合同的双方当事人按照合同规定，履行各自应承担义务的行为。履行劳动合同应保障劳动者劳动报酬权的实现；用人单位不得强迫或者变相强迫劳动者加班；劳动者对危害生命安全和身体健康的劳动条件，有权对用人单位提出批评、检举和控告；用人单位变更名称、法定代表人、主要负责人或者投资人等事项，不影响劳动合同的履行；用人单位发生合并或者分立等情况，原劳动合同继续有效，劳动合同由承继其权利和义务的用人单位继续履行。

劳动合同履行地与用人单位注册地不一致的，有关劳动者的最低工资标准、劳动保护、劳动条件、职业危害防护和本地区上年度职工月平均工资标准等事项，按照劳动合同履行地的有关规定执行；用人单位注册地的有关标准高于劳动合同履行地的有关标准，且用人单位与劳动者约定按照用人单位注册地的有关规定执行的，从其约定。

二、劳动合同的变更

劳动合同的变更是指当事人双方对尚未履行或尚未完全履行的劳动合同，依照法律规定的条件和程序，对原劳动合同进行修改或增删的法律行为。

劳动合同变更应遵守平等自愿、协商一致的原则，不得违反法律、行政法规的规定。用人单位与劳动者协商一致，可以变更劳动合同约定的内容。

第五节　劳动合同的解除和终止

一、劳动合同的解除

劳动合同的解除是指劳动合同当事人在劳动合同期限届满之前依法提前终止劳动合同关系的法律行为。劳动合同的解除可分为协商解除、用人单位单方解除、劳动者单方解除等。

（一）双方协商解除劳动合同

用人单位与劳动者协商一致，可以解除劳动合同。但如果由用人单位提出解除动议，用人单位应向劳动者支付解除劳动合同的经济补偿金。

（二）用人单位单方解除劳动合同

用人单位单方解除劳动合同，即具备法律规定的条件时，用人单位享有单方解除权，无须双方协商达成一致意见。用人单位单方解除劳动合同，应当事先将理由通知工会。用人单位违反法律、行政法规规定或者劳动合同约定的，工会有权要求用人单位纠正；用人单位应当研究工会的意见，并将处理结果书面通知工会。

用人单位单方解除劳动合同有三种情况：

1. 过错性解除

劳动者有下列情形之一的，用人单位可以解除劳动合同：在试用期间被证明不符合录用条件的；严重违反用人单位的规章制度的；严重失职，营私舞弊，给用人单位造成重大损害的；劳动者同时与其他用人单位建立劳动关系，对完成本单位的工作任务造成严重影响，或者经用人单位提出，拒不改正的；因以欺诈、胁迫的手段或者乘人之危，使对方在违背真实意思的情况下订立或者变更劳动合同的；因劳动者以欺诈、胁迫的手段或者乘人之危，使对方在违背真实意思的情况下订立或者变更劳动合同致使劳动合同无效的；被依法追究刑事责任的。

2. 非过错性解除

劳动者有下列情形之一的，用人单位可以解除劳动合同：①劳动者患病或者非因工负伤，医疗期满后，不能从事原工作也不能从事由用人单位另行安排的工作的；②劳动者不能胜任工作，经过培训或者调整工作岗位，仍不能胜任工作的；③劳动合同订立时所依据的客观情况发生重大变化，致使劳动合同无法履行，经用人单位与劳动者协商，未能就变更劳动合同内容达成协议的。对非过错性解除劳动合同，用人单位应履行提前30日以书面形式通知劳动者本人的义务或者以额外支付劳动者一个月工资代替提前通知义务后可以解除劳动合同。用人单位还应承担支付经济补偿金的义务。

3. 裁员

裁员是指用人单位为降低劳动成本，改善经营管理，因经济或技术等原因一次裁减20人以上或者裁减不足20人但占企业职工总数10%以上的劳动者。裁员的程序规定为：用人单位提前30日向工会或者全体职工说明情况，听取工会或者职工的意见后，裁减人员方案经向劳动行政部门报告，可以裁减人员。裁员的法定情形限定为：依照企业破产法规定进行重整的；生产经营发生严重困难的；企业转产、进行重大技术革新或者经营方式调整，经变更劳动合同后，仍需裁减人员的；其他因劳动合同订立时所依据的客观经济情况发生重大变化，致使劳动合同无法履行的。

为保护劳动者的合法权益，防止用人单位滥用解除权，法律除规定解除条件和程序、用人单位单方解除劳动合同需征求工会意见外，还规定了禁止解除劳动合同的条件。规定劳动者有下列情形之一的，用人单位不得依据《劳动合同法》第40条非过错性解除劳动合同的规定、第41条裁员的规定单方解除劳动合同：从事接触职业病危害作业的劳动者未进行离岗前职业健康检查，或者疑似职业病病人在诊断或者医学观察期间的；在本单位患职业病或者因工负伤并被确认丧失或者部分丧失劳动能力的；患病或者非因工负伤，在规定的医疗期内的；女职工在孕期、产期、哺乳期的；在本单位连续工作满15年，且距法定退休年龄不足5年的；法律、行政法规规定的其他情形。

（三）劳动者单方解除劳动合同

劳动者单方解除劳动合同，即具备法律规定的条件时，劳动者享有单方解除权，无须双方协商达成一致意见，也无须征得用人单位的同意。劳动者单方解除劳动合同有三种情况：

第一，预告解除，即劳动者履行预告程序后单方解除劳动合同。劳动者提前30日以书面形式通知用人单位，可以解除劳动合同；劳动者在试用期内提前3日通知用人单位，可以解除劳动合同。

第二，用人单位有违法、违约情形，劳动者有权单方解除劳动合同。

第三，立即解除劳动合同。在用人单位有危及劳动者人身自由和人身安全的情形时，劳动者有权立即解除劳动合同。

二、劳动合同的终止

劳动合同的终止，是指符合法律规定情形时，双方当事人的权利义务不复存在，劳动合同的效力即行消灭。劳动合同终止不存在约定终止，只有法定终止。

用人单位与劳动者不得在《劳动合同法》规定的劳动合同终止情形之外约定其他劳动合同终止条件。

根据《劳动合同法》第44条的规定，有下列情形之一的，劳动合同终止：劳动合同期满的；劳动者开始依法享受基本养老保险待遇的；劳动者达到法定退休年龄的；劳动者死亡，或者被人民法院宣告死亡或者宣告失踪的；用人单位被依法宣告破产的；用人单位被吊销营业执照、责令关闭、撤销或者用人单位决定提前解散的；法律、行政法规规定的其他情形。

根据《劳动合同法》第42条和第45条的规定，在劳动者有下列情形之一的，劳动合同到期也不得终止，应当续延至相应的情形消失时终止：从事接触职业病危害作业的劳动者未进行离岗前职业健康检查，或者疑似职业病病人在诊断或者医学观察期间的；患病或者非因工负伤，在规定的医疗期内的；女职工在孕期、产期、哺乳期的；在本单位连续工作满15年，且距法定退休年龄不足5年的；法律、行政法规规定的其他情形。在本单位患职业病或者因工负伤并被确认丧失或者部分丧失劳动能力的劳动者的劳动合同的终止，按照国家有关工伤保险的规定执行。

三、经济补偿金

经济补偿金是用人单位解除或终止劳动合同时，给予劳动者的一次性货币补偿。给予经济补偿金的目的在于从经济方面制约用人单位的解雇行为，对失去工作的劳动者给予经济上的补偿，并解决劳动合同短期化问题。

（一）补偿标准

经济补偿依据劳动者在本单位工作的年限，按照每满1年支付1个月工资的标准向劳动者支付。工作6个月以上不满1年的，按1年计算；工作不满6个月的，向劳动者支付半个月工资的经济补偿。

（二）用人单位应当支付经济补偿金的法定情形

根据《劳动合同法》第46条的规定，用人单位应当在下列情形下，向劳动者支付经济补偿金：①因用人单位违法、违约迫使劳动者解除劳动合同的；②用人单位向劳动者提出解除劳动合同并与劳动者协商一致解除劳动合同的；③用人单位依照《劳动合同法》第40条规定解除非过错劳动者劳动合同的；④用人单位以裁员的方式解除与劳动者的劳动合同的；⑤在劳动合同期满时，用人单位以低于原劳动合同约定的条件要求与劳动者续订劳动合同，而劳动者不同意续订的；⑥在用人单位因被依法宣告破产，被吊销营业执照、责令关闭、撤销或者用人单位决定提前解散而终止劳动合同的；⑦以完成一定工作任务为期限的劳动合同因任务完成而终止的；⑧法律、行政法规规定的其他情形。

第六节 集体合同

一、集体合同的概念

集体合同，是企业职工一方与用人单位通过平等协商，就劳动报酬、工作时间、休息休假、劳动安全卫生、保险福利等事项订立的书面协议。集体合同是协调劳动关系、保护劳动者权益、建立现代企业管理制度的重要手段。根据《劳动合同法》第11条、第18条、第55条的规定。劳动合同与集体合同的关系体现在：①未订立书面劳动合同的，有集体合同适用集体合同的规定；②劳动合同约定不明时，适用集体合同的规定；③劳动合同规定的劳动者的个人劳动条件和劳动标准不得低于集体合同的规定，否则无效。

二、集体合同的订立

集体合同的订立，是指工会或职工代表与企业单位之间，为规定用人单位和全体职工的权利义务而依法就集体合同条款经过协商一致，确立集体合同关系的法律行为。

在我国，集体合同主要是由代表劳动者的工会或职工代表与企业签订。尚未建立工会的用人单位，由上级工会指导劳动者推举的代表与用人单位订立。

集体合同按如下程序订立：①讨论集体合同草案或专项集体合同草案。经双方代表协商一致的集体合同草案或专项集体合同草案应提交职工代表大会或者全体职工讨论。②通过草案。经全体职工代表半数以上或者全体职工半数以上同意，集体合同草案或专项集体合同草案方获通过。③集体协商双方首席代表签字。

法律对集体合同的生效规定了特殊程序：集体合同订立后，应当报送劳动行政部门；劳动行政部门自收到集体合同文本之日起15日内未提出异议的，集体合同即行生效。依法订立的集体合同对用人单位和劳动者具有约束力。行业性、区域性集体合同对当地本行业、本区域的用人单位和劳动者具有约束力。

三、集体合同争议处理

用人单位违反集体合同，侵犯职工劳动权益的，工会可以依法要求用人单位承担责任；因履行集体合同发生争议，经协商解决不成的，工会可以依法申请仲裁、提起诉讼。

首先，集体协商过程中发生争议，由双方当事人协商解决，协商不成可由劳动保障行政部门协调处理。

其次，因履行集体合同发生的争议，可以通过协商、仲裁和诉讼解决。

第七节　劳务派遣

劳务派遣，是指劳务派遣单位与劳动者订立劳动合同后，由派遣单位与实际用工单位通过签订劳务派遣协议，将劳动者派遣到用工单位工作，用工单位实际使用劳动者，用工单位向劳务派遣单位支付管理费、劳动者工资、社会保险费用等而形成的关系。

一、劳务派遣岗位

相对于作为企业基本用工形式的劳动合同用工而言，劳务派遣用工是一种补充形式，只能在临时性、辅助性或者替代性的工作岗位上实施。

二、劳务派遣单位

劳务派遣单位是将劳动者派遣到实际用工单位的企业法人。

《劳动合同法》第58条明确劳务派遣单位就是用人单位，应当履行用人单位对劳动者的义务，遵守劳动法的相关规定，与被派遣的劳动者订立书面劳动合同。

三、劳务派遣协议

劳务派遣协议是劳务派遣单位与实际用工单位就劳务派遣事项签订的书面协议。《劳动合同法》第59条规定：劳务派遣单位派遣劳动者应当与接受以劳务派遣形式用工的单位订立劳务派遣协议。劳务派遣协议应当约定派遣岗位和人员数量、派遣期限、劳动报酬和社会保险费的数额与支付方式以及违反协议的责任；劳务派遣一般在临时性、辅助性或者替代性的工作岗位上实施；用工单位应当根据工作岗位的实际需要与劳务派遣单位确定派遣期限，不得将连续用工期限分割为数个短期的。劳务派遣单位应当将劳务派遣协议的内容告知被派遣劳动者，被派遣劳动者有知情权。

四、用工单位的义务

《劳动合同法》虽未规定在劳务派遣关系中实际用工单位是劳动法意义上的用人单位，但《劳动合同法》第62条从以下几个方面强化劳务派遣中实际用工单位的义务：执行国家劳动标准，提供相应的劳动条件和劳动保护；告知被派遣劳动者的工作要求和劳动报酬；支付加班费、绩效奖金，提供与工作岗位相关的福利待遇；对在岗被派遣劳动者进行工作岗位所必需的培训；连续用工的，实行正常的工资调整机制；不得将被派遣劳动者再派遣到其他用人单位；不得设立劳务派遣单位向本单位或者所属单位派遣劳动者。用工单位应当严格控制劳务派遣用工数量，不得超过其用工总量的一定比例。

五、被派遣劳动者的权利

《劳动合同法》第五章第二节赋予劳务派遣者如下权利：赋予被派遣劳动者参加和组织工会的权利。赋予被派遣劳动者解除劳动合同的权利，被派遣劳动者可以依照《劳动合同法》与用人单位协商一致解除劳动合同，在用人单位有违法、违约情形时，被派遣劳动者有权与劳务派遣单位单方解除劳动合同；享有与用工单位的劳动者同工同酬的权利。

第八节　非全日制用工

非全日制用工，是指以小时计酬为主，劳动者在同一用人单位一般平均每日工作时间不超过4小时，每周工作时间累计不超过24小时的用工形式。非全日制用工是灵活用工的一种形式，非全日制用工可以不订立书面劳动合同，双方当事人可以订立口头协议；法律允许非全日制用工建立双重或多重劳动关系，从事非全日制用工的劳动者可以与一个或者一个以上用人单位订立劳动合同，但是，后订立的劳动合同不得影响先订立的劳动合同的履行；非全日制用工双方当事人任何一方都可以随时通知对方终止用工。终止用工，用人单位不向劳动者支付经济补偿。

为保障非全日制用工劳动者的劳动权利，《劳动合同法》第70条和第72条规定，非全日制用工双方当事人不得约定试用期，非全日制用工小时计酬标准不得低于用人单位所在地人民政府规定的最低小时工资标准，非全日制用工劳动报酬结算支付周期最长不得超过15日。

第九节　违反劳动合同的法律责任

一、用人单位的法律责任

用人单位违法违约应承担法律责任，根据《劳动合同法》第七章的规定，用人单位应承担的法律责任有：①规章制度违法的法律责任。②订立劳动合同违法应承担的法律责任。③侵犯劳动者劳动报酬权应承担的法律责任。④劳动合同无效应承担的法律责任。⑤违法解除或终止劳动合同应承担的法律责任。⑥用人单位违法未向劳动者出具解除或者终止劳动合同的书面证明，由劳动行政部门责令改正；给劳动者造成损害的，应当承担赔偿责任。⑦用人单位依照《劳动合同法》的规定应当向劳动者每月支付2倍的工资或者应当向劳动者支付赔偿金而未支付的，劳动行政部门应当责令用人单位支付。⑧侵犯劳动者人身权应承担的法律责任。

二、劳动者的法律责任

劳动者违法解除劳动合同，或者违反劳动合同中约定的保密义务或者竞业限制，给用人单位造成损失的，应当承担赔偿责任。

劳动者应赔偿用人单位下列损失：①用人单位招收录用其所支付的费用；②用人单位为其支付的培训费用，双方另有约定的按约定办理；③对生产、经营和工作造成的直接经济损失；④劳动合同约定的其他赔偿费用。劳动者违反劳动合同中约定的保密事项，对用人单位造成经济损失的，按《反不正当竞争法》第20条的规定支付用人单位赔偿费用。

三、连带赔偿责任

连带赔偿责任就是指权利人可以向任何一个责任人要求权利时，各个责任人不分份额、不分先后次序地根据权利人的请求对外承担全部责任。在权利人提出请求时，各个责任人不得以超过自己应承担的部分为由而拒绝。劳动法规定的连带赔偿责任主要有：

第一，用人单位与劳动者的连带赔偿责任。用人单位招用与其他用人单位尚未解除或者终止劳动合同的劳动者，给其他用人单位造成损失的，应当承担连带赔偿责任。

第二，劳务派遣单位与用工单位的劳动赔偿责任。劳务派遣单位、用工单位违反法律有关劳务派遣规定的，由劳动行政部门责令限期改正；逾期不改正的，以每人5 000元以上10 000元以下的标准处以罚款，对劳务派遣单位，吊销其劳务派遣业务经营许可证。用工单位给被派遣劳动者造成损害的，劳务派遣单位与用工单位承担连带赔偿责任。

第三，没有经营资质的个人承包经营者违反法律规定招用劳动者，给劳动者造成损害的，发包的组织与个人承包经营者承担连带赔偿责任。

本章思考题

1. 简述劳动合同的主要内容。
2. 简述劳务派遣制度。

第三章

劳动基准法

★本章要点★

本章主要介绍工作时间、工资以及职业安全保障等制度。

通过本章的学习，要求掌握工作时间、休息休假的概念和种类以及我国工资制度的构成，全面理解我国职业安全保障体系。

劳动法对劳动关系的协调，是以劳动标准为基础的，劳动基准就是劳动条件的最低标准。劳动基准法就是在劳动法中规定和确认一系列劳动标准，要求用人单位必须遵守，用人单位向劳动者提供的劳动条件只能等于或优于劳动基准，劳动合同和集体合同中约定的劳动条件不得低于劳动基准，以保证劳动者权益的实现。

劳动基准法主要由规定劳动标准的各项法律制度构成，包括工时标准、最低工资标准、职业安全卫生法等。

第一节　工作时间和休息休假

一、工作时间的概念和种类

工作时间又称劳动时间，是指法律规定的劳动者在一昼夜和一周内从事劳动的时间。它包括每日工作的小时数，每周工作的天数和小时数。工作时间的种类有：

（一）标准工作时间

标准工作时间，又称标准工时。我国的标准工时为劳动者每日工作 8 小时，每周工作 40 小时，在 1 周（7 日）内工作 5 天。实行计件工作的劳动者，用人单位应当根据标准工时制度，合理确定其劳动定额和计件报酬标准。

（二）缩短工作时间

缩短工作时间是指法律规定的在特殊情况下劳动者的工作时间长度少于标准工作时间的工时制度，即每日工作少于 8 小时。缩短工作日适用于：①从事矿山井下、高山、有毒有害、特别繁重或过度紧张等作业的劳动者；②从事夜班工作的劳动者；③哺乳期内的女职工。

（三）延长工作时间

延长工作时间是指超过标准工作日的工作时间，即日工作时间超过 8 小时，每周工作时间超过 40 小时。延长工作时间必须符合法律、法规的规定。

（四）不定时工作时间和综合计算工作时间

不定时工作时间，又称不定时工作制，是指无固定工作时数限制的工时制度。其适用于工作性质和职责范围不受固定工作时间限制的劳动者。综合计算工作时间，又称综合计算工时工作制，是指以一定时间为周期，集中安排并综合计算工作时间和休息时间的工时制度。实行不定时工作制和综合计算工时工作制的企业，应根据《中华人民共和国劳动法》（以下简称《劳动法》）的有关规定，与工会和劳动者协商，履行审批手续，在保障职工身体健康并充分听取职工意见的基础上，采用集中工作、集中休息、轮流调休、弹性工作时间等适当方式，确保职工的休息休假权利和生产、工作任务的完成。实行综合计算工时工作制的企业，在综合计算周期内，某一具体日（或周）的实际工作时间可以超过 8 小时（或 40 小时），但综合计算周期内的总实际工作时间不应超过总法定标准工作时间，超过部分应视为延长工作时间，并按《劳动法》第 44 条第 1 项的规定支付工资报酬，其中，法定休假日安排劳动者工作的，按《劳动法》第 44 条第 3 项的规定支付加班加点的工资报酬。

二、休息休假的概念和种类

休息休假是指劳动者为行使休息权在国家规定的法定工作时间以外，不从事生产或工作而自行支配的时间。

（一）休息时间的种类

第一，工作日内的间歇时间，是指在工作日内给予劳动者休息和用餐的时间。一般为 1 ~ 2 小时，最少不得少于半小时。

第二，工作日间的休息时间，即两个邻近工作日之间的休息时间。一般不少于 16 小时。

第三，公休假日，又称周休息日，是劳动者在 1 周（7 日）内享有的休息日，公休假日一般为每周 2 日。不能实行国家标准工时制度的企业和事业组织，可根据实际情况灵活安排周休息日，应当保证劳动者每周至少休息 1 日。

（二）休假的种类

第一，法定节假日，是指法律规定用于开展纪念、庆祝活动的休息时间。

第二，探亲假，是指劳动者享有保留工资、工作岗位而同分居两地的父母或配偶团聚的假期。探亲假适用于在国家机关、人民团体、全民所有制企业、事业单位工作满 1 年的固定职工。

第三，年休假，是指职工工作满一定年限，每年可享有的带薪连续休息的时间。根据劳动法的规定，机关、团体、企业、事业单位、民办非企业单位、有雇工的个体工商户等单位的职工连续工作 1 年以上的，享受带薪年休假。职工在年休假期间享受与正常工作期间相同的工资收入。职工累计工作已满 1 年不满 10 年的，年休假 5 天；已满 10 年不满 20 年的，年休假 10 天；已满 20 年的，年休假 15 天。国家法定休假日、休息日不计入年休假的假期。

三、加班加点的主要法律规定

加班是指劳动者在法定节日或公休假日从事生产或工作。加点是指劳动者在标准工作日以外延长工作的时间。加班加点又统称为延长工作时间。为保证劳动者休息权的实现，劳动法规定任何单位和个人不得擅自延长职工工作时间。

（一）一般情况下加班加点的规定

《劳动法》第 41 条规定：用人单位由于生产经营需要，经与工会和劳动者协商后可以延长工作时间，一般每日不得超过 1 小时；因特殊原因需要延长工作时间的，在保障劳动者身体健康的条件下延长工作时间每日不得超过 3 小时，每月不得超过 36 小时。

（二）特殊情况下加班加点的规定

特殊情况下，延长工作时间不受《劳动法》第 41 条的限制。《劳动法》第 42 条规定在下述特殊情况下，延长工作时间不受《劳动法》第 41 条的限制：①发生自然灾害、事故或者因其他原因，威胁劳动者生命健康和财产安全，或使人民的安全健康和国家资财遭到严重威胁，需要紧急处理的；②生产设备、交通运输线路、公共设施发生故障，影响生产和公共利益，必须及时抢修的；③在法定节日和公休假日内工作不能间断，必须连续生产、运输或营业的；④必须利用法定节日或公休假日的停产期间进行设备检修、保养的；⑤为了完成国防紧急生产任务，或者完成上级在国家计划外安排的其他紧急生产任务，以及商业、供销企业在旺季完成收购、运输、加工农副产品紧急任务的；⑥法律、行政法规规定的其他情形。

（三）加班加点的工资标准

加班加点的工资标准为：①安排劳动者延长工作时间的，支付不低于工资的 150% 的工资报酬；②休息日安排劳动者工作又不能安排补休的，支付不低于工资的 200% 的工资报酬；③法定休假日安排劳动者工作的，支付不低于工资的

300%的工资报酬。

（四）监督检查措施

县级以上各级人民政府劳动保障行政部门对本行政区域内的用人单位组织劳动者加班加点的情况依法监督检查，对违法行为分别不同情况予以行政处罚：①用人单位未与工会或劳动者协商，强迫劳动者延长工作时间的，给予警告，责令改正，并可按每名劳动者延长工作时间每小时罚款100元以下的标准处罚；②用人单位每日延长劳动者工作时间超过3小时或每月延长工作时间超过36小时的，给予警告，责令改正，并可按每名劳动者每超过工作时间1小时罚款100元以下的标准处罚。

第二节　工资法律制度

一、工资的概念和特征

工资是指用人单位依据国家有关规定和集体合同、劳动合同约定的标准，根据劳动者提供劳动的数量和质量，以货币形式支付给劳动者的劳动报酬。

工资具有如下特征：①工资是基于劳动关系而对劳动者付出劳动的物质补偿；②工资标准必须是事先规定的，事先规定的形式可以是工资法规、工资政策，集体合同、劳动合同；③工资须以法定货币形式定期支付给劳动者本人；④工资的支付是以劳动者提供的劳动数量和质量为依据的。

二、工资形式

工资形式是指计量劳动和支付劳动报酬的方式。企业可根据本单位的生产经营特点和经济效益，依法自主确定本单位的工资分配形式。我国的工资形式主要有：①计时工资。我国常见的有小时工资、日工资、月工资。②计件工资。劳动提成工资是计件工资形式之一。③奖金。主要有月奖、季度奖和年度奖，经常性奖金和一次性奖金，综合奖和单项奖等。④津贴。主要有岗位津贴、保健性津贴、技术性津贴等。⑤补贴。其发放根据主要是国家有关政策规定，如物价补贴、边远地区生活补贴等。⑥特殊情况下的工资。主要有加班加点工资，事假、病假、婚假、探亲假等工资以及履行国家和社会义务期间的工资等。

三、工资分配原则

工资分配原则有：

第一，工资总量宏观调控原则。

第二，用人单位自主分配、劳动者参与工资分配过程原则。

第三，按劳分配为主体、多种分配方式并存原则。

第四，同工同酬原则。

第五，工资水平随经济发展逐步提高原则。

四、工资支付保障

工资支付保障是为保障劳动者劳动报酬权的实现，防止用人单位滥用工资分配权而制定的有关工资支付的一系列规则。

工资支付保障制度，主要有：①工资应以法定货币支付，不得以实物及有价证券代替货币支付。②工资应在用人单位与劳动者约定的日期支付。③劳动者依法享受年休假、探亲假、婚假、丧假期间，以及依法参加社会活动期间，用人单位应按劳动合同规定的标准支付工资。④工资应支付给劳动者本人，也可由劳动者家属或委托他人代领，用人单位可委托银行代发工资。⑤工资应依法足额支付，除法定或约定允许扣除工资的情况外，严禁非法克扣或无故拖欠劳动者工资。⑥用人单位不得非法克扣劳动者工资。⑦对扣除工资金额的限制：用人单位对员工造成的经济损失的赔偿扣除后的余额低于当地月最低工资标准的，应按最低工资标准支付；用人单位对劳动者违纪罚款，一般不得超过本人月工资标准的20%。⑧用人单位依法破产时，应当首先支付本单位劳动者的工资。

五、最低工资保障

我国最低工资保障制度是国家通过立法，强制规定用人单位支付给劳动者的工资不得低于国家规定的最低工资标准，以保障劳动者能够满足其自身及其家庭成员基本生活需要的法律制度。最低工资保障制度是国家对劳动力市场的运行进行干预的一种重要手段。

最低工资不包括下列各项：①加班加点工资；②中班、夜班、高温、低温、井下、有毒有害等特殊工作环境条件下的津贴；③国家法律、法规和政策规定的劳动者保险、福利待遇；④用人单位通过贴补伙食、住房等支付给劳动者的非货币性收入。

最低工资的具体标准由省、自治区、直辖市人民政府规定，报国务院备案。在确定和调整最低工资标准时，综合参考下列因素：①劳动者本人及平均赡养人口的最低生活费用；②社会平均工资水平；③劳动生产率；④就业状况；⑤地区之间经济发展水平的差异。最低工资标准应当高于当地的社会救济金和失业保险金标准，低于平均工资。最低工资标准发布实施后，如确定最低工资标准参考的因素发生变化，或本地区职工生活费用价格指数累计变动较大，应当适时调整，但每年最多调整一次。

《劳动法》第48条第2款明确规定，用人单位支付给劳动者的工资不得低于当地最低工资标准。最低工资应以法定货币支付。用人单位支付给劳动者的工资低于最低工资标准的，由当地人民政府劳动保障行政部门责令其限期改正，逾期未改正的，由劳动保障行政部门对用人单位和责任者给予经济处罚，并视其欠付工资时间的长短向劳动者支付赔偿金。

第三节　职业安全卫生法

一、职业安全卫生法的概念和特点

职业安全卫生法，是指以保护劳动者在职业劳动过程中的安全和健康为宗旨，以劳动安全卫生规则等为内容的法律规范的总称。职业安全卫生法的立法目的是减少和避免因工伤亡事故以及职业危害、职业中毒和职业病。

职业安全卫生法与其他劳动法规相比有其特征：①保护对象的特定性。职业安全卫生法保护的对象是特定的，即保护的是劳动者在生产、劳动过程中的生命安全和健康。②法规内容具有技术性。职业安全卫生法主要由劳动安全、劳动卫生技术规程和标准组成，是具有技术性的法律规范。③法律规范多为强制性和禁止性规范。

二、职业安全卫生法律制度的内容

（一）职业安全卫生工作的方针和制度

职业安全卫生，包括职业安全、职业卫生两类。职业安全是为防止和消除劳动过程中的伤亡事故而制定的各种法律规范，职业卫生是为保护劳动者在劳动过程中的健康，预防和消除职业病、职业中毒和其他职业危害而制定的各种法律规范。我国职业安全卫生工作方针是：安全第一，预防为主。

职业安全卫生制度主要包括职业安全卫生标准制度、安全生产保障制度、职业卫生与职业病防治制度、职业安全卫生责任制度、职业安全教育制度、职业安全卫生认证制度、安全卫生设施“三同时”制度、安全卫生检查与监察制度、伤亡事故报告处理制度等内容。

（二）女职工的特殊劳动保护

女职工的特殊劳动保护是指根据女职工生理特点和抚育子女的需要，对其在劳动过程中的安全健康所采取的有别于男子的特殊保护。

为保护女职工的身体健康，法律规定禁止安排女职工从事矿山井下作业、国家规定的第四级体力劳动强度的劳动和其他禁忌从事的劳动；不得安排女职工在经期从事高处、高温、低温、冷水作业和国家规定的第三级体力劳动强度的劳动；不得安排女职工在怀孕期间从事国家规定的第三级体力劳动强度的劳动和孕期禁忌从事的劳动；对怀孕7个月以上的女职工，不得安排其延长工作时间和夜班劳动；女职工生育享受不少于90天的产假；不得安排女职工在哺乳未满1周岁的婴儿期间从事国家规定的第三级体力劳动强度的劳动和哺乳期禁忌从事的其他劳动，不得安排其延长工作时间和夜班劳动。

（三）未成年工的特殊劳动保护

未成年工是指年满16周岁未满18周岁的劳动者。对未成年工特殊劳动保护的措施主要有：①上岗前培训。未成年工上岗，用人单位应对其进行有关的职业安全卫生教育、培训。②禁止安排未成年工从事有害健康的工作。用人单位不得安排未成年工从事矿山井下、有毒有害、国家规定的第四级体力劳动强度和其他禁忌从事的劳动。③提供适合未成年工身体发育的生产工具等。④对未成年工定期进行健康检查。

本章思考题

1. 简述我国工作时间和休息休假制度的主要内容。
2. 简述我国工资制度的主要内容。
3. 简述我国职业安全卫生法律保障制度的主要内容。

第四章

劳动争议及其解决

★本章要点★

本章主要介绍劳动争议的概念和分类以及劳动争议的解决途径。

通过本章的学习，要求掌握劳动争议的概念和分类以及劳动争议解决的程序。

第一节　劳动争议的概念和分类

劳动争议又称劳动纠纷，是指劳动关系双方当事人因执行劳动法律、法规或履行劳动合同、集体合同发生的纠纷。

劳动争议发生在劳动者与用人单位之间，劳动争议的主体与《劳动法》《劳动合同法》规定的劳动关系的主体相同。

劳动争议按照不同的标准，可划分为以下几种：

第一，按照劳动争议当事人人数多少的不同，可分为个人劳动争议和集体劳动争议。个人劳动争议是指劳动者个人与用人单位发生的劳动争议；集体劳动争议是指劳动者一方当事人在3人以上，有共同理由的劳动争议。发生劳动争议的劳动者一方在10人以上，并有共同请求的，可以推举代表参加调解、仲裁或者诉讼活动。

第二，按照劳动争议的内容，可分为：因确认劳动关系发生的争议；因订立、履行、变更、解除和终止劳动合同发生的争议；因除名、辞退和辞职、离职发生的争议；因工作时间、休息休假、社会保险、福利、培训以及劳动保护发生的争议；因劳动报酬、工伤医疗费、经济补偿或者赔偿金等发生的争议；法律、法规规定的其他劳动争议。上述劳动争议属于《中华人民共和国劳动争议调解仲裁法》的适用范围。

第三，按照当事人国籍的不同，可分为国内劳动争议与涉外劳动争议。国内劳动争议是指我国的用人单位与具有我国国籍的劳动者之间发生的劳动争议；涉外劳动争议是指具有涉外因素的劳动争议，包括我国在国（境）外设立的机构与我国派往该机构工作的人员之间发生的劳动争议、外商投资企业的用人单位与劳动者之间发生的劳动争议。

下列纠纷不属于劳动争议：①劳动者请求社会保险经办机构发放社会保险金的纠纷；②劳动者与用人单位因住房制度改革产生的公有住房转让纠纷；③劳动者对劳动能力鉴定委员会的伤残等级鉴定结论或者对职业病诊断鉴定委员会的职业病诊断鉴定结论的异议纠纷；④家庭或者个人与家政服务人员之间的纠纷；⑤个体工匠与帮工、学徒之间的纠纷；⑥农村承包经营户与受雇人之间的纠纷。

第二节 劳动争议的处理机构

一、劳动争议调解机构

劳动争议调解委员会是依法成立的调解本单位发生的劳动争议的群众性组织。我国的劳动争议调解委员会主要有：企业劳动争议调解委员会，依法设立的基层人民调解组织，在乡镇、街道设立的具有劳动争议调解职能的组织。企业劳动争议调解委员会由职工代表和企业代表组成。职工代表由工会成员担任或者由全体职工推举产生，企业代表由企业负责人指定。企业劳动争议调解委员会主任由工会成员或者双方推举的人员担任。

二、劳动争议仲裁机构

劳动争议仲裁委员会是国家授权、依法独立地对劳动争议案件进行仲裁的专门机构。劳动争议仲裁委员会按照统筹规划、合理布局和适应实际需要的原则设立。省、自治区人民政府可以决定在市、县设立，直辖市人民政府可以决定在区、县设立。直辖市、设区的市也可以设立一个或者若干个劳动争议仲裁委员会。劳动争议仲裁委员会不按行政区划层层设立。

劳动争议仲裁委员会由劳动行政部门代表、工会代表和企业方面代表组成。劳动争议仲裁委员会组成人员应当是单数。

劳动争议仲裁委员会负责管辖本区域内发生的劳动争议。仲裁委员会受理本行政区域内的下列劳动争议案件：①因确认劳动关系发生的争议；②因订立、履行、变更、解除和终止劳动合同发生的争议；③因除名、辞退和辞职、离职发生的争议；④因工作时间、休息休假、社会保险、福利、培训以及劳动保护发生的争议；⑤因劳动报酬、工伤医疗费、经济补偿或者赔偿金等发生的争议；⑥法律、法规规定的其他劳动争议。

劳动争议由劳动合同履行地或者用人单位所在地的劳动争议仲裁委员会管辖。双方当事人分别向劳动合同履行地和用人单位所在地的劳动争议仲裁委员会申请仲裁的，由劳动合同履行地的劳动争议仲裁委员会管辖。

劳动争议仲裁委员会仲裁劳动争议，实行仲裁庭、仲裁制度。仲裁庭仲裁实行少数服从多数的原则。劳动争议仲裁不收费。劳动争议仲裁委员会的经费由财政予以保障。

劳动争议仲裁委员会依法进行仲裁，依法决定劳动争议案件的受理、仲裁庭的组成、仲裁员的回避，依法对案件进行调查研究、调解和做出裁决。

三、人民法院

人民法院是审理劳动争议案件的司法机构。我国尚未设立劳动法院或劳动法庭，由各级人民法院的民事审判庭审理劳动争议案件。其受案范围为：属于《劳动法》第 2 条规定的劳动争议，当事人不服劳动争议仲裁委员会做出的裁决，依法向人民法院起诉的，人民法院应当受理。具体如下：

第一，劳动者与用人单位在履行劳动合同过程中发生的纠纷。

第二，劳动者与用人单位之间没有订立书面劳动合同，但已形成劳动关系后发生的纠纷。

第三，劳动者退休后，与尚未参加社会保险统筹的原用人单位因追索养老金、医疗费、工伤保险待遇和其他社会保险费而发生的纠纷。

第四，用人单位和劳动者因劳动关系是否已经解除或者终止，以及应否支付解除或终止劳动关系经济补偿金产生的争议，经劳动争议仲裁委员会仲裁后，当事人依法起诉的，人民法院应予受理。

第五，劳动者与用人单位解除或者终止劳动关系后，请求用人单位返还其收取的劳动合同定金、保证金、抵押金、抵押物产生的争议，或者办理劳动者的人事档案、社会保险关系等移转手续产生的争议，经劳动争议仲裁委员会仲裁后，当事人依法起诉的，人民法院应予受理。

第六，劳动者因为工伤、职业病，请求用人单位依法给予工伤保险待遇的争议，经劳动争议仲裁委员会仲裁后，当事人依法起诉的，人民法院应予受理。

第三节　劳动争议的解决方式及处理程序

根据《劳动法》第十章的规定，劳动争议的解决方式主要包括以下几种：

一、协商

发生劳动争议，劳动者可以与用人单位协商，也可以请工会或者第三方共同与用人单位协商，达成和解协议。

劳动争议发生后，当事人应当协商解决，协商一致后，双方可达成和解协议，但和解协议无必须履行的法律效力，而是由双方当事人自觉履行。协商不是处理劳动争议的必经程序，当事人不愿协商或协商不成，可以向本单位劳动争议调解委员会申请调解或向劳动争议仲裁委员会申请仲裁。

二、调解

发生劳动争议，当事人不愿协商、协商不成或者达成和解协议后不履行的，可以向调解组织申请调解。当事人双方愿意调解的，可以书面或口头形式向劳动争议调解委员会申请调解。劳动争议调解委员会接到调解申请后，可依据合法、公正、及时、着重调解原则进行调解。劳动争议调解委员会调解劳动争议，应当自当事人申请调解之日起 15 日内结束；到期未结束的，视为调解不成，当事人可以向当地劳动争议仲裁委员会申请仲裁。经调解达成协议的，制作调解协议书。调解协议书由双方当事人签名或者盖章，经调解员签名并加盖调解组织印章后生效，对双方当事人具有约束力，当事人自觉履行。达成调解协议后，一方当事人在协议约定期限内不履行调解协议的，另一方当事人可以依法申请仲裁。

劳动者可以申请支付令：因支付拖欠劳动报酬、工伤医疗费、经济补偿或者赔偿金事项达成调解协议，用人单位在协议约定期限内不履行的，劳动者可以持调解协议书依法向人民法院申请支付令。人民法院应当依法发出支付令。

调解不是劳动争议解决的必经程序，不愿调解、调解不成或者达成调解协议后不履行的，可以向劳动争议仲裁委员会申请仲裁。

三、仲裁

仲裁是劳动争议案件处理必经的法律程序：发生劳动争议，当事人不愿调解、调解不成或者达成调解协议后不履行的，可以向劳动争议仲裁委员会申请仲裁。劳动争议发生后，当事人任何一方都可直接向劳动争议仲裁委员会申请仲裁。

仲裁时效的有关规定：劳动争议申请仲裁的时效期间为 1 年。仲裁时效期间从当事人知道或者应当知道其权利被侵害之日起计算。仲裁时效因当事人一方向对方当事人主张权利，或者向有关部门请求权利救济，或者对方当事人同意履行义务而中断。从中断时起，仲裁时效期间重新计算。因不可抗力或者有其他正当理由，当事人不能在法律规定的仲裁时效期间申请仲裁的，仲裁时效中止。从中止时效的原因消除之日起，仲裁时效期间继续计算。劳动关系存续期间因拖欠劳动报酬发生争议的，劳动者申请仲裁不受1年仲裁时效期间的限制；但是，劳动关系终止的，应当自劳动关系终止之日起1年内提出。

提出仲裁要求的一方应当自劳动争议发生之日起1年内向劳动争议仲裁委员会提出书面申请。劳动争议仲裁委员会接到仲裁申请后，应当在5日内做出是否受理的决定。受理后，应当在收到仲裁申请的45日内做出仲裁裁决。案情复杂需要延期的，经劳动争议仲裁委员会主任批准，可以延期并书面通知当事人，但是延长期限不得超过15日。逾期未做出仲裁裁决的，当事人可以就该劳动争议事项向人民法院提起诉讼。

仲裁委员会主持调解的效力：仲裁委员会可依法进行调解，经调解达成协议的，制作仲裁调解书。仲裁调解书具有法律效力，自送达之日起具有法律约束力，当事人须自觉履行，一方当事人不履行的，另一方当事人可向人民法院申请强制执行。

劳动争议案件仲裁的举证责任的规定：发生劳动争议，当事人对自己提出的主张，有责任提供证据。在劳动争议案件中，用人单位的举证责任重大，与争议事项有关的证据属于用人单位掌握管理的，用人单位应当提供；用人单位不提供的，应当承担不利后果。

仲裁委员会对部分案件有先予执行的裁决权：仲裁庭对追索劳动报酬、工伤医疗费、经济补偿或者赔偿金的案件，根据当事人的申请，可以裁决先予执行，移送人民法院执行。

为使劳动者的权益得到快捷的保护，加快劳动争议案件的处理时间，劳动争议仲裁委员会对下列案件实行一裁终局：追索劳动报酬、工伤医疗费、经济补偿或者赔偿金，不超过当地月最低工资标准12个月金额的争议；因执行国家的劳动标准在工作时间、休息休假、社会保险等方面发生的争议。上述案件的仲裁裁决为终局裁决，裁决书自做出之日起发生法律效力。劳动者对一裁终局的仲裁裁决不服的，可以自收到仲裁裁决书之日起15日内向人民法院起诉。而用人单位对一裁终局的仲裁裁决，不能再向法院起诉，也不能申请再次仲裁，但在具备法定情形时，用人单位可以向人民法院申请撤销。

除一裁终局的仲裁裁决以外的其他劳动争议案件的仲裁裁决，当事人不服的，可以自收到仲裁裁决书之日起15日内向人民法院提起诉讼；期满不起诉的，裁决书发生法律效力。一方当事人逾期不履行，另一方当事人可以向人民法院申请强制执行。受理申请的人民法院应当依法执行。

四、诉讼

当事人对可诉的仲裁裁决不服的，可自收到仲裁裁决书之日起15日内向人民法院提起诉讼。对经过仲裁裁决，当事人向法院起诉的劳动争议案件，人民法院应当受理。

（一）对当事人因劳动争议仲裁委员会不予受理而起诉到法院的案件的处理

劳动争议仲裁委员会以当事人申请仲裁的事项不属于劳动争议为由，做出不予受理的书面裁决、决定或者通知，当事人不服，依法向人民法院起诉的，人民法院应当分别情况予以处理：属于劳动争议案件的，应当受理；虽不属于劳动争议案件，但属于人民法院主管的其他案件的，应当依法受理。

劳动争议仲裁委员会以当事人的仲裁申请超过期限为由，做出不予受理的书面裁决、决定或者通知，当事人不服，依法向人民法院起诉的，人民法院应当受理；对确已超过仲裁申请期限，又无不可抗力或者其他正当理由的，依法驳回其诉讼请求。

劳动争议仲裁委员会以申请仲裁的主体不适格为由，做出不予受理的书面裁决、决定或者通知，当事人不服，依法向人民法院起诉的，经审查，确属主体不适格的，裁定不予受理或者驳回起诉。

（二）对重新做出仲裁裁决的处理

劳动争议仲裁委员会为纠正原仲裁裁决错误重新做出裁决，当事人不服，依法向人民法院起诉的，人民法院应当受理。

（三）仲裁事项不属于法院受案范围的处理

劳动争议仲裁委员会仲裁的事项不属于人民法院受理的案件范围，当事人不服，依法向人民法院起诉的，裁定不予受理或者驳回起诉。

（四）劳动争议案件的管辖

劳动争议案件由用人单位所在地或者劳动合同履行地的基层人民法院管辖。劳动合同履行地不明确的，由用人单位所在地的基层人民法院管辖。

（五）劳动争议案件中的证明责任

部分劳动争议案件的举证责任由法律明确规定。因用人单位做出的开除、除名、辞退、解除劳动合同、减少劳动报酬、计算劳动者工作年限等决定而发生的劳动争议，用人单位负举证责任。

（六）人民法院对一裁终局的部分劳动争议仲裁裁决有撤销权

用人单位对一裁终局的仲裁裁决书自收到之日起 30 日内可以向劳动争议仲裁委员会所在地的中级人民法院申请撤销该裁决，但须有证据证明该仲裁裁决存在下述情形之一：①适用法律、法规确有错误；②劳动争议仲裁委员会无管辖权；③违反法定程序；④裁决所依据的证据是伪造的；⑤对方当事人隐瞒了足以影响公正裁决的证据；⑥仲裁员在仲裁该案时有索贿受贿、徇私舞弊、枉法裁决行为。仲裁裁决被人民法院裁定撤销的，当事人可以自收到裁定书之日起 15 日内就该劳动争议事项向人民法院提起诉讼。

（七）人民法院审理劳动争议案件实行两审终审制

人民法院一审审理终结后，对一审判决不服的，当事人可在15日内向上一级人民法院提起上诉；对一审裁定不服的，当事人可在10日内向上一级人民法院提起上诉。经二审审理所做出的裁决是终审裁决，自送达之日起发生法律效力，当事人必须履行。

本章思考题

1. 简述劳动争议的概念和类型。
2. 解决劳动争议的主要机构及职能有哪些？
3. 简述我国劳动争议解决的程序与方式。

社会法学·延伸阅读的推荐书目

[1]陈训敬．社会法学[M]．厦门:厦门大学出版社,2009.
[2]王全兴．劳动法学[M]．北京:高等教育出版社,2008.
[3]林嘉．劳动法和社会保障法[M]．北京:中国人民大学出版社,2014.
[4]王林清．劳动纠纷裁判思路与规范释解[M]．北京:法律出版社,2016.

第七编

刑法学

第一章

刑法学基本理论

★本章要点★

本章主要介绍刑法的基本概念、基本原则及刑法的适用范围等内容。

通过本章的学习，要求重点掌握刑法在适用过程中的时间效力、空间效力以及是否具有溯及力等内容。

第一节　刑法的基本知识

一、刑法的概念

刑法是掌握政权的统治阶级为了维护本阶级政治上的统治和经济上的利益，根据自己的意志，规定哪些行为是犯罪，并给犯罪人以何种刑罚处罚的法律。所以，刑法是关于犯罪、刑事责任和刑罚的国家基本法律。

我国的刑法是工人阶级领导的广大人民根据自己的意志和利益，规定什么样的行为是犯罪，并对该犯罪行为处以什么样的刑罚的法律。

二、我国刑法的修订

新中国成立后，直到1979年7月1日，全国人民代表大会才通过了第一部刑法典。随着社会的发展，1979年《中华人民共和国刑法》（以下简称旧《刑法》）逐渐暴露出它的不完善之处，全国人民代表大会常务委员会以特别法的方式不断对其进行修改补充。在旧《刑法》颁行后的十几年里，由全国人民代表大会常务委员会颁行的单行刑法多达23部，全国人民代表大会及其常务委员会还在数十部经济、行政等非刑事法律中设立了130多个附属性的刑法条款。这些特别刑法规范在一定程度上适应了司法实践中惩罚犯罪的迫切需要，但是也难免存在内容和形式上的问题。

1997 年 3 月 14 日，第八届全国人民代表大会第五次会议审议通过了对旧《刑法》的修订案。新修订的《中华人民共和国刑法》（以下简称《刑法》）共计 452 条。《刑法》的主要特点在于：①明文规定了刑法的基本原则；②扩大了我国的刑事管辖权；③明确规定了未成年人犯罪不适用死刑；④对正当防卫的范围制度进行了重大修改，赋予公民更大的正当防卫权；⑤明确规定了单位犯罪；⑥完善了自首和立功制度；⑦严格限制法院的酌定减轻处罚权；⑧废弃了“反革命罪”的提法；⑨增强了具体犯罪定罪量刑的可操作性；⑩根据形式的需要，大量增加了新的罪名。

自 1997 年修订刑法之后，全国人民代表大会常务委员会又先后制定了八个《刑法修正案》和一个单行刑法（1998 年 12 月 29 日《关于惩治骗购外汇、逃汇和非法买卖外汇犯罪的决定》）。

2015 年 8 月 29 日第十二届全国人民代表大会常务委员会第十六次会议通过的《中华人民共和国刑法修正案（九）》，主要有以下几个方面的重点内容：①减少 9 个适用死刑罪名，刑法死刑罪名已减至 46 个；②增加恐怖犯罪财产刑规定；③加强儿童、老人的人身权利保护，废除嫖宿幼女罪；④加强公民个人信息保护，新增加编造虚假信息犯罪；⑤加大惩处腐败力度，删去贪贿罪具体数额规定，规定重特大贪贿者可终身监禁；⑥惩治失信背信行为，增加组织考试作弊、假诉讼妨害司法等犯罪；⑦切实加强社会治理，增加危险驾驶应追责情形，规定袭警按妨害公务从重处罚。

第二节　刑法的基本原则

刑法的基本原则是指刑法作为一个部门法所特有的、贯穿于全部刑法内容的、对定罪量刑和刑罚的执行具有直接指导作用的准则。《刑法》第一章规定的基本原则可以概括为罪刑法定原则、罪责刑相适应原则和法律面前人人平等原则。

一、罪刑法定原则

《刑法》第 3 条规定：“法律明文规定为犯罪行为的，依照法律定罪处刑；法律没有明文规定为犯罪行为的，不得定罪处刑。”罪刑法定原则又称罪刑法定主义，就是对法律没有明文规定为犯罪的行为，不得定罪处罚。在大陆法系国家，罪刑法定原则的内容包括：①刑法应当是成文法，排斥习惯法；②禁止绝对不定刑；③禁止类推制度；④禁止刑法有溯及力。其实质是要求刑法具有明确性和可预知性。

二、罪责刑相适应原则

《刑法》第 5 条规定："刑罚的轻重，应当与犯罪分子所犯罪行和承担的刑事责任相适应。"这表明罪责刑相适应原则应当包括以下两个内容：①刑罚的轻重应当与犯罪分子所犯罪行相适应。"犯罪分子所犯罪行"是指犯罪分子实施的触犯刑律的犯罪行为，刑罚的轻重"应当与犯罪分子所犯罪行相适应"，就是指应当与犯罪分子实施的犯罪过程事实的性质和社会危害性相适应。②刑罚轻重应当与犯罪分子承担的刑事责任相适应，也就是重罪重刑、轻罪轻刑、无罪不罚，罚当其罪，不能重罪轻刑、轻罪重刑。

三、法律面前人人平等原则

《刑法》第 4 条规定："对任何人犯罪，在适用法律上一律平等。不允许任何人有超越法律的特权。"该条规定表明：①法律面前人人平等的原则是指适用法律上的平等，而不是立法上的平等；②所谓适用法律上的一律平等，是指以法律作为统一尺度适用于一切实施犯罪行为的人；③平等意味着既反对特权，也反对歧视，而首先是反对特权。法律面前人人平等原则是社会主义民主在法律上的体现，是依法治国的必然要求。

第三节　刑法的适用范围

刑法的适用范围也称为刑法的效力范围。刑法的效力是指刑法在时间上和空间上的适用范围，即刑法在什么地方，对什么人和在什么时间内具有法律效力。刑法的效力范围包括空间效力和时间效力两个方面的内容。

一、刑法的空间效力

刑法的空间效力是指刑法在什么地方、对什么人有效，解决的是国家刑事管辖权问题。

（一）《刑法》的地域效力

《刑法》第 6 条规定："凡在中华人民共和国领域内犯罪的，除法律有特别规定的以外，都适用本法。凡在中华人民共和国船舶或者航空器内犯罪的，也适用本法。犯罪的行为或者结果有一项发生在中华人民共和国领域内的，就认为是在中华人民共和国领域内犯罪。"所谓我国"领域"，即领土，它由领陆、领空、领水和底土构成。凡在中国船舶或航空器内犯罪的，具有属地管辖权。此外，根据《维也纳外交公约》关于使馆馆舍不受侵犯的规定，在我国驻外大使馆发生的犯罪也应适用《刑法》。

“法律有特别规定的”情形是指：①《刑法》第 11 条规定的“享有外交特权和豁免权的外国人的刑事责任，通过外交途径解决”；②《刑法》第 90 条规定的“民族自治地方不能全部适用本法规定的，可以由自治区或者省的人民代表大会根据当地民族的政治、经济、文化特点和本法规定的基本原则，制定变通或者补充的规定，报请全国人民代表大会常务委员会批准施行”；③《刑法》颁布后，国家立法机关制定的特别刑法与之有不同规定的，适用该特殊规定；④我国香港特别行政区和澳门特别行政区以及台湾地区不适用《刑法》。

（二）《刑法》对人的效力

1. 《刑法》对我国公民的效力

我国公民是指取得中华人民共和国国籍的自然人。我国公民在我国领域内犯罪，一律适用《刑法》。我国公民在我国领域外犯罪，可以区分为两种情况：①《刑法》第 7 条第 1 款规定：“中华人民共和国公民在中华人民共和国领域外犯本法规定之罪的，适用本法，但是按本法规定的最高刑为 3 年以下有期徒刑的，可以不予追究。”②《刑法》第 7 条第 2 款规定：“中华人民共和国国家工作人员和军人在中华人民共和国领域外犯本法规定之罪的，适用本法。”

2. 《刑法》对外国人的效力

外国人是指具有外国国籍或者无国籍的人。《刑法》对外国人的效力可以分为两种情况：①根据《刑法》第 6 条和第 11 条的规定，外国人在我国领域内犯罪适用《刑法》，但是享有外交特权和外交豁免权的外国人的刑事责任，通过外交途径解决。②外国人在我国领域外犯罪，《刑法》的效力又可分为以下两种情况：一是《刑法》第 8 条的规定，外国人在我国领域外实施针对我国国家或者公民的犯罪，而按照《刑法》规定的最高刑为 3 年以上有期徒刑的，可以适用本法，但是按照犯罪地的法律不受处罚的除外。二是《刑法》第 9 条的规定：“对于中华人民共和国缔结或者参加的国际条约所规定的罪行，中华人民共和国在所承担条约义务的范围内行使刑事管辖权的，适用本法。”

3. 《刑法》对单位（法人）的效力

《刑法》第 30 条和第 31 条规定了有关单位（法人）犯罪的刑事责任和处罚的规定，但《刑法》对单位犯罪的效力范围没有明确规定。《刑法》总则关于刑法空间效力的规定应同样适用于单位（法人）犯罪。

二、刑法的时间效力

（一）刑法时间效力的概念

刑法的时间效力是指刑法在时间上的适用范围，即刑法的生效时间、失效时间以及对刑法生效前的行为是否适用刑法。

刑法的生效时间通常有两种规定：一是从刑法批准或者公布之日起施行；二是在公布一段时间后再施行，如《刑法》即采用这种办法。

刑法的失效时间也有两种情况：一是由立法机关明确宣布废止，即新法公布后新法条文中或者在有关新法施行的有关法律中明文规定，与新法相抵触的旧法即行废止或者失效；二是自然失效，即有新法代替同类内容的旧法，该旧法自然失去效力，或者由于原有的立法特殊条件已经消失，这一法律也就当然失效。

刑法的溯及力，即刑法生效后，对它生效前未经审判或者判决尚未确定的行为是否适用的问题，主要有以下四项原则：①从旧原则，即按照行为时的旧法处理，新法没有溯及力；②从新原则，即按照新法处理，新法有溯及力；③从新兼从轻原则，即新法原则上有溯及力，但旧法不认为是犯罪或处罚较轻的，按照旧法处理；④从旧兼从轻原则，即新法原则上没有溯及力，但新法不认为犯罪或者处罚较轻的，按照新法处理。

（二）《刑法》关于溯及力的规定

《刑法》第12条对溯及力问题做了明确的规定。自1949年10月1日中华人民共和国成立至1997年《刑法》生效前这段时间内发生的行为，未经审判或者判决尚未确定的，按照以下四种情况处理：

第一，当时的法律不认为是犯罪，而《刑法》认为是犯罪的，适用当时的法律，即《刑法》没有溯及力。

第二，当时的法律认为是犯罪，而《刑法》不认为是犯罪的，应当适用《刑法》，不以犯罪论，即《刑法》有溯及力。

第三，当时的法律认为是犯罪，按照《刑法》总则第四章第八节的规定应当追诉的，按照当时的法律追究刑事责任，《刑法》无溯及力。但是，如果《刑法》处刑较轻，适用《刑法》，《刑法》就有溯及力。

第四，《刑法》第12条第2款规定：“本法施行前，依照当时的法律已经做出的生效判决，继续有效。”

因此，新《刑法》在溯及力问题上采用的是从旧兼从轻原则。对这一原则的具体适用，包括以下内容：一是它的适用对象仅限于未决案，即未经审判或者判决尚未确定的案件，包括正处于上诉期内的案件，但是再审的案件必须适用行为时的法律；二是如果新、旧《刑法》的规定完全相同，适用旧法，即适用行为时有效的法律；三是犯罪行为由新《刑法》生效以前继续到生效以后的，适用新法；四是犯罪行为由新《刑法》生效以前连续到新《刑法》生效以后，如果新、旧《刑法》都认为是犯罪，则适用新法。

本章思考题

1. 刑法的概念和特征是什么？
2. 简要论述刑法的基本原则。
3. 关于刑法溯及力的几种主要原则是什么？

第二章

犯　罪

★本章要点★

本章主要介绍犯罪的构成要件、犯罪的阻却性行为及故意犯罪的几个形态等内容。

通过本章的学习，要求在学习的过程中重点掌握犯罪的四个构成要件及正当防卫与紧急避险的区别等问题。

第一节　犯罪构成要件

一、犯罪的概念和特征

《刑法》第13条规定："一切危害国家主权、领土完整和安全，分裂国家、颠覆人民民主专政的政权和推翻社会主义制度，破坏社会秩序和经济秩序，侵犯国有财产和劳动群众集体所有的财产，侵犯公民私人所有的财产，侵犯公民的人身权利、民主权利和其他权利，以及其他危害社会的行为，依照法律应当受刑法处罚的，都是犯罪，但是情节显著轻微危害不大的，不认为是犯罪。"由此规定可以看出，犯罪具有以下三个特征：

（一）社会危害性

犯罪最本质的特征就是行为具有一定的社会危害性，即犯罪行为对个人、社会或者国家利益造成实际损害或可能造成实际损害。犯罪的本质就在于它危害了国家和人民的利益，危害了社会主义社会。如果某种行为没有可能给社会带来危害，刑法就没有必要将它规定为犯罪，或者某种行为虽然具有一定的社会危害性，但是情节显著轻微危害不大，也不能认定为犯罪。

（二）刑事违法性

违法与犯罪是两个不同的概念。违法行为可能是违反民事法规，也可能是违反行政法规。犯罪作为违法行为的一种，具有违反刑法的特征，即具有刑事违法性。一切犯罪行为都具有社会危害性，但并非一切具有社会危害性的行为都是犯罪，只有当危害社会的行为达到了一定程度，即触犯了刑法，才能认定这种行为是犯罪。行为的社会危害性是刑事违法性的基础，刑事违法性是社会危害性在刑法上的表现，二者相结合才能判定罪与非罪的界限。

（三）应受刑罚惩罚性

应受刑罚惩罚性也是犯罪的一个基本特征。犯罪是适用刑罚的前提条件，刑罚是犯罪应当承担的法律后果。《刑法》第 13 条将“应当受到刑罚处罚”写入犯罪的概念中，就是将犯罪与刑罚紧密联系起来，阐明犯罪这一社会现象的特征，即如果一个行为不应当受刑罚处罚，也就意味着它不是犯罪。

二、犯罪构成的概念

犯罪构成，就是《刑法》所规定的、决定某一具体行为构成犯罪所必需的一切客观和主观要件的总和。

犯罪构成的概念，简单说就是法定地确立犯罪的一般要件。具体犯罪的构成情况是多样的，但是任何犯罪都具有它最基本的构成要件，即犯罪客体、犯罪客观方面，以及犯罪主体、犯罪主观方面。

三、犯罪构成要件

（一）犯罪客体

犯罪客体是指为《刑法》所保护而为犯罪行为所侵犯的社会主义社会关系，它是犯罪构成的必要条件。犯罪客体包括的内容涉及社会的方方面面。

犯罪客体按其范围大小，可以分为直接客体、同类客体和一般客体三种。

第一，直接客体。根据某种犯罪所侵害客体的多寡，可以将直接客体分为简单客体和复杂客体两类。如故意伤害罪仅侵犯他人的健康，它的客体是单一的，属于简单客体。抢劫罪则不一样，既侵犯财产又侵犯人身，是复杂客体。

第二，同类客体。同类客体是《刑法》对犯罪进行分类、建立分则体系的一个重要的概念，是将《刑法》中规定的 400 余种犯罪分为几大类，根据这些犯罪侵害客体的某种共同性而做出的分类。因此，理论上认为，同类客体是我国对犯罪进行分类的一个重要依据，也是建立分则体系的一个重要依据。

第三，一般客体。在刑法上，犯罪的一般客体是指一切犯罪所共同侵犯的客体，在我国就是指社会主义社会关系。

犯罪客体是犯罪主体及其犯罪活动所侵害的社会关系，而犯罪对象是犯罪客观方面的行为要素所侵犯或直接指向的人、物或信息，二者是有严格区别的。犯罪客体是任何犯罪构成的要件，任何犯罪都必然使犯罪客体受到损害。犯罪客体既决定犯罪的性质，又是犯罪分类的基础，而犯罪对象并不是任何犯罪都不可缺少的要件，当犯罪客体受到危害时，犯罪对象有时并不一定受到损害，它既不决定犯罪的性质，也不是犯罪分类的基础。

（二）犯罪客观方面

人的犯罪活动可以分为主观和客观两个方面：一是主观方面有意识的思维活动，即形成犯意；二是将主观心理活动客观化，即将犯意付诸实施，这就表现为某种犯罪行为。前者属于犯罪的主观方面，后者则属于犯罪的客观方面。所以，犯罪的客观方面就是指犯罪活动的客观外在表现。它包括危害行为、危害结果以及犯罪的时间、地点和方法等事实特征。

危害行为是指犯罪人的意志或者意识。危害社会的行为具有“有意性”的特点。行为具有客观性，但是客观的行为要有刑法上的意义，必须是人在意志或者意识支配下实施的。如果不是人在意志或者意识的作用下做出的举动，是不能界定为危害行为的。危害行为是一切犯罪构成所不可缺少的要件，危害结果是多数犯罪构成的必要条件，危害行为与危害结果之间的因果关系是使行为人对危害结果负刑事责任的必要条件。犯罪的时间、地点、方法是某些犯罪构成的必备条件，同时对判定其他犯罪的危害程度和量刑有一定的作用。危害行为有作为和不作为两种表现形式。

所谓作为，就是指行为人用积极的行为去实施刑法所禁止的危害社会的活动，即法律禁止做而去做；所谓不作为，是指行为人有义务实施并且能够实施某种积极行为而不去实施该行为，即法律要求做而不去做。构成不作为犯罪必须有一个前提条件，即负有某种义务，也就是做出某种积极行为的义务。这种义务的来源通常包括以下几个方面：一是法律的规定；二是职务上和业务上的要求；三是先前行为引起的义务；四是由于法律行为而产生的义务。以上四种情况所带来的义务不履行，就会构成不作为犯罪。

（三）犯罪主体

犯罪主体是指实施犯罪行为，依法应对自己的罪行负刑事责任的人。《刑法》中明确规定的犯罪主体不仅包括自然人，也包括单位。

1. 自然人主体的内部结构

《刑法》第二章规定，只有达到法律规定的犯罪能力和刑事责任能力的标准，才能认定犯罪。刑法上一般是按照年龄和身心健康程度进行划分的，这就是刑事责任年龄和刑事责任能力。刑事责任年龄是自然人构成犯罪主体本身所必备的条件之一。刑事责任年龄又称责任年龄，是指法律规定行为人对自己的犯罪行为负刑事责任必须达到的年龄。行为人只有达到法定刑事责任年龄，才能对自己的犯罪行为负刑事责任。《刑法》将刑事责任年龄划分为完全负刑事责任、相对负刑事责任和完全不负刑事责任三个阶段。根据《刑法》第17条的规定，完全负刑事责任年龄阶段是指“已满16周岁的人犯罪，应当负刑事责任”。相对负刑事责任年龄阶段是指“已满14周岁不满16周岁的人，犯故意杀人、故意伤害致人重伤或者死亡、强奸、抢劫、贩卖毒品、放火、爆炸、投毒罪的，应当负刑事责任”。完全不负刑事责任的年龄阶段是指“不满14周岁的，一律不负刑事责任”。同时，《刑法》第17条还对未成年人犯罪做出了以下规定，“已满14周岁不满18周岁的人犯罪，应当从轻或者减轻处罚”，“因不满16周岁不予刑事处罚的，责令他的家长或者监护人加以管教；在必要的时候，也可以由政府收容教养”。《刑法》对特殊人员的刑事责任问题做了明确的规定，具体包括以下内容：①精神病人在不能辨认或者不能控制自己行为的时候造成危害结果，经法定程序鉴定确认的，不负刑事责任；但是应当责令他的家属或者监护人严加看管和医疗；在必要的时候，由政府强制医疗。②尚未完全丧失辨认或者控制自己行为能力的精神病人犯罪的，应当负刑事责任，但是可以从轻或减轻处罚。③间歇性的精神病人在精神正常时候犯罪，应当负刑事责任。④醉酒的人应当负刑事责任。⑤又聋又哑的人或者盲人犯罪，可以从轻、减轻或者免除处罚。

2. 单位（法人）主体的内部结构

单位犯罪一般具有以下特征：①合格的单位；②单位意志；③为了单位的利益；④以单位的名义；⑤由单位成员实施。对单位犯罪的处罚一般采取双罚制。单位犯罪的，对单位判处罚金，并对其直接负责的主管人员和其他直接责任人员判处刑罚。

（四）犯罪主观方面

犯罪的主观方面是指犯罪主体进行犯罪活动时所处的心理状态。犯罪的主观方面为犯罪主体的思想意识，它支配着主体在犯罪活动中一系列的感性动作和行为。构成犯罪主观方面的因素很多，如犯罪动机、犯罪目的、犯罪故意和犯罪过失等，但是，这些因素中的犯罪故意和犯罪过失是一切犯罪所不可缺少的必要条件。

1. 犯罪故意

所谓故意，就是明知自己的行为会造成危害社会的结果并且希望或者放任这种结果发生的一种心理态度。故意又可分为直接故意与间接故意两种。直接故意是指行为人明知自己的行为会发生危害社会的结果，并且希望这种结果发生的心理态度。间接故意是指行为人明知自己的行为会发生危害社会的结果，并且放任这种结果发生的心理态度。

2. 犯罪过失

过失犯罪是指应当预见自己的行为可能发生危害社会的结果，因为疏忽大意而没有预见，或已经预见而轻信能够避免，以致发生这种结果，是过失犯罪。过失犯罪，法律有规定的才负刑事责任。在刑法理论上，过失犯罪可分为过于疏忽大意的过失犯罪和过于自信的过失犯罪。行为人应当预见自己的行为可能发生危害社会的结果，因为疏忽大意而没有预见，以致发生危害结果的，是疏忽大意的过失犯罪；行为人已经预见自己的行为可能发生危害社会的结果，但轻信能够避免而实际又未能避免，以致发生危害结果的，是过于自信的过失犯罪。过失犯罪虽然也造成了危害社会的结果，但由于行为人在主观上并没有危害社会的意图，因此《刑法》第15条规定，过失犯罪，法律有规定的才负刑事责任。

第二节　排除犯罪性行为

排除犯罪性行为是指由于犯罪构成非犯罪化而丧失其本应具有的犯罪性的行为。《刑法》第20条和第21条规定了正当防卫和紧急避险两种排除犯罪性行为。此外，在理论上还承认其他的排除犯罪性行为，如履行职务的行为、执行命令的行为等。

一、正当防卫

《刑法》第20条规定："为了使国家、公共利益、本人或者他人的人身、财产和其他权利免受正在进行的不法侵害，而采取的制止不法侵害的行为，对不法侵害人造成损害的，属于正当防卫。"

（一）正当防卫的条件

根据《刑法》第20条的规定可以看出，正当防卫会给侵害人造成损害，甚至会造成侵害人的死亡。为了防止正当防卫的滥用，《刑法》第20条对正当防卫的条件有严格的限制，主要有以下几个方面：①必须发生了不法侵害，才能实行正当防卫；②不法侵害正在进行；③具有正当防卫的目的，即必须是为了保卫国家利益、公共利益、本人或者他人的人身、财产和其他权利；④正当防卫是针对不法侵害人本人实施的；⑤防卫不能明显超过必要限度造成重大损害。具备以上五个条件，就可以认定行为属于正当防卫。其中，前四个条件又称为正当防卫的前提条件，后一个条件又称为适度条件。

（二）无过当防卫

《刑法》第20条第3款对暴力犯罪的正当防卫做了特别规定："对正在进行行凶、杀人、抢劫、强奸、绑架以及其他严重危及人身安全的暴力犯罪，采取防卫行为，造成不法侵害人伤亡的，不属于防卫过当，不负刑事责任。"这个规定的实质在于，一方面，防卫人如果遭遇到某些严重危及人身安全的暴力犯罪，不存在过当问题，从立法方面体现了对暴力犯罪严厉打击的态度；另一方面鼓励公民积极反抗暴力犯罪，使防卫人能够放开手脚，勇敢保护合法利益，无论造成什么样的损害后果，都不存在防卫过当问题。但是，无过当防卫并不是没有条件的，它必须具备正当防卫的前四个前提条件，只不过在这种情况下，法律把第五个条件即适度的条件取消了。

（三）防卫过当

根据《刑法》第20条第2款的规定，正当防卫明显超过必要限度造成重大损害的，就是防卫过当。可见，防卫过当成立的条件有两个：一是“防卫明显超过必要的限度”；二是“造成重大的损害”。防卫明显超过必要限度是决定性的条件。《刑法》第20条第2款规定：“正当防卫明显超过必要限度造成重大损害的，应当负刑事责任，但是应当减轻或者免除处罚。”

二、紧急避险

《刑法》第21条规定：“为了使国家、公共利益、本人或者他人的人身、财产和其他权利免受正在发生的危险，不得已采取的紧急避险行为，造成损害的，不负刑事责任。紧急避险超过必要限度造成不应有的损害的，应当负刑事责任，但是应当减轻或者免除处罚。”

可见，紧急避险是在两种合法权益不能同时保全的紧急情况下，不得已而实施的保全更大合法权益的行为。

（一）紧急避险的条件

从《刑法》第21条的规定可以看出，成立紧急避险必须具备以下几个条件：①紧急避险必须是在合法的权益面临正在发生的实际危险的威胁时才能实施；②紧急避险必须是在为了保护公共利益、本人或者他人的合法权益免受危险的损害时才能实施；③紧急避险必须是在迫不得已的情况下才能实施；④紧急避险不得超过必要限度，造成不应有的损害。这四个条件是紧密联系、缺一不可的。只有完全具备这四个条件，紧急避险才能成立。为了防止紧急避险被滥用，《刑法》还规定：“紧急避险超过必要限度造成不应有的损害的，应当负刑事责任，但是应当减轻或者免除处罚。”同时，《刑法》为了防止负有职责或者一定义务的人以紧急避险为借口，不履行职责或者义务，在第21条第3款特别规定，紧急避险行为不适用于职务上和业务上负有特定责任的人。

（二）紧急避险与正当防卫

紧急避险与正当防卫有许多相似之处，它们的相同点主要有：①目的都是保护公共利益、本人或者他人的合法权益；②成立的前提都是有合法权益正在受到不法侵害；③在超过必要限度造成不应有损害的情况下，二者都需要承担刑事责任。

尽管紧急避险和正当防卫有很多相似之处，但它们在性质上是不同的，主要表现在：①危害的来源不同。正当防卫的危害来源只能是不法侵害，而紧急避险的危害来源不仅可以是人的不法侵害，还可以是自然力量和动物的侵袭。②行为所损害的对象不同。正当防卫只能是对不法侵害人本人实施，而紧急避险则只是对第三者实施危害。③行为的限制条件不同。正当防卫即使是在有其他方法可以避免危害的情况下也可以实施，紧急避险则必须是在迫不得已，没有其他排除危害方法的情况下才能实施。④对损害程度的要求不同。

《刑法》允许正当防卫可以超过不法侵害者可能造成的损害，但紧急避险则要求损害的合法权益必须小于所保护的合法权益。

第三节 故意犯罪的形态

一、故意犯罪形态的概念

一般来讲，任何故意犯罪都要经历一个犯罪的起意、预备实行和完成的过程。但是，犯罪是一个比较复杂的社会现象，并非所有的犯罪都经历了以上每个过程，由于种种原因，故意犯罪可能停留在某一阶段，而表现为不同的犯罪形态。根据刑法学的理论，故意犯罪的形态可以分为两类：一类是完成罪，就是犯罪既遂；另一类是未完成罪，包括犯罪预备、犯罪未遂和犯罪中止三种情况。因为犯罪既遂是犯罪进程形态的标准情况，所以，未完成罪又称为犯罪的特殊形态。

二、犯罪预备

《刑法》第22条规定：“为了犯罪，准备工具、制造条件的，是犯罪预备。”犯罪预备是犯罪构成的一种未完成形态，是犯罪构成过程中发展程度最低、最不充分的状态。犯罪预备成立的条件有以下几点：

第一，有犯罪预备行为，即为了犯罪，制造条件的行为。常见的预备行为有以下几种：①准备工具；②练习犯罪手段，如练习扒窃技术；③进行犯罪前的调查，如盗窃前的踩点；④排除实施犯罪的障碍，如盗窃前将人家的狗毒死；⑤勾结共犯，其中也包括为实施犯罪而组成犯罪团伙。

第二，具有犯罪的目的。如为了实施杀人行为，犯罪人买了一把刀，这就是杀人的预备行为。因为《刑法》没有具体规定预备行为的具体种类，所以必须联系犯罪目的，才能认定犯罪预备。

第三，由于意志以外的原因而没有着手犯罪。犯罪预备和犯罪既遂之间还有很大的距离，而且最重要的是，犯罪预备毕竟还没有使犯罪客体受到实际的伤害，犯罪预备的社会危害性与犯罪既遂相比要小得多，所以，《刑法》规定："对于预备犯，可以比照既遂犯从轻、减轻处罚或者免除处罚。"

三、犯罪未遂

《刑法》第23条规定："已经着手实施犯罪，由于犯罪分子意志以外的原因而未得逞的，是犯罪未遂。"犯罪未遂的成立条件有以下几点：

第一，已"着手"实行犯罪。所谓已"着手"实行犯罪，是指开始了犯罪的实行行为。实行行为是指行为人实行了《刑法》分则条文所规定的行为。因此，所谓的着手，既可以说是开始了实行行为，也可以说是开始了实施分则条文规定的犯罪行为。这是未遂的起点，也是未遂犯与预备犯区别的标志。

第二，犯罪没有既遂。这是未遂犯与既遂犯的主要区别。没有既遂是指没有完全实现《刑法》分则条文规定的犯罪事实。如果由于意志以外的原因没有完全实现法定的犯罪事实，属于未遂；如果完全实现了法定事实，就发展成为犯罪既遂。因此，没有既遂是未遂犯与既遂犯的本质区别。判断既遂是属于《刑法》分则的问题，因为行为人是否实现了《刑法》分则条文规定的全部犯罪事实，是要通过条文具体掌握的。

第三，由于意志以外的原因而没有既遂。意志以外的原因是指并非出于行为人的意愿而遭遇到客观的障碍，被迫停止于既遂之前。比较常见的意志以外的原因有：①被害人强烈的反抗，如实行强奸行为时，妇女的强烈反抗；②第三人强有力的阻止，如犯罪实行中警察赶到；③自身能力的不足；④认识错误或者错觉。

与犯罪既遂相比，犯罪未遂具有较轻的社会危害性，因此，《刑法》第23条规定："对于未遂犯，可以比照既遂犯从轻或者减轻处罚。"

四、犯罪既遂

犯罪既遂是指行为人的行为完全实现了分则条文规定的某一犯罪构成。是否既遂的标准在于，行为人是否完全实现了法律规定的犯罪构成。这种标准是由《刑法》分则具体规定的，不同的犯罪其既遂的情况是不同的。具体而言，犯罪既遂可以分为以下三种类型：

第一，必须造成法定的结果才构成既遂。如故意杀人罪。故意杀人并且将人杀死才构成既遂，如果没有致死，则只能是未遂。

第二，行为具有造成某一结果发生的具体危险为既遂。这种情况主要集中在危害公共安全类犯罪。

第三，既不要求结果，也不要求有危险，只要犯罪行为进展到一定程度即为既遂。如逃脱罪，行为人逃脱到达了逃离监所的程度为既遂；在押运途中，逃离监管人员的控制范围的程度为既遂。有时，犯罪行为一旦着手实行，即为既遂，如持有毒品或者窝藏赃物，一旦有持有、窝藏的行为，即为既遂。

五、犯罪中止

《刑法》第 24 条规定："在犯罪过程中，自动放弃犯罪或者自动有效地防止犯罪结果发生的，是犯罪中止。"

犯罪中止虽然与犯罪预备和犯罪未遂一样都是犯罪构成的未完成形态，但是，它与这两种未完成形态有质的区别。犯罪中止的成立必须具备以下三项条件：

（一）在犯罪过程中

在犯罪过程中，即在从犯罪预备开始到着手实行犯罪的整个犯罪过程中。理解这一条件应当注意两点：

第一，如果犯罪既遂后，返还原物、赔偿损失，只是犯罪后悔罪的表现，不能成立犯罪中止。

第二，如果犯罪过程中遭遇客观障碍，明显地告一段落归于未遂，一般认定为未遂，不认为是犯罪中止。

（二）自动放弃犯罪

所谓自动放弃犯罪，就是在认为能够完成犯罪的情况下，出于本人意志自动停止犯罪。自动放弃是犯罪中止的本质特征。

导致自动停止犯罪的原因一般有：①真诚悔过，良心发现，这是比较典型的犯罪中止情况；②因被害人的哀求或第三人的劝说而停止犯罪；③因为害怕而停止。

（三）彻底放弃犯罪，有效地防止犯罪结果的发生

彻底放弃犯罪，有效地防止犯罪结果的发生是犯罪中止彻底有效的特征。

由于犯罪中止没有最终给社会带来危害后果，或者危害后果轻微，所以《刑法》第 24 条规定："对于中止犯，没有造成损害的，应当免除处罚；造成损害的，应当减轻处罚。"

第四节 共同犯罪

一、共同犯罪的概念

《刑法》第 25 条规定："共同犯罪是指 2 人以上共同故意犯罪。"《刑法》不承认过失共犯，所以《刑法》规定："2 人以上共同过失犯罪，不以共同犯罪论处；应当负刑事责任的，按照他们所犯的罪分别处罚。"

二、共同犯罪的成立条件

（一）必须二人以上

未达到刑事责任年龄或者没有刑事责任能力的人，不能成为单独犯罪的主体，同样也不能成为共同犯罪的主体。因此，具备主体资格的人同一个未达到刑事责任年龄的人“共同犯罪”的，是不能认定为共同犯罪的。其刑事责任由具备刑事责任能力的人承担。一个具备刑事责任能力的人唆使一个未达到刑事责任年龄的人犯罪的，也不能认定为共同犯罪，其刑事责任由具备刑事责任能力的人承担。对这种情况，可以认为唆使者将他人当作工具来使用，属于间接实行犯。单位犯罪，虽然可能有很多单位成员参与，但是单位是作为一个整体出现的，因此不能认定为共同犯罪。

（二）必须有共同犯罪的故意

共同犯罪的故意包括两层含义：一是各个共同犯罪人对该罪都有故意；二是共同犯罪人之间存在意思联络，意识到是在共同实施犯罪。在共同犯罪的情况下，必须具备这两层含义。

（三）必须有共同犯罪行为

共同犯罪行为是广义的，既包括实行行为，也包括组织、教唆和帮助行为。在共同犯罪中承担实行行为的人，称为实行犯；没有亲自实行犯罪，仅提供帮助的人，称为帮助犯；仅有教唆行为的人，称为教唆犯。

三、共同犯罪的形式

（一）必要的共犯和任意的共犯

必要的共犯是指法律规定其犯罪主体必须是2人以上的犯罪。聚众犯罪是常见的必要共犯，法律规定必须是2人以上参加。

任意的共犯是指数人构成了法律规定其主体为一人或者数人的犯罪。所谓任意，就是法律对犯罪主体的数量没有特别限制。也就是说，从法律规定来看，实行这样的犯罪，其犯罪主体是单个人或者数人法律是没有特别规定的。

（二）一般共同犯罪和特殊共同犯罪

一般共同犯罪是指2人以上没有特殊的组织形式的共同犯罪。其特点是共同犯罪人只是为了实施某一种犯罪而事先或者临时纠集在一起，实行犯罪之后即行散伙。

特殊共同犯罪是指在共同犯罪中，犯罪主体已经结合为犯罪组织的共犯形式。根据《刑法》第26条的规定，所谓犯罪集团，是指3人以上为共同实施犯罪而组成的较为固定的犯罪组织。

（三）简单共同犯罪和复杂共同犯罪

简单共同犯罪是指所有的共同犯罪人都是实行犯的共同犯罪。这种共同犯罪是指各个犯罪人都实施了某一具体的犯罪构成的行为。如盗窃罪中，甲撬锁，乙取物，丙取款，这种情况就是简单共同犯罪。

复杂共同犯罪是指共同犯罪人中除实行犯外，还有教唆犯或者帮助犯。也就是说，各个共同犯罪人并不都直接实施某一具体犯罪构成的行为，而是有明确的分工。其中，有的实施直接导致犯罪结果发生的行为，是共同犯罪中的实行犯；有的实施为实行犯罪提供条件的行为，是帮助犯；有的实施教唆他人实行犯罪的行为，是教唆犯。

四、共同犯罪人的分类和刑事责任

（一）主犯

《刑法》第26条规定："组织、领导犯罪集团进行犯罪活动的或者在共同犯罪中起主要作用的，是主犯。"

可见，主犯包括两种情况：一是"组织、领导犯罪集团进行犯罪活动"的犯罪分子；二是"在共同犯罪中起主要作用"的犯罪分子。

（二）从犯

《刑法》第27条规定："在共同犯罪中起次要或者辅助作用的，是从犯。"

因此，从犯一般有两种：一种是起次要作用的犯罪分子，是实行犯；另一种是本人没有实行犯罪行为，仅仅是提供帮助的帮助犯。帮助犯一般是从犯，实行犯如果起的作用比较小，也可以是从犯。在关于从犯的定义中，所谓辅助作用，是指为实行共同犯罪创造条件，提供方便，辅助犯罪的实行，如提供犯罪工具。所谓次要作用，是指直接参与了犯罪行为的实行，但在整个犯罪的实行过程中只起到次要作用。

关于从犯的法律责任，《刑法》第27条规定："对于从犯，应当从轻、减轻处罚或者免除处罚。"

（三）胁从犯

《刑法》第28条规定："胁从犯是指被胁迫参加犯罪的犯罪分子。"其不愿意或者不完全愿意参加犯罪活动，但是在主犯的威逼、强制下，参加了某种犯罪活动。

胁从犯可以分为两种情况：一是被胁迫参加了犯罪的犯罪分子。所谓被胁迫，是指被他人以暴力或者在精神威胁下被迫参加犯罪的人。在这种情况下，行为人还有一定的意志自由，因此其行为是有意识的，是犯罪行为。二是被诱骗参加犯罪的犯罪分子。所谓被诱骗，是指对实际情况不明，轻信谎言，参与了犯罪的情况。在这种情况下，行为人对自己行为的危害结果还是有一定预见的，因而所实施的行为是故意的，仍然构成犯罪。

关于胁从犯的法律责任，《刑法》第28条规定："对于被胁迫参加犯罪的，应当按照他的犯罪情节减轻处罚或者免除处罚。"

（四）教唆犯

《刑法》第29条规定："教唆他人犯罪的，应当按照他在共同犯罪中所起的作用处罚。教唆不满十八周岁的人犯罪的，应当从重处罚。如果被教唆的人没有犯被教唆的罪，对于教唆犯，可以从轻或者减轻处罚。"

教唆犯是指故意唆使他人实施犯罪的罪犯，其特点是唆使他人犯罪，而本人不打算或者没有实际参与实行的犯罪分子。教唆犯的成立有两个方面的要件：一方面是有唆使他人犯罪的故意，确实是教唆者的意图使他人实行了犯罪。行为人没有教唆他人犯罪的故意，仅仅是因为说话不注意，客观上引起了他人犯罪的，不能认定为是教唆犯。另一方面，有具体明确的教唆他人犯罪的行为。通常要求教唆的内容比较具体，特别是对象比较明确。

确定教唆犯的刑事责任有以下三个要点：①对于教唆犯，应当按照他在共同犯罪中的作用处罚。如果起主要作用，按照主犯处罚；如果起次要作用，按照从犯处罚。司法解释特别规定，实践证明，教唆犯一般起主要作用，所以一般按照主犯处罚。②被教唆人没有犯被教唆罪的，对于教唆犯可以从轻或者减轻处罚。③教唆不满18周岁的人犯罪，应当从重处罚。行为人教唆不满18周岁的人犯罪，并且该人又未达到刑事责任年龄的，一般认为教唆者是间接实行犯，不是教唆犯。因为对方尚未达到刑事责任年龄，不是合格的犯罪主体，与教唆者不能成为共犯，只有教唆者本人构成犯罪，是单独犯，并且是实行犯，即认为未达到责任年龄的人被视为是教唆者的犯罪工具，未达到责任年龄者的行为被视为是教唆者的行为，完全由教唆者单独承担法律责任。

关于教唆犯的法律责任，仅存在从重处罚和从轻或减轻处罚的情形，而不存在免除处罚。

本章思考题

1. 犯罪构成有哪些要件？
2. 《刑法》对刑事责任年龄和刑事责任能力是怎样规定的？
3. 直接故意和间接故意的区别是什么？
4. 正当防卫的概念和条件是什么？
5. 紧急避险的概念和条件是什么？
6. 正当防卫与紧急避险的区别是什么？
7. 犯罪预备、犯罪未遂、犯罪既遂和犯罪中止的概念分别是什么？
8. 共同犯罪的概念和成立条件是什么？

第三章

刑 罚

★本章要点★

刑罚是统治阶级以国家的名义对罪犯实行惩罚的一种制裁方式，因此，刑罚具有鲜明的阶级性。

通过本章的学习，要求重点掌握我国刑罚的种类和体系以及刑罚的具体运用等问题。

第一节 刑罚的概念和体系

一、刑罚的概念

刑罚是指《刑法》第三章所规定的、由人民法院依法对犯罪人适用的强制措施。刑罚具有以下特征：

第一，刑罚是强制性措施。强制性，即强迫作为影响人们行为的方法，是同发生某种消极的法律后果相联系的。刑罚是强制剥夺犯罪人某种权益的措施。

第二，刑罚是《刑法》第三章所规定的某种强制措施。虽然其他法律也规定有强制措施，但只有《刑法》所规定的强制性措施称为刑罚。

第三，刑罚只能由人民法院依法行使。在我国，只有人民法院依法独立行使审判权。

第四，刑罚只能适用于犯罪人。刑罚是犯罪的法律后果，犯罪人实行了触犯《刑法》的危害社会的行为，其法律后果就是要承担刑罚。

二、刑罚的体系

刑罚的体系是指刑法所规定的并按照一定次序排列的各种刑罚方法的总和。

我国的刑罚体系分为主刑和附加刑两类。

（一）主刑

主刑又称基本刑，是对犯罪分子独立适用的主要刑罚方法。根据《刑法》第 33 条的规定，主刑分为管制、拘役、有期徒刑、无期徒刑和死刑。

1. 管制

管制是由人民法院判决，对犯罪分子不予关押，但限制其一定自由，交由公安机关管束和人民群众监督改造的刑罚方法。管制适用对象的特点是，所犯罪行轻，并且社会危险性小。管制的特点在于：①犯罪分子不予关押，仍留在原工作单位或原居住地工作和生活；②被判处管制的犯罪分子虽然有人身自由，但他的工作、劳动和其他活动必须接受公安机关和人民群众的管束和监督；③管制必须由人民法院依法判处，交由公安机关执行，其他任何机关、单位和个人都无权判决和执行。

《刑法》第 39 条规定，被判处管制的犯罪分子，在执行期间，应当遵守下列规定：①遵守法律、行政法规，服从监督；②未经执行机关批准，不得行使言论、出版、集会、结社、游行和示威自由的权利；③按照执行机关的规定报告自己的活动情况；④遵守执行机关关于会客的规定；⑤离开居住的市、县或者迁居，应当报经执行机关批准。《刑法》第 38 条规定，管制的期限为 3 个月以上 2 年以下，数罪并罚最高不超过 3 年。管制的期限从判决执行之日起算。判决执行以前先行羁押的，羁押 1 日折抵刑期 2 日。

2. 拘役

拘役是短期剥夺犯罪分子的人身自由，就近强制实行劳动改造的刑罚方法。拘役是介于管制和有期徒刑之间的主刑，因为它剥夺犯罪分子的人身自由，所以在性质上它比管制要重。

《刑法》第 42 条规定，拘役的期限为 1 个月以上 6 个月以下，数罪并罚不超过 1 年。

3. 有期徒刑

有期徒刑是剥夺犯罪分子一定期限的人身自由，并强制劳动改造的刑罚方法。有期徒刑是《刑法》中使用范围最广泛的一种刑罚。由于有期徒刑的最低期限到最高期限的幅度大，适用面宽，既适用于较重的犯罪，又适用于较轻的犯罪，便于人民法院根据不同的犯罪性质、情节和社会危害程度，对犯罪分子处以不同的刑期。

《刑法》第 45 条规定：“有期徒刑的期限，除本法第五十条、第六十九条规定外，为 6 个月以上 15 年以下。”《刑法》第 50 条规定：“判处死刑缓期执行的，在死刑缓期执行期间，如果没有故意犯罪，二年期满以后，减为无期徒刑；如果确有重大立功表现，二年期满以后，减为二十五年有期徒刑。”《刑法》第 69 条规定："判决宣告以前一人犯数罪的，除判处死刑和无期徒刑的以外，应当在总和刑期以下、数刑中最高刑期以上，酌情决定执行的刑期，但是管制最高不能超过3年，拘役最高不能超过1年，有期徒刑总和刑期不满35年的，最高不能超过20年，总和刑期在35年以上的，最高不能超过25年。"

4. 无期徒刑

无期徒刑是剥夺犯罪分子终身自由，并强制劳动改造的刑罚方法。无期徒刑是介于有期徒刑和死刑之间的一种严厉的刑罚。

无期徒刑与有期徒刑的区别在于：①期限不同。有期徒刑是剥夺一定期限的人身自由，而无期徒刑则是剥夺终身自由。②严厉程度不同。有期徒刑是介于无期徒刑和拘役之间的刑罚，它重于拘役轻于无期徒刑；无期徒刑则重于有期徒刑轻于死刑。③适用对象不同。有期徒刑的适用面比较宽，既适用于罪行较重的犯罪，又适用于罪行较轻的犯罪；无期徒刑则只适用于罪行严重，必须严厉惩罚的犯罪。④适用时其他规定不同。

关于羁押日期，有期徒刑判决前先行羁押的，羁押日期可以折抵刑期，而无期徒刑则不存在折抵刑期问题。对判处有期徒刑的犯罪分子，不一定附加剥夺政治权利，而对判处无期徒刑的犯罪分子，应当附加剥夺政治权利终身。

5. 死刑

死刑是剥夺犯罪分子生命的刑罚，它是刑罚体系中最严厉的一种刑罚。不过，《刑法》对死刑是进行严格控制的，主要的规定有以下几点：

（1）死刑适用范围的限制。《刑法》第48条规定："死刑只适用于罪行极其严重的犯罪分子。对于应当判处死刑的犯罪分子，如果不是必须立即执行的，可以判处死刑同时宣告缓期2年执行。"

（2）犯罪主体的限制。《刑法》第49条规定："犯罪的时候不满18周岁的人和审判的时候怀孕的妇女，不适用死刑。"对不满18周岁的人不适用死刑，主要是基于未成年人的心智发育程度、社会化程度和意志能力还没有达到健全的标准。为保护胎儿，避免由于母亲有罪而株连胎儿，《刑法》规定，审判的时候怀孕的妇女不适用死刑。"审判的时候怀孕的妇女"是指在法院审判的时候被告人是怀孕的妇女，也包括审判前羁押受审期间已经怀孕的妇女，对怀孕妇女不能为判处死刑而对其实行人工流产，即使实行了人工流产，仍视为审判时怀孕的妇女，也不能适用死刑，而且不能判处死刑缓期2年执行。

（3）死刑核准程序的限制。《刑法》第48条规定："死刑除依法由最高人民法院判决的以外，都应当报请最高人民法院核准。"2006年10月31日，全国人民代表大会常务委员会通过《关于修改人民法院组织法的决定》，从2007年1月1日起由最高人民法院统一行使死刑案件核准权，改变此前实践中部分死刑案件核准权下放的做法。

（4）保留死刑缓期执行制度，以控制死刑立即执行的实际范围。《刑法》第48条规定：“对于应当判处死刑的犯罪分子，如果不是必须立即执行的，可以判处死刑同时宣告缓期2年执行。”死刑缓期执行并不是一个独立的刑种，被判处死缓的犯罪分子的不同表现可以导致不同的法律后果，根据《刑法》第50条规定：“判处死刑缓期执行的，在死刑缓期执行期间，如果没有故意犯罪，二年期满以后，减为无期徒刑；如果确有重大立功表现，二年期满以后，减为二十五年有期徒刑；如果故意犯罪，情节恶劣的，报请最高人民法院核准后执行死刑；对于故意犯罪未执行死刑的，死刑缓期执行的期间重新计算，并报最高人民法院备案。对被判处死刑缓期执行的累犯以及因故意杀人、强奸、抢劫、绑架、放火、爆炸、投放危险物质或者有组织的暴力性犯罪被判处死刑缓期执行的犯罪分子，人民法院根据犯罪情节等情况可以同时决定对其限制减刑。”

（二）附加刑

附加刑是补充主刑适用的刑罚方法。其特点是：既可以作为主刑的附加刑适用，也可以单独适用。《刑法》规定的附加刑有四种：罚金、剥夺政治权利、没收财产和驱逐出境。

1. 罚金

罚金是人民法院判处犯罪分子向国家缴纳一定数额金钱的刑罚方法。《刑法》第53条规定：“罚金在判决指定的期限内1次或者分期缴纳。期满不缴纳的，强制缴纳。对于不能全部缴纳罚金的，人民法院在任何时候发现被执行人有可以执行的财产，应当随时追缴。如果由于遭遇不能抗拒的灾祸缴纳确实有困难的，可以酌情减少或者免除。”可见，罚金的缴纳方法有四种，即限期一次缴纳、限期分期缴纳、强制缴纳、随时追缴。

2. 剥夺政治权利

剥夺政治权利是剥夺犯罪分子参加国家管理和政治活动的权利的刑罚方法。《刑法》第54条规定：“剥夺政治权利是剥夺下列权利：（一）选举权和被选举权；（二）言论、出版、集会、结社、游行、示威自由的权利；（三）担任国家机关职务的权利；（四）担任国有公司、企业、事业单位和人民团体领导职务的权利。”剥夺政治权利作为一种资格刑，既可以单独适用，也可以附加主刑适用。《刑法》第55条规定：“剥夺政治权利的期限，除本法第五十七条规定外，为1年以上5年以下。判处管制附加剥夺政治权利的，剥夺政治权利的期限与管制的期限相等，同时执行。”《刑法》第57条规定：“对于被判处死刑、无期徒刑的犯罪分子，应当剥夺政治权利终身。在死刑缓期执行减为有期徒刑或者无期徒刑减为有期徒刑的时候，应当把剥夺政治权利的期限改为3年以上10年以下。”

3. 没收财产

《刑法》第59条规定：“没收财产是没收犯罪分子个人所有财产的一部分或

者全部。”可见，没收财产是指将犯罪分子个人所有财产的一部分或者全部强制无偿地收归国有的刑罚方法。没收财产与罚金不同。在使用对象上，罚金适用于情节较轻的犯罪，而没收财产则适用于情节较重的犯罪；在内容上，罚金是剥夺犯罪分子现实所有的一定数额的金钱，而没收财产则是剥夺犯罪分子个人现有财产的一部分或者全部；在执行上，罚金可以分期缴纳，如果缴纳确有困难，可以适当减免，而没收财产则是一次没收，不发生减免问题。《刑法》第59条规定：“没收全部财产的，应当对犯罪分子个人及其扶养的家属保留必需的生活费用。在判处没收财产的时候，不得没收属于犯罪分子家属所有或者应有的财产。”所谓犯罪分子个人所有的财产，是指犯罪分子实际所有的一切财产及其在共有财产中应得的份额。所谓“家属所有”，是指纯属家属自己所有的财产。所谓“家属应有”，是指在家庭共同所有的财产中，应当属于家属的那一部分财产。对于犯罪分子与他人共有的财产，属于他人所有的部分，不得没收。《刑法》第60条规定：“没收财产以前犯罪分子所负的正当债务，需要以没收的财产偿还的，经债权人请求，应当偿还。”可见，以没收财产偿还债务，必须具有以下条件：①必须是在犯罪分子被没收财产以前所负的债务；②必须是正当的债务；③必须经债权人提出请求，并查证属实；④必须在没收财产的份额以内，按照一定的顺序偿还。

4. 驱逐出境

驱逐出境是强迫犯罪的外国人离开中国国境的刑罚方法。《刑法》第35条规定：“对于犯罪的外国人，可以独立适用或者附加适用驱逐出境。”所谓外国人，包括具有外国国籍的人和无国籍的人。因为驱逐出境只适用于犯罪的外国人，而不适用于犯罪的本国人，不具有普遍适用的性质，所以，我国的刑罚在刑罚体系之外，对驱逐出境做了专条规定，从本质上讲，驱逐出境也是一种附加刑。

（三）非刑罚的处罚方法

非刑罚的处罚方法是指人民法院对犯罪分子适用《刑法》以外的其他处理方法的总称。非刑罚的处罚方法不是刑种，只是人民法院了结案件的一种处理方法，不具有刑罚的性质和作用。但是它对保护被害人的合法权益，教育犯罪分子，防止矛盾激化，能起到重要的作用。因此可以说，非刑罚处罚方法是刑罚的必要补充。

1. 经济性处罚方法

经济性处罚方法具体包括：①赔偿经济损失。赔偿经济损失是指人民法院依法对犯罪分子判处刑罚的同时，根据犯罪行为给被害人造成的经济损失的大小，酌情判处犯罪分子向被害人赔偿一定数额的金钱的处理方法。《刑法》第36条规定：“由于犯罪行为而使被害人遭受经济损失的，对犯罪分子除依法给予刑事处罚外，并应根据情况判处赔偿经济损失。承担民事赔偿责任的犯罪分子，同时被判处罚金，其财产不足以全部支付的，或者被判处没收财产的，应当先承担对被害人的民事赔偿责任。”可见，适用赔偿经济损失必须具备两个条件：一是被害人的经济损失必须是由被告人的犯罪行为造成的，经济损失与犯罪行为之间存在因果关系；二是适用的对象必须是依法被判刑的犯罪分子。②赔偿损失。赔偿损失是指人民法院对犯罪情节轻微不需要判刑的犯罪分子，责令其向被害人支付一定数额的金钱，以弥补被害人因犯罪行为而遭受的损失的处理方法。《刑法》第37条规定，赔偿损失是在免予刑事处罚的前提下所采取的处理方法。因此，赔偿损失与赔偿经济损失是有区别的：一是适用对象不同。赔偿损失的适用对象是依法被免予刑事处罚的人，赔偿经济损失则对依法被判处刑罚的人适用。二是处理结果不同。赔偿损失的适用条件是犯罪情节轻微不需要判刑的，因此，只让被告人赔偿损失而不判刑；赔偿经济损失的适用条件是罪行较重需要判刑的，因此，对被告人既判刑又让其赔偿。

2. 非刑罚性处置措施

非刑罚性处置措施具体包括：①训诫。训诫是人民法院对犯罪情节轻微不需要判刑的人，以口头的方式对其当庭公开进行谴责的教育方式。训诫是在免予刑事处分的情况下所采用的处理方法。②具结悔过。具结悔过是指人民法院责令犯罪情节轻微不需要判刑的人用书面方式保证悔改，以后不再重新犯罪的教育方法。具结悔过的适用必须具备两个条件：一是适用对象必须是可以免予刑事处分的人；二是根据案件情况需要责令犯罪分子用书面方式保证悔改的。③赔礼道歉。赔礼道歉是指人民法院责令犯罪情节轻微不需要判刑的人公开向被害人承认错误，表示歉意的教育方法。赔礼道歉的适用对象也是犯罪情节轻微、免予刑事处罚的犯罪人，只是它的表现形式是要求犯罪人向被害人当面承认错误，表示歉意。④禁业规定。因利用职业便利实施犯罪，或者实施违背职业要求的特定义务的犯罪被判处刑罚的，人民法院可以根据犯罪情况和预防再犯罪的需要，禁止其自刑罚执行完毕之日或者假释之日起从事相关职业，期限为3～5年。

第二节　刑罚的裁量

一、量刑的概念和一般原则

刑罚的裁量即量刑，是指人民法院对犯罪分子依法裁量决定刑罚的活动。量刑的基本原则是以犯罪事实为根据，以刑事法律为准绳。《刑法》第61条规定：“对于犯罪分子决定刑罚的时候，应当根据犯罪的事实、犯罪的性质、情节和对于社会的危害程度，依照本法的有关规定判处。”这就是《刑法》规定的量刑原则。具体体现为以下几点：

（一）量刑必须以犯罪事实为根据

在量刑活动中坚持以犯罪事实为根据的原则，就是对犯罪分子决定刑罚的时候，应当根据犯罪的事实、犯罪的性质、情节和对于社会的危害程度，把量刑建立在充分、可靠的事实基础上。以犯罪事实为根据的基本内容包括：①查清犯罪事实；②正确认定犯罪的性质；③掌握犯罪情节；④正确评判行为对社会的危害程度。

（二）量刑必须以《刑法》为准绳

量刑必须以《刑法》为准绳，也就是说，要依法量刑。《刑法》第 61 条规定，对犯罪分子决定刑罚时，要“依照本法的有关规定判处”。这里的“有关规定”是指《刑法》有关刑罚方法、刑罚制度及其适用条件的规定，《刑法》有关具体犯罪的量刑幅度的规定，《刑法》有关从重、从轻、减轻以及免除处罚的规定。

二、量刑情节

量刑情节是指人民法院对犯罪分子裁量决定刑罚时，据以处刑轻重或者免除处罚的各种事实情况。量刑情节可分为法定情节和酌定情节两种。

（一）法定情节

法定情节是指《刑法》明文规定的、量刑时应当或者可以据以从严、从宽或者免除刑罚处罚的事实情况。法定情节可以分为以下两类：

第一，决定是否需要刑罚处罚或者按照哪个具体量刑幅度处罚的情节。它包括四种情况：①情节轻微。一般情况下，这种情节可以免予刑事处分。②情节较轻。它决定不予刑事处罚或者适用《刑法》某一具体条文中数个具体量刑幅度中较轻的一个。③情节严重。它决定适用《刑法》某一条文中数个量刑幅度中较重的一个。④情节特别严重。它决定适用《刑法》某一条文中数个具体量刑幅度中最重的一个。

第二，决定在某个具体量刑幅度中从严、从宽判处刑罚或者免除刑罚处罚的情节。它包括以下几种情况：①从重处罚情节，就是指在法定刑的限度以内判处较重的刑罚的情节；②从轻处罚情节，就是指在法定刑的限度以内判处较轻的刑罚的情节；③减轻处罚情节，就是指在法定刑以下判处刑罚的情节；④免除处罚情节，就是指对犯罪分子做出有罪宣告，同时免除其刑事处罚的情节。

（二）酌定情节

酌定情节是指不是法律明文规定，而是根据刑事立法的精神和司法实践抽象概括出来的，在量刑时酌情考虑的情节。酌定情节的形式是多样的，主要包括以下内容：

第一，犯罪动机。犯罪动机反映了犯罪人主观恶性的大小和社会危害程度的不同。

第二，犯罪手段。犯罪手段的残酷和狡猾程度的不同也反映出犯罪人社会危害程度的不同。

第三，犯罪时的环境和条件。

第四，犯罪对象的情况。犯罪对象的具体情况可以表现出犯罪的社会危害性情况。

第五，犯罪人的一贯表现。犯罪人的一贯表现可以反映出其主观恶性和对社会的危害性，必然影响到定罪和量刑。

第六，犯罪后的态度。犯罪后是真诚悔罪还是负隅顽抗，可以反映出犯罪分子的人身危险性和改造的难易程度。

（三）累犯

累犯是指被判处一定刑罚，并在该刑罚执行完毕或者赦免以后一段期限内，再次犯应当判处一定刑罚之罪的犯罪分子。《刑法》第 65 条和第 66 条将累犯分为一般累犯和特别累犯。

1. 一般累犯

《刑法》第 65 条第 1 款规定："被判处有期徒刑以上刑罚的犯罪分子，刑罚执行完毕或者赦免以后，在 5 年以内再犯应当判处有期徒刑以上刑罚之罪的，是累犯，应当从重处罚，但是过失犯罪和不满 18 周岁的人犯罪的除外。"可见，一般累犯的构成要件是：①前罪和后罪都必须是故意犯罪；②前罪和后罪都必须是被判处有期徒刑以上的刑罚；③后罪发生的时间必须是在前罪执行完毕或者赦免以后的 5 年内。

2. 特别累犯

《刑法》第 66 条规定："危害国家安全犯罪、恐怖活动犯罪、黑社会性质的组织犯罪的犯罪分子，在刑罚执行完毕或者赦免以后，在任何时候再犯上述任一类罪的，都以累犯论处。"危害国家安全罪累犯的成立要件是：①前罪和后罪都必须是特定罪；②前罪和后罪判处何种刑罚及其刑种并不影响累犯的成立；③后罪必须发生在前罪执行完毕或者赦免以后，在时间上不受限制，不论任何时间再犯，都构成危害国家安全罪累犯。

（四）自首

《刑法》第 67 条规定："犯罪以后自动投案，如实供述自己的罪行的，是自首。对于自首的犯罪分子，可以从轻或者减轻处罚。其中，犯罪较轻的，可以免除处罚。"自首的成立可分为两种情况：普通自首和特殊自首。

1. 普通自首

普通自首需要具备两个条件：一是自动投案；二是如实供述自己所犯的

罪行。

2. 特殊自首

特殊自首是指被采取强制措施的犯罪嫌疑人、被告人和正在服刑的罪犯，如实供述司法机关尚未掌握的罪行，并且该罪行与司法机关已经掌握和判决确定的罪行属于不同种罪行的，应以自首论。特殊自首的特征在于：①适用的对象是已经被采取强制措施的犯罪嫌疑人、被告人和正在服刑的罪犯；②供述的罪行是司法机关尚未掌握的罪行；③供述的必须是司法机关还没有掌握的本人其他罪行。

（五）立功

立功是指犯罪分子归案后揭发他人的犯罪行为，包括：共同犯罪案件中的犯罪分子揭发同案犯所参与的共同犯罪以外的其他犯罪行为，经查证属实；提供重要线索，从而得以侦破其他案件；协助司法机关抓捕其他罪犯（包括同案犯）；在押期间制止他人犯罪活动；等等。立功分为一般立功和重大立功。

1. 一般立功

一般立功是指具有以下五种表现之一：①到案后有检举、揭发他人犯罪行为，包括共同犯罪案件中的犯罪分子，揭发同案犯共同犯罪以外的其他犯罪，经查证属实；②提供侦破其他案件的重要线索，经查证属实；③阻止他人的犯罪活动；④协助司法机关抓捕其他犯罪嫌疑人（包括同案犯）；⑤具有其他有利于国家和社会的突出表现。

2. 重大立功

重大立功是指犯罪分子具有以下五种表现之一：①检举、揭发他人重大犯罪行为，经查证属实；②提供侦破其他重大案件的重要线索，经查证属实；③阻止他人的犯罪活动；④协助司法机关抓捕其他重大犯罪嫌疑人（包括同案犯）；⑤对国家和社会有其他重大贡献等表现。《刑法》第68条规定对于有立功表现的犯罪分子，可以从轻或者减轻处罚；有重大立功表现的，可以减轻或者免除处罚。

三、数罪并罚

（一）数罪并罚的概念和特点

数罪并罚是指人民法院对犯罪分子一人所犯的数个罪，分别定罪量刑，然后按照法定的原则和方法，决定应当执行的刑罚。也就是说，数罪并罚就是对一个人所犯数罪的合并处罚。数罪并罚有以下特点：①一人犯数罪，这是数罪并罚的前提。②犯罪分子所犯的数罪是指判决宣告以前一人犯数罪；或者判决宣告以后，刑罚没有执行完毕以前，发现被判刑的犯罪分子还有“漏罪”；或者判决宣告以后，在刑罚执行过程中，被判刑的犯罪分子又犯新罪。③在对数罪分别定罪量刑的基础上，决定应执行的刑罚。

（二）数罪并罚的适用

1. 判决宣告前的数罪并罚

《刑法》第 69 条规定：“判决宣告以前一人犯数罪的，除判处死刑或者无期徒刑的以外，应当在总和刑期以下、数刑中最高刑期以上，酌情决定执行的刑期，但是管制最高不能超过 3 年，拘役最高不能超过 1 年，有期徒刑总和刑期不满 35 年的，最高不能超过 20 年，总和刑期在 35 年以上的，最高不能超过 25 年。如果数罪中有判处附加刑的，附加刑仍须执行。”

2. 刑罚执行期间发现“漏罪”的并罚

首先，把数罪所判处刑直接按照《刑法》第 69 条的规定合并，然后将罪犯原先一个判决的刑期已经执行过的刑期从合并决定的刑期中扣除，这种情况的并罚称为“先并后减”。

3. 刑罚执行过程中又犯“新罪”的并罚

对于这种情况，是将原判决刑罚剩余的刑期与新罪所判刑期合并，也就是说，将原判决的刑期先减去已经执行的刑期，然后把剩余的刑期与新罪所判刑期合并。这种情况的并罚称为“先减后并”。

第三节　刑罚的执行

一、缓刑

缓刑是对判处一定刑罚的罪犯，在法定条件下，暂缓执行或不执行原判刑罚的一种制度。《刑法》第 72 条规定：“对于被判处拘役、3 年以下有期徒刑的犯罪分子，同时符合下列条件的，可以宣告缓刑，对其中不满 18 周岁的人、怀孕的妇女和已满 75 周岁的人，应当宣告缓刑：（一）犯罪情节较轻；（二）有悔罪表现；（三）没有再犯罪的危险；（四）宣告缓刑对所居住社区没有重大不良影响。宣告缓刑，可以根据犯罪情况，同时禁止犯罪分子在缓刑考验期限内从事特定活动，进入特定区域、场所，接触特定的人。被宣告缓刑的犯罪分子，如果被判处附加刑，附加刑仍须执行。”《刑法》第 449 条还规定了一种特殊的缓刑制度，即战时缓刑制度。该条规定：“在战时，对判处 3 年以下有期徒刑没有现实危险宣告缓刑的犯罪军人，允许其戴罪立功，确有立功表现时，可以撤销原判刑罚，不以犯罪论处。”

缓刑的考验期限是指对被宣告缓刑的犯罪分子进行考察的一段期限。《刑法》第 73 条规定：“拘役的缓刑考验期限为原判刑期以上 1 年以下，但是不能少于 2 个月。有期徒刑的缓刑考验期限为原判刑期以上 5 年以下，但是不能少于 1 年。”

对缓刑犯的考察是指被判处宣告缓刑的犯罪分子由公安机关在其所在单位或者基层组织的配合下，对其进行观察、教育，帮助其改过自新的活动。《刑法》第75条规定："被宣告判处缓刑的犯罪分子，应当遵守以下规定：（一）遵守法律、行政法规，服从监督；（二）按照考察机关的规定报告自己的活动情况；（三）遵守考察机关关于会客的规定；（四）离开所居住的市、县或者迁居，应当报经考察机关批准。"

《刑法》第77条规定："被宣告缓刑的犯罪分子，在缓刑考验期限内犯新罪或者发现判决宣告以前还有其他罪没有判决的，应当撤销缓刑，对新犯的罪或者新发现的罪做出判决，把前罪和后罪所判处的刑罚，依照本法第六十九条的规定，决定执行的刑罚。被宣告缓刑的犯罪分子，在缓刑考验期限内，违反法律、行政法规或者国务院公安部门有关缓刑的监督管理规定，或者违反人民法院判决中的禁止令，情节严重的，应当撤销缓刑，执行原判刑罚。"

二、减刑

减刑是指对被判处管制、拘役、有期徒刑、无期徒刑的犯罪分子，因其在刑罚执行期间确有悔改或者立功表现，而适当减轻其原判刑罚的制度。《刑法》第78条规定："被判处管制、拘役、有期徒刑、无期徒刑的犯罪分子，在执行期间，如果认真遵守监规，接受教育改造，确有悔改表现的，或者有立功表现的，可以减刑；有下列重大立功表现之一的，应当减刑：（一）阻止他人重大犯罪活动的；（二）检举监狱内外重大犯罪活动，经查证属实的；（三）有发明创造或者重大技术革新的；（四）在日常生产、生活中舍己救人的；（五）在抵御自然灾害或者排除重大事故中，有突出表现的；（六）对国家和社会有其他重大贡献的。"

减刑以后实际执行的刑期，判处管制、拘役、有期徒刑的，不能少于原判刑期的1/2；判处无期徒刑的，不能少于13年；人民法院依照本法第五十条第二款规定限制减刑的死刑缓期执行的犯罪分子，缓期执行期满后依法减为无期徒刑的，不能少于25年，缓期执行期满后依法减为25年有期徒刑的，不能少于20年。

三、假释

（一）假释的条件

假释是有条件提前释放的制度。《刑法》第81条规定："被判处有期徒刑的犯罪分子，执行原判刑期1/2以上，被判处无期徒刑的犯罪分子，实际执行13年以上，如果认真遵守监规，接受教育改造，确有悔改表现，没有再犯罪的危险的，可以假释。如果有特殊情况，经最高人民法院核准，可以不受上述执行刑期的限制。对累犯以及因故意杀人、强奸、抢劫、绑架、放火、爆炸、投放危险物质或者有组织的暴力性犯罪被判处10年以上有期徒刑、无期徒刑的犯罪分子，不得假释。对犯罪分子决定假释时，应当考虑其假释后对所居住社区的影响。”

（二）假释的考验期

关于假释的考验期，《刑法》第83条规定，有期徒刑的假释考验期限，为没有执行完毕的刑期；无期徒刑的假释考验期为10年。

（三）被宣告假释的犯罪分子应遵守的规定

《刑法》第84条规定：“被宣告假释的犯罪分子，应当遵守下列规定：（一）遵守法律、行政法规，服从监督；（二）按照监督机关的规定报告自己的活动情况；（三）遵守监督机关关于会客的规定；（四）离开所居住的市、县或者迁居，应当报经考察机关批准。”

（四）撤销假释的条件

《刑法》第86条规定了三种撤销假释的条件：

第一，被假释的犯罪分子，在假释考验期限内犯新罪，应当撤销假释。

第二，在假释考验期限内，发现被假释的犯罪分子在判决宣告以前还有其他罪没有判决的，应当撤销假释。

第三，被假释的犯罪分子，在假释考验期内，又违反法律、行政法规或者国务院公安部门有关假释的监督管理规定的行为，尚未构成新的犯罪的，应当依照有关法定程序撤销假释，收监执行未执行完毕的刑罚。

第四节　时效和赦免

一、时效

时效是指刑法规定的国家对犯罪人的刑事追诉权和刑罚执行权在一定期限内有效的制度。也就是经过一段期限，对刑事犯罪不得追诉或者对所判刑罚不得执行的一项法律制度。时效分为追诉时效和行刑时效。

《刑法》第87条规定了追诉时效制度，但没有规定行刑时效。具体为：“犯罪经过下列期限不再追诉：（一）法定最高刑不满5年有期徒刑的，经过5年；（二）法定最高刑为5年以上不满10年有期徒刑的，经过10年；（三）法定最高刑为10年以上有期徒刑的，经过15年；（四）法定最高刑为无期徒刑、死刑的，经过20年。如果20年以后认为必须追诉的，需报请最高人民检察院核准。”

二、追诉时效的计算

（一）追诉期限的计算

其基本的原则是从犯罪之日起计算，如果犯罪有继续或者连续状态，从行为终止之日起计算。

（二）追诉时效的中断

在追诉期限内又犯罪的，前罪的追诉期限从犯后罪之日起计算。

（三）追诉时效的延长

也就是说，发生了某种事实以后，不再计算时效。这意味着这种事实不消灭，那么，永远都能追诉。使追诉时效延长的事由有两种：第一种情况是司法机关立案侦查，或者已经受理的案件，犯罪人逃避侦查或者审判的；第二种情况是被害人在追诉期限内提起控告，而司法机关应立案或者受案而没有立案或者受案的。

三、赦免

赦免是国家宣告犯罪分子免除其罪与刑的一种法律制度。赦免分为大赦和特赦两种。大赦是指国家对不特定的多数犯罪分子的赦免。这种赦免制度既赦免罪也赦免刑。

特赦是指国家对特定犯罪分子的赦免。这种赦免只赦其刑不赦其罪。我国已取消了大赦制度。现行《宪法》第 67 条规定的特赦，由全国人民代表大会常务委员会决定，由国家主席发布特赦令。

2015 年 8 月 29 日，为纪念中国人民抗日战争暨世界反法西斯战争胜利 70 周年，体现依法治国理念和人道主义精神，根据第十二届全国人民代表大会常务委员会第十六次会议的决定公布并施行的《中华人民共和国主席特赦令》，对依据 2015 年 1 月 1 日前人民法院做出的生效判决正在服刑，释放后不具有现实社会危险性的部分罪犯实行特赦，具体为：①参加过中国人民抗日战争、中国人民解放战争的；②中华人民共和国成立以后，参加过保卫国家主权、安全和领土完整对外作战的，但犯贪污受贿犯罪，故意杀人、强奸、抢劫、绑架、放火、爆炸、投放危险物质或者有组织的暴力性犯罪，黑社会性质的组织犯罪，危害国家安全犯罪，恐怖活动犯罪的，有组织犯罪的主犯以及累犯除外；③年满 75 周岁、身体严重残疾且生活不能自理的；④犯罪的时候不满 18 周岁，被判处 3 年以下有期徒刑或者剩余刑期在 1 年以下的，但犯故意杀人、强奸等严重暴力性犯罪，恐怖活动犯罪，贩卖毒品犯罪的除外。对符合上述条件的服刑罪犯，经人民法院依法做出裁定后，予以释放。

本章思考题

1. 简述刑罚的概念和特征。
2. 我国的刑罚体系是怎样设置的？
3. 《刑法》对死刑主体有哪些限制？
4. 简述数罪并罚的概念。
5. 简述数罪并罚的具体适用。
6. 简述缓刑、减刑和假释的概念和条件。
7. 简述时效的概念和计算。

第四章

罪刑各论

★本章要点★

本章介绍了《刑法》对犯罪进行的分类和体系化及规定的具体犯罪的罪条和罪名。

通过本章的学习，要求理解犯罪的分类及体系，重点掌握常见的罪名及其犯罪构成。

第一节　犯罪的分类和体系

《刑法》分为总则和分则两部分，总则规定了犯罪和刑罚的一般原理、原则；分则分类规定了各种具体犯罪的构成要件、罪状和对该种罪应判处的法定刑。

《刑法》分则是指规定具体犯罪罪状依法定刑的刑法规范以及属于分则的一些特殊性规范的系统化整体。《刑法》分则的体系是指以一定的标准把各种具体犯罪进行归类，并根据立法者的价值取向对各类犯罪以及各章中的各类犯罪所做出的顺序排列。

《刑法》分则根据犯罪所侵害的同类客体和社会危害性的大小，将各种犯罪分为 10 类，即危害国家安全罪，破坏公共安全罪，破坏社会主义市场经济秩序罪，侵犯公民人身权利、民主权利罪，侵犯财产罪，妨害社会管理秩序罪，危害国防利益罪，贪污贿赂罪，渎职罪以及军人违反职责罪。

《刑法》分则体系的特点在于：①把犯罪分为 10 类，也就是上面所列的内容；②根据同类客体对犯罪进行分类，形成分则的 10 章；③根据各类犯罪危害程度的轻重对各类犯罪排列先后顺序；④根据犯罪的社会危害性程度以及犯罪之间的内在联系对具体犯罪排序。

第二节　刑法分则规定的具体犯罪

一、危害国家安全罪

危害国家安全罪是指危害中华人民共和国领土完整、主权独立、政治稳定、制度巩固等国家利益和安全的行为。

危害国家安全罪的基本构成是：主体多为一般主体，只有少数是特殊主体，如背叛国家罪、投敌叛国罪、叛逃罪等。客体是中华人民共和国的安全和重大利益，主要表现为直接威胁中华人民共和国的国家主权、领土完整，社会主义制度的稳定和安全以及涉及国计民生的重大利益。主观方面只能是故意，过失不构成此罪。客观方面则表现为实施危害国家安全和国家利益的行为。

《刑法》分则规定的危害国家安全罪的具体罪名包括：①背叛国家罪（《刑法》第102条）；②分裂国家罪（《刑法》第103条第1款）；③煽动分裂国家罪（《刑法》第103条第2款）；④武装叛乱、暴乱罪（《刑法》第104条）；⑤颠覆国家政权罪（《刑法》第105条第1款）；⑥武装叛乱、暴乱罪（《刑法》第104条）；⑦颠覆国家政权罪（《刑法》第105条第2款）；⑧煽动颠覆国家政权罪（《刑法》第105条第2款）；⑨资助危害国家安全犯罪活动罪（《刑法》第107条）；⑩投敌叛变罪（《刑法》第108条）；⑪叛逃罪（《刑法》第109条）；⑫间谍罪（《刑法》第110条）；⑬为境外窃取、刺探、收买、非法提供国家秘密、情报罪（《刑法》第111条）；⑭资敌罪（《刑法》第112条）。

二、危害公共安全罪

危害公共安全罪是指故意或者过失危害不特定多人的生命、健康、重大公私财产以及社会生产、工作、生活安全的行为。

危害公共安全的构成要件是：主体多数是一般主体，只有少数几个犯罪是特殊主体。客体是社会公共安全，即不特定多人的生命、健康、重大公私财产以及社会生产、工作、生活安全。主观方面的情况是：一部分犯罪只能由故意构成，如非法制造、买卖、运输枪支、弹药、爆炸物罪；一部分犯罪只能由过失构成，如重大责任事故罪。客观方面表现为实施危害公共安全的行为。

《刑法》分则规定的危害公共安全罪具体罪名包括：①放火罪（《刑法》第114条、第115条第1款）；②决水罪（《刑法》第114条、第115条第1款）；③爆炸罪（《刑法》第114条、第115条第1款）；④投放危险物质罪（《刑法》

第 114 条、第 115 条第 1 款)；⑤以危险方法危害公共安全罪（《刑法》第 114 条、第 115 条第 1 款)；⑥失火罪（《刑法》第 115 条第 2 款）⑦过失决水罪（《刑法》第 115 条第 2 款)；⑧过失爆炸罪（《刑法》第 115 条第 2 款)；⑨过失投放危险物质罪（《刑法》第 115 条第 2 款)；⑩过失以危险方法危害公共安全罪（《刑法》第 115 条第 2 款)；⑪破坏交通工具罪（《刑法》第 116 条、第 119 条第 1 款)；⑫破坏交通设施罪（《刑法》第 117 条、第 119 条第 1 款)；⑬破坏电力设备罪（《刑法》第 118 条、第 119 条第 1 款)；⑭破坏易燃易爆设备罪（《刑法》第 118 条、第 119 条第 1 款)；⑮过失损坏交通工具罪（《刑法》第 119 条第 2 款)；⑯过失损坏交通设施罪（《刑法》第 119 条第 2 款)；⑰过失损坏电力设备罪（《刑法》第 119 条第 2 款)；⑱过失损坏易燃易爆设备罪（《刑法》第 119 条第 2 款)；⑲组织、领导、参加恐怖组织罪（《刑法》第 120 条)；⑳帮助恐怖活动罪（《刑法》第 120 条之一)；㉑准备实施恐怖活动罪（《刑法》第 120 条之二)；㉒宣扬恐怖主义、极端主义、煽动实施恐怖活动罪（《刑法》第 120 条之三)；㉓利用极端主义破坏法律实施罪（《刑法》第 120 条之四)；㉔强制穿戴宣扬恐怖主义、极端主义服饰、标志罪（《刑法》第 120 条之五)；㉕非法持有宣扬恐怖主义、极端主义物品罪（《刑法》第 120 条之六)；㉖劫持航空器罪（《刑法》第 121 条)；㉗劫持船只、汽车罪（《刑法》第 122 条)；㉘暴力危及飞行安全罪（《刑法》第 123 条)；㉙破坏广播电视设施、公用电信设施罪（《刑法》第 124 条第 1 款)；㉚过失损坏广播电视设施、公用电信设施罪（《刑法》第 124 条第 2 款)；㉛非法制造、买卖、运输、邮寄、储存枪支、弹药、爆炸物罪（《刑法》第 125 条第 1 款)；㉜非法制造、买卖、运输、储存危险物质罪（《刑法》第 125 条第 2 款)；㉝违规制造、销售枪支罪（《刑法》第 126 条)；㉞盗窃、抢夺枪支、弹药、爆炸物、危险物质罪（《刑法》第 127 条)；㉟抢劫枪支、弹药、爆炸物、危险物质罪（《刑法》第 127 条第 2 款)；㊱非法持有、私藏枪支、弹药罪（《刑法》第 128 条第 1 款)；㊲非法出租、出借枪支罪（《刑法》第 128 条第 2 款、第 3 款)；㊳丢失枪支不报罪（《刑法》第 129 条)；㊴非法携带枪支、弹药、管制刀具、危险物品危及公共安全罪（《刑法》第 130 条)；㊵重大飞行事故罪（《刑法》第 131 条)；㊶铁路运营安全事故罪（《刑法》第 132 条)；㊷交通肇事罪（《刑法》第 133 条)；㊸危险驾驶罪（《刑法》第 133 条之一)；㊹重大责任事故罪（《刑法》第 134 条)；㊺强令违章冒险作业罪（《刑法》第 134 条)；㊻重大劳动安全事故罪（《刑法》第 135 条)；㊼大型群众性活动重大安全事故罪（《刑法》第 135 条之一)；㊽危险物品肇事罪（《刑法》第 136 条)；㊾工程重大安全事故罪（《刑法》第 137 条)；㊿教育设施重大安全事故罪（《刑法》第 138 条)；51消防责任事故罪（《刑法》第 139 条)；52不报、谎报安全事故罪（《刑法》第 139 条之一)。

三、破坏社会主义市场经济秩序罪

破坏社会主义市场经济秩序罪是指违反国家经济管理法规，破坏国家经济管理活动，侵害社会主义市场经济秩序的行为。

破坏社会主义市场经济秩序罪具有下列犯罪构成：主体多属一般主体，只有少数犯罪只能由特殊主体构成，如抗税罪。这类犯罪的客体是社会主义市场经济秩序，包括市场经济的各个方面。主观方面，大部分犯罪属于故意，有的犯罪还要求有特定的目的，只有个别犯罪由过失构成。客观方面表现为行为人违反国家经济管理法规，破坏社会主义市场经济秩序的行为。

《刑法》分则规定的破坏社会主义市场经济秩序罪的具体罪名包括：第一，生产、销售伪劣商品罪的 9 个罪名，具体为：①生产、销售伪劣产品罪（《刑法》第 140 条）；②生产、销售假药罪（《刑法》第 141 条）；③生产、销售劣药罪（《刑法》第 142 条）；④生产、销售不符合安全标准的食品罪（《刑法》第 143 条）；⑤生产、销售有毒、有害食品罪（《刑法》第 144 条）；⑥生产、销售不符合标准的医用器材罪（《刑法》第 145 条）；⑦生产、销售不符合安全标准的产品罪（《刑法》第 146 条）；⑧生产、销售伪劣农药、兽药、化肥、种子罪（《刑法》第 147 条）；⑨生产、销售不符合卫生标准的化妆品罪（《刑法》第 148 条）。第二，走私罪的 10 个罪名，具体为：①走私武器、弹药罪（《刑法》第 151 条第 1 款）；②走私核材料罪（《刑法》第 151 条第 1 款）；③走私假币罪（《刑法》第 151 条第 1 款）；④走私文物罪（《刑法》第 151 条第 2 款）；⑤走私贵重金属罪（《刑法》第 151 条第 2 款）；⑥走私珍贵动物、珍贵动物制品罪（《刑法》第 151 条第 2 款）；⑦走私国家禁止进出口的货物、物品罪（《刑法》第 151 条第 3 款）；⑧走私淫秽物品罪（《刑法》第 152 条）；⑨走私普通货物、物品罪（《刑法》第 153 条）；⑩走私废物罪（《刑法》第 152 条第 3 款）。第三，妨害对公司、企业的管理秩序罪的 17 个罪名，具体为：①虚报注册资本罪（《刑法》第 158 条）；②虚假出资、抽逃出资罪（《刑法》第 159 条）；③欺诈发行股票、债券罪（《刑法》第 160 条）；④违规披露、不披露重要信息罪（《刑法》第 161 条）；⑤妨害清算罪（《刑法》第 162 条）；⑥虚假破产罪（《刑法》第 162 条之二）；⑦隐匿、故意销毁会计凭证、会计账簿、财务会计报告罪（《刑法》第 162 条之一）；⑧非国家工作人员受贿罪（《刑法》第 163 条）；⑨对非国家工作人员行贿罪（《刑法》第 164 条）；⑩对外国公职人员、国际公共组织官员行贿罪（《刑法》第 164 条第 2 款）；⑪非法经营同类营业罪（《刑法》第 165 条）；⑫为亲友非法牟利罪（《刑法》第 166 条）；⑬签订、履行合同失职被骗罪（《刑法》第 167 条）；⑭国有公司、企业、事业单位人员失职罪（《刑法》第 168 条）；⑮国有公司、企业、事业单位人员滥用职权罪（《刑法》第 168 条）；⑯徇私舞弊低价折股、出售国有资产罪（《刑法》第169条）；⑰背信损害上市公司利益罪（《刑法》第169条之一）。第四，破坏金融管理秩序罪的30个罪名，具体为：①伪造货币罪（《刑法》第170条）；②出售、购买、运输假币罪（《刑法》第171条第1款）；③金融工作人员购买假币、以假币换取货币罪（《刑法》第171条第2款）；④持有、使用假币罪（《刑法》第172条）；⑤变造货币罪（《刑法》第173条）；⑥擅自设立金融机构罪（《刑法》第174条第1款）；⑦伪造、变造、转让金融机构经营许可证、批准文件罪（《刑法》第174条第2款）；⑧高利转贷罪（《刑法》第175条）；⑨骗取贷款、票据承兑、金融票证罪（《刑法》第175条之一）；⑩非法吸收公众存款罪（《刑法》第176条）；⑪伪造、变造金融票证罪（《刑法》第177条）；⑫妨害信用卡管理罪（《刑法》第177条之一第1款）；⑬窃取、收买、非法提供信用卡信息罪（《刑法》第177条之一第2款）；⑭伪造、变造国家有价证券罪（《刑法》第178条第1款）；⑮伪造、变造股票、公司、企业债券罪（《刑法》第178条第2款）；⑯擅自发行股票、公司、企业债券罪（《刑法》第179条）；⑰内幕交易、泄露内幕信息罪（《刑法》第180条）；⑱利用未公开信息交易罪（《刑法》第180条第4款）；⑲编造并传播证券、期货交易虚假信息罪（《刑法》第181条第1款）；⑳诱骗投资者买卖证券、期货合约罪（《刑法》第181条第2款）；㉑操纵证券、期货市场罪（《刑法》第182条）；㉒背信运用受托财产罪（《刑法》第185条之一第1款）；㉓违法运用资金罪（《刑法》第185条之一第2款）；㉔违法发放贷款罪（《刑法》第186条第1款）；㉕吸收客户资金不入账罪（《刑法》第187条）；㉖违规出具金融票证罪（《刑法》第188条）；㉗对违法票据承兑、付款保证罪（《刑法》第189条）；㉘骗购外汇罪（《全国人大常委会关于惩治骗购外汇、逃汇和非法买卖外汇犯罪的决定》第1条）；㉙逃汇罪（《刑法》第190条）；㉚洗钱罪（《刑法》第191条）。第五，金融诈骗罪的8个罪名，具体为：①集资诈骗罪（《刑法》第192条）；②贷款诈骗罪（《刑法》第193条）；③票据诈骗罪（《刑法》第194条第1款）；④金融凭证诈骗罪（《刑法》第194条第2款）；⑤信用证诈骗罪（《刑法》第195条）；⑥信用卡诈骗罪（《刑法》第196条）；⑦有价证券诈骗罪（《刑法》第197条）；⑧保险诈骗罪（《刑法》第198条）。第六，危害税收征管罪的14个罪名，具体为：①逃税罪（《刑法》第201条）；②抗税罪（《刑法》第202条）；③逃避追缴欠税罪（《刑法》第203条）；④骗取出口退税罪（《刑法》第204条第1款）；⑤虚开增值税专用发票、用于骗取出口退税、抵扣税款发票罪（《刑法》第205条）；⑥虚开发票罪（《刑法》第205条之一）；⑦伪造、出售伪造的增值税专用发票罪（《刑法》第206条）；⑧非法出售增值税专用发票罪（《刑法》第207条）；⑨非法购买增值税专用发票、购买伪造的增值税专用发票罪（《刑法》第208条第1款）；⑩非法制造、出售非法制造的用于骗取出口退税、抵扣税款发票罪（《刑法》第 209 条第 1 款）；⑪非法制造、出售非法制造的发票罪（《刑法》第 209 条第 2 款）；⑫非法出售用于骗取出口退税、抵扣税款发票罪（《刑法》第 209 条第 3 款）；⑬非法出售发票罪（《刑法》第 209 条第 4 款）；⑭持有伪造的发票罪（《刑法》第 210 条之一）。第七，侵犯知识产权罪的 7 个罪名，具体为：①假冒注册商标罪（《刑法》第 213 条）；②销售假冒注册商标的商品罪（《刑法》第 214 条）；③非法制造、销售非法制造的注册商标标识罪（《刑法》第 215 条）；④假冒专利罪（《刑法》第 216 条）；⑤侵犯著作权罪（《刑法》第 217 条）；⑥销售侵权复制品罪（《刑法》第 218 条）；⑦侵犯商业秘密罪（《刑法》第 219 条）。第八，扰乱市场秩序罪的 13 个罪名，具体为：①损害商业信誉、商品声誉罪（《刑法》第 221 条）；②虚假广告罪（《刑法》第 222 条）；③串通投标罪（《刑法》第 223 条）；④合同诈骗罪（《刑法》第 224 条）；⑤组织、领导传销活动罪（《刑法》第 224 条之一）；⑥非法经营罪（《刑法》第 225 条）；⑦强迫交易罪（《刑法》第 226 条）；⑧伪造、倒卖伪造的有价票证罪（《刑法》第 227 条第 1 款）；⑨倒卖车票、船票罪（《刑法》第 227 条第 2 款）；⑩非法转让、倒卖土地使用权罪（《刑法》第 228 条）；⑪提供虚假证明文件罪（《刑法》第 229 条第 1 款、第 2 款）；⑫出具证明文件重大失实罪（《刑法》第 229 条第 3 款）；⑬逃避商检罪（《刑法》第 230 条）。

四、侵犯公民人身权利、民主权利罪

侵犯公民人身权利、民主权利罪是指侵犯公民人身和与人身直接有关的权利，非法剥夺或者妨害公民自由行使依法享有的管理国家事务和参加社会政治活动权利以及妨害婚姻家庭的行为。

侵犯公民人身权利、民主权利罪的构成要件是：主体多为一般主体，只有少数犯罪的主体是特殊主体。客体是公民的生命、自由、健康等人身权利和与人身利益密切相关的其他权利、公民的民主权利以及公民的婚姻家庭方面的权利。主观方面大部分是故意，也有少数犯罪是过失。客观方面表现为各种侵犯公民人身权利、民主权利的行为。

《刑法》分则规定的侵犯公民人身权利、民主权利罪的具体罪名包括：①故意杀人罪（《刑法》第 232 条）；②过失致人死亡罪（《刑法》第 233 条）；③故意伤害罪（《刑法》第 234 条）；④组织出卖人体器官罪（《刑法》第 234 条之一第 1 款）；⑤过失致人重伤罪（《刑法》第 235 条）；⑥强奸罪（《刑法》第 236 条）；⑦强制猥亵、侮辱罪（《刑法》第 237 条第 1 款）；⑧猥亵儿童罪（《刑法》第 237 条第 3 款）；⑨非法拘禁罪（《刑法》第 238 条）；⑩绑架罪（《刑法》第 239 条）；⑪拐卖妇女、儿童罪（《刑法》第 240 条）；⑫收买被拐卖的妇女、儿童罪（《刑法》第 241 条第 1 款）；⑬聚众阻碍解救被收买的妇女、儿童罪（《刑

法》第242条第2款）；⑭诬告陷害罪（《刑法》第243条）；⑮强迫劳动罪（《刑法》第244条）；⑯雇用童工从事危重劳动罪（《刑法》第244条之一）；⑰非法搜查罪（《刑法》第245条）；⑱非法侵入住宅罪（《刑法》第245条）；⑲侮辱罪（《刑法》第246条）；⑳诽谤罪（《刑法》第246条）；㉑刑讯逼供罪（《刑法》第247条）；㉒暴力取证罪（《刑法》第247条）；㉓虐待被监管人罪（《刑法》第248条）；㉔煽动民族仇恨、民族歧视罪（《刑法》第249条）；㉕出版歧视、侮辱少数民族作品罪（《刑法》第250条）；㉖非法剥夺公民宗教信仰自由罪（《刑法》第251条）；㉗侵犯少数民族风俗习惯罪（《刑法》第251条）；㉘侵犯通信自由罪（《刑法》第252条）；㉙私自开拆、隐匿、毁弃邮件、电报罪（《刑法》第253条第1款）；㉚侵犯公民个人信息罪（《刑法》第253条之一）；㉛报复陷害罪（《刑法》第254条）；㉜打击报复会计、统计人员罪（《刑法》第255条）；㉝破坏选举罪（《刑法》第256条）；㉞暴力干涉婚姻自由罪（《刑法》第257条）；㉟重婚罪（《刑法》第258条）；㊱破坏军婚罪（《刑法》第259条第1款）；㊲虐待罪（《刑法》第260条）；㊳虐待被监护、看护人罪（《刑法》第260条之一）；㊴遗弃罪（《刑法》第261条）；㊵拐骗儿童罪（《刑法》第262条）；㊶组织残疾人、儿童乞讨罪（《刑法》第262条之一）；㊷组织未成年人进行违反治安管理活动罪（《刑法》第262条之二）。

五、侵犯财产罪

侵犯财产罪是指以非法占有为目的，攫取公私财物或者故意毁坏公私财物的行为。

侵犯财产罪的犯罪构成是：主体大多数为一般主体，只有职务侵占罪、挪用资金罪和挪用特定款物罪为特殊主体。客体是财产利益，即公私财产的所有权。主观方面只能是故意，过失不构成本罪。客观方面表现为以各种非法手段侵犯公私财产的行为。

《刑法》分则规定的侵犯财产罪的具体罪名包括：①抢劫罪（《刑法》第263条）；②盗窃罪（《刑法》第264条）③诈骗罪（《刑法》第266条）；④抢夺罪（《刑法》第267条第1款）；⑤聚众哄抢罪（《刑法》第268条）；⑥侵占罪（《刑法》第270条）；⑦职务侵占罪（《刑法》第271条第1款）；⑧挪用资金罪（《刑法》第272条第1款）；⑨挪用特定款物罪（《刑法》第273条）；⑩敲诈勒索罪（《刑法》第274条）；⑪故意毁坏财物罪（《刑法》第275条）；⑫破坏生产经营罪（《刑法》第276条）；⑬拒不支付劳动报酬罪（《刑法》第276条之一）。

六、妨害社会管理秩序罪

妨害社会管理秩序罪是指妨害国家机关对社会的管理活动，破坏社会正常秩序，情节严重的行为。

妨害社会管理秩序罪的犯罪构成是：主体多数是一般主体，少数是特殊主体。客体是社会管理秩序。主观方面大多数是故意，也有少数是过失。客观方面表现为妨害国家机关对社会依法实行管理活动，破坏社会正常秩序，情节严重的行为。

《刑法》分则规定的妨害社会管理秩序罪的具体罪名包括：第一，扰乱公共秩序罪的罪名50个，具体为：①妨害公务罪（《刑法》第277条）；②煽动暴力抗拒法律实施罪（《刑法》第278条）；③招摇撞骗罪（《刑法》第279条）；④伪造、变造、买卖国家机关公文、证件、印章罪（《刑法》第280条第1款）；⑤盗窃、抢夺、毁灭国家机关公文、证件、印章罪（《刑法》第280条第1款）；⑥伪造公司、企业、事业单位、人民团体印章罪（《刑法》第280条第2款）；⑦伪造、变造、买卖身份证件罪（《刑法》第280条第3款）；⑧使用虚假身份证件、盗用身份证件罪（《刑法》第280条之一）；⑨非法生产、买卖警用装备罪（《刑法》第281条）；⑩非法获取国家秘密罪（《刑法》第282条第1款）；⑪非法持有国家绝密、机密文件、资料、物品罪（《刑法》第282条第2款）；⑫非法生产、销售专用间谍器材以及窃听、窃照专用器材罪（《刑法》第283条）；⑬非法使用窃听、窃照专用器材罪（《刑法》第284条）；⑭组织考试作弊罪（《刑法》第284条之一第1款、第2款）；⑮非法出售、提供试题、答案罪（《刑法》第284条之一第3款）；⑯代替考试罪（《刑法》第284条之一第4款）；⑰非法侵入计算机信息系统罪（《刑法》第285条）；⑱非法获取计算机信息系统数据、非法控制计算机信息系统罪（《刑法》第285条第2款）；⑲提供侵入、非法控制计算机信息系统程序、工具罪（《刑法》第285条第3款）；⑳破坏计算机信息系统罪（《刑法》第286条）；㉑拒不履行信息网络安全管理义务罪（《刑法》第286条之一）；㉒非法利用信息网络罪（《刑法》第287条之一）；㉓帮助信息网络犯罪活动罪（《刑法》第287条之二）；㉔扰乱无线电通讯管理秩序罪（《刑法》第288条）；㉕聚众扰乱社会秩序罪（《刑法》第290条第1款）；㉖聚众冲击国家机关罪（《刑法》第290条第2款）；㉗扰乱国家机关工作秩序罪（《刑法》第290条第3款）；㉘组织、资助非法聚集罪（《刑法》第290条第4款）；㉙聚众扰乱公共场所秩序、交通秩序罪（《刑法》第291条）；㉚投放虚假危险物质罪（《刑法》第291条之一）；㉛编造、故意传播虚假恐怖信息罪（《刑法》第291条之一）；㉜编造、故意传播虚假信息罪（《刑法》第291条之一第2款）；㉝聚众斗殴罪（《刑法》第292条第1款）；㉞寻衅滋事罪（《刑法》第293条）；㉟组织、领导、参加黑社会性质组织罪（《刑法》第294条第1款）；㊱入境发展黑社会组织罪（《刑法》第294条第2款）；㊲包庇、纵容黑社会性质组织罪（《刑法》第294条第4款）；㊳传授犯罪方法罪（《刑法》

第295条)；㊴非法集会、游行、示威罪(《刑法》第296条)；㊵非法携带武器、管制刀具、爆炸物参加集会、游行、示威罪(《刑法》第297条)；㊶破坏集会、游行、示威罪(《刑法》第298条)；㊷侮辱国旗、国徽罪(《刑法》第299条)；㊸组织、利用会道门、邪教组织、利用迷信破坏法律实施罪(《刑法》第300条第1款)；㊹组织、利用会道门、邪教组织、利用迷信致人重伤、死亡罪(《刑法》第300条第2款)；㊺聚众淫乱罪(《刑法》第301条第1款)；㊻引诱未成年人聚众淫乱罪(《刑法》第301条第2款)；㊼盗窃、侮辱、故意毁坏尸体、尸骨、骨灰罪(《刑法》第302条)；㊽赌博罪(《刑法》第303条)；㊾开设赌场罪(《刑法》第303条第2款)；㊿故意延误投递邮件罪(《刑法》第304条)。第二，妨害司法罪的罪名20个，具体为：①伪证罪(《刑法》第305条)；②辩护人、诉讼代理人毁灭证据、伪造证据、妨害作证罪(《刑法》第306条)；③妨害作证罪(《刑法》第307条第1款)；④帮助毁灭、伪造证据罪(《刑法》第307条第2款)；⑤虚假诉讼罪(《刑法》第307条之一)；⑥打击报复证人罪(《刑法》第308条)；⑦泄露不应公开的案件信息罪(《刑法》第308条之一第1款)；⑧披露、报道不应公开的案件信息罪(《刑法》第308条之一第3款)；⑨扰乱法庭秩序罪(《刑法》第309条)；⑩窝藏、包庇罪(《刑法》第310条)；⑪拒绝提供间谍犯罪、恐怖主义犯罪、极端主义犯罪证据罪(《刑法》第311条)；⑫掩饰、隐瞒犯罪所得、犯罪所得收益罪(《刑法》第312条)；⑬拒不执行判决、裁定罪(《刑法》第313条)；⑭非法处置查封、扣押、冻结的财产罪(《刑法》第314条)；⑮破坏监管秩序罪(《刑法》第315条)；⑯脱逃罪(《刑法》第316条第1款)；⑰劫夺被押解人员罪(《刑法》第316条第2款)；⑱组织越狱罪(《刑法》第317条第1款)；⑲暴动越狱罪(《刑法》第317条第2款)；⑳聚众持械劫狱罪(《刑法》第317条第2款)。第三，妨害国(边)境管理罪的罪名8个，具体为：①组织他人偷越国(边)境罪(《刑法》第318条)；②骗取出境证件罪(《刑法》第319条)；③提供伪造、变造的出入境证件罪(《刑法》第320条)；④出售出入境证件罪(《刑法》第320条)；⑤运送他人偷越国(边)境罪(《刑法》第321条)；⑥偷越国(边)境罪(《刑法》第322条)；⑦破坏界碑、界桩罪(《刑法》第323条)；⑧破坏永久性测量标志罪(《刑法》第323条)。第四，妨害文物管理罪的罪名10个，具体为：①故意损毁文物罪(《刑法》第324条第1款)；②故意损毁名胜古迹罪(《刑法》第324条第2款)；③过失损毁文物罪(《刑法》第324条第3款)；④非法向外国人出售、赠送珍贵文物罪(《刑法》第325条)；⑤倒卖文物罪(《刑法》第326条)；⑥非法出售、私赠文物藏品罪(《刑法》第327条)；⑦盗掘古文化遗址、古墓葬罪(《刑法》第328条第1款)；⑧盗掘古人类化石、古脊椎动物化石罪(《刑法》第328条第2款)；⑨抢夺、窃取国有档案罪(《刑法》第329条第1款)；⑩擅自出卖、转让国有档案罪(《刑法》第329条第2款)。第五，危害公共卫生罪的罪名11个，具体为：①妨害传染病防治罪(《刑法》第330条)；②传染病菌种、毒种扩散罪(《刑法》第331条)；③妨害国境卫生检疫罪(《刑法》第332条)；④非法组织卖血罪(《刑法》第333条第1款)；⑤强迫卖血罪(《刑法》第333条第1款)；⑥非法采集、供应血液以及制作、供应血液制品罪(《刑法》第334条第1款)；⑦采集、供应血液以及制作、供应血液制品事故罪(《刑法》第334条第2款)；⑧医疗事故罪(《刑法》第335条)；⑨非法行医罪(《刑法》第336条第1款)；⑩非法进行节育手术罪(《刑法》第336条第2款)；⑪妨害动植物防疫、检疫罪(《刑法》第337条第1款)。第六，破坏环境资源保护罪的罪名15个，具体为：①污染环境罪(《刑法》第338条)；②非法处置进口的固体废物罪(《刑法》第339条第1款)；③擅自进口固体废物罪(《刑法》第339条第2款)；④非法捕捞水产品罪(《刑法》第340条)；⑤非法猎捕、杀害珍贵、濒危野生动物罪(《刑法》第341条第1款)；⑥非法收购、运输、出售珍贵、濒危野生动物以及珍贵、濒危野生动物制品罪(《刑法》第341条第1款)；⑦非法狩猎罪(《刑法》第341条第2款)；⑧非法占用农用地罪(《刑法》第342条)；⑨非法采矿罪(《刑法》第343条第1款)；⑩破坏性采矿罪(《刑法》第343条第2款)；⑪非法采伐、毁坏国家重点保护植物罪(《刑法》第344条)；⑫非法收购、运输、加工、出售国家重点保护植物、国家重点保护植物制品罪(《刑法》第344条)；⑬盗伐林木罪(《刑法》第345条第1款)；⑭滥伐林木罪(《刑法》第345条第2款)；⑮非法收购、运输盗伐、滥伐的林木罪(《刑法》第345条第3款)。第七，走私、贩卖、运输、制造毒品罪的罪名11个，具体为：①走私、贩卖、运输、制造毒品罪(《刑法》第347条)；②非法持有毒品罪(《刑法》第348条)；③包庇毒品犯罪分子罪(《刑法》第349条第1款、第2款)；④窝藏、转移、隐瞒毒品、毒赃罪(《刑法》第349条第1款)；⑤非法生产、买卖、运输制毒物品以及走私制毒物品罪(《刑法》第350条)；⑥非法种植毒品原植物罪(《刑法》第351条)；⑦非法买卖、运输、携带、持有毒品原植物种子、幼苗罪(《刑法》第352条)；⑧引诱、教唆、欺骗他人吸毒罪(《刑法》第353条第1款)；⑨强迫他人吸毒罪(《刑法》第353条第2款)；⑩容留他人吸毒罪(《刑法》第354条)；⑪非法提供麻醉药品、精神药品罪(《刑法》第355条)。第八，组织、强迫、引诱、容留、介绍卖淫罪的罪名6个，具体为：①组织卖淫罪(《刑法》第358条第1款)；②强迫卖淫罪(《刑法》第358条第1款)；③协助组织卖淫罪(《刑法》第358条第3款)；④引诱、容留、介绍卖淫罪(《刑法》第359条第1款)；⑤引诱幼女卖淫罪(《刑法》第359条第2款)；⑥传播性病罪(《刑法》第360条第1款)。第九，制作、贩卖、传播淫秽物品罪的罪名5个，具体为：

①制作、复制、出版、贩卖、传播淫秽物品牟利罪（《刑法》第363条第1款）；②为他人提供书号出版淫秽书刊罪（《刑法》第363条第2款）；③传播淫秽物品罪（《刑法》第364条第1款）；④组织播放淫秽音像制品罪（《刑法》第364条第2款）；⑤组织淫秽表演罪（《刑法》第365条）。

七、危害国防利益罪

危害国防利益罪是指故意或者过失危害国防利益，依照法律应受刑罚处罚的行为。

危害国防利益罪的犯罪构成是：主体是一般主体，包括自然人和单位。客体是国防利益，即满足国家防御和抵御外来侵略，直至武装颠覆，保卫其主权统一、领土完整和安全需要的保障条件。主观方面，大多数犯罪由故意构成，只有少数犯罪是出于过失。客观方面表现为实施危害国防利益的行为。

危害国防利益罪的罪名具体为：①阻碍军人执行职务罪（《刑法》第368条第1款）；②阻碍军事行动罪（《刑法》第368条第2款）；③破坏武器装备、军事设施、军事通信罪（《刑法》第369条）；④过失损坏武器装备、军事设施、军事通信罪（《刑法》第369条第2款）；⑤故意提供不合格武器装备、军事设施罪（《刑法》第370条第1款）；⑥过失提供不合格武器装备、军事设施罪（《刑法》第370条第2款）；⑦聚众冲击军事禁区罪（《刑法》第371条第1款）；⑧聚众扰乱军事管理区秩序罪（《刑法》第371条第2款）；⑨冒充军人招摇撞骗罪（《刑法》第372条）；⑩煽动军人逃离部队罪（《刑法》第373条）；⑪雇用逃离部队军人罪（《刑法》第373条）；⑫接送不合格兵员罪（《刑法》第374条）；⑬伪造、变造、买卖武装部队公文、证件、印章罪（《刑法》第375条第1款）；⑭盗窃、抢夺武装部队公文、证件、印章罪（《刑法》第375条第1款）；⑮非法生产、买卖武装部队制式服装罪（《刑法》第375条第2款）；⑯伪造、盗窃、买卖、非法提供、非法使用武装部队专用标志罪（《刑法》第375条第3款）；⑰战时拒绝、逃避征召、军事训练罪（《刑法》第376条第1款）；⑱战时拒绝、逃避服役罪（《刑法》第376条第2款）；⑲战时故意提供虚假敌情罪（《刑法》第377条）；⑳战时造谣扰乱军心罪（《刑法》第378条）；㉑战时窝藏逃离部队军人罪（《刑法》第379条）；㉒战时拒绝、故意延误军事订货罪（《刑法》第380条）；㉓战时拒绝军事征收、征用罪（《刑法》第381条）。

八、贪污贿赂罪

贪污贿赂罪是指国家工作人员利用职务上的便利，贪污公共财物、挪用公款、索取或者非法收受他人财物，为他人谋取利益以及其他的职务犯罪行为和相关的行贿、介绍贿赂等犯罪以及由国家机关、国有公司、企业、事业单位、人民团体实施的贿赂及其相关的犯罪。

贪污贿赂罪的犯罪构成是：主体多是特殊主体，只有少数主体由一般主体构成。客体是国家公务活动的廉洁性，国家机关、国有企业、事业单位、人民团体等单位的正常活动及其公私财产。主观方面表示为故意，过失不能构成本罪。客观方面表现为贪污、挪用公款、受贿等行为。

《刑法》分则规定的贪污贿赂罪的具体罪名包括：①贪污罪（《刑法》第382条）；②挪用公款罪（《刑法》第384条）；③受贿罪（《刑法》第385条）；④单位受贿罪（《刑法》第387条）；⑤利用影响力受贿罪（《刑法》第388条之一）；⑥行贿罪（《刑法》第389条）；⑦对有影响力的人行贿罪（《刑法》第390条之一）；⑧对单位行贿罪（《刑法》第391条）；⑨介绍贿赂罪（《刑法》第392条）；⑩单位行贿罪（《刑法》第393条）；⑪巨额财产来源不明罪（《刑法》第395条第1款）；⑫隐瞒境外存款罪（《刑法》第395条第2款）；⑬私分国有资产罪（《刑法》第396条第1款）；⑭私分罚没财物罪（《刑法》第396条第2款）。

九、渎职罪

渎职罪是指国家机关工作人员滥用职权，玩忽职守，或者利用职权徇私舞弊，违背公务活动的公正性、廉洁性和勤勉性，妨害国家机关正常的职能活动，严重损害国家和人民利益的犯罪行为。

渎职罪的犯罪构成是：主体基本都是特殊主体，只有很少一部分为一般主体。客体是国家机关的正常职能和人民利益。主观方面既有故意也有过失。客观方面表现为滥用职权、玩忽职守、徇私舞弊等行为。

《刑法》分则规定的渎职罪的具体罪名包括：①滥用职权罪（《刑法》第397条）；②玩忽职守罪（《刑法》第397条）；③故意泄露国家秘密罪（《刑法》第398条）；④过失泄露国家秘密罪（《刑法》第398条）；⑤徇私枉法罪（《刑法》第399条第1款）；⑥民事、行政枉法裁判罪（《刑法》第399条第2款）；⑦执行判决、裁定失职罪（《刑法》第399条第3款）；⑧执行判决、裁定滥用职权罪（《刑法》第399条）；⑨枉法仲裁罪（《刑法》第399条之一）；⑩私放在押人员罪（《刑法》第400条第1款）；⑪失职致使在押人员脱逃罪（《刑法》第400条第2款）；⑫徇私舞弊减刑、假释、暂予监外执行罪（《刑法》第401条）；⑬徇私舞弊不移交刑事案件罪（《刑法》第402条）；⑭滥用管理公司、证券职权罪（《刑法》第403条）；⑮徇私舞弊不征、少征税款罪（《刑法》第404条）；⑯徇私舞弊发售发票、抵扣税款、出口退税罪（《刑法》第405条第1款）；⑰违法提供出口退税凭证罪（《刑法》第405条第2款）；⑱国家机关工作人员签订、履行合同失职被骗罪（《刑法》第406条）；⑲违法发放林木采伐许可证罪（《刑法》第407条）；⑳环境监管失职罪（《刑法》第408条）；㉑食品监管渎职罪（《刑法》第408条之一）；㉒传染病防治失职罪（《刑法》第409条）；㉓非法批准征收、征用、占用土地罪（《刑法》第410条）；㉔非法低价出让国有土地使用权罪（《刑法》第410条）；㉕放纵走私罪（《刑法》第411条）；㉖商检徇私舞弊罪（《刑法》第412条第1款）；㉗商检失职罪（《刑法》第412条第2款）；㉘动植物检疫徇私舞弊罪（《刑法》第413条第1款）；㉙动植物检疫失职罪（《刑法》第413条第2款）；㉚放纵制售伪劣商品犯罪行为罪（《刑法》第414条）；㉛办理偷越国（边）境人员出入境证件罪（《刑法》第415条）；㉜放行偷越国（边）境人员罪（《刑法》第415条）；㉝不解救被拐卖、绑架妇女、儿童罪（《刑法》第416条第1款）；㉞阻碍解救被拐卖、绑架妇女、儿童罪（《刑法》第416条第2款）；㉟帮助犯罪分子逃避处罚罪（《刑法》第417条）；㊱招收公务员、学生徇私舞弊罪（《刑法》第418条）；㊲失职造成珍贵文物损毁、流失罪（《刑法》第419条）。

十、军人违反职责罪

军人违反职责罪是指军人违反职责，危害国家军事利益，依照法律应当受到惩处的行为。

军人违反职责罪的犯罪构成是：主体是军人。客体是国家军事利益。主观方面大都出于故意，只有很少数犯罪出于过失。客观方面表现在军人违反职责，危害国家军事利益的行为。

《刑法》分则规定的军人违反职责罪的具体罪名包括：①战时违抗命令罪（《刑法》第421条）；②隐瞒、谎报军情罪（《刑法》第422条）；③拒传、假传军令罪（《刑法》第422条）；④投降罪（《刑法》第423条）；⑤战时临阵脱逃罪（《刑法》第424条）；⑥擅离、玩忽军事职守罪（《刑法》第425条）；⑦阻碍执行军事职务罪（《刑法》第426条）；⑧指使部属违反职责罪（《刑法》第427条）；⑨违令作战消极罪（《刑法》第428条）；⑩拒不救援友邻部队罪（《刑法》第429条）；⑪军人叛逃罪（《刑法》第430条）；⑫非法获取军事秘密罪（《刑法》第431条第1款）；⑬为境外窃取、刺探、收买、非法提供军事秘密罪（《刑法》第431条第2款）；⑭故意泄露军事秘密罪（《刑法》第432条）；⑮过失泄露军事秘密罪（《刑法》第432条）；⑯战时造谣惑众罪（《刑法》第433条）；⑰战时自伤罪（《刑法》第434条）；⑱逃离部队罪（《刑法》第435条）；⑲武器装备肇事罪（《刑法》第436条）；⑳擅自改变武器装备编配用途罪（《刑法》第437条）；㉑盗窃、抢夺武器装备、军用物资罪（《刑法》第438条）；㉒非法出卖、转让武器装备罪（《刑法》第439条）；㉓遗弃武器装备罪（《刑法》第440条）；㉔遗失武器装备罪（《刑法》第441条）；㉕擅自出卖、转让军队房地产罪（《刑法》第 442 条）；㉖虐待部属罪（《刑法》第 443 条）；㉗遗弃伤病军人罪（《刑法》第 444 条）；㉘战时拒不救治伤病军人罪（《刑法》第 445 条）；㉙战时残害居民、掠夺居民财物罪（《刑法》第 446 条）；㉚私放俘虏罪（《刑法》第 447 条）；㉛虐待俘虏罪（《刑法》第 448 条）。

本章思考题

1. 简述《刑法》分则对犯罪的基本分类。
2. 简述《刑法》分则中各类犯罪的基本构成要件。

刑法学·延伸阅读的推荐书目

[1]贝卡尼亚．论犯罪与刑罚[M]．北京:北京大学出版社,2014.
[2]高铭暄,马克昌．刑法学[M]．北京:高等教育出版社,2016.
[3]张明楷．刑法的私塾[M]．北京:北京大学出版社,2014.
[4]陈兴良．刑法的价值构造[M]．北京:中国人民大学出版社,2006.
[5]赵秉志．刑法各论[M]．北京:中国人民大学出版社,2016.
[6]储槐植．刑事一体化论要[M]．北京:北京大学出版社,2007.
[7]李立众．刑法一本通[M]．北京:法律出版社,2016.

第八编

程序法学

第一章

民事诉讼法

★本章要点★

本章主要介绍了民事诉讼法的概念、基本原则以及民事诉讼的普通程序、简易程序和二审程序等内容。

通过对本章的学习，要求重点掌握我国民事诉讼的基本原则及普通程序和二审程序。

第一节　民事诉讼法基本理论

一、民事诉讼和民事诉讼法

民事诉讼是人民法院根据当事人的请求，保护当事人正当权利和合法权益的审判程序制度。

民事诉讼法是指由国家制定的调整人民法院和诉讼参与人的活动和关系的法律规范的总和。1991 年 4 月 9 日第七届全国人民代表大会第四次会议通过《中华人民共和国民事诉讼法》（以下简称《民事诉讼法》），2012 年 8 月 31 日全国人民代表大会常务委员会通过关于修改《民事诉讼法》的决定并自 2013 年 1 月 1 日起施行，这是我国现行的民事诉讼法典。此外，宪法、法律、行政法规中有关民事诉讼法的内容，以及国家最高审判机关做出的有关民事诉讼的规范性文件，都属于广义的民事诉讼法。

二、《民事诉讼法》的基本原则

《民事诉讼法》的基本原则可分为共有原则和特有原则两类。

（一）共有原则

共有原则是《民事诉讼法》与《宪法》及其他法律共有的原则，包括：民事案件审判权由人民法院统一行使；人民法院依照法律规定对民事案件进行独立审判；以事实为依据，以法律为准绳；对当事人适用法律一律平等；使用民族语言文字；民族自治地方可以制定变通、补充规定。

（二）特有原则

1. 当事人平等原则

《民事诉讼法》第 8 条规定，民事诉讼当事人有平等的诉讼权利。人民法院审理民事案件，应当保障和便利当事人行使诉讼权利。

2. 辩论原则

《民事诉讼法》第 12 条规定，人民法院审理民事案件时，当事人有权进行辩论。辩论原则的基本内容包括：①辩论权的行使贯穿于整个诉讼过程中，这个过程是指审判过程，但并不只限于开庭审理阶段；②辩论的内容，既包括程序方面的，也包括实体方面的；③辩论的形式多种多样，既可以口头辩论，也可以书面辩论。

3. 处分原则

《民事诉讼法》第 13 条第 1 款规定，当事人有权在法律规定的范围内处分自己的民事权利和诉讼权利。处分原则的基本内容包括：①当事人在民事诉讼中享有处分权，既有权支配自己的实体权利，也有权支配自己的诉讼权利，当事人行使处分权一般来说是通过对诉讼权利的处分来进行的；②行使处分权的主体是当事人；③处分权的行使贯穿于整个民事诉讼当中；④当事人行使处分权必须在法律允许的范围内进行。

4. 诚实信用原则

《民事诉讼法》第 13 条第 2 款规定，民事诉讼应当遵循诚实信用原则。

5. 调解原则

《民事诉讼法》第 9 条规定，人民法院审理民事案件，应当根据自愿和合法的原则进行调解；调解不成的，应当及时判决。调解是人民法院审结民事案件的一种重要方式。调解原则的基本内容包括：①人民法院受理民事案件后，应重视调解；②调解应在自愿合法的基础上进行；③调解贯穿于整个诉讼过程，包括开庭审理前、辩论结束后、二审程序和审判监督程序，都可以进行调解。

6. 人民检察院监督原则

《民事诉讼法》第 14 条规定，人民检察院有权对民事审判活动实行法律监督。需要注意以下两点：①人民检察院只对人民法院的审判活动进行监督，对当事人的诉讼活动不予监督；②人民检察院对人民法院审判活动的监督为事后监督。

7. 支持起诉原则

《民事诉讼法》第15条规定，机关、社会团体、企事业单位对损害国家、集体或者个人民事权益的行为，可以支持受损害的单位或者个人向人民法院起诉。支持起诉原则的主要内容是：①支持起诉的主体主要是对受害者负有保护责任的机关、社会团体和企事业单位，公民个人不能作为支持起诉的主体；②支持的对象是受损害的单位或个人；③必须是受损害的单位或个人基于某种原因未能向人民法院起诉的。

第二节 主管与管辖

一、主管

主管是指人民法院与其他国家机关、社会团体之间解决民事纠纷的分工和权限。《民事诉讼法》第3条规定，人民法院受理公民之间、法人之间、其他组织之间以及他们相互之间因财产关系和人身关系提起的民事诉讼，适用本法的规定。我国法院主管范围如下：①由民法调整的财产关系和人身关系产生的案件；②由婚姻法调整的婚姻家庭关系产生的案件；③由经济法调整的部分经济关系产生的案件；④由劳动法调整的劳动合同关系和劳资生产关系产生的案件；⑤由其他法律调整的社会关系产生的特殊类型的案件。

二、管辖

管辖是指各级人民法院之间以及同级人民法院之间受理第一审民事案件的分工和权限。

（一）确定管辖的原则

确定民事诉讼的管辖，应坚持以下原则：①便于人民群众进行诉讼；②便于人民法院审理民事案件和执行；③保证民事案件的公正审理；④使各级、各地人民法院分工合理；⑤原则性和灵活性相结合；⑥维护国家主权。

（二）级别管辖

级别管辖是指人民法院系统内上下级人民法院之间受理第一审民事案件的分工和权限。我国各级人民法院之间确定级别管辖主要以案件性质、案件影响的大小为标准。

《民事诉讼法》第17～20条对各级人民法院管辖的第一审民事案件的范围做出了具体规定。首先，基层人民法院管辖第一审民事案件，但《民事诉讼法》另有规定的除外。在实践中，我国绝大多数的第一审民事案件都是由基层人民法院管辖的。其次，中级人民法院管辖以下第一审民事案件：①重大涉外案件。②在本辖区有重大影响的案件。③最高人民法院确定由中级人民法院管辖的案件。这些案件主要是指专利案件，海事案件，海商案件，涉港澳台的重大案件，诉讼标的金额大或者诉讼单位原省、自治区、直辖市以上的经济执行案件。④高级人民法院管辖的第一审民事案件为在本辖区内有重大影响的第一审民事案件。⑤最高人民法院管辖两类案件：一是在全国有重大影响的案件；二是认为应当由最高人民法院审理的案件。

（三）地域管辖

地域管辖是指确定同级人民法院之间受理第一审民事案件的分工和权限。《民事诉讼法》确定地域管辖的标准通常是根据人民法院辖区与当事人或诉讼标的的关系。

根据《民事诉讼法》第21～35条的规定，地域管辖分为一般地域管辖、特殊地域管辖和专属管辖。一般地域管辖是指根据当事人所在地（住所地、经常居住地）法院确定的管辖；特殊地域管辖是指以诉讼标的所在地或引起法律关系发生、变更、消灭的法律事实所在地为标准确定的管辖；专属管辖是指法律规定某些诉讼标的的特殊的案件由特定的人民法院管辖。

（四）裁定管辖

根据《民事诉讼法》第36～38条的规定，裁定管辖是指人民法院以裁定的形式所确定的管辖，包括移送管辖、指定管辖和管辖权转移三种。

移送管辖是指人民法院受理民事案件后，发现自己对案件无管辖权，依法将案件移送给有管辖权的人民法院审理。

指定管辖是指上级人民法院以裁定的形式指定下级人民法院对某一案件行使管辖权。

管辖权转移是指经上级法院的上一级法院同意，将案件的管辖权转移给下级人民法院，或由下级人民法院经报请程序将案件的管辖权转移给上级人民法院。

（五）协议管辖

根据《民事诉讼法》第34条的规定，合同或者其他财产权益纠纷的当事人可以书面协议选择被告住所地、合同履行地、合同签订地、原告住所地、标的物所在地等与争议有实际联系的地点的人民法院管辖，但不得违反本法对级别管辖和专属管辖的规定。

当事人协议管辖的法院是否能被认定为“与争议有实际联系的地点”，应由主张不同意见的双方提供证据并说明理由，最终应由法院做出认定，以防止当事人滥用协议管辖权。

第三节 诉讼参加人

所谓诉讼参加人，是指依法参加民事诉讼活动，享有诉讼权利，承担诉讼义务的人。诉讼参加人包括当事人、共同诉讼人、诉讼代表人、诉讼第三人以及诉讼代理人。

一、当事人

（一）当事人的概念

民事诉讼当事人是指与他人发生纠纷，而以自己名义参加诉讼，并受人民法院裁判约束的利害关系人。

民事诉讼当事人的基本特点为：①就要求解决争议的法律关系而言，当事人与其有直接的法律上的利害关系，他或是该法律关系的权利享有者，或是义务的承担者，或是两者兼而有之；②就参加的诉讼而言，当事人应以自己的名义参加，并由自己承担诉讼结果；③就法院所做的裁判而言，当事人应受其直接的约束。

（二）当事人的种类

当事人有广义和狭义之分。狭义的当事人是指原告与被告。原告是指为维护自己的民事权益，以自己的名义向人民法院提起诉讼，从而引起民事诉讼程序发生的人。被告是指被他人提起诉讼，从而法院通知应诉的人。广义的当事人除了原告、被告之外，还包括共同诉讼人和诉讼第三人。需要特别指出的是，《民事诉讼法》第55条规定，对污染环境、侵害众多消费者合法权益等损害社会公共利益的行为，法律规定的机关和有关组织可以向人民法院提起诉讼。

（三）当事人的诉讼权利能力和诉讼行为能力

当事人独立地享有民事诉讼权利，承担民事诉讼义务的能力，称为诉讼权利能力，这是进行民事诉讼活动所必须具备的前提条件。

《民事诉讼法》第48条第1款规定，公民、法人和其他组织可以作为民事诉讼的当事人。当事人的诉讼权利能力的产生和消灭，在公民、法人和其他组织之间是不同的。公民的诉讼权利能力始于出生，终于死亡；法人和其他组织的诉讼权利能力从成立时产生，到解散或被撤销时消灭。诉讼行为能力是指以自己的行为实现诉讼权利和履行诉讼义务的能力。公民的诉讼行为能力与民法中规定的有完全民事行为能力的人相一致。无行为能力和限制行为能力者，不具有诉讼行为能力，其诉讼行为要由其代理人进行。法人和其他组织的诉讼行为能力从它成立时即具有，到解散或被撤销时消灭。但法人和其他组织的诉讼行为能力具有特殊性，《民事诉讼法》第48条第2款规定，法人由其法定代表人进行诉讼，其他组织由其主要负责人进行诉讼。法定代表人参加诉讼时，是以当事人的身份出现的，并不须经过特别授权，就可以单独、直接对外进行诉讼活动，其法律后果由该单位承担。尽管这样，法定代表人仍不是当事人，他只不过是法定职务的执行者，他所代表的单位才是当事人。

（四）当事人的诉讼权利和诉讼义务

当事人的诉讼权利是《民事诉讼法》赋予当事人用以保护自己民事权益的手段。根据《民事诉讼法》第49条的规定，当事人的诉讼权利主要有以下几种：委托代理人代为参加诉讼；申请回避；提供证据；进行辩论，发表自己的意见；请求调解；提起上诉；申请执行；查阅本案的有关材料。当事人的诉讼义务是指法律要求当事人在诉讼过程中应当遵守的行为规则。当事人的诉讼义务主要有：依法行使诉讼权利；遵守诉讼秩序；履行发生法律效力的判决、裁定和调解协议。

二、共同诉讼人

共同诉讼是指当事人一方或双方为二人以上的诉讼。其特点是：当事人一方或双方为二人以上；诉讼标的是共同的或同一种类；人民法院合并审理的。共同诉讼中二人以上的当事人统称为共同诉讼人。

根据《民事诉讼法》第52条的规定，共同诉讼分为必要的共同诉讼和普通的共同诉讼两种。必要的共同诉讼即当事人一方或双方为二人以上，诉讼标的是共同的，人民法院必须合并审理并在裁判中对诉讼标的合并确定的共同诉讼。普通的共同诉讼即当事人一方或双方为二人以上，诉讼标的是共同的，人民法院认为可以合并审理并且当事人也同意合并审理的共同诉讼。

三、诉讼代表人

诉讼代表人是因当事人人数众多，无法都参加诉讼，因而推选代表人，代表该方进行诉讼活动的人。代表人诉讼的特点是：人数众多，一般为10人以上；诉讼代表人是众多当事人中的一员，以区别于诉讼代理人；法院所做的法律文书对被代表的其他当事人也发生效力。

四、诉讼第三人

诉讼第三人是指对他人之间的诉讼标的有独立的请求权，或者虽无独立的请求权，但案件的处理结果与其有法律上的利害关系，为了维护自己的合法权益而参加到他人之间正在进行的诉讼中的人。诉讼第三人分为有独立请求权的第三人和无独立请求权的第三人两种。

有独立请求权的第三人是指对他人之间争议的诉讼标的主张独立的实体权利的第三人。他在诉讼中既不同意原告的主张，也不同意被告的主张，而有自己独立的主张，认为不论谁胜诉，都将损害他的利益，因而居于原告的诉讼地位，享有原告的诉讼权利，承担原告的诉讼义务。

无独立请求权的第三人是指对他人之间的诉讼标的虽没有独立的请求权，但是案件的处理结果与其有法律上的利害关系，为了维护自己的合法权益而参加到他人之间正在进行的诉讼中的人。无独立请求权的第三人对诉讼标的无独立的请求权，因此他不能对本诉的诉讼请求进行处分，既无权放弃、变更诉讼请求或申请撤诉，也无权对案件管辖权提出异议，但有权参加诉讼、委托诉讼代理人、提供证据、出庭参加辩论、举证质证，并且在一定情况下有对法院的判决提出上诉的权利。

第三人撤销之诉制度：根据《民事诉讼法》第 56 条的规定，诉讼第三人，因不能归责于本人的事由未参加诉讼，但有证据证明发生法律效力的判决、裁定、调解书的部分或者全部内容错误，损害其民事权益的，可以自知道或者应当知道其民事权益受到损害之日起 6 个月内，向做出该判决、裁定、调解书的人民法院提起诉讼。人民法院经审理，诉讼请求成立的，应当改变或者撤销原判决、裁定、调解书；诉讼请求不成立的，驳回诉讼请求。

五、诉讼代理人

诉讼代理人是指依据法律规定或当事人的授权委托，为维护一方当事人的利益而代为参加诉讼的人。诉讼代理人是以代理人的名义参加诉讼，且只能代理一方当事人。诉讼代理人分为法定代理人和委托代理人两种。

法定代理人是指根据法律规定直接行使代理权的人。法定代理是为无诉讼行为能力的人设立的一种诉讼代理制度，是基于亲权和监护权而取得的，如父母基于子女的出生而取得监护，基于婚姻配偶一方取得对丧失行为能力对方的监护权。另外，法定代理人的代理权限是全权代理。法定代理权随监护权的产生而产生，随监护权的消灭而消灭。

委托代理人是接受当事人、法定代表人、法定代理人的委托，代为进行诉讼活动的人。《民事诉讼法》第 58 条规定，下列人员可以作为委托代理人：①律师、基层法律服务工作者；②当事人的近亲属或者工作人员；③有当事人所在社区、单位以及有关社会团体推荐的公民。当事人授权他人代理诉讼，应当向人民法院提交由委托人签名或盖章的授权委托书，委托事项和代理权限范围应当在授权委托书中写明。委托代理人代为承认、放弃、变更诉讼请求，进行和解，提起反诉或上诉，必须有委托人的特别授权。当事人对代理人特别授权的，应在授权委托书中具体写明授权事项及权限。授权委托书中仅写“全权代理”而无具体授权的，委托代理人只能进行一般代理。需要注意的是，在离婚诉讼中，法律要求在离婚与否的意思表示的问题上，应当由当事人向法院亲自表述。

第四节　证　据

一、民事诉讼证据概述

民事诉讼证据是指在民事诉讼中能够证明民事案件真实情况的事实材料。《民事诉讼法》第63条规定的证据有8种：当事人陈述、书证、物证、视听资料、电子数据、证人证言、鉴定结论和勘验笔录。证据要求具有真实性、合法性、关联性。

（一）当事人陈述

当事人陈述是指当事人就案件事实向人民法院所做的陈述。

（二）书证

书证是指以文字、符号、图案等表示的内容来证明案件待证事实的书面材料。常见的书证有合同书、票据、来往信函、电文和图纸等。

（三）物证

物证是指以物品的外形、特征、质量、性能等证明待证事实的物品。

（四）视听资料

视听资料是指以声音、图像及其他视听信息来证明待证事实的录像、录音磁带和电脑软件等。

（五）电子数据

电子数据是指通过电子邮件、电子数据交换、网上聊天记录、博客、微博客、手机短信、电子签名、域名等形成或者存储在电子介质中的信息。

（六）证人证言

证人证言是指诉讼参加人以外的其他人就了解案件有关情况，到庭陈述或向人民法院提交书面的陈述。

（七）鉴定结论

鉴定结论是指对于某些专业性问题，人民法院指定具有专业知识的人对有关问题做出科学分析，得出的判断结论。

（八）勘验笔录

勘验笔录是指审判人员为查明案情，对被勘验的现场或物品进行勘查检验，将结果制成的笔录。

二、待证事实

待证事实是指需要证明主体依法借助证据查明的案件事实，也称证明对象。

（一）待证事实的范围

民事案件中，待证事实主要有以下几种：①当事人主张的实体事实，包括：当事人之间产生、变更或消灭权利义务关系的法律事实；妨碍当事人权利行使和义务履行的法律事实；等等。②当事人主张的程序事实，如管辖权问题、当事人资格问题等。③证据事实，即证明证据本身是否客观、真实、合法的事实。

（二）不需要证明的事实

下列事实无须证明：①一方当事人对另一方当事人陈述的案件事实和提出的诉讼请求，明确表示承认的；②众所周知的事实和自然规律及定理；③根据法律规定或已知事实，能推定出另一事实；④已为人民法院发生法律效力的裁判所确定的事实；⑤已为仲裁机构生效裁决所确认的事实；⑥已为有效公证文书所证明的事实。

三、举证责任

举证责任是指当事人对自己提出的主张，有提出证据并加以证明的责任。举证责任的负担原则是“谁主张，谁举证”，即每一方当事人对自己提出的主张有责任提供证据，如有举证责任的当事人举证不能或拒绝举证，有可能承担主张不成立的后果。但是在有些特殊情况下，会出现举证责任倒置的情况。

根据《最高人民法院关于民事诉讼证据的若干规定》第2条的规定，在下列侵权诉讼中，对原告提出的侵权事实，被告否认的，由被告负责举证：①因产品制造方法发明专利引起的专利侵权诉讼；②高度危险作业致人损害的侵权诉讼；③因环境污染引起的损害赔偿的诉讼；④建筑物或者其他设施以及建筑物上的搁置物、悬挂物发生倒塌、脱落、坠落致人损害的侵权诉讼；⑤饲养动物致人损害的侵权诉讼；⑥有关法律规定由被告承担举证责任的诉讼。

第五节 保全和先予执行

一、保全

（一）保全的概念和种类

《民事诉讼法》第100条和第101条规定：①人民法院对于可能因当事人一

方的行为或者其他原因，使判决难以执行或者造成当事人其他损害的案件，根据对方当事人的申请，可以裁定对其财产进行保全、责令其做出一定行为或者禁止其做出一定行为；当事人没有提出申请的，人民法院在必要时也可以裁定采取保全措施。人民法院采取保全措施，可以责令申请人提供担保，申请人不提供担保的，裁定驳回申请。人民法院接受申请后，对情况紧急的，必须在48小时内做出裁定；裁定采取保全措施的，应当立即开始执行。②利害关系人因情况紧急，不立即申请保全将会使其合法权益受到难以弥补的损害的，可以在提起诉讼或者申请仲裁前向被保全财产所在地、被申请人住所地或者对案件有管辖权的人民法院申请采取保全措施。申请人应当提供担保，不提供担保的，裁定驳回申请。人民法院接受申请后，必须在48小时内做出裁定；裁定采取保全措施的，应当立即开始执行。申请人在人民法院采取保全措施后30日内不依法提起诉讼或者申请仲裁的，人民法院应当解除保全。由此可见，保全，按照对象可以分为财产保全和行为保全，按照时间可以分为诉讼或仲裁中保全和诉讼或仲裁前保全。

（二）保全的范围、措施

根据《民事诉讼法》102条的规定，保全限于请求的范围，或者与本案有关的财物。根据《民事诉讼法》103条的规定，财产保全的措施有查封、扣押、冻结或法律规定的其他方法。查封、扣押一般是对物进行的，而对不动产或不易提取、封存的动产可以采取扣押有关财产的产权证照的措施，并通知有关产权登记机关在财产保全期间不予办理转移手续。已被查封、扣押的财物，不得重复查封、扣押。冻结一般是对债进行的，将被申请人在银行、信用社的存款进行冻结，以限制被申请人或他人的支取。

二、先予执行

（一）先予执行的概念和条件

先予执行是指人民法院在做出判决之前，因权利人维持生活或生产经营急需，及时裁定义务人先行履行义务的制度。根据《民事诉讼法》第107条的规定，先予执行应符合下列条件：①案件属于给付之诉；②当事人之间权利义务明确；③申请人有实现权利的急需；④被申请人有履行能力。

（二）先予执行的范围

根据《民事诉讼法》106条的规定，先予执行适用于下列案件：①追索赡养费、抚养费、抚育费、抚恤金和医疗费用的案件；②追索劳动报酬的案件；③因情况紧急需要先予执行的案件。

第六节 普通程序

一、普通程序的概念和特征

普通程序是人民法院审理第一审民事案件通常所适用的程序，其具有以下基本特征：①普通程序是民事案件中最系统、最完整的审判程序。②普通程序具有广泛的适用范围。

二、起诉和受理

起诉是指公民、法人或其他组织的合法权益受到侵害或发生争议时，向人民法院提起诉讼，请求人民法院通过审判给予司法保护的行为。根据《民事诉讼法》第 119 条的规定，起诉须同时具备以下条件：①原告是与本案有直接利害关系的公民、法人或其他组织；②有明确的被告；③有具体的诉讼请求和事实、理由；④属于人民法院受理民事案件的范围和受诉人民法院管辖。起诉的方式，以书面起诉为原则，以口头起诉为例外。人民法院应当保障当事人依照法律规定享有的起诉权利。对符合法定条件的，必须受理。符合起诉条件的，应当在 7 日内立案，并通知当事人；不符合起诉条件的，应当在 7 日内做出裁定书，不予受理；原告对裁定不服的，可以提起上诉。

三、审理前的准备

审理前的准备是指人民法院受理案件后，在开庭审理之前，审判人员依法所做的各项准备工作。审理前的准备主要包括：①送达起诉状副本，被告提交答辩状并送达答辩状副本；②告知当事人诉讼权利和义务以及合议庭组成人员；③审阅诉讼材料，调查收集必要的证据；④更换和追加当事人。

四、开庭审理

开庭审理是指在人民法院审判人员的主持下，在当事人和其他诉讼参与人的参与下，对案件进行实体审理的诉讼活动过程。开庭审理主要包括以下几个阶段：

（一）开庭审理前的准备

根据《民事诉讼法》第 136 条的规定，开庭审理前的准备工作有两项：①确定开庭日期后，应当在开庭 3 日前通知当事人和其他诉讼参与人。通知当事人用传票，通知其他诉讼参与人用通知书。②公开审理的案件应当在开庭 3 日前发布公告，公告当事人的姓名、案由及开庭时间和地点。

（二）开庭审理

开庭审理的程序主要有以下几个步骤：

1. 准备开庭

开庭审理前，书记员应当查明当事人和其他诉讼参与人是否到庭，宣布法庭纪律。开庭审理时，由审判长核对当事人，宣布案由及审判人员、书记员名单，口头告知当事人有关的诉讼权利和义务，并询问当事人是否申请回避。

2. 法庭调查

法庭调查是开庭审理的中心环节，其任务是审查核实各种诉讼证据，对案件进行全面、直接的调查。根据《民事诉讼法》138 条的规定，法庭调查按以下顺序进行：①当事人陈述；②证人出庭作证；③出示书证、物证和视听资料；④宣读鉴定结论和勘验笔录。法庭调查结束前，审判长应当进行法庭询问，并就法庭调查认定的事实和当事人争议的问题进行归纳总结。经过庭审质证的证据，能够当庭认证的，应当当庭认证；当庭不能认证的，可以休庭合议后再认证。

3. 法庭辩论

双方当事人及其诉讼代理人在法庭上就有争议的事实和法律问题进行辩驳和论证，这是开庭审理的重要阶段之一。法庭辩论按以下顺序进行：①原告及其诉讼代理人发言；②被告及其诉讼代理人答辩；③第三人及其诉讼代理人发言或答辩；④互相辩论。法庭辩论终结，审判长按原告、被告、第三人的顺序征询各方最后意见。

4. 合议庭评议

合议庭评议实行少数服从多数的原则，合议庭组成人员在法庭调查和法庭辩论的基础上，认定案件事实，确定适用法律，对案件做出正确的判断结论。

5. 宣判

合议庭评论之后，由审判长宣布判决结果。不论案件是否公开审理，宣判一律公开进行。当庭宣判的，应在 10 日内向当事人发送判决书；定期宣判的，应在宣判后立即发给判决书。不论哪种宣判形式，都要告知当事人上诉权利、上诉期限以及上诉法院。宣告离婚判决时，必须告知当事人在判决发生法律效力前不得另行结婚。

第七节　简易程序

一、简易程序的概念和适用范围

简易程序实际上是普通程序的简化，是基层法院及其派出法庭审理简单民事案件和简单经济纠纷案件适用的程序。简易程序的适用范围有三个方面：①适用简易程序的只能是基层人民法院及其派出法庭；②简易程序只能适用于一审；③适用简易程序的只能是事实清楚、权利义务关系明确、争议不大的简单民事案件。

同时，《民事诉讼法》第157条第2款规定，基层人民法院和它派出的法庭审理前述事实清楚、权利义务关系明确、争议不大的简单的民事案件规定以外的民事案件，当事人双方也可以约定适用简易程序。

二、简易程序的特点

简易程序的特点有：①起诉的方式简便，原告可以口头起诉；②受理案件的程序简便，可以不受普通程序的受理程序的限制；③传唤方式简便，不受普通程序传唤方式的限制；④审判组织简便，由独任审判员一人审理案件，不需实行合议制，但要有书记员作记录；⑤开庭审理的程序简便，审判人员可以根据案件的具体情况，简化案件审理的方式和步骤，不必拘泥于普通程序开庭审理各阶段的限制；⑥审理期限简短，应当在3个月内审结，并且不得延长。

同时需要指出的是，我国《民事诉讼法》第162条规定的小额诉讼程序，是指基层人民法院和它派出的法庭审理符合简易程序条件的简单的民事案件，标的额为各省、自治区、直辖市上年度就业人员年平均工资30%以下的，实行一审终审。

第八节　第二审程序

一、第二审程序的概念及起诉条件

第二审程序是指民事诉讼的当事人不服地方各级人民法院生效的第一审裁判，在法定期限内向上一级人民法院提起上诉而引起的诉讼程序，又称上诉审程序。第二审程序的起诉条件是：①提起上诉的主体是第一审案件的当事人；②提起上诉的客体是依法允许上诉的判决或裁定；③必须在法定期限内提起上诉，不服判决的上诉期为15天，不服裁定的上诉期为10天；④上诉必须提交上诉状。

二、上诉案件的受理

当事人提起上诉，应将上诉状交给原审法院，也可以直接将上诉状交给上级法院。上诉状交给原审法院的，原审法院应当在5日内将上诉状送达对方当事人，对方当事人在15日内提交答辩状，法院应在收到答辩状5日内将副本送达上诉人。原审法院收到上诉状、答辩状，应当在5日内连同全部案卷和证据，报送上级法院。

三、上诉案件的审理

根据《民事诉讼法》第174条的规定，第二审程序实际上是第一审程序的继续。法律对第二审程序有特殊规定的，按其规定进行；没有规定的，适用第一审普通程序的有关规定。

（一）二审的审查范围

第二审案件的审理应当围绕当事人上诉请求的范围进行，当事人没有提出请求的，不予审查。但判决违反法律禁止性规定，侵害社会公共利益或者他人利益的除外。

（二）二审的审理方式

二审原则上应开庭审理。经过阅卷和调查，询问当事人，在事实核对清楚后，合议庭认为不需要开庭审理的，也可以径行判决、裁定。

（三）审理地点

二审既可以在第二审法院进行，也可以到案件发生地或原审法院所在地进行。

（四）法庭调解

调解也适用于第二审程序，达成调解协议的，应当制作调解书，调解书送达当事人后，原审法院的判决即视为撤销。

四、上诉案件的裁判

（一）对一审判决提起上诉案件的处理

1. 驳回上诉，维持原判

经审理，二审法院认为原判决认定事实清楚，适用法律正确，判决驳回上诉，维持原判。

2. 依法改判

经审理，二审法院认为原判决事实认定清楚，但适用法律错误，依法改判。原审法院认定事实错误或者认定事实不清，证据不足的，二审法院可以在查清事实后依法改判。

3. 发回重审

经审理，二审法院认为原判决违反法定程序，可能影响案件正确判决的，可以裁定撤销原判，发回重审；或者原判决认定事实错误或者认定事实不清，证据不足，也可以裁定撤销原判，发回重审。

（二）对一审裁定提起上诉案件的处理

1. 驳回上诉，维持原裁定

原裁定认定事实清楚、证据充分、适用法律正确的，裁定驳回上诉，维持原裁定。

2. 改变原裁定

原裁定认定事实不清或证据不足、适用法律错误的，裁定撤销原裁定，做出正确裁定。

第九节　特别程序

一、一般规定

特别程序是指，人民法院审理选民资格案件、宣告失踪或者宣告死亡案件、认定公民无民事行为能力或者限制民事行为能力案件、认定财产无主案件、确认调解协议案件和实现担保物权案件，实行一审终审。但在特别程序审理中，发现本案属于民事权益争议的，应当裁定终结特别程序，并告知利害关系人可以另行起诉。

人民法院适用特别程序审理的案件，应当在立案之日起30日内或者公告期满后30日内审结。有特殊情况需要延长的，由本院院长批准。但审理选民资格的案件除外。

二、选民资格案件

根据《民事诉讼法》第181条和第182条的规定，选民资格案件，是指公民不服选举委员会对选民资格的申诉所做的处理决定，可以在选举日的5日以前向选区所在地基层人民法院起诉。

人民法院受理选民资格案件后，必须在选举日前审结。审理时，起诉人、选举委员会的代表和有关公民必须参加。人民法院的判决书，应当在选举日前送达选举委员会和起诉人，并通知有关公民。

三、宣告失踪、宣告死亡案件

根据《民事诉讼法》第183～186条的规定，公民下落不明满2年，利害关系人申请宣告其失踪的，向下落不明人住所地基层人民法院提出。申请书应当写明失踪的事实、时间和请求，并附有公安机关或者其他有关机关关于该公民下落不明的书面证明。

公民下落不明满 4 年，或者因意外事故下落不明满 2 年，或者因意外事故下落不明，经有关机关证明该公民不可能生存，利害关系人申请宣告其死亡的，向下落不明人住所地基层人民法院提出。申请书应当写明下落不明的事实、时间和请求，并附有公安机关或者其他有关机关关于该公民下落不明的书面证明。

人民法院受理宣告失踪、宣告死亡案件后，应当发出寻找下落不明人的公告。宣告失踪的公告期间为 3 个月，宣告死亡的公告期间为 1 年。因意外事故下落不明，经有关机关证明该公民不可能生存的，宣告死亡的公告期间为 3 个月。公告期间届满，人民法院应当根据被宣告失踪、宣告死亡的事实是否得到确认，做出宣告失踪、宣告死亡的判决或者驳回申请的判决。被宣告失踪、宣告死亡的公民重新出现，经本人或者利害关系人申请，人民法院应当做出新判决，撤销原判决。

四、认定公民无民事行为能力、限制民事行为能力案件

根据《民事诉讼法》第 187 ~ 190 条的规定，申请认定公民无民事行为能力或者限制民事行为能力，由其近亲属或者其他利害关系人向该公民住所地基层人民法院提出。申请书应当写明该公民无民事行为能力或者限制民事行为能力的事实和根据。

人民法院受理申请后，必要时应当对被请求认定为无民事行为能力或者限制民事行为能力的公民进行鉴定。申请人已提供鉴定意见的，应当对鉴定意见进行审查。人民法院经审理认定申请有事实根据的，判决该公民为无民事行为能力或者限制民事行为能力人；认定申请没有事实根据的，应当判决予以驳回。

人民法院根据被认定为无民事行为能力人、限制民事行为能力人或者他的监护人的申请，证实该公民无民事行为能力或者限制民事行为能力的原因已经消除的，应当做出新判决，撤销原判决。

五、认定财产无主案件

根据《民事诉讼法》第 191 ~ 193 条的规定，申请认定财产无主，由公民、法人或者其他组织向财产所在地基层人民法院提出。申请书应当写明财产的种类、数量以及要求认定财产无主的根据。

人民法院受理申请后，经审查核实，应当发出财产认领公告。公告满 1 年无人认领的，判决认定财产无主，收归国家或者集体所有。

判决认定财产无主后，原财产所有人或者继承人出现，在规定的诉讼时效期间可以对财产提出请求，人民法院审查属实后，应当做出新判决，撤销原判决。

六、确认调解协议案件

根据《民事诉讼法》第194条和第195条的规定，申请司法确认调解协议，由双方当事人依照人民调解法等法律，自调解协议生效之日起30日内，共同向调解组织所在地基层人民法院提出。

人民法院受理申请后，经审查，符合法律规定的，裁定调解协议有效，一方当事人拒绝履行或者未全部履行的，对方当事人可以向人民法院申请执行；不符合法律规定的，裁定驳回申请，当事人可以通过调解方式变更原调解协议或者达成新的调解协议，也可以向人民法院提起诉讼。

七、实现担保物权案件

根据《民事诉讼法》第196条和第197条的规定，申请实现担保物权，由担保物权人以及其他有权请求实现担保物权的人依照物权法等法律，向担保财产所在地或者担保物权登记地基层人民法院提出。

人民法院受理申请后，经审查，符合法律规定的，裁定拍卖、变卖担保财产，当事人依据该裁定可以向人民法院申请执行；不符合法律规定的，裁定驳回申请，当事人可以向人民法院提起诉讼。

第十节 审判监督程序

一、审判监督程序的概念和特点

（一）审判监督程序的概念

审判监督程序是指对已发生法律效力的判决、裁定和调解书，人民法院认为确有错误，当事人基于法定事实和理由认为确有错误，人民检察院发现存在应当再审的法定事实和理由，而由人民法院对案件再行审理的程序。

（二）审判监督程序的特点

审判监督程序具有以下特点：①审判监督程序是对已发生法律效力的判决、裁定和调解书进行再审的程序。②提起再审的主体只能是各级人民法院院长及其审判委员会、上级人民法院、最高人民法院、最高人民检察院、上级人民检察院和当事人。③审理法院可能是原审法院，也可能是原上诉法院或上级法院。④人民法院或人民检察院提起再审，不受时间限制；当事人申请再审，应当在判决、裁定生效后2年内提出。但在法律规定的特殊情况下，即便判决、裁定发生法律效力已经满2年，只要当事人自知道或应当知道之日起3个月内向人民法院提出再审申请，法院也应当受理。⑤审理对象只能是已经发生法律效力的错误的裁判。

二、基于审判监督权再审的程序

对民事案件基于审判监督权提起再审的主体是各级人民法院院长及审判委员会、上级人民法院及最高人民法院。各级人民法院院长认为需要再审的，应提交审判委员会讨论决定；最高人民法院对地方各级人民法院、上级人民法院对下级人民法院已经发生法律效力的裁判，发现确有错误的，有权提审或者指令下级人民法院再审。

三、基于检察监督权的抗诉再审

对民事案件基于检察监督权提起抗诉的主体是最高人民检察院与上级人民检察院。检察院对于法院发生效力的裁判，认为确有错误的，依照法定的程序和方式提请人民法院进行再审，即通过抗诉行使检察监督权。根据《民事诉讼法》第 209 条和第 210 条的规定，当事人可以向人民检察院申请检察建议或者抗诉。

四、基于当事人诉权的申请再审

有权提出申请再审的，只能是原审中的当事人，申请再审的对象必须是已经发生法律效力的判决、裁定和调解书，且必须在法定期限内提出。再审申请应当向有管辖权的法院提出。申请再审必须符合法定的事实和理由。《民事诉讼法》第 200 条规定，当事人的申请符合下列情形之一的，人民法院应当再审：①有新的证据，足以推翻原判决、裁定的；②原判决、裁定认定的基本事实缺乏证据证明的；③原判决、裁定认定事实的主要证据是伪造的；④原判决、裁定认定事实的主要证据未经质证的；⑤对审理案件需要的主要证据，当事人因客观原因不能自行收集，书面申请人民法院调查收集，人民法院未调查收集的；⑥原判决、裁定适用法律确有错误的；⑦审判组织的组成不合法或者依法应当回避的审判人员没有回避的；⑧无诉讼行为能力人未经法定代理人代为诉讼或者应当参加诉讼的当事人，因不能归责于本人或者其诉讼代理人的事由，未参加诉讼的；⑨违反法律规定，剥夺当事人辩论权利的；⑩未经传票传唤，缺席判决的；⑪原判决、裁定遗漏或者超出诉讼请求的；⑫据以做出原判决、裁定的法律文书被撤销或者变更的；⑬审判人员审理该案件时有贪污受贿、徇私舞弊、枉法裁判行为的。

五、再审案件的审判程序

再审案件的审判程序为：

第一，裁定中止原判决的执行。

第二，另行组成合议庭。

第三，依照原审程序进行审理。原来是第一审审结的，再审时适用第一审程序审理，所做的判决、裁定，当事人不服可以上诉；再审案件原来是第二审审结的，再审时适用第二审程序审理，再审后的判决、裁定为终审裁判，不得上诉。

第十一节 督促程序

一、督促程序的概念和特点

（一）督促程序的概念

督促程序又称债务催偿程序，是指人民法院根据债权人的申请，向债务人发出支付令，如果债务人在法定期间内不提出书面异议，该支付令即发生法律效力的程序。

（二）督促程序的特点

督促程序的特点是：①督促程序是一种迅速实现债权的非诉程序；②法院对债权人的请求不做实质性审查；③该程序仅适用于一定范围的债权债务纠纷；④支付令发生效力是附条件的。

二、督促程序的适用范围

督促程序只能适用于下列情况：①债权债务关系清楚，并要求给付金钱和有价证券的案件；②债权人与债务人没有其他债务纠纷；③支付令能够送达债务人。

三、支付令的申请方式和受理

《民事诉讼法》第214条规定，申请支付令必须采用申请书方式。申请书应当写明请求给付金钱或有价证券的数量及所依据的事实和理由。支付令申请的受理由有管辖权的基层人民法院管辖；债权人提出申请后，人民法院应当在5日内通知债权人是否受理；受理申请后，对债权人提供的事实和证据进行审查，债权债务关系明确、合法的，应当在15日内向债务人发出支付令；申请不成立的，裁定予以驳回。

四、支付令的效力

债务人收到支付令之日起15日内，以书面形式提出异议，人民法院无须审查异议是否有理由，直接裁定终结督促程序。债务人在法定期间不提出异议的，须在限期内清偿债务，否则债权人可以向人民法院申请执行。

第十二节　公示催告程序

一、公示催告程序的概念

公示催告程序是指在可以背书转让的票据被盗、遗失或灭失的情况下，人民法院根据票据持有人的申请，以公告的方式，催促利害关系人在法定期限内申报权利，到期未申报权利，人民法院根据票据持有人的申请可依法宣告该票据无效的程序。

二、公示催告程序的适用范围

根据《民事诉讼法》第218条的规定，公示催告程序的适用范围如下：①必须是可以背书转让的票据被盗、遗失或灭失；②申请人应当是票据的最后持有人；③其他法律规定的可以公示催告的事项。

三、公示催告的审理程序

公示催告的审理程序为：

第一，人民法院对公示催告申请的审查与受理。经审查，对于符合条件的，予以受理；对于不符合条件的，裁定予以驳回。

第二，发出止付通知与催促公告。人民法院在受理公示催告后，应当向付款人发出停止支付的通知，止付通知是付款人拒绝向持票人支付的书面凭证，付款人收到人民法院的止付通知后，应当停止支付，至公示催告程序终结。人民法院还应当在受理案件3日内发出催促公告，催促利害关系人申报权利，公告期不得少于60天。在公示催告期内，转让票据的行为无效。

第三，发布除权判决。公示催告期间届满，没有人申报权利或申报被驳回的，申请人应在催告期间届满后1个月内申请人民法院做出无效判决。逾期不申请做出判决的，人民法院裁定终结公示催告程序。人民法院做出除权判决后，应当进行公告，并通知付款人。自判决公告之日起，申请人有权依据判决向付款人请求付款。利害关系人未在判决前申报权利的，自知道或应当知道判决之日起1年内，可以向做出判决的人民法院起诉。人民法院可以按票据纠纷适用普通程序审理。适用公示催告程序审理的案件可由审判员独任审理，但做出除权判决的，应当组成合议庭。

第十三节　执行程序

一、执行程序的概念

执行程序是指人民法院运用国家强制力，根据已生效的判决、裁定及其他法律文书，强制民事诉讼当事人履行所负义务的程序。

二、执行的原则

依据《民事诉讼法》第19章的规定，执行应遵循以下原则：①执行必须以生效且有给付内容的法律文书为依据；②执行标的的有限原则，即执行的对象只能是被执行人的财产或行为，不能对被执行人的人身采取强制措施；③人民法院强制执行与有关单位、个人协助执行相结合；④强制执行与说服教育相结合；⑤依法保护权利人的合法权益与适当照顾被执行人的利益相结合。

三、执行程序的一般规定

（一）执行机构

根据《民事诉讼法》第228条的规定，人民法院依据需要可以设立执行机构。执行机构的成员主要是执行员和书记员，采取重大措施时，还应有司法警察参加。

（二）执行管辖

第一，由人民法院制作的具有财产内容的民事判决、裁定、调解书和刑事判决、裁定中的财产部分，由第一审人民法院或者与第一审人民法院同级的被执行人财产所在地人民法院执行。

第二，发生法律效力的支付令，由制作支付令的人民法院负责执行。

第三，法律规定由人民法院执行的其他法律文书，由被执行人住所地或者被执行人财产所在地的人民法院执行。

（三）执行异议

执行异议是指在执行过程中，当事人、利害关系人对法院的执行行为提出异议，并要求人民法院停止并变更执行的请求。根据《民事诉讼法》第225～227条的规定，当事人、利害关系人认为执行行为违反法律规定的，可以向负责执行的人民法院提出书面异议。当事人、利害关系人提出书面异议的，人民法院应当自收到书面异议之日起15日内审查，理由成立的，裁定撤销或者改正；理由不成立的，裁定驳回。当事人、利害关系人对裁定不服的，可以自裁定送达之日起

10日内向上一级人民法院申请复议。执行过程中，案外人对执行标的提出书面异议的，人民法院应当自收到书面异议之日起15日内审查，理由成立的，裁定中止对该标的的执行；理由不成立的，裁定驳回。案外人、当事人对裁定不服，认定原判决、裁定错误的，依照审判监督程序办理；与原判决、裁定无关的，可以自裁定送达之日起15日内向人民法院提起诉讼。

（四）执行和解

执行和解是指在执行过程中，申请执行人和被执行人自愿协商，达成和解协议，并经人民法院审查批准后，结束执行程序的行为。

在执行过程中，双方当事人自行和解达成协议的，执行员应当将协议内容记入笔录，由双方当事人签名或盖章。一方当事人不履行和解协议的，人民法院可以根据对方当事人的申请，恢复原生效法律文书的执行。

四、执行开始

执行开始有两种情况，一是申请执行，一是移送执行。

（一）申请执行

申请执行是指依据生效法律文书享有权利的一方当事人，在义务人拒绝履行义务时，向人民法院申请强制执行的行为。申请执行必须具备以下条件：①申请人必须是生效法律文书中权利人一方。②申请执行的期限为2年，申请执行时效的中止、中断，适用法律有关诉讼时效中止、中断的规定。这个期间，从法律文书规定履行期间的最后一日起计算；法律文书规定分期履行的，从规定的每次履行期间的最后一日起计算；法律文书未规定履行期间的，从法律文书生效之日起计算。③必须向有管辖权的人民法院递交申请执行书。

（二）移送执行

移送执行是指由案件的审判人员直接将案件交付执行人员执行。移送执行主要适用于以下几类案件：①判决、裁定具有给付赡养费、抚养费和抚育费等内容的案件；②具有财产给付内容的刑事判决书和裁定书；③审判人员认为涉及国家、集体或公民重大利益的案件。执行措施是指人民法院依照法定程序，强制执行生效法律文书的方法和手段。执行措施主要有以下几种：①查询、冻结、划拨被执行人的储蓄存款；②扣留、提取被执行人的收入；③查封、扣压、冻结、拍卖、变卖被执行人的财产；④搜查被执行人隐匿的财产；⑤强制被执行人交付法律文书指定的财物或票证；⑥强制被执行人迁出房屋或退出土地；⑦强制被执行人履行法律文书指定的行为；⑧办理财产权证转移手续；⑨强制被执行人支付迟延履行期间债务利息及迟延履行金；⑩限制出境；⑪征信系统记录不履行义务信息；⑫媒体公布不履行义务信息。

五、执行中止和终结

（一）执行中止

执行中止是指在执行过程中，由于出现某些特殊情况而暂时停止执行，待该情况消除后，再恢复执行程序的制度。执行中止适用于以下情形：①申请人表示可以延期执行的；②案外人对执行标的提出确有理由的异议的；③作为一方当事人的公民死亡，需要等待继承人继承权利或承担义务的；④作为一方当事人的法人或其他组织终止，尚未确定权利义务承受人的；⑤人民法院认为应当中止执行的其他情形。

（二）执行终结

执行终结是指在执行过程中，由于发生某些特殊情况，执行程序不可能或者没有必要继续进行，从而结束执行程序的制度。

执行终结适用于以下情形：①申请人撤销申请的；②据以执行的法律文书被撤销的；③作为被执行人的公民死亡，无遗产可供执行，又无义务承担人的；④追索赡养费、抚养费和抚育费案件的权利人死亡的；⑤作为被执行人的公民因生活困难无力偿还借款，无收入来源，又丧失劳动能力的；⑥人民法院认为应当执行终结的其他情形。执行终结，应当由人民法院做出裁定。执行终结的裁定，当事人不能提起上诉，也不能申请复议。

本章思考题

1. 简述《民事诉讼法》的基本原则。
2. 简述普通程序的概念和特征。
3. 简述简易程序的特点。
4. 简述特别程序的类型及主要内容。

第二章

刑事诉讼法

★本章要点★

刑事诉讼是国家司法机关在当事人和其他诉讼参与人的参加下，依法揭露犯罪、证实犯罪、惩罚犯罪分子的活动。

通过本章的学习，重点掌握刑事诉讼的基本原则及刑事诉讼的主要程序等内容。

第一节　刑事诉讼法基本理论

一、刑事诉讼与刑事诉讼法

刑事诉讼是指人民法院、人民检察院、公安机关在当事人及诉讼参与人的参加下，依照法律规定的程序，解决犯罪嫌疑人和被告人的刑事责任问题的活动。刑事诉讼法是指国家制定的，人民法院、人民检察院、公安机关在当事人及其诉讼参与人的参加下，进行刑事诉讼活动必须遵守的法律规范。

1979 年 7 月 1 日通过的《中华人民共和国刑事诉讼法》（以下简称《刑事诉讼法》）是新中国第一部刑事诉讼法典，2012 年 3 月 14 日，第十一届全国人民代表大会第五次会议对其进行了修订，它是我国刑事诉讼法的主要法律规定。

二、《刑事诉讼法》的基本原则

对于《刑事诉讼法》的基本原则，本章只对其特有原则进行解释。

（一）侦查权、检察权和审判权由专门机关依法行使

《刑事诉讼法》第 3 条规定，对刑事案件的侦查、拘留、执行逮捕、预审由公安机关负责；检察、批准逮捕、检察机关直接受理的案件的侦查、提起公诉，

由人民检察院负责；审判由人民法院负责。除法律特别规定的以外，其他任何机关、团体和个人都无权行使这些权力。人民法院、人民检察院和公安机关进行刑事诉讼，必须严格遵守本法和其他法律的有关规定。这里所谓的法律的特别规定，是指国家安全机关依法办理危害国家安全的刑事案件，行使与公安机关相同的职权，军队保卫部门对军队内部发生的刑事案件行使侦查权，对罪犯在监狱内犯罪的案件由监狱进行侦查。

（二）人民法院、人民检察院依法独立行使职权

《刑事诉讼法》第5条规定，人民法院依照法律规定独立行使审判权，人民检察院依照法律规定独立行使检察权，不受行政机关、社会团体和个人的干涉。需要注意的是，法院在审判工作中，上下级是监督和被监督的关系；而检察院在行使检察权的过程中，检察系统内部的上下级之间是领导和被领导的关系。

（三）人民检察院依法对刑事诉讼实行法律监督

人民检察院依法对刑事诉讼实行法律监督是《刑事诉讼法》第8条的规定，这条规定是《宪法》中的相关规定在《刑事诉讼法》中的体现，其目的是使刑事诉讼严格依法进行。一是通过自身活动对刑事诉讼实行监督，二是对其他专门机关和诉讼参与人的诉讼活动进行法律监督。

（四）审判公开

《刑事诉讼法》第11条规定，人民法院审判案件，除本法另有规定的以外，一律公开进行。另有规定，本法第183条、第274条规定的不公开审理的三类案件，是指下列案件不公开审理：①有关国家秘密的案件；②有关个人隐私的案件；③未成年人犯罪的案件。14周岁以上不满16周岁未成年人犯罪案件，一律不公开审理；16周岁以上不满18周岁未成年人犯罪案件，一般也不公开审理。

（五）犯罪嫌疑人、被告人有权获得辩护

本条原则将在下文的内容里进行具体阐述。

（六）未经人民法院判决，对任何人都不得确定有罪

未经人民法院判决，对任何人都不得确定有罪，这条原则首先是明确在我国刑事诉讼中，只有人民法院有定罪和判刑的权力，其他任何机关都没有这个权力；其次是人民法院必须依法判决。

（七）保障诉讼参与人依法享有诉讼权利

《刑事诉讼法》第14条规定，人民法院、人民检察院和公安机关应当保障犯罪嫌疑人、被告人和其他诉讼参与人依法享有辩护权和其他诉讼权利。诉讼参与人对于审判人员、检察人员和侦查人员侵犯公民诉讼权利和人身侮辱的行为，有权提出控告。

（八）依照法定情形不予追究刑事责任

《刑事诉讼法》第15条规定，有下列情形之一的，不追究刑事责任，已经追究的，应当撤销案件，或者不起诉，或者终止审理，或者宣告无罪：①情节显著轻微，危害不大，不认为是犯罪的；②犯罪已过追诉时效期限的；③经特赦令免除刑罚的；④依照刑法规定告诉才处理的犯罪，没有告诉或者撤回告诉的；⑤犯罪嫌疑人、被告人死亡的；⑥其他法律规定免予追究刑事责任的。

（九）追究外国人刑事责任适用《刑事诉讼法》

《刑事诉讼法》第16条规定，对于外国人犯罪应当追究刑事责任的，适用本法的规定。对于享有外交特权和豁免权的外国人犯罪应当追究刑事责任的，通过外交途径解决。这条原则体现了刑事诉讼中的国家主权原则。

（十）实行刑事司法协助

《刑事诉讼法》第17条规定，根据中华人民共和国缔结或者参加的国际条约，或者按照互惠原则，我国司法机关和外国司法机关可以相互请求刑事司法协助。

第二节　管　辖

一、立案管辖

立案管辖是指公安机关、人民检察院和人民法院在直接受理刑事案件上的分工。

（一）公安机关立案侦查的刑事案件

刑事案件的侦查由公安机关进行，法律另有规定的除外。这里主要是指除由人民法院直接受理和人民检察院自行侦查的刑事案件外，其他绝大多数刑事案件。

（二）人民检察院立案侦查的刑事案件

人民检察院直接受理的案件包括以下几种：①贪污贿赂犯罪；②国家工作人员的渎职犯罪；③国家机关工作人员利用职权实施的侵犯公民人身权利和民主权利的犯罪；④其他由人民检察院直接受理的案件。

（三）人民法院直接受理的刑事案件

自诉案件由人民法院直接受理。自诉案件是被害人及其法定代理人或者近亲属为追究被告人的刑事责任而直接向人民法院提起诉讼的案件，包括告诉才处理的案件，被害人有证据证明的轻微刑事案件，被害人有证据证明对被告人侵犯自己人身权利、财务权利的行为依法应当追究刑事责任，而公安机关或人民检察院不予追究的案件。

二、审判管辖

（一）级别管辖

级别管辖是指各级人民法院对第一审刑事案件审判权限上的分工。

首先，基层人民法院管辖第一审普通刑事案件，但是依照本法由上级人民法院管辖的除外。

其次，中级人民法院管辖下列第一审普通刑事案件：①危害国家安全、恐怖活动案件；②可能判处无期徒刑、死刑的普通刑事案件。

再次，高级人民法院管辖的第一审普通刑事案件，是全省（自治区、直辖市）性的重大刑事案件。

最后，最高人民法院管辖的第一审普通刑事案件，是全国性的重大刑事案件。

（二）地区管辖

地区管辖是指同级人民法院之间在审理第一审刑事案件上的分工。《刑事诉讼法》第24条规定，刑事案件由犯罪地人民法院管辖。如果由被告人居住地人民法院审判更为适宜，可以由被告人居住地的人民法院管辖。

（三）专门管辖

专门管辖是指各专门法院在审判第一审刑事案件权限上的分工。我国目前建立的专门法院主要有军事法院、铁路运输法院等，有些专门性的案件由专门法院管辖。

第三节 辩 护

一、辩护的概念和种类

辩护是指在刑事诉讼中犯罪嫌疑人、被告人及其辩护人针对指控进行反驳、申辩和辩解的诉讼行为。

根据《刑事诉讼法》第四章的规定，辩护分为以下三种：①自行辩护。这是指犯罪嫌疑人、被告人自己进行反驳、申辩和辩解的行为。自行辩护贯穿于整个刑事诉讼中，而且是犯罪嫌疑人、被告人受法律保护的一项基本权利。②委托辩护。这是指犯罪嫌疑人或被告人依法委托律师或其他公民协助其进行辩护。自诉案件的被告人有权随时委托辩护人；公诉案件犯罪嫌疑人自被侦查机关第一次讯问或者采取强制措施之日起，有权委托辩护人，但在侦查期间，只能委托律师作为辩护人。③指定辩护。这是指司法机关为被告人指定辩护人以协助其行使辩护权，维护其合法权益，被指定的辩护人只能是律师。

二、辩护人

《刑事诉讼法》第 32 条规定，辩护人包括以下几种：①律师；②人民团体或者犯罪嫌疑人、被告人所在单位推荐的人；③犯罪嫌疑人、被告人的监护人、亲友。但是正在被执行刑罚或者依法被剥夺、限制人身自由的人，不得担任辩护人。

第四节　刑事证据

一、刑事证据的概念

《刑事诉讼法》第 48 条规定，可以用于证明案件事实的材料，都是证据。证据有下列 8 种：物证；书证；证人证言；被害人陈述；犯罪嫌疑人、被告人供述和辩解；鉴定意见；勘验、检查、辨认、侦查实验等笔录；视听资料、电子数据。证据具有客观性、合法性、关联性三个基本特征。证据必须经查证属实，才能作为定案的根据。

二、刑事证据的意义

刑事证据在进行刑事诉讼活动中起的重要作用主要体现在以下几方面：①证据是查明案情的唯一手段；②证据是正确定罪量刑必备的前提；③证据是进行刑事诉讼活动的依据。

三、刑事证据的种类

（一）物证

物证是指以其外部特征、物质属性或存在状况证明案件真实情况的物品和痕迹。

（二）书证

书证是指以文字、符号所记载的内容和表达的思想来证明案件真实情况的书面材料或其他物质材料，如信件、图片和传单等。

（三）证人证言

证人证言是指证人就其所知的案件情况向司法机关所做的陈述。

（四）被害人陈述

被害人陈述是指被害人就其受害情况和其他与案件有关的情况向司法机关所做的陈述。

（五）犯罪嫌疑人、被告人供述和辩解

犯罪嫌疑人、被告人供述和辩解也称为口供，是指犯罪嫌疑人、被告人就有关案件的情况向侦查、检察、审判人员所做的陈述。

《刑事诉讼法》第53条规定，对一切案件的判处都要重证据，重调查研究，不轻信口供。只有被告人供述，没有其他证据的，不能认定被告人有罪和处以刑罚；没有被告人供述，证据确实、充分的，可以认定被告人有罪和处以刑罚。证据确实、充分，应当符合以下条件：①定罪量刑的事实都有证据证明；②据以定案的证据均经法定程序查证属实；③综合全案证据，对所认定事实已排除合理怀疑。

（六）鉴定意见

鉴定意见是指司法机关指派或聘请鉴定人，对案件中的专门性问题进行鉴定后做出的书面意见。

（七）勘验、检查笔录

勘验、检查、辨认、侦查实验等笔录是指办案人员在对与犯罪有关的场所、物品、痕迹、尸体、人身等勘验、检查、辨认、侦查实验中所做的记载。

（八）视听资料、电子数据

视听资料是指以录音、录像、电子计算机等设备所储存的信息来证明案件真实情况的证据。电子数据是指电子邮件、电子数据交换、网上聊天记录、博客、微博客、手机短信、电子签名、域名等证据。

四、刑事诉讼证明

刑事诉讼证明是指国家专门机关在刑事诉讼中运用证据认定案件事实的活动。

（一）证明对象

证明对象是指在刑事诉讼中需要用证据加以证明的问题，主要包括以下几类：①有关犯罪构成要件的事实；②作为从重、从轻、减轻、免除刑事处罚理由的事实；③犯罪嫌疑人、被告人的个人情况和犯罪后的表现。

（二）证明责任和举证责任

证明责任是指人民检察院或某些当事人应当收集证据、提供证据证明案件事实的责任。不论是公诉案件还是自诉案件，举证责任都在控诉方，犯罪嫌疑人和被告人均不承担举证责任。

（三）证明过程

证明过程是指司法人员通过收集证据、审查判断证据和运用证据等活动来认

定案件事实的过程。

第五节　强制措施

强制措施是指公安机关、人民检察院、人民法院为保证刑事诉讼活动的顺利进行，依法对犯罪嫌疑人、被告人所采取的暂时限制其人身自由的各种方法或手段。

《刑事诉讼法》第一编第六章规定的强制措施共有五种：拘传、取保候审、监视居住、拘留和逮捕。

一、拘传

《刑事诉讼法》第64条规定，人民法院、人民检察院和公安机关有权对犯罪嫌疑人、被告人适用拘传。拘传是对未被逮捕、拘留的犯罪嫌疑人或被告人依法强制其到案接受讯问的一种强制方式，是强制措施中最轻的一种。

二、取保候审和监视居住

取保候审是指人民法院、人民检察院和公安机关对未被逮捕的犯罪嫌疑人、被告人，为防止其逃避侦查、起诉和审判，责令其提出保证人或缴纳保证金，并出具保证书，保证随传随到的一种强制方式。

监视居住是指人民法院、人民检察院和公安机关对未被逮捕的犯罪嫌疑人、被告人，责令其不得离开指定的区域，并对其活动予以监视和控制的一种强制措施。取保候审和监视居住的适用条件是：①可能判处管制、拘役或者独立适用附加刑的；②可能判处有期徒刑以上刑罚，采取取保候审、监视居住不致发生社会危险性的。依法执行取保候审和监视居住的机关是公安机关。被监视居住的犯罪嫌疑人、被告人未经执行机关批准不得离开住所，无固定住所的，未经批准不得离开指定的住所，并遵守《刑事诉讼法》对监视居住的规定。取保候审最长不得超过12个月，监视居住最长不得超过6个月。

三、拘留

拘留是指由公安机关、人民检察院决定，由公安机关执行的对现行犯或者重大嫌疑分子采取的临时限制其人身自由的强制措施。

拘留的适用条件有：①正在预备犯罪、实施犯罪或者犯罪后即时被发现的；②被害人或在场亲眼看见的人指认他犯罪的；③在身边或者住所发现有犯罪证据的；④犯罪后企图自杀、逃跑或在逃的；⑤有毁灭、伪造证据或者串供可能的；⑥不讲真实姓名、住址，身份不明的；⑦有流窜作案、多次作案、结伙作案重大嫌疑的。

公安机关对其拘留的人，认为需要逮捕的，应在3日内报同级人民检察院审查批准逮捕，在特殊情况下，提请批准逮捕的时间可以延长1日至4日。而对于流窜作案、多次作案、结伙作案的重大嫌疑分子，提请批准逮捕的时间可以延长至30日。人民检察院在接到公安机关提请批准逮捕书后，应当在7日内审查完毕，做出批准逮捕或不批准逮捕的决定。人民检察院对直接受理的案件中被拘留的人，认为需要逮捕的，应当在10日内做出决定，在特殊情况下，可以延长1日至4日。

拘留后，应当立即将被拘留人送看守所羁押，至迟不得超过24小时。除无法通知或者涉嫌危害国家安全犯罪、恐怖活动犯罪通知可能有碍侦查的情形以外，应当在拘留后24小时以内，通知被拘留人的家属。有碍侦查的情形消失以后，应当立即通知被拘留人的家属。

四、逮捕

逮捕是指经过人民检察院批准或决定，或者由人民法院决定，由公安机关执行的一种较长时间的限制犯罪嫌疑人、被告人人身自由的强制措施，是强制措施中最严厉的一种。

逮捕应当同时具备以下条件：①有证据证明有犯罪事实的；②可能判处徒刑以上刑罚的；③采取取保候审、监视居住等方法尚不足以防止发生社会危险性，而有逮捕必要的。但是，应当逮捕的犯罪嫌疑人、被告人如患严重疾病，或者是正在怀孕、哺乳自己婴儿的妇女，可以采取取保候审或监视居住的办法。

除无法通知的以外，应当在逮捕后24小时以内，通知被逮捕人的家属。

第六节　附带民事诉讼

《刑事诉讼法》第99条规定，被害人由于被告人的犯罪行为而遭受物质损失的，在刑事诉讼过程中有权提起附带民事诉讼。如果是国家财产、集体财产遭受损失，人民检察院在提起公诉时，可以提起附带民事诉讼。

提起附带民事诉讼应具备以下条件：①提起附带民事诉讼的原告人、法定代理人符合法定条件；②有明确的被告人，有请求赔偿的具体要求和事实根据；③被害人的损失是由被告人的犯罪行为所造成的；④属于人民法院受理附带民事诉讼的范围。

附带民事诉讼应当在刑事案件立案以后、第一审判决宣告之前提起。附带民事诉讼应当同刑事案件一并审判，只有为了防止刑事案件审判的过分迟延，才可以在刑事案件审判后，由同一审判组织继续审理附带民事诉讼。

第七节　刑事诉讼的主要程序

一、立案

立案是指公安机关、人民检察院和人民法院对报案、举报、控告及自首的材料进行审查，根据事实和法律决定是否作为刑事案件开始侦查或审理的诉讼活动。立案是刑事诉讼的一个独立阶段，也是起始程序。

二、侦查

侦查是指公安机关（包括国家安全机关）、人民检察院在办理刑事案件过程中，依照法律进行的专门调查工作和有关强制性措施。

（一）侦查行为

《刑事诉讼法》第二编第二章规定的侦查行为共有 7 种：

1. 讯问犯罪嫌疑人

讯问犯罪嫌疑人是指侦查人员依照法定程序对犯罪嫌疑人进行讯问，向其查问案件事实的一种侦查方式。讯问犯罪嫌疑人必须由不得少于两名的人民检察院或公安机关侦查人员负责进行。对于已经拘留、逮捕的犯罪嫌疑人，应当在拘留逮捕后 24 小时内在羁押场所进行第一次讯问；对于不需要逮捕、拘留的犯罪嫌疑人，可到某指定地点或犯罪嫌疑人的住所进行讯问。传唤、拘传持续时间最长不得超过 12 小时，案情特别重大、复杂，需要采取拘留、逮捕措施的，传唤、拘传持续的时间不得超过 24 小时。不得以连续传唤、拘传的形式变相拘禁犯罪嫌疑人。传唤、拘传犯罪嫌疑人，应当保证犯罪嫌疑人的饮食和必要的休息时间。

2. 询问证人和被害人

询问证人和被害人是指侦查人员就案件的有关情况依法向证人和被害人调查询问。询问证人和被害人只能由侦查人员进行，可以到证人和被害人的所在单位或住所进行，必要时，也可以通知证人和被害人到公安机关或人民检察院进行。询问应当个别进行，不可一并询问。犯罪嫌疑人被送交看守所羁押以后，侦查人员对其进行讯问，应当在看守所内进行。

3. 勘验、检查

勘验、检查是指侦查人员对与犯罪有关的场所、物品、尸体、人身进行勘验、检验和检查的一种侦查方式。勘验的对象是现场、物品和尸体，检查的对象是人身。勘验、检查应由侦查人员进行，且须持有人民检察院或公安机关的证明文件，必要时可以强制进行。勘验、检查包括现场勘验、物证检验、尸体检验、人身检查和侦查实验。

4. 搜查

搜查是指侦查人员对犯罪嫌疑人以及可能隐藏罪犯或者罪证的人的身体、物品、住处和其他有关的地方进行搜索、检查的一种侦查行为。侦查人员在进行搜查时，必须向被搜查人出示搜查证，我国不允许无证搜查，但侦查人员执行逮捕时遇有紧急情况，可以不另开搜查证进行搜查。搜查妇女的身体应当由女工作人员进行。

5. 扣押物证、书证

扣押物证、书证是指侦查机关依法对与案件有关的物品、文件、款项等强制扣留或冻结的一种侦查行为。《刑事诉讼法》第 139 条规定，在侦查活动中发现的可用以证明犯罪嫌疑人有罪或者无罪的各种财物、文件，应当查封、扣押；与案件无关的财物、文件，不得查封、扣押。

6. 鉴定

鉴定是指为了查明案情，解决案件中某些专门性问题，侦查机关指派或聘请具有专门知识的人进行科学鉴别和判断。常见的鉴定有法医鉴定、司法精神病鉴定、毒性鉴定和刑事科学技术鉴定等。

7. 通缉

通缉是指公安机关通令缉拿应当逮捕而在逃的犯罪嫌疑人的一种侦查行为。只有公安机关有权发布通缉令，人民检察院需要追捕在逃犯罪嫌疑人，应当由公安机关发布通缉令。

（二）侦查终结

侦查终结是指侦查机关经过一系列侦察活动，对自己立案侦查的案件，认为事实已经查清，证据确实充分，从而决定结束侦查的活动。

侦查终结有两种情况：一是认为犯罪嫌疑人犯罪事实清楚，证据确实充分的，应写出起诉意见书，连同案卷材料、证据一并移送同级人民检察院审查决定。二是认为犯罪嫌疑人没有犯罪，或不需要追究刑事责任的，应当撤销案件；犯罪嫌疑人已被逮捕的，应当立即释放，发给释放证明，并通知原批准人民检察院。

三、提起公诉

提起公诉是指人民检察院代表国家向人民法院控诉被告人犯罪，要求人民法院对被告人进行审判的诉讼活动。

（一）审查起诉

审查起诉是指人民检察院对侦查终结需要提起公诉的案件进行审查，决定是否将案件起诉至人民法院审判的诉讼活动。

（二）提起公诉

经过审查，人民检察院认为犯罪事实已经查清，证据确实充分，依法应当追究刑事责任的，应当做出起诉决定，向人民法院提起公诉。人民检察院决定提起公诉后，应制作起诉书，并将证据目录、证人名单和所有犯罪事实的主要证据的复印件或照片一并移送至有管辖权的人民法院。

（三）不起诉

不起诉是指人民检察院对公安机关移送的案件经审查后，认为犯罪嫌疑人不构成犯罪或不应追究刑事责任，或虽构成犯罪但具有不需要判处刑罚或免除刑罚的条件，从而不交付人民法院审判的诉讼活动。

四、第一审程序

第一审程序是指人民法院对人民检察院提起公诉或自诉人提起自诉的案件进行初次审判的程序。

（一）公诉案件的第一审程序

1. 庭前审查

对于人民检察院提起公诉的案件，人民法院都应当受理。庭前审查的内容主要包括：①案件是否属于本院管辖；②起诉书中是否有明确的指控犯罪事实；③是否移送证人名单、证据目录和主要证据复印件或照片。符合条件的，应当决定开庭审判。

2. 开庭前的准备

开庭前应做以下准备工作：①确定合议庭组成人员；②将人民检察院的起诉书副本至迟在开庭 10 日以前送达被告人；③将开庭时间、地点在开庭 3 日前通知人民检察院；④传唤当事人，通知辩护人、法定代理人、诉讼代理人、证人、鉴定人和翻译人员，传票和通知书至迟在开庭 3 日前送达；⑤公开审判的案件，在开庭 3 日以前公布案由、被告人姓名、开庭时间和地点。

3. 法庭审判

法庭审判主要包括以下几个程序：①开庭；②法庭调查；③法庭辩论；④被告人最后陈述；⑤评议和宣判。

（二）自诉案件的第一审程序

1. 自诉案件的范围

自诉案件的范围具体包括：

第一，告诉才处理的案件，共有以下四种：①侮辱、诽谤罪（严重危害社会秩序和国家利益的除外)；②暴力干涉婚姻自由罪；③虐待罪；④侵占罪。

第二，被害人有证据证明的轻微刑事案件。

第三，被害人有证据证明对被告人侵犯自己人身、财产权利的行为应当追究刑事责任，而公安机关或人民检察院不予追究被告人刑事责任的案件。

2. 自诉案件的第一审程序

自诉案件的第一审程序原则上参照公诉案件第一审程序进行，但具有以下特点：①可以调解结案；②当事人可自行和解或撤诉；③被告人可以反诉。

五、第二审程序

第二审程序是指上一级人民法院根据上诉或人民检察院抗诉，对下一级人民法院未生效的判决或裁定重新审理的程序。

（一）上诉和抗诉

被告人、自诉人和他们的法定代理人以及经被告人同意的辩护人、近亲属，还有附带民事诉讼的当事人及其法定代理人，对一审法院做出的判决或裁定不服，有权提出上诉。地方各级人民检察院认为本级人民法院第一审的判决、裁定“确有错误”时，才能提出抗诉。被害人及其法定代理人不服第一审判决的，自收到判决书后 5 日内，有权请求人民检察院提出抗诉。人民检察院自收到请求 5 日内，应当做出决定并答复请求人。不服判决的上诉和抗诉的期限为 10 日，不服裁定的上诉和抗诉的期限为 5 日，从接到判决、裁定书的第二日起计算。上诉既可以采用书面方式，也可以采用口头方式。抗诉必须采用书面方式。

（二）第二审案件的审理

《刑事诉讼法》第 216 ~ 234 条规定，第二审人民法院审判上诉、抗诉案件必须组成合议庭进行，不能实行独任审判。合议庭组成人员只能是审判员，人民陪审员不能参加上诉、抗诉案件的审判。第二审人民法院对上诉、抗诉案件进行审理时，应就第一审判决认定的事实和法律进行全面审查，不受上诉、抗诉范围的限制。共同犯罪案件只有部分被告人上诉的，应对全案进行审查，一并处理。

第二审人民法院对上诉案件，应当组成合议庭审理。合议庭经过阅卷，讯问被告人，听取其他当事人、辩护人、诉讼代理人的意见，对事实清楚的，可以不开庭审理。对人民检察院抗诉的案件和经阅卷和调查认定事实不清楚的上诉案件，第二审人民法院应当开庭审理。人民检察院提出抗诉的案件或者第二审人民法院开庭审理的公诉案件，同级人民检察院都应当派员出庭。第二审人民法院必须在开庭审理后及时通知人民检察院查阅案卷。

第二审人民法院对不服第一审判决的上诉、抗诉案件，经过审理后，按下列情况分别处理：①原判决认定事实和适用法律正确、量刑适当的，应当裁定驳回上诉或抗诉，维持原判；②原判决认定事实没有错误，但适用法律有错误，或量刑不当的，应当改判；③原判决事实不清楚或证据不足的，可以在查清事实后改判，也可裁定撤销原判决，发回重审。原审人民法院对于依照第③项发回重新审判的案件做出判决后，被告人提出上诉或者人民检察院提出抗诉的，第二审人民法院应当依法做出判决或者裁定，不得再发回原审人民法院重新审判。

（三）上诉不加刑原则

上诉不加刑是指第二审人民法院审判被告人或他的法定代理人、近亲属、辩护人上诉的案件，不得以任何理由加重被告人刑罚的一项审判原则。该原则旨在保护被告人的上诉权。但该原则只适用于被告人一方上诉的，人民检察院抗诉或自诉人提出上诉的不受该原则限制。

六、死刑复核程序

死刑复核程序是《刑事诉讼法》第235～240条规定的一种独立于普通审判程序之外的特别审查核准程序。

新中国成立以来，死刑核准权经历了一个复杂的变化过程。2006年10月31日，全国人民代表大会常务委员会通过《关于修改〈中华人民共和国人民法院组织法〉的决定》，决定从2007年1月1日起由最高人民法院统一行使死刑案件核准权，意味着死刑立即执行案件的核准权由最高人民法院统一行使。最高人民法院于2006年12月发布《关于统一行使死刑案件核准权有关问题的决定》规定：自2007年1月1日起，死刑除依法由最高人民法院判决的以外，各高级人民法院和解放军军事法院依法判处和裁定的，应当报请最高人民法院核准。

最高人民法院复核死刑案件，应当做出核准或者不核准死刑的裁定。对于不核准死刑的，最高人民法院可以发回重新审判或者予以改判。最高人民法院复核死刑案件，应当讯问被告人，辩护律师提出要求的，应当听取辩护律师的意见。

在复核死刑案件过程中，最高人民检察院可以向最高人民法院提出意见。最高人民法院应当将死刑复核结果通报最高人民检察院。

七、审判监督程序

审判监督程序是指人民法院、人民检察院对确有错误的已经发生法律效力的判决和裁定依法提出并重新审理的程序。

《刑事诉讼法》第242条规定，当事人及其法定代理人、近亲属，对已经发生法律效力的判决、裁定可以向人民法院或人民检察院提出申诉，但是不能停止判决、裁定的执行。符合下列情形之一的，人民法院应当重新审判：①有新的证据证明原判决、裁定认定的事实确有错误，可能影响定罪量刑的；②据以定罪量刑的证据不确实、不充分，依法应当予以排除，或者证明案件事实的主要证据之间存在矛盾的；③原判决、裁定适用法律确有错误的；④违反法律规定的诉讼程序，可能影响公正审判的；⑤审判人员在审理该案件的时候，有贪污受贿、徇私舞弊、枉法裁判行为的。

有权提起审判监督程序的主体是：①各级人民法院院长对本院的判决和裁定；②最高人民法院对各级人民法院的判决和裁定，上级人民法院对下级人民法院的判决和裁定，有权提审或指令再审；③最高人民检察院对各级人民法院的判决和裁定，上级人民检察院对下级人民法院的判决和裁定，有权向同级人民法院抗诉。

《刑事诉讼法》第245条规定，人民法院按照审判监督程序重新审判的案件，由原审法院审理的，应当另行组成合议庭进行。如果原来是第一审案件，应当按照第一审程序进行审判，所做的判决、裁定，可以上诉、抗诉；如果原来是第二审案件，或者是上级人民法院提审的案件，应当依照第二审程序进行审判，所做的判决、裁定是终审的判决、裁定。

八、执行程序

执行是指人民法院、监狱和公安机关对已经发生法律效力的判决、裁定所确定的内容予以实现的诉讼活动。

（一）死刑立即执行的执行

最高人民法院判处和核准的死刑立即执行的判决，应当由最高人民法院院长签发执行死刑的命令。人民法院是死刑判决的执行机关，人民检察院是执行死刑的监督机关。原审人民法院接到执行死刑的命令后，应当在7日内执行。

（二）死刑缓期2年执行、无期徒刑、有期徒刑和拘役的执行

对于判处死刑缓期2年执行、无期徒刑、有期徒刑的罪犯，由公安机关依法交付监狱执行；对判处拘役的罪犯，由公安机关执行。对于未成年犯，应在未成年犯管教所执行刑罚。判处有期徒刑和拘役的罪犯，执行期满，应当由执行机关发给释放证明。

（三）对缓刑罪犯的执行

被判处拘役缓刑和有期徒刑缓刑的罪犯，由公安机关交所在单位或基层组织予以考察。罪犯在缓刑考验期内，必须遵守法律、法令。

罪犯在缓刑考验期内未再犯新罪的，缓刑考验期满，则不再执行原判刑罚，由执行机关宣布；罪犯在缓刑考验期内又犯新罪的，则在审判新罪时撤销原缓刑。

（四）管制和剥夺政治权利的执行

管制是对罪犯不予关押但限制其人身自由的刑罚方式。剥夺政治权利是在一

定期限内剥夺罪犯参加国家管理和其他一些政治活动权利的刑罚方式。管制和剥夺政治权利都由公安机关执行。

本章思考题

1. 简述《刑事诉讼法》的基本原则。
2. 我国刑事诉讼中的管辖分为哪几种类型?
3. 提起附带民事诉讼的条件有哪些?
4. 简述第一审程序和第二审程序的区别。

第三章

行政诉讼法

★本章要点★

本章的主要内容是行政诉讼的基本理论和法律规定，主要介绍了行政行为与审理程序。

通过本章的学习，要求重点掌握行政行为、行政参加人、行政裁判及执行的具体内容。

第一节　行政诉讼法基本理论

一、行政诉讼与行政诉讼法

行政诉讼是指人民法院基于公民、法人或其他组织的请求，对行政机关具体行政行为的合法性进行审查并做出裁判，解决行政争议的诉讼活动。行政诉讼法是指规范各种行政诉讼活动以及规定人民法院、诉讼参加人等诉讼主体在行政诉讼中的法律地位及权利义务的法律规范的总称。

1989 年 4 月 4 日第七届全国人民代表大会第二次会议通过的、2014 年 11 月 1 日第十二届全国人民代表大会常务委员会第十一次会议修订的《中华人民共和国行政诉讼法》（以下简称《行政诉讼法》），是我国现行的行政诉讼法典。

二、行政诉讼法的基本原则

本章主要介绍行政诉讼法的特有原则。

（一）依法受理、依法应诉原则

《行政诉讼法》第 3 条规定："人民法院应当保障公民、法人和其他组织的起诉权利，对应当受理的行政案件依法受理。行政机关及其工作人员不得干预、阻碍人民法院受理行政案件。被诉行政机关负责人应当出庭应诉。不能出庭的，应当委托行政机关相应的工作人员出庭。”该条确立了依法受理、依法应诉原则，是修正后的行政诉讼法新增内容。

（二）行政行为合法性审查原则

《行政诉讼法》第6条规定，人民法院审理行政案件，对行政行为是否合法进行审查，原则上对其合理性问题不涉及，但作为合法性审查的例外。行政处罚显失公正的，人民法院可就其合理性问题进行审查。

（三）起诉不停止执行原则

起诉不停止执行原则是指行政机关的具体行政行为不因原告提起诉讼而中止或终结效力。

（四）被告负主要举证责任原则

被告负主要举证责任原则是指在行政诉讼中，被告行政机关负有证明其具体行政行为合法的责任，如果不能举证，则要承担败诉的后果。

（五）有限司法变更原则

有限司法变更原则是指在行政诉讼中，人民法院只能在有限范围内改变具体行政行为。《行政诉讼法》第77条规定，人民法院认为行政处罚显失公正的，可以判决变更。

三、行政诉讼受案范围

行政诉讼受案范围是指法律规定的，人民法院受理和审判行政案件的范围。

（一）人民法院受理的案件

1. 列举规定

列举式规定是指《行政诉讼法》第12条第1款，包括以下12种：①对行政拘留、暂扣或者吊销许可证和执照、责令停产停业、没收违法所得、没收非法财物、罚款、警告等行政处罚不服的；②对限制人身自由或者对财产的查封、扣押、冻结等行政强制措施和行政强制执行不服的；③申请行政许可，行政机关拒绝或者在法定期限内不予答复，或者对行政机关做出的有关行政许可的其他决定不服的；④对行政机关做出的关于确认土地、矿藏、水流、森林、山岭、草原、荒地、滩涂、海域等自然资源的所有权或者使用权的决定不服的；⑤对征收、征用决定及其补偿决定不服的；⑥申请行政机关履行保护人身权、财产权等合法权益的法定职责，行政机关拒绝履行或者不予答复的；⑦认为行政机关侵犯其经营自主权或者农村土地承包经营权、农村土地经营权的；⑧认为行政机关滥用行政权力排除或者限制竞争的；⑨认为行政机关违法集资、摊派费用或者违法要求履行其他义务的；⑩认为行政机关没有依法支付抚恤金、最低生活保障待遇或者社会保险待遇的；⑪认为行政机关不依法履行、未按照约定履行或者违法变更、解除政府特许经营协议、土地房屋征收补偿协议等协议的；⑫认为行政机关侵犯其他人身权、财产权等合法权益的。

2. 概括规定

概括式规定是指《行政诉讼法》第2条：公民、法人或者其他组织认为行政机关和行政机关工作人员的行政行为侵犯其合法权益，有权依照本法向人民法院提起诉讼。前款所称行政行为，包括法律、法规、规章授权的组织做出的行政行为。《行诉法司法解释》第1条第1款规定：公民、法人或者其他组织对具有国家行政职权的机关和组织及其工作人员的行政行为不服，依法提起诉讼的，属于人民法院行政诉讼的受案范围。

3. 例外规定

《行政诉讼法》第12条第2款规定，人民法院受理法律、法规规定可以提起诉讼的其他行政案件。

（二）人民法院不受理的案件

人民法院不予受理的情形包括：①国防、外交等国家行为；②行政法规、规章或者行政机关制定、发布的具有普遍约束力的决定、命令；③行政机关对行政机关工作人员的奖惩、任免等决定；④法律规定由行政机关最终裁决的具体行政行为。

四、行政诉讼管辖

（一）级别管辖

1. 基层人民法院的管辖

基层人民法院对行政案件具有普遍管辖权，法律有特殊规定的除外。

2. 中级人民法院的管辖

中级人民法院管辖的案件有以下四种：①对国务院部门或者县级以上地方人民政府所做的行政行为提起诉讼的案件；②海关处理的案件；③本辖区内重大、复杂的案件；④其他法律规定由中级人民法院管辖的案件。

3. 高级、最高人民法院的管辖

高级、最高人民法院管辖本辖区内重大、复杂的第一审行政案件。

（二）地域管辖

行政案件原则上由最初做出具体行政行为的行政机关所在地人民法院管辖。对于经过行政复议的行政案件、限制人身自由强制措施的行政案件以及涉及不动产行政案件的管辖，法律分别做出了特殊规定。

（三）裁定管辖

裁定管辖是指基于人民法院内部的裁定而确定的管辖，包括移送管辖、指定管辖和管辖权转移三种。

第二节 行政诉讼参加人

行政诉讼参加人是指作为行政诉讼主体，参加到行政诉讼中的当事人和类似诉讼当事人地位的诉讼代理人。当事人包括原告和被告、共同诉讼人以及第三人。

一、原告

原告是指因不服行政机关的具体行政行为，以行政机关为被告而向人民法院提起诉讼并由人民法院受理的公民、法人或其他组织。

作为行政诉讼原告必须满足以下条件：一是行政诉讼的原告必须是行政管理相对人；二是行政诉讼原告必须是其合法权益受到具体行政行为侵害的人。具体是指：①被损害的利益必须是受到法律保护的利益；②必须有利益受到损害的事实存在；③损害事实与具体行政行为之间存在因果关系。有权提起诉讼的公民死亡，其近亲属可以提起诉讼；有权提起诉讼的法人或其他组织终止，承受其权利的法人或其他组织可以提起诉讼。

二、被告

被告是指由原告指控其具体行政行为侵犯了原告的合法权益，并经人民法院通知应诉的行政机关或法律、法规授权的组织。

作为行政诉讼的被告，主要有以下几种情形：①公民、法人或其他组织直接向人民法院提起诉讼的，做出具体行政行为的行政机关为被告。②经过复议的案件，复议机关决定维持原具体行政行为的，做出原具体行政行为的机关为被告；复议机关改变原具体行政行为的，复议机关为被告。③两个以上行政机关共同做出同一具体行政行为时，共同做出具体行政行为的行政机关为共同被告。④由法律、法规授权的组织所做的具体行政行为，该被授权组织为被告。⑤行政机关委托的组织所做的具体行政行为，委托的行政机关为被告。⑥行政机关的派出机构做出的具体行政行为，由行政机关而不是派出机构作为被告。⑦对行政机关与非行政机关共同做出的处理决定，相对人不服，提起行政诉讼的，应以做出具体行政行为的行政机关为被告，非行政机关不能作为被告。

三、共同诉讼人

共同诉讼是指当事人一方或双方为两个或两个以上的主体的诉讼。共同诉讼中的当事人为共同诉讼人，包括共同原告和共同被告。

共同诉讼分为必要的共同诉讼和普通的共同诉讼两种。必要的共同诉讼是指当事人一方或双方为二人以上，因同一个具体行政行为发生争议，人民法院认为必须合并审理的行政诉讼；普通的共同诉讼是指因同样的具体行政行为发生的共同诉讼，该种合并审理不是必需的。

四、第三人

行政诉讼的第三人是指与被诉的具体行政行为有利害关系而参加到诉讼中来的公民、法人或其他组织。

行政诉讼中的第三人主要有以下几种情况：①行政处罚案件中的被处罚人或受害人；②行政处罚案件中的共同被处罚人；③行政裁决案件中的双方当事人；④两个以上行政机关做出相互矛盾的具体行政行为，非被告的行政机关可以是第三人。

五、诉讼代理人

诉讼代理人是指根据法律规定，或受当事人的委托，以当事人的名义在代理权限范围内进行诉讼活动的人。

诉讼代理人分为法定代理人和委托代理人。法定代理人是指根据法律规定，直接取得代理权的人，是为无诉讼行为能力的人设定的，是全权代理。委托代理人是指受当事人、法定代理人的委托代理参加诉讼的人。律师、社会团体、提起诉讼的公民的近亲属或所在单位推荐的人，经人民法院许可的其他公民，可以受委托成为诉讼代理人。

第三节　证　据

一、证据的概念和种类

行政诉讼的证据是指能够证明行政案件真实情况的一切事实。证据主要有以下 8 种：书证、物证、视听资料、电子数据、证人证言、当事人陈述、鉴定意见和勘验笔录、现场笔录。

二、举证责任

根据《行政诉讼法》第 34 条的规定，被告对做出的具体行政行为负有举证责任，应当提供做出该具体行政行为的证据和所依据的规范性文件。被告不提供或者无正当理由逾期提供证据，视为没有相应证据。但是，被诉行政行为涉及第三人合法权益，第三人提供证据的除外。

第四节　行政诉讼的审理程序

一、起诉

起诉是指公民、法人或其他组织认为行政机关的具体行政行为侵犯其合法权益，依法请求人民法院通过行使国家审判权给予司法救济的诉讼行为。

起诉须符合以下条件：①原告是认为具体行政行为侵犯其合法权益的公民、法人或其他组织；②有明确的被告；③有具体的诉讼请求；④有明确的事实根据；⑤属于人民法院的受案范围。

二、受理

受理是指人民法院对起诉人的起诉进行审查，对符合法律规定的起诉条件的案件决定立案予以审理的诉讼行为。经过审查，认为起诉符合法定条件的，应当立案；认为起诉缺乏充分理由的，应当裁定不予受理。起诉人对裁定不服的，可以提起上诉。

三、第一审程序

第一审程序是人民法院对行政案件进行初次审理的全部诉讼程序。行政案件第一审的程序包括以下步骤：

（一）审理前的准备

审理前的准备主要有：①组成合议庭；②诉讼文书送达；③审阅诉讼材料和调查收集证据；④更换和追加诉讼当事人；⑤其他准备工作。

（二）开庭审理

对于行政案件，原则上应公开审理，但涉及国家秘密、个人隐私和法律另有规定的除外。开庭审理的具体步骤，实践中多参照《民事诉讼法》的规定执行，具体包括开庭准备、宣布开庭、法庭调查、法庭辩论、合议庭评议和宣告判决6个环节。

（三）调解

在行政诉讼中，一般不得以调解作为结案方式，必须以判决或裁定的方式结案。但是，行政赔偿诉讼和附带民事诉讼可以调解。

（四）撤诉

原告在立案后到宣判之前，主动撤回诉讼请求，申请人民法院终止诉讼程序的活动是撤诉。在行政诉讼中，原告申请撤诉，须经人民法院同意。

（五）诉讼中止和诉讼终结

诉讼中止在下列情形下发生：①原告人死亡，需要等待近亲属参加诉讼；②原告丧失诉讼行为能力，尚未确定法定代理人；③作为原告的法人或其他组织终止，尚未确定权利义务承受人；④一方当事人因不可抗力的事由，不能参加诉讼；⑤其他应当中止诉讼的情形。

诉讼终结在下列情形下发生：①原告申请撤诉，经人民法院裁定准许；②被告改变其所做的具体行政行为，原告同意并申请撤诉，经人民法院裁定准许；③原告死亡或者丧失诉讼行为能力，法人或其他组织终止，承受其权利应当代为诉讼的个人或组织拒绝参加诉讼或放弃诉讼，诉讼活动无法继续进行。

四、第二审程序和审判监督程序

行政诉讼的第二审程序和审判监督程序基本上都参照《民事诉讼法》的规定进行，下面仅就行政诉讼中的特殊部分进行介绍。

首先，行政诉讼上诉一经受理，在第二审程序中，行政机关不得改变其原具体行政行为。

其次，第二审人民法院审理行政上诉案件，应当对原审人民法院的裁定和被诉具体行政行为是否合法进行全面审查，不受上诉范围限制。

再次，行政诉讼的第二审有书面审理和开庭审理两种方式。

最后，人民法院审理上诉行政案件，应当在收到上诉状之日起 2 个月内做出终审裁判。

第五节　行政诉讼裁判

一、判决

判决是人民法院依照法律对行政争议涉及的实体权利义务的结论性处理决定。《行政诉讼法》规定，人民法院审理行政案件，以法律和行政法规、地方性法规为依据，地方性法规适用本行政区域内发生的行政案件，人民法院审理民族自治地方的行政案件，并以该民族自治地方的自治条例和单行条例为依据，行政规章只予以参照。

（一）第一审判决

根据《行政诉讼法》第七章第二节的规定，第一审判决包括以下几种：

1. 维持判决

维持判决是人民法院通过审理，确认被告行政机关的具体行政行为认定事实清楚，证据充分、确凿，适用法律、法规正确，符合法定程序，从而驳回当事人的诉讼请求，确认具体行政行为合法的判决。

2. 撤销判决

撤销判决是人民法院经过审理，认为被告的具体行政行为部分或全部违法，从而部分或全部撤销具体行政行为，并可责令被告重新做出具体行政行为的判决。人民法院对具体行政行为有下列情形之一的，判决撤销或部分撤销，并可以判决被告重新做出具体行政行为：①主要证据不足；②适用法律、法规错误；③违反法定程序；④超越职权；⑤滥用职权。

3. 履行判决

履行判决是人民法院经过审理对被告不履行自己的法定职责所做出的令其在一定期限内履行的判决。

4. 变更判决

变更判决是人民法院对行政机关做出的显失公正的行政处罚决定，通过司法裁判直接予以改变的判决。

（二）第二审判决

根据《行政诉讼法》第七章第四节的规定，第二审判决有三种：维持原判；依法改判和撤销原判；发回重审。

（三）侵权赔偿责任

完成形态的行政行为，即具体行政行为，由于违法已经给相对人造成损害，单纯的撤销该具体行政行为不足以挽回对行政相对人所造成的实际利益的损害，因而必须追究行政机关的侵权赔偿责任。公民、法人或其他组织请求行政赔偿可通过两条途径。第一条途径是附带的方式，即行政相对人在请求人民法院审查行政行为的合法性的同时，如果认为他的权益受到该行政机关的侵害，可以同时提出行政赔偿请求。第二条途径是单独提起的方式，即致害行政机关已经承认或裁定致害行政行为违法，但对致害行政行为所造成的损害未做处理，或处理与受害人所愿相违，相对人可以单独提起赔偿请求。

二、裁定

根据《行政诉讼法》的规定，行政裁定主要适用于以下情形：①起诉不予受理；②驳回起诉；③起诉期间停止具体行政行为的执行或驳回停止执行的申请；④财产保全和先予执行；⑤准许撤诉或不准许撤诉；⑥中止或终结诉讼，中止或终结执行；⑦补正判决书中的错误；⑧其他需要裁定的事项。

第六节　执　行

一、执行的概念

行政案件的执行是指人民法院的执行组织或其他有关行政机关依照法定程序，适用法定的特殊手段，强制义务人履行已生效的人民法院裁判以及有关行政机关所确定的义务的活动。行政案件执行分为行政诉讼执行和非诉行政案件的执行。

二、行政诉讼执行

行政诉讼执行是指在义务人逾期不履行人民法院就行政案件依法做出的具有执行力的法律文书时，人民法院和有关行政机关依法采取强制措施，从而使生效法律文书得以实现的活动。

《行政诉讼法》第95条规定，公民、法人或者其他组织拒绝履行判决、裁定、调解书的，行政机关或者第三人可以向第一审人民法院申请强制执行，或者由行政机关依法强制执行。据此，行政案件的执行主体有人民法院和行政机关。

执行对象是指由生效的法律文书所确定的并由执行机关的执行行为所指向的目标，一般可分为物、行为和人身。行政诉讼对公民、法人或其他组织的执行措施，可参照《民事诉讼法》进行。但对于行政机关的执行措施，不同于公民、法人或其他组织，主要有划拨、罚款、司法建议和追究刑事责任。

三、非诉行政案件的执行

非诉行政案件的执行是指公民、法人或其他组织既不执行行政机关的具体行政行为，又不向人民法院提起行政诉讼时，由行政机关申请人民法院采取强制措施，从而使行政机关的具体行政行为得以实现的活动。

《行政诉讼法》第96条规定，公民、法人或者其他组织对具体行政行为在法定期限内不提起诉讼又不履行的，行政机关可以申请人民法院强制执行，或者依法强制执行。

非诉行政案件的执行与行政诉讼裁判的执行有本质的区别，行政诉讼裁判的执行是诉讼执行，自然归属于行政诉讼法的规范领域，而非诉行政案件的执行本质是一种行政强制执行，应由行政强制执行法加以规定。最高人民法院发布的《行诉法解释》对非诉行政案件执行的适用范围和程序等做出了规定，曾是规范非诉行政案件的主要根据；《行政强制法》自2012年1月1日生效后，应依该法第五章申请人民法院强制执行的规定进行。不过，除对相同事项的规定不一致外，《行诉法解释》对非诉行政案件执行规定仍然有效。

非诉行政案件执行程序中须注意以下几个问题：①执行法院。申请人民法院强制执行其具体行政行为的，由被执行人所在地的基层人民法院受理执行。重大复杂的具体行政行为，也可由被执行人所在地的中级人民法院执行。②执行期限。执行机关申请人民法院强制执行其具体行政行为，期限为自法定起诉期限届满之日起3个月。逾期申请的，除有正当理由外，人民法院不予受理。③非诉执行程序的措施。具体行政行为合法且符合执行条件，行政审判庭应及时向被执行人发出执行通知书，并对被执行人进行法制教育，促使被执行人主动履行义务。为防止被执行人转移财产，可采取查封、扣押、冻结、划拨等财产保全措施。经教育，被执行人仍不主动履行义务的，人民法院应做出强制执行裁定。对涉及不动产等需要公告的案件，应及时发布强制执行公告，公告期限届满，被执行人仍拒绝履行的，人民法院应依法采取强制措施。

本章思考题

1. 简述《行政诉讼法》的基本原则。
2. 简述《行政诉讼法》的管辖分类。
3. 简述《行政诉讼法》的举证责任制度。

程序法学·延伸阅读的推荐书目

[1]江伟,肖建国. 民事诉讼法[M]. 北京:中国人民大学出版社,2013.
[2]陈光中. 刑事诉讼法[M]. 北京:高等教育出版社,2016.
[3]何海波. 行政诉讼法[M]. 北京:法律出版社,2016.
[4]何家弘. 证据法学[M]. 北京:法律出版社,2013.
[5]谷口安平. 程序的正义与诉讼[M]. 北京:中国政法大学出版社,2002.

第九编

国际法学

第一章

国际公法

★本章要点★

本章的主要内容是国际公法的基本理论，主要介绍了海洋法、航空法、条约法、外交关系与领事关系法、战争法及国际争端的解决方式。

通过本章的学习，要求重点掌握海洋法、航空法、条约法、外交关系与领事关系法、战争法的相关法律制度以及国际争端的解决程序及方式。

第一节　国际法的基本理论

一、国际法的概念和特征

（一）国际法的概念

国际法是与国内法相对应的法律体系，它是国家交往中形成的，以国家间协议制定的，主要用以调整国家之间关系的，有拘束力的原则、规则和制度的总体。国际法与国内法共同构成当代人类社会完整的法律秩序。

荷兰人格劳秀斯发表了《战争与和平法》（1625 年）一系列著作，从理论上对国际法的规则和基本问题进行了系统全面的论述，因而被称为“近代国际法学之父”。

现代国际法已经成为国际社会普遍的、涉及国际交往各个领域的、庞大繁杂的规则体系。概括地说，其主要内容包括以下方面：国际法的基本原理和原则（性质、渊源、基本原则等），国家或国际法主体本身的制度和规则（如国家和政府、领土、居民、国家责任、国际争端的解决等），以及国际法各个相对独立的分支（如海洋法、国际航空法、空间法、条约法、外交领事关系法、国际人权法、国际经济法、国际环境法、战争与武装冲突法等）。

（二）国际法的特征

国际法的特征有：①国际法的规则是由国家之间在平等基础上以协议方式共同制定的；②国际法作为法律得到所有国家承认；③国际法不可能解决国际社会的所有问题。

二、国际法的渊源

国际法的渊源一般是指国际法规则作为有效的法律规则存在和表现的方式。它的基本意义在于指明去哪里寻找国际法规则，以及如何识别一项规则是否是有效力的国际法规则。

根据《国际法院规约》第38条规定，国际法的渊源为国际条约、国际习惯和一般法律原则，而司法判例、国际法学说为确立法律原则的辅助资料。

三、国际法的基本原则

（一）国际法基本原则的特征

国际法基本原则是国际法庞大规则体系中最核心和基础的规范，它具有以下基本特征：①各国公认，普遍接受；②适用于国际法律关系的所有领域，贯穿国际法的各个方面；③构成国际法体系的基础。

（二）国际法基本原则的主要内容

国际法基本原则的主要内容有：①国家主权平等原则；②不干涉内政原则；③不使用武力威胁或武力原则；④和平解决国际争端原则；⑤民族自决原则；⑥善意地履行国际义务原则。

四、国际法与国内法

目前国际法中尚没有关于国内法与国际法关系的具体、统一、完整的规则。

从国际实践上看，在国际层面：国内立法不能改变国际法的原则、规则；国家不得以其国内法规定来对抗其承担的国际义务，或以国内法规定作为违背国际义务的理由来逃避其国际责任。同时，国际法不干预一国国内法制定，除非该国承担了相关的特别义务。

从国际法的角度看，如果一国在国际法与国内法发生冲突时，由于优先适用其国内法造成其对国际法的违背，该国应对此承担相应的国家责任。

五、国际法主体与国际法律责任

（一）国际法主体

国际法主体是指具有享受国际法上权利和承担国际法上义务能力的国际法律关系参加者，或称为国际法律人格者。

国际法主体须具备以下三个条件：①具有独立参与国际关系的资格；②具有直接享有国际法上权利的能力；③具有直接承担国际法上义务的能力。

（二）国际法主体的范围

国际法主体的范围包括：①主权国家；②国际组织；③某些特定的民族解放组织或民族解放运动，但是其作为国际法主体，是有条件和不完全的；④除了上述传统的国际法主体作为行为者以外，还有非政府国际组织和个人等行为者，但仍存在理论争议。

（三）国家的构成要素与类型

在国际法中，国家的构成必须具备四个要素：①定居的居民；②确定的领土；③政府；④主权。

（四）现代国家的主要类型

国际法上，现代国家类型主要划分为两类：①单一国；②复合国，有联邦和邦联两种形式。

（五）国家的基本权利

国家的基本权利包括：①独立权，包含自主性和排他性两重含义；②平等权，是指国家在参与国际法律关系时，具有平等的地位和法律人格；③自保权，它分为国防权和自卫权两方面；④管辖权，是国家主权在法律方面的物化。

（六）国家的管辖权与国家主权豁免

1. 国家的管辖权

国家的管辖权是国家对特定的人、物和事件进行管理和处置的权利，以国家主权为根据，又是国家主权的最直接体现。

在国际法研究中，一般将国家实践中的管辖权原则或管辖权类型，从立法管辖权的角度，进行如下划分：①属地管辖权，又称属地优越权；②属人管辖权，或称国籍管辖权；③保护性管辖权；④普遍性管辖权。

2. 管辖权的冲突和解决

对于管辖权冲突的解决，尚没有形成解决或协调管辖权冲突的全面统一的国际法规则或制度。在实践中，通常采用以下方法：①国内立法中采用多种管辖权相互配合的方式，尽量减少冲突的可能；②通过多边国际公约划定缔约国之间某些管辖权或协调管辖权冲突；③通过有关国家间的双边条约协商调整。

3. 国家主权豁免

国家主权豁免是指国家的行为及其财产不受或免受他国管辖。但国际法明确规定不得豁免的情况除外，如从事某些国际罪行的情况。实践中，国家主权豁免主要表现在司法豁免方面。

我国于2005年签署《联合国国家及其财产管辖豁免公约》（以下简称《公约》）（目前尚未批准），同时，也已开始了有关国家豁免的立法进程，2005年10

月25日，我国颁布了《外国中央银行财产司法强制措施豁免法》，开创了我国在国家豁免立法中的先河。

（七）国际法上的承认与继承

国际法上的承认，一般是指既存国家对于新国家、新政府或其他事态的出现，以一定的方式表示接受或同时表明愿意与其发展正常关系的单方面行为。

国际法上的继承，是指在某些特定情况下，国际法上的权利义务由一个承受者转移给另一个承受者所发生的法律关系。

国际法上的继承包括国家继承、政府继承和国际组织的继承，其中最重要和基本的是国家继承，一般分为两大类：关于条约方面的继承和非条约事项的继承，非条约事项的继承主要包括国家财产的继承，国家档案的继承，国家债务的继承等。

（八）国际组织

1. 国际组织的概念和法律地位

作为国际法主体的国际组织一般是指政府间的国际组织，通常被赋予国际法律人格，具体体现在其组织章程中。

2. 国际组织的一般制度

（1）成员。国际组织的成员一般可分为正式成员和非正式成员两种。

（2）机构。国际组织的机构由其职能和成员国约定而设立，通常包括：①权力和决策机构；②执行机构；③行政机构。

（3）表决制度。表决制度一般有以下几种：①全体一致同意，也称一国一票一致同意制；②多数通过制，又分为简单多数通过、特定多数通过、多数加特定成员通过三种；③加权表决制，也称一国多票制；④协商一致通过。

3. 联合国体系

联合国组织根据1945年在美国旧金山签订的《联合国宪章》成立，是世界反法西斯战争胜利之后国际秩序构建的重要支柱。随后，一批在各自领域起重要作用的专门性国际组织，通过与联合国的关系协定而成为联合国的专门机构，从而构成联合国组织体系。

（九）国际法律责任的构成和形式

1. 国际责任的归责原则

法律上的归责原则一般有过错责任和无过错责任两种，具体问题上的责任制度还需要根据与该具体义务相关的国际法规则和所涉因素来决定。

2. 国家不法行为的要件

国家不法行为是指国家违背国际法义务的行为。国家不法行为必须具备两个条件：①归因于国家；②违背国际义务。

3. 不法性的排除

不法性被排除一般有以下情况：①同意；②对抗与自卫；③不可抗力和偶然事故；④危难或紧急状态。

4. 国际责任的主要形式

在国际实践中，国际责任一般有以下一些形式：①终止不法行为；②恢复原状；③赔偿；④道歉；⑤保证不再重犯；⑥限制主权。国际责任既可被单独采用，也可同时采用。

（十）国际责任制度的新发展

1. 国际刑事责任问题

国际刑事责任问题是与国际法中的国际罪行相联系的。传统国际法中对于国家刑事责任基本持否定态度。纽伦堡审判和东京审判创立了“双罚原则”，在国家承担国家责任的同时，也追究了负有责任国家的领导人的个人刑事责任。

2. 国际赔偿责任问题

一般地，国家责任是由国家违背其国际义务的行为引起的。赔偿责任产生的前提往往是损害后果的发生，但也不是所有的损害后果都引起赔偿责任，具体赔偿责任的规则，包括归责原则等，在不同条约中各有不同规定。从赔偿主体来看，现行的赔偿责任一般有三类：①国家责任；②双重赔偿；③营运人赔偿。

六、国际法上的空间划分

国际法对自然空间进行划分是国家对于空间支配和管辖能力以及在支配和管辖空间活动中所形成的国家关系的法律反映。有关空间区域划分和相关法律制度的规定，分别体现在领土规则、海洋法、国际航空法、外层空间法等国际法分支中。

（一）领土与领土主权

国家领土是指国家主权支配和管辖下的地球的特定部分及附属的特定上空。它由领陆、领水、领空和底土四部分组成，具体内容为：①领陆是指国家主权管辖下的地球表面的陆地部分；②领水是国家主权管辖下的全部水域，包括内水和领海；③领空是领陆和领水上方一定高度的空间；④底土是领陆和领水下面的部分，理论上一直延伸到地心。

国家的领土主权，是指国家对领土的最高的排他的权利，包括两方面内容：①对领土的所有权或领有权；②国家享有排他的领土管辖权。相互尊重主权及领土完整是国际法的一项基本原则。

领土主权的限制有两种情况：一种是适用于一切国家或者大多数国家的一般性限制；另一种是适用于特定国家的根据条约产生的对其领土主权施加的特殊限制，主要有共管、租借、国际地役和势力范围四种形式。上述对领土主权的限制是否合法，取决于其据以产生的条约是否合法。

河流制度，主要包括：①内河，从源头到入海口或终结地全部流经一国的河流；②界河，是流经两国之间并作为两国领土分界线的河流；③多国河流，是流经两个或两个以上国家领土的河流；④国际河流，通过条约规定对所有国家开放航行的多国河流；⑤国际运河，其地位和航行制度由有关条约确立，一般对所有国家开放。

（二）领土的取得方式

传统国际法获取领土的五种方式：①先占，必须具备两个条件：先占的对象必须为无主地；先占应为“有效占领”。②时效，是指由于国家公开地、不受干扰地、长期持续地占有他国领土，从而获得该领土的主权。③添附，是指由于自然形成或人造的新土地出现而使得国家领土增加。添附历来被认为是国际法中一项合法获取领土的方式。④征服，也称兼并，其以战争的合法性为基础，是指一国直接以武力占有他国领土的全部或一部，并将其纳入自己的版图从而取得该土地的主权。⑤割让，是一国根据条约将部分领土转移给另一国。割让分为强制割让和非强制割让，非强制割让具有合法性。实践中还产生了某些新的领土变更方式或方法，如殖民地独立和公民投票。

（三）边界和边境制度

边界也称国界，是确定一国领土范围的界限。以条约划定边界，通常包括三个步骤：①签订边界条约；②根据边界条约，联合实地勘界并树立界标；③双方制定标界文件，包括边界地图、议定书、证书等。

边境或边境地区是指边界线相邻的一定区域。边境制度包括边界标志的维护、边界资源的利用、边境居民的交往、边境事件的处理等。

（四）两极地区的法律地位

法律上的南极地区是指南纬60度以南的地区，包括南极洲大陆及其沿海岛屿和海域。

根据《南极条约》等一系列条约，目前南极地区法律制度的内容主要包括：①南极只用于和平目的；②科学考察自由和科学合作；③冻结对南极的领土要求；④维持南极地区水域的公海制度；⑤保护南极环境与资源；⑥建立南极协商会议。

北极地区是指北极圈以内的区域，除环北极海域的少数国家领土外，主要部分是北冰洋，其70%洋面常年冰冻。北冰洋应适用海洋法的有关原则和制度，其中大部分为公海。

除了《联合国海洋法公约》之外，目前与北极地区联系最密切的多边条约是《斯瓦尔巴条约》，该条约承认挪威对斯瓦尔巴群岛拥有主权，但各缔约国公民可以自由进出，并规定该地区“永远不得为战争的目的所利用”，该条约使斯瓦尔巴群岛成为北极地区第一个，也是唯一的一个非军事区。

七、国际法上的个人

（一）国籍

国籍是指一个人属于某一个国家的公民或国民的法律资格。

根据各国国籍立法及相关条约实践，国籍的取得方式可以分为两类：因出生取得和因加入取得。

国籍的丧失是指由于某种原因一个人失去其拥有的某个国家的国籍。各国立法中对于国籍丧失有各自不同的规定，一般可以分为自愿丧失和非自愿丧失两种。

由于各国的国籍立法不同，在实践中，可能会出现两个或两个以上国家，根据各自国家的法律，同时都给予一个人其国家的国籍，则该人就会拥有双重或多重国籍，称为国籍的积极冲突；反过来，也可能出现任何国家都不给予某个人国籍，则该人成为无国籍人，称为国籍的消极冲突。在国际实践中，一般采取的防止和消除国籍冲突的方式有两种：一种是通过国内立法；另一种是通过双边或多边条约方式。

我国现行的国籍制度主要规定在1980年通过的《中华人民共和国国籍法》中。此外，中国还与有关国家以双边条约的形式，积极妥善地解决有关国籍冲突问题。

（二）外国人的法律地位

1. 外国人及其法律地位的概念

一国所指的外国人是指不拥有该国国籍而拥有其他国家国籍的人。一般地，国家在进行管理时，将无国籍人也归于外国人的范畴。在有些情况下，外国人一词除外国自然人外，还包括有关的外国法人。双重国籍的人，在每一个国籍国均为本国人。

一国境内的外国人可以分为普通外国人和享有外交特权与豁免的外国人。一般地，外国人的法律地位是对普通外国人而言的。

2. 外国人的入境、居留和出境

由于国家间交往的需要，国家一般都在互惠的基础上允许外国人为合法目的入境，并且制定有关的法规和彼此达成协议，规定有关入境的条件程序和相关问题。实践中，外国人入境一般要经过两个步骤：①持有有效护照并获得入境签证；②在入境口岸接受有关安全、卫生等方面的检查。

对于外国人的居留，各国也有权通过国内法予以规定，包括居留条件、手续、期限及其他事项。任何国家或其国民都不得主张必然有在另一国的居住权。外国人在居留国的居留期间的权利和义务由居留国的法律规定。国家一般不禁止外国人的合法出境，但可以对外国人离境规定某些条件。

我国2012年颁布了《中华人民共和国出境入境管理法》，对于外国人入出境、居留、交通工具的边检，相关调查和遣返等事项做了规范，2013年颁布了《中华人民共和国外国人入境出境管理条例》，进一步对外国人的入出境和居留做出细化规定。

3. 外国人的待遇

外国人的待遇，是指国家对于外国人，特别是长期或永久居留的外国人所设定的权利义务。国际法对此并没有统一完整的规定。各国通常是在互惠及不歧视的基础上，通过国内立法或有关具体条约，在不同领域分别采用不同的待遇。在国内法或国际条约实践中，通常采用的有以下一些方式：①国民待遇，是指在一定事项或范围内，国家给予其境内的外国人与其本国国民同等的待遇。②最惠国待遇，是指一国给予另一国国家或国民的待遇不低于现在或将来给予任何第三国国家或国民的待遇。③差别待遇，是指一国给予外国人不同于本国人的待遇，或给予不同国家的外国人不同的待遇。国际法承认上述差别待遇，但禁止基于宗教、种族等原因的歧视待遇。④互惠原则，是指一国给予外国国民某种权利、利益或优惠须以该外国给予本国国民同等的权利、利益或待遇为前提。

4. 外交保护

在一国的外国人，应履行其对居住国和国籍国的双重义务，同时他的有关权利也应得到居住国及国籍国的双重保护。

外交保护或外交保护权，是指一国国民在外国受到不法侵害，且依该外国法律程序得不到救济时，其国籍国可以通过外交方式要求该外国进行救济或承担责任，以保护其国民或国家的权益。

国家行使外交保护权一般应符合三个条件：①一国国民权利受到侵害是由于所在国的国家不当行为所致；②受害人自受害行为发生起到外交保护结束的期间内，必须持续拥有保护国国籍；③在提出外交保护之前，受害人必须用尽当地法律规定的一切可以利用的救济办法，包括行政和司法救济手段。

外交保护的范围：外交保护原则上适用于一国的国家行为已经或必将侵害外国人合法权益的各种事项。

5. 法人的外交保护

随着目前法人的跨国经营活动的增加，其权利被外国侵害的情况增多，因此，《外交保护条款草案》专门针对法人的外交保护做出了一些规定。

（三）引渡和庇护

1. 引渡

引渡是一国将处于本国境内的被外国指控为犯罪或已经判刑的人，应该外国的请求，送交该外国审判或处罚的一种国际司法协助行为。

引渡的主体是国家，引渡是国家之间进行的。

引渡的对象是被请求国指控为犯罪或被其判刑的人，可能是请求国人、被请求国人和第三国人。

对于可引渡的罪行，一般都列举和规定在引渡条约中，有些国家的国内引渡法也有规定。“双重犯罪原则”和“政治犯罪不引渡”是被一般接受的原则。

引渡的程序一般根据引渡条约及有关国家的国内法规定进行，包括引渡请求的提出和答复、负责引渡的机构、引渡文件材料的传送、移交被引渡人的条件方式等。

引渡的目的是克服刑法的地域性或各国刑法的差异造成的法律漏洞，防止某种犯罪行为逍遥法外。实践中，请求国只能就其请求引渡的特定犯罪行为对该被引渡人进行审判或处罚，这也称为“罪名特定原则”。

2000 年我国颁布了《中华人民共和国引渡法》，对有关引渡的问题做出了具体规定。另外，我国还与一些国家缔结了引渡条约或司法协助条约。

2. 庇护

庇护是指一国对于遭到外国追诉或迫害而前来避难的外国人，准予其入境和居留，给予保护，并拒绝将其引渡给另一国的行为。

庇护是国家基于领土主权而引申出的权利。决定给予哪些人庇护是国家的权利。国家通常没有必须给予庇护的义务。国家对庇护问题通常在有关的国内法中加以规定。不引渡并不等于庇护。

（四）国际人权法

1. 国际人权法概述

人权是一个历史和发展的概念，涉及政治、哲学、社会、文化等多方面的内容。人权被用作一个法律概念时，是泛指与人本身有关的所有法律权利的总称。国家合作通过国际法促进和保障人权主要是第二次世界大战之后形成的，有关的原则和制度被认为构成了一个正在发展的国际法新分支，即国际人权法。

2. 国际人权条约体系

目前，国际人权法主要由一系列条约构成，这些条约主要包括：①1966 年联合国大会通过的《经济社会文化权利国际公约》和《公民权利和政治权利国际公约》，开放给各国签署和加入。②专门领域或区域的人权条约。专门领域主要包括：消除各种歧视方面；妇女儿童权利保护方面；禁止奴隶制和强迫劳动方面；保护被拘禁者权利方面。区域性的公约主要有《欧洲人权公约》及其一系列议定书，以及《欧洲社会宪章》《美洲人权公约》《非洲人权和人民权利宪章》等。

目前我国已签署了 1966 年的两个人权公约，并已批准了《经济社会文化权利国际公约》。我国还参加了其他所有主要的国际人权公约，积极参与联合国人权领域的活动，并通过国内各项立法，大力加强对人权的保护和促进。

3. 国际保护人权机制

国际保护人权机制是指国家通过条约建立的，旨在促进国家间合作，以监督保障国家履行其在人权领域内承担的相关国际义务，防止和惩治违背义务行为的相关制度。

目前，几乎所有的保护人权条约中都规定了其相应的国际保障或履约机制，其中主要方式有以下几种：①设立国际人权机构。目前，国际社会设立的专门人权机构有：联合国体系内的人权机构；根据区域性公约成立的区域性人权机构，如欧洲人权委员会、欧洲人权法院和美洲人权法院等。②目前，国际人权保护领域由各项条约建立了不同的保护制度。典型的制度有以下几类：报告及审查制度；缔约国指控处理及和解制度；个人申诉制度；联合国“1503”程序。

第二节　海洋法

海洋法是确立海洋区域的法律地位，规范各国在海洋活动中有关行为的国际法分支。

《联合国海洋法公约》将海洋划分为内海、领海、毗连区、专属经济区、大陆架、国际航行海峡、群岛水域、公海、国际海底区域等区域，并规定了各个区域的不同法律制度。

一、内海及有关制度

（一）领海基线

领海基线是一国领陆或内水与领海的分隔线，也是海洋法中划分其他海域的起算线。领海基线的划定可以有两种：①正常基线，或称自然基线，是指落潮时海水退到离海岸最远的潮位线，也是领陆与海水的自然分界线；②直线基线，是选取海岸或近海岛屿最外缘的若干适当基点，用直线连接而成的折线。

（二）内海

内海是一国领海基线以内的海域，包括内陆海、内海湾、内海峡和其他位于海岸与领海基线之间的海域。海湾是指海洋深入到陆地而形成的水曲。内海是一国的内水的一部分，沿海国对其具有同领陆一样的完全的排他的主权。

（三）港口制度

关于港口制度，有包括《国际海港制度公约》及其附则在内的一些国际条约。我国1979年《中华人民共和国对外籍船舶管理规则》、1983年《中华人民共和国水上交通安全法》的规定与有关公约的规定基本一致，主要包括航行停泊和管辖权。

二、领海及毗连区

（一）领海及领海制度

领海是一国领海基线以外毗邻一国领陆或内水的一定宽度的海水带。根据1982年《联合国海洋法公约》的规定，领海的宽度不得大于12海里。内陆国没有领海。

领海是国家领土的一部分，领海水体及其上空和底土都处于沿海国的主权管辖和支配之下。无害通过或无害通过权是指外国船舶在不损害沿海国和平安宁和正常秩序的条件下，拥有无须事先通知或征得沿海国许可而连续不断地通过其领海的航行权利。国家对领海中航行的外国船舶拥有管辖权。

（二）毗连区及有关制度

沿海国可以在领海以外毗邻领海划定一定宽度的海水带，在此区域中，沿海国对海关、财政、移民和卫生等特定事项行使某种管制权，这个区域称为毗连区。按照《联合国海洋法公约》的规定，毗连区的宽度从领海基线量起不得超过24海里。

毗连区不是国家领土，国家对毗连区不享有主权，只是在毗连区范围行使上述方面的管制，而且国家对于毗连区的管制不包括其上空。国家可以在毗连区内行使为下列事项所必要的管制：一是防止在其领土或领海内违反其海关、财政、移民或卫生的法律或规章；二是惩处在其领土或领海内违反上述法规的行为。

关于我国的领海和毗连区，1992年《中华人民共和国领海及毗连区法》做出了规定，包括采取直线基线法，12海里领海宽度，以及12海里毗连区宽度。

三、专属经济区和大陆架

（一）专属经济区及其法律制度

专属经济区是领海以外毗邻领海的一定宽度的水域，根据《联合国海洋法公约》的规定，它从领海基线量起不得超过200海里。

专属经济区是《联合国海洋法公约》确立的新区域，沿海国对于专属经济区不拥有领土主权，只享有公约规定的某些主权权利。

沿海国的权利主要体现在对该区域内以开发自然资源为目的的活动拥有排他性的主权权利和与此相关的某些管辖权，由此对其他国家在该区域的活动构成一定的限制。其他国家在沿海国专属经济区的活动，必须顾及沿海国的专属权利。

（二）大陆架及其法律制度

沿海国的大陆架是指其领海以外依其陆地领土的全部自然延伸，扩展到大陆边外缘的海底区域的海床和底土。如果从领海基线量起到大陆边外缘的距离不足200海里，则扩展至200海里；如果超过200海里，则不得超出从领海基线量起350海里，或不超出2 500米等深线100海里。200海里之外的大陆架如果存在，称之为外大陆架。

对于主张拥有外大陆架国家（提案国），该国需要把有关的科学信息和证据资料提交给依《联合国海洋法公约》建立、由21名委员组成的“大陆架界限委员会”。

《联合国海洋法公约》具体规定了大陆架的法律制度，我国于1998年颁布了《中华人民共和国专属经济区和大陆架法》，对我国专属经济区的设立、专属经济区与大陆架的范围、相关制度等以国内法加以明确。

四、群岛水域和国际海峡

（一）群岛水域及其制度

群岛水域是群岛国的群岛基线所包围的内水之外的海域。群岛国是全部领陆由一个或多个群岛或岛屿组成的国家。群岛水域的划定不妨碍群岛国可以按照《联合国海洋法公约》划定内水，及在基线之外划定领海、毗连区、专属经济区和大陆架。

（二）国际航行海峡的通行制度

国际航行海峡，主要是指两端都是公海或专属经济区，而又用于国际航行的海峡。海峡根据其水域的地位，一般可以划分为内海峡、领海峡和非领海峡。

由于地理位置、历史等不同，不同的国际航行海峡可能适用不同的通过制度，通常有过境通行制度、公海自由航行制度、无害通过制度以及特别协定制度四种。

五、公海与国际海底区域

（一）公海与公海制度

公海是指内海、领海、专属经济区、群岛水域以外的全部海域。任何国家不得有效地声称将公海的任何部分置于其主权下。公海对所有国家开放，包括沿海国和内陆国。任何国家不得主张对公海本身行使管辖权。

1. 公海的法律制度

1982年《联合国海洋法公约》规定公海自由包括6项，即航行自由、飞越自由、铺设海底电缆和管道自由、捕鱼自由、建造人工岛屿和设施自由、科学研究自由。

2. 公海上的管辖权

公海不属于任何国家的领土，国家不得对公海本身行使管辖权或在公海范围行使属地管辖。

3. 临检权和紧追权

临检和紧追是国家某种管辖权在公海上实施或实现的两种措施。

（二） 国际海底区域及其制度

国际海底区域是指国家管辖范围以外的海床、洋底及其底土，即国家领土、专属经济区及大陆架以外的海底及其底土。

根据1982年《联合国海洋法公约》第十一部分（“区域”部分）和1994年《关于执行1982年〈联合国海洋法公约〉第十一部分的协定》，国际海底开发制度主要内容包括：国际海底管理局组织和控制区域内的活动，特别是区域内的资源的开发活动。海底局包括由全体缔约国组成的大会、36个国家组成的理事会、负责开发生产活动的企业部和秘书处四个主要机构。

我国积极参加了国际海底区域资源的勘探和开发活动，经申请并获国际海底管理局核准，先后在东北太平洋国际海底区域内获准一块7.5万平方公里的海底勘探矿区，在位于西南印度洋的国际海底区域内获准一块1万平方公里的勘探矿区。

第三节 航空法

一、领空及其界限问题

领空是指一国领土上空一定高度的空间。领空作为国家领土的一部分处于国家主权之下已被现代国际法所确认。

（一） 领空的水平界限

一国领空从与地球表面平行方向看，止于其领土边界线的上方，即领土边界线向上立体延伸构成领空的水平扩展界限。

（二） 领空的垂直界限

领空的垂直界限是指领空自地球表面向上扩展的外缘，这是领空与外层空间的界限问题。迄今，国际法尚未就领空与外空的具体界限做出准确的划定。

二、国际航空法体系

国际航空法通常是指国际民用航空法，它由一系列多边和双边条约构成，主要包括三个部分：《芝加哥公约》形成的国际民用航空基本制度；《华沙公约》形成的国际航空民事责任制度；三个反劫机公约形成的国际民航安全制度。

三、外层空间法律体系

外层空间法律规则和制度，是随着20世纪50年代人类活动进入外空而产生并迅速发展的。国际法中的外层空间不仅涵盖自然科学中的外层空间，还涵盖自然科学中空气空间的部分区域，而且还特别包括外层空间中的任何天体。

外层空间法的主要法律渊源是国际条约，包括1967年的《外空条约》、1968年的《营救协定》、1972年的《责任公约》、1975年的《登记公约》以及1979年的《月球协定》等。以这些条约为核心形成了外层空间法律体系。上述条约规定，国家从事外空活动应遵循以下基本原则：①共同利益原则；②自由探索和利用原则；③不得据为己有原则；④和平利用原则；⑤救援宇航员原则；⑥外空物体登记和管辖原则；⑦国际责任原则；⑧保护空间环境原则；⑨国际合作原则。国家从事外空活动的主要法律制度有：①登记制度；②营救制度；③责任制度。

第四节　条约法

一、条约法概述

（一）条约的定义和特征

条约，按照1969年《维也纳条约法公约》的定义，是指“国家间所缔结而以国际法为准之国际书面协定”。关于条约的规则许多是国际习惯法规则。

条约具有以下主要特征：①条约具有法律拘束力；②条约以国际法为准；③条约的形式主要是书面的；④条约的名称在国际法上没有统一的用法。

（二）条约成立的实质要件

一项书面条约，除必须具备条约文本及对条约的拘束力的接受等形式条件外，其有效性还须具备三个实质性条件：具有完全的缔约权；自由同意；符合强行法。

二、条约的缔结

（一）条约的缔结程序和方式

条约的缔结程序是指缔结条约经过的过程和履行的一定手续。条约的缔结程序一般包括约文的议定、约文的认证和表示同意受条约拘束。具体所采用的缔约方式和程序取决于缔约方的约定和选择。

（二）条约的保留

1. 保留的概念与范围

条约的保留是指一国在签署、批准、接受、赞同或加入一个条约时所做的单方声明，无论措辞或名称如何，其目的在于排除或更改条约中某些规定对该国适用时的法律效果。

根据《维也纳条约法公约》的规定，下列情况下不得提出保留：①条约规定禁止保留；②条约准许特定的保留，而有关保留不在条约准许的保留范围内；③保留与条约的目的和宗旨不符。

2. 保留的接受

保留是一国单方面做出的。对于保留，其他缔约国可以做出同意或反对，即有权决定本国是否接受该保留造成的对有关权利义务排除或变更的拘束。

3. 保留的法律效果

（1）在保留国与接受保留国之间，按保留的范围，修改了该保留所涉及的一些条款所规定的权利义务关系。

（2）在保留国与反对保留国之间，若反对保留国并不反对该条约在保留国与反对保留国之间生效，则保留所涉及的规定，在保留的范围内，不在该两国之间适用。

（3）在未提出保留的国家之间，遵守原来条约的规定，无论未提出保留的国家是否接受另一缔约国的保留。

我国是《维也纳条约法公约》的缔约国，并于1990年颁布了《中华人民共和国缔结条约程序法》。

三、条约的效力

（一）条约的生效

条约的生效是指一个条约在法律上成立，各当事国受该条约的拘束。条约生效的日期和方式一般依照条约的规定，或依照各谈判国的约定。通常规定条约生效的日期和方式有：①条约经签署后生效；②经批准通知或交换批准书后生效；③交存批准书或加入书后生效；④条约规定于一定的日期生效。

（二）条约的适用

1. 条约必须遵守原则

条约必须遵守原则是指，对于在主权平等、充分表达自己意愿基础上的各项有效条约，各当事方必须按照条约的规定，善意地解释条约，忠实地履行条约义务。任何当事方都不得以任何借口违反条约的规定，不得从事违反条约目的和宗旨的任何活动，除情势发生变迁等特殊情况外，不得废弃条约规定的义务。

2. 条约适用范围

（1）时间范围。条约一般都自生效之日起开始适用，原则上条约没有追溯力，除非缔约国有特别的规定或用其他方法确定该条约有追溯力。

（2）空间范围。一项条约适用的空间范围可以依据各缔约国的协议及有关当事国的意思决定。

3. 条约的冲突

条约的冲突是指一国就同一事项先后参加的两个或几个条约的规定相互冲突。解决条约的冲突一般采取以下几种方法：

（1）先后就同一事项签订的两个条约的当事国完全相同时，不论是双边还是多边条约，一般适用后约取代前约的原则，即适用后约，先约失效。

（2）先后就同一事项签订的两个条约的当事国部分相同，部分不同时，在同为两个条约当事国之间，适用后约优于先约的原则。在同为两个条约当事国与仅为其中一个条约的当事国之间，适用两国均为当事国的条约。

（3）适用条约本身关于解决条约冲突的规定。有些条约本身有关于解决条约冲突的规定。

（三）条约对第三国的效力

某个条约的第三国是指不是这个条约当事国的国家。根据《维也纳条约法公约》的规定，条约未经第三国同意对第三国既不创设义务，亦不创设权利。如果一个条约有意为第三国创设一项义务，必须经第三国以书面形式明示接受，才能对第三国产生义务。

当一个条约有意为第三国创设一项权利时，原则上仍应得到第三国的同意。但是，如果第三国没有相反的表示，应推断其同意接受这项权利，不必须以书面形式明示接受。条约使第三国担负义务时，该项义务一般必须经条约各当事国与该第三国的同意方得取消或变更。

四、条约的解释和修订

（一）条约的解释

条约的解释是指对条约条文和规定的真实含义予以说明和澄清。《维也纳条约法公约》规定了条约解释应遵循的主要方法和规则，主要规则为：①根据通常含义和上下文；②符合条约的目的和宗旨；③善意解释。

（二）条约的修订

条约的修订是指条约在缔结之后，缔约国在条约有效期内改变条约规定的行为。

（三）条约的终止和暂停施行

条约的终止是指一个有效的条约由于条约法规定的原因的出现，不再继续对当事方具有拘束力。条约的暂停施行是指由于法定原因的出现，一个有效条约所规定的权利和义务在一定时期内暂时对于当事方不具有拘束力。

1. 条约终止和暂停施行的原因

条约终止和暂停施行的原因包括：①条约本身规定；②条约当事方共同的同

意；③单方解约和退约；④条约履行完毕；⑤条约因被代替而终止；⑥条约履行不可能；⑦条约当事方丧失国际人格；⑧断绝外交关系或领事关系；⑨战争；⑩一方违约；⑪情势变迁。

2. 条约终止和暂停施行的程序及后果

条约终止和暂停施行的程序及后果为：①《维也纳条约法公约》具体规定了条约终止和暂停施行的程序，但对于争端解决方法的规定，包括中国在内的一些国家做出了保留；②如果条约中含有关于条约终止的后果的规定，则按照条约本身的规定执行。

第五节　外交关系法与领事关系法

一、概述

国际法上的外交一般是指国家之间通过外交机关以诸如访问、谈判、缔约、交涉、参加国际组织和国际会议等方式进行的交往活动。

外交关系广义地说就是国家间在上述活动中所形成的并通过上述行为反映出来的一种相互关系。规范这种关系的国际法规则，称为外交关系法，主要是外交程序、形式及相关制度的规范。

领事关系是指根据国家间协议，互派执行领事职务的常驻机构而形成的一种国家关系。

外交关系与领事关系都属于国家对外关系的范畴，但它们之间也有重要的区别：首先，外交代表机构全面代表其国家与接受国中央政府进行交往和交涉，而领事机构一般是与相关的地方政府进行交涉；其次，外交机构和领事机构的各自职务和任务虽然存在一些重叠，但其间也有相当的不同；再次，外交机构的职务范围为接受国全境而领事机构则限于其辖区；最后，二者的特权与豁免不尽相同。

二、外交关系法

（一）外交机关

外交机关是国家用于专门管理或开展外交工作的机关，虽然在不同国家外交机关的具体名称可能有所不同。外交机关一般分为国家中央外交机关和外交代表机关，前者通常在一国首都，后者大都位于国外。

1. 国家中央外交机关

国际法上，一国的国内中央外交机关一般包括国家元首、政府和外交部门。

2. 外交代表机关

一国的外交代表机关通常可以分为常驻外交代表机关和临时性外交代表机关两类。传统国际法中，常驻外交代表机关仅指一国派驻他国的外交机关，一般称为使馆。现代国际法中，还包括一国派驻国际组织的常驻外交代表机关。临时性外交代表机关又称为特别使团，根据其任务又可分为事务性使团和礼节性使团两种。

（二）外交特权与豁免

外交特权与豁免是指根据一般国际法或国家间的协议，接受国给予派遣国的使馆及其人员的某些特权和优遇。

外交特权与豁免的内容主要是国际法规则，1961 年的《维也纳外交关系公约》对这些内容进行了系统的编纂，内容包括使馆和外交人员两方面。

三、领事关系法

领事关系法主要是关于领事关系的建立、领事的派遣和接受、领事职务、领事的特权与豁免等原则和规则的总称。1963 年的《维也纳领事关系公约》对这些规则进行了系统的阐述，是当前领事关系的最基本的法律文件。

（一）领事机构的建立

除另有声明外，两国间同意建立外交关系亦即同意建立领事关系。但断绝外交关系并不当然断绝领事关系。国家间达成协议建立领事关系的直接标志一般是设立领事机构，即领事馆。

（二）领事特权与豁免

根据《维也纳领事关系公约》，接受国为了领事职务的工作需要而给予派遣国以领事特权与豁免。这种特权与豁免分为领馆和领事官员两类。

第六节　战争法

一、概述

（一）国际法上战争的概念

国际法上的战争主要是指，两个或两个以上的国家，使用武力引起的敌对或武装冲突及由此引起的法律状态。

国际法意义上的战争具有以下一些特定的含义：①战争主要是国家之间进行的行为和状态，也包括国际法其他主体之间所进行的武装冲突和相关状态；②战争一般以存在武装冲突的事实为突出的表现，但并非所有的武装冲突都是国际法上的战争，也不是所有国际法上的战争都必然以存在实际的武装冲突的事实为前提。

战争法是调整交战国之间，交战国与中立国和其他非交战国之间的关系以及规范战争中交战方行为的规则和制度的总体。

战争法的目的和作用在于保护中立国、非交战国和交战国的合法权益，保护平民，并使交战人员和战争受难者免遭不必要的和非法的伤害。

（二）战争状态与战时中立

1. 战争的开始及其后果

战争的开始意味着交战国之间的关系从和平状态进入敌对的战争状态。战争的开始可以交战双方或一方的宣战为标志，也可因一方使用武力的行为被另一方、第三方或国际社会认为已构成战争行为而开始。宣战的方式通常有两种：一种是说明理由的宣战声明；另一种是附有条件的最后通牒，当对方在限定期限没有接受通牒中的条件，即开始采取战争手段。同时，敌对的任一方如果认为战争状态已经存在，必须立即通知其他各非交战国。

战争开始使交战国之间的法律关系发生重大变化，产生的法律后果主要有以下方面：①外交和领事关系的断绝；②条约关系发生变化；③经贸往来的禁止；④对敌产和敌国公民的影响。非战争的武装冲突没有正式开始的宣告程序。只要实际武力行为存在，就视为开始了非战争武装冲突。在这种武装冲突爆发时，武装冲突各方一般继续保持外交关系和领事关系，同时一般也不发生战争所引起的其他法律效果。

2. 战争的结束

从国际实践看，战争的结束一般分两步，即停止敌对行动和结束战争状态。敌对行动的停止不同于战争状态的结束。前者只是一种临时的、为实现最终和平所做出的过渡性安排，而后者则意味着交战问题的最终解决和恢复彼此间的和平状态。敌对行动的停止包括：停战；无条件投降；停火与休战。结束战争状态的方式通常有以下三种：缔结和平条约；联合声明；单方面宣布结束战争。战争结束的法律后果有：恢复外交和领事关系；恢复经济贸易通商活动；因战争中止实施的条约恢复效力；取消对原交战国家或国民的财产及其他权利的限制等。

3. 战时中立

战时中立，是指在战争时期，非交战国选择不参与战争、保持对交战双方不偏不倚的法律地位。

二、对作战手段的限制和对战时平民及战争受难者的保护

（一）对作战手段和方法的限制

所谓作战的“手段”，是指所使用的武器，而所谓“方法”，则包括如何使

用武器及其他作战方法。战争与武装冲突法从人道的角度出发，对作战的手段和方法规定了若干的限制，目的是在不能完全消灭战争与武装冲突之前，尽量减轻其给人类带来的残酷性。

限制作战手段和方法的国际法规则，也被称作战争法中的“海牙体系规则”。它主要以发轫于1907年的一系列海牙公约为基础，并在以后不断发展而形成。

（二）对战时平民和战争受难者的保护

战时平民是指处于战争状态下的和平居民；“战争受难者”包括战时的伤病员及战俘。关于保护的法律规则，主要在1949年的四个《日内瓦公约》和1977年关于日内瓦四个公约的两个《附加议定书》中得到编纂和发展，并形成了独特的体系。对战时平民和战争受难者保护的主要内容包括：①战时平民的保护；②伤病员待遇；③战俘待遇。

三、战争犯罪

（一）战争犯罪的概念

1. 概念

传统国际法中的战争犯罪，仅指交战国军队违反战争法规和惯例的行为，包括使用有毒或其他被禁止的武器，杀害或虐待战俘，攻击、掠劫和屠杀平民等行为。

2. 对于战争犯罪的审判和惩罚的实现

在国际法中对于战争犯罪的审判和惩罚的实现，开始于第二次世界大战结束后的纽伦堡审判和东京审判。

3. 战争犯罪的罪名

根据《欧洲国际军事法庭宪章》和《远东国际军事法庭宪章》的规定，战争犯罪包括以下三类：①危害和平罪；②战争罪；③违犯人道罪。

（二）惩罚战争犯罪的主要国际司法实践

1. 纽伦堡审判和东京审判

纽伦堡审判是根据1945年《控诉和惩处欧洲轴心国主要战犯的协定》（《伦敦协定》）及其附件《欧洲国际军事法庭宪章》（《纽伦堡宪章》）成立的欧洲军事法庭（纽伦堡法庭），对第二次世界大战中的德国主要战犯所进行的审判。

东京审判是由1946年远东盟军最高统帅部根据《远东国际军事法庭宪章》设置的远东国际军事法庭，对第二次世界大战中的日本战犯进行的审判。

纽伦堡审判和东京审判开创了对战争犯罪通过国际司法机构进行追究的先例，其所确立的有关原则对于以后战争法乃至整个国际法的发展产生了深远的影响。

2. 联合国前南国际法庭和联合国卢旺达国际法庭

前南国际法庭全称是“起诉应对1991年以来前南斯拉夫境内所犯的严重违

反国际人道主义法行为负责的人的国际法庭”。它是根据联合国安理会的有关决议，于1993年6月在海牙成立的。

联合国卢旺达国际法庭是联合国安理会通过决议于1994年11月设立的。卢旺达国际法庭的性质与前南国际法庭相同。法庭受理的被起诉人，主要是在卢旺达国内武装冲突中犯有严重违反国际人道主义法的行为的人，因而“卢旺达国际法庭”将主要适用1949年日内瓦公约第3条和1977年该公约的第二附加议定书，即《关于保护非国际性武装冲突受难者的附加议定书》。

3. 国际刑事法院

1998年7月，在罗马举行的建立国际刑事法院外交大会上，通过了《国际刑事法院罗马规约》。该规约已于2002年7月生效。根据规约的规定，国际刑事法院已于2002年7月成立，法院所在地为荷兰海牙。

国际刑事法院作为对各国国内司法制度的补充，其管辖范围限于灭绝种族罪、战争罪、危害人类罪、侵略罪等几大类，所管辖的犯罪行为限于发生在规约生效后。法院只追究个人的刑事责任，其最高刑罚为无期徒刑。

国际刑事法院的设立和运作，是人类法制史上一个开创性的尝试。其中也许还会存在曲折反复，相关规则的可行性和利弊也有待实践的检验和修正。我国尚未成为规约缔约国。

第七节　国际环境保护法

一、国际环境法的原则

国际环境法的原则包括：①国家环境主权和不损害其管辖范围以外环境的原则；②国际环境合作原则；③共同但有区别的责任原则；④可持续发展原则。

二、国际环境保护的主要制度

国际环境保护的主要制度包括：①大气环境保护，主要法律文件是《联合国气候变化框架公约》和《京都议定书》，防止气候变化；②臭氧层保护，目前的主要法律文件为《保护臭氧层维也纳公约》和《关于消耗臭氧层物质的蒙特利尔议定书》；③海洋环境保护，1982年《联合国海洋法公约》规定了各国对海洋环境保护的一般义务；④自然生态和资源保护，《联合国生物多样性公约》对生物资源保护做了全面广泛的规定，《保护世界文化和自然遗产公约》承认国家领土内的文化和自然遗产的确定、保存、保护、展出和传与后代，主要是有关国家的责任；⑤《控制危险废物的越境转移及其处置公约》（《巴塞尔公约》）对于列举在其附件中的危险废物的越境转移，规定了严格的条件。

此外，在外层空间环境、河流和淡水资源、湿地、森林、防止酸雨、放射性物质等方面，国际社会也都存在相应的条约和原则，已经或正在形成相关的制度。

第八节　国际争端及解决方式

一、国际争端与解决方法

（一）国际争端的特点和类型

国际法上的国际争端或国际纠纷，主要是指国家之间在国际关系或交往中产生的利益矛盾、权利对立或行为冲突。它的特点是：①争端的主体主要是国家，争端涉及的利益或权利往往重大。②争端往往包括多种因素，情况复杂。国际社会不存在超国家的裁决机构，国家在解决争端中仍起决定作用。③争端解决受各种政治力量的制约和影响。

一般地，将国际争端分为三种典型：①政治性争端；②法律性争端；③事实性争端。实践中，许多争端往往是这三种典型的混合。

（二）解决国际争端的传统方式

传统国际法将解决国际争端的方法分为强制性和非强制性两种。

1. 强制方法

强制方法是指争端一方为使他方同意其所要求的对争端的解决和处理，而单方面采用的带有某些强制性的措施和方法。这些措施包括战争与非战争的武装行为，平时封锁、干涉、反报和报复等。

2. 非强制方法

非强制方法是指在争端各方自愿的基础上，解决国际争端的方法。它分为政治解决方法和法律解决方法。政治解决方法包括谈判、协商、斡旋、调停、调查、和解等。法律解决方法包括仲裁和法院解决。这类方法在现代国际法中又称为和平解决方法，是现代国际法所要求的解决国际争端的方法。

（三）政治方法和国际组织解决国际争端

解决国际争端的政治（外交）方法，包括：①谈判与协商；②斡旋与调停；③调查与和解。最重要的解决争端的国际组织是联合国。

二、国际争端的法律解决方法

国际争端的法律解决方法是指用仲裁和法院判决解决国家间的争端。

（一）仲裁

1. 仲裁的一般规则

仲裁或称公断，是指根据争端当事国之间的协议，将争端交与它们选定的仲裁人做出对争端当事方具有拘束力的裁决，从而解决争端的方法。

2. 国际常设仲裁法院

国际常设仲裁法院是专门受理国家间仲裁案件的常设仲裁机构。它根据1899年《和平解决国际争端的公约》于1900年在海牙设立，由从事行政事务性工作的常设行政理事会和国际事务局以及一份“仲裁员名单”构成。

（二）法院方式

目前，国家之间已建立了一些国际司法机构。这些机构的性质、目的和审理案件的管辖范围各有不同。旨在解决国家间争端的国际性司法机关，目前典型的有联合国国际法院和国际海洋法法庭。

1. 国际法院

国际法院即联合国国际法院，根据作为《联合国宪章》一部分的《国际法院规约》，于1946年成立。国际法院是联合国的司法机关，也是当今最普遍、最重要的国际司法机构，是用法律方法解决国家间争端的主要机构。

2. 《联合国海洋法公约》的争端解决机制和国际海洋法法庭

《联合国海洋法公约》通过其第15部分（争端的解决）的条款以及相关四个附件，即附件五（调解）、附件六（国际海洋法法庭规约）、附件七（仲裁）、附件八（特别仲裁）强调了和平解决争端的原则，并设定了两个层次的机制。此外，《联合国海洋法公约》规定了不适用强制程序的两项例外（第297条、第298条）。

中国在2006年对《联合国海洋法公约》上述机制做出声明，将涉及海域划界等事项的争端排除适用仲裁等强制争端解决程序。

本章思考题

1. 简述国际公法的概念、特征和渊源。

2. 简述国际法的基本原则。

3. 简述海洋法、航空法、条约法、外交关系与领事关系法、战争法的主要内容。

4. 简述国际争端解决的方式和方法。

第二章

国际私法

★本章要点★

本章的主要内容是国际私法的基本理论，主要介绍了冲突规范与准据法、国际民商事争议及解决方式和区际法律冲突与区际司法协助的具体内容。

通过本章的学习，要求重点掌握准据法的具体适用和民商事争议的解决方式，同时要求熟练运用区际司法协助的法律规定解决实际法律问题。

第一节　国际私法的基本理论

在国际社会中，不同国家的人民必然会进行交往，建立各种社会关系，国际民商事法律关系就是其中的一种。为了调整和规范这种关系，合理解决国际民商事争议，维护当事人的合法权益，国际私法应运而生，它是以国际私法规范为研究对象的学问。

一、国际私法的概念

（一）国际私法的名称

大陆法系国家及其学者比较普遍地使用“国际私法”（international private law）或“私国际法”（private international law），而英、美等普通法系国家及其学者则更多地使用“冲突法”（the conflict of laws 或 conflicts law）。

（二）国际私法的调整对象

国际民商事法律关系是国际私法的调整对象，国际民商事法律关系是一种国际的或跨国的民商事法律关系。

国际私法调整国际民商事法律关系的方法有两种：一种是间接调整方法，就是在有关的国内法或国际条约中规定某类国际民商事法律关系受何种法律调整或支配；另一种是直接调整方法，就是用直接规定当事人的权利与义务的“实体规范”来直接调整国际民商事法律关系当事人之间的权利与义务关系的一种方法。

（三）国际私法的定义

国际私法是以直接规范和间接规范相结合来调整平等主体之间的国际民商事法律关系并解决国际民商事法律冲突的法律部门。

二、国际私法的范围

国际私法的规范主要包括：①外国人的民商事法律地位规范；②冲突规范；③国际统一实体私法规范；④国际民商事争议解决规范。

作为一门法律学科，国际私法则是最早的一门传统的国内法学和国际法学的交叉学科或边缘学科。

三、国际私法的渊源

法的渊源就是法的表现形式。法在这种意义上的渊源是多种多样的，并且随着经济社会的发展而不断演变和发展，不同的国家在这方面也有所不同。

国际私法的渊源是指国际私法的表现形式，它主要包括国内法渊源和国际法渊源两个方面。国内法渊源主要包括国内立法、国内判例、司法解释等。国际私法的国际法渊源包括国际条约和国际惯例两个方面。

四、国际私法的主体

所谓国际私法的主体，是指国际民商事法律关系中享有权利和承担义务的法律人格者。国际私法的主体包括自然人、法人、国家和国际组织，但主要为自然人和法人，国家和国际组织只是国际私法的特殊主体。国际私法的主体实际上是指国际民商事法律关系的主体。

（一）自然人

1. 自然人的国际私法主体资格

自然人是国际私法的基本主体。自然人作为国际民商事法律关系的主体资格取决于其所具有的权利能力和行为能力。一般来说，一国的自然人只要按照其本国法律规定具有民事权利能力和民事行为能力，就可以在内国作为国际民商事法律关系的主体，从事国际民商事活动。各国对本国自然人在内国作为国际民商事法律关系的主体资格一般都不加限制，或只在某些特殊问题上有所限制。

2. 自然人的国籍

自然人的国籍是区别一个人是内国人还是外国人或无国籍人的标志，也是判断某一民商事法律关系是否为国际民商事法律关系的重要标志之一。

国籍问题对于确定当事人属人法具有重要意义，自然人的国籍冲突及其解决是国际私法需要加以研究的问题。

《中华人民共和国涉外民事关系法律适用法》（以下简称《涉外民事关系法律适用法》）第 19 条和最高人民法院《关于贯彻执行〈中华人民共和国民法通则〉若干问题的意见（试行）》第 182 条对这个问题做了具体规定。

3. 自然人国籍的消极冲突的解决

《涉外民事关系法律适用法》第 19 条就解决国籍消极冲突规定："自然人无国籍或者国籍不明的，适用其经常居所地法律。"

4. 自然人的住所

所谓住所，即一个人以久住的意思而居住的某一处所。

自然人住所的积极冲突，是指一个人同时具有两个或两个以上的住所而产生的冲突，各国一般都根据不同的具体情况来加以解决。

我国最高人民法院《关于贯彻执行〈中华人民共和国民法通则〉若干问题的意见（试行）》第 183 条对自然人住所的积极冲突的解决做了如下规定："当事人有几个住所的，以与产生纠纷的民事关系有最密切联系的住所为住所。"

5. 自然人住所的消极冲突的解决

自然人住所的消极冲突，是指一个人无任何法律意义上的住所。导致这种消极冲突的原因不外有两个：一为各国法律规定不同；二为当事人废弃旧住所而未取得新住所或因无业漂泊所致。

我国最高人民法院《关于贯彻执行〈中华人民共和国民法通则〉若干问题的意见（试行）》第 183 条规定："当事人的住所不明或者不能确定的，以其经常居住地为住所。"

6. 自然人的居所

所谓居所（residence），是指一个人在一定时间内居住的处所。在法律意义上，居所和住所有所不同，住所是一个人以永久居住的意图而居住的处所，而居所的成立不要求当事人具有永久居住的意图。

《涉外民事关系法律适用法》也已把"经常居所"作为主要的属人法联结点。最高人民法院《关于适用〈中华人民共和国涉外民事关系法律适用法〉若干问题的解释（一）》第 15 条更明确规定了经常居所的具体含义。

（二）法人

1. 法人的国际私法主体资格

法人是拥有自主经营的财产，具有民事权利能力和民事行为能力，依法独立享有民事权利和承担民事义务的社会组织。

任何法人都是依一定国家的法律成立的，并依法具有民事权利能力和民事行为能力。但在国际民商事交往中，一国法人要参加国际民商事活动，作为国际民商事法律关系的主体，除了受本国法律限制外，其民事权利能力和民事行为能力还必须得到有关外国的认可。

2. 法人的国籍

当今，法人的国籍已是判断某一民商事法律关系是否为国际民商事法律关系的重要标志之一。

对于如何确定一个法人的国籍，国际上并无一致的做法。各国及其学者主要有以下几种不同的主张：①成员国籍主义，或称资本控制主义；②设立地主义，或称成立地主义或登记地主义；③住所地主义；④准据法主义；⑤法人设立地和法人住所地并用主义。

《公司法》第191条规定："本法所称外国公司是指依照外国法律在中国境外设立的公司。"由此可见，《公司法》是以登记成立地来确定外国公司的国籍的。

此外，最高人民法院《关于贯彻执行〈中华人民共和国民法通则〉若干问题的意见（试行）》第184条也规定："外国法人以其注册登记地国家的法律为其本国法。"进一步表明，我国在实践中是以法人登记成立地国为其国籍国的。

3. 法人的住所

对法人的住所的理解，各个国家并不是一致的，主要有如下主张：①主事务所所在地说，或称管理中心所在地说；②营业中心所在地说；③章程指定住所说；④主要办事机构所在地说。

4. 法人的营业所

法人的营业所，即法人从事经营活动的场所。法人的营业所所在地可能同法人的住所所在地是一致的，但也可能是不一致的。

对于营业所的积极冲突和消极冲突，我国最高人民法院《关于贯彻执行〈中华人民共和国民法通则〉若干问题的意见（试行）》第185条和《涉外民事关系法律适用法》第14条和最高人民法院《关于适用〈中华人民共和国涉外民事关系法律适用法〉若干问题的解释（一）》第16条做出了具体规定。

5. 外国法人的认可

外国法人的认可，即内国对外国法人的法律人格的认可。这种认许是对已存在的外国法人的法律人格的认定，而不是重新赋予其法律人格。

外国法人认可的方式分为两种：①国际立法认可，即有关国家通过制定国际条约保证相互认可各自的法人；②国内立法认可，即一国通过国内立法确定一些具体的方式认可外国法人。国内立法认可又有以下三种方式：①一般认可，即不问其属于何国，一般都加以认可；②概括认可，即内国对属于某一外国之特定的法人概括地加以认可；③特别认可，即内国对外国法人通过特别登记或批准程序加以认可。

外国法人到我国从事民商事活动应得到我国主管机关的认可。

（三）国家和国际组织

1. 国家和国际组织的国际私法主体资格

在国际社会中，国家和国际组织同自然人、法人一样，可以依据民商事法律，参加国际民商事活动，与自然人、法人、其他国家和国际组织发生国际民商事法律关系，取得民商事权利和承担民商事义务。

2. 国家及其财产豁免

所谓国家及其财产豁免（immunities of states and their property），简称国家豁免（state immunity），是指在国际交往中，一个国家及其财产未经其同意免受其他国家的管辖与执行措施的权利。

国家及其财产豁免权和国家的属地管辖权（或领土管辖权）一样，是国家主权派生出来的一项国家权利。在国际关系中，国家及其财产豁免原则既来源于国家主权原则，同时又维护和巩固了国家主权原则。

在国家参加的国际民商事活动发生争议时，就必然要提出国家在诉讼中的法律地位问题，亦即一个国家能否在外国法院被诉的问题以及国家财产能否在外国法院作为诉讼标的的问题。

一般认为，国家及其财产豁免权主要包括司法豁免、行政豁免、税收豁免等。就国际民商事法律关系而言，它主要是指司法豁免问题。

在国家及其财产豁免问题上，传统的理论有绝对豁免理论和限制豁免理论。第二次世界大战后，在国际法理论界又出现了废除豁免理论。前两种理论均在一些国家的实践中得到贯彻和执行，而后一种理论一般来说还限于理论上的探讨。

在国际民商事交往中，坚持国家及其财产豁免这一国际法原则，只不过是使一个国家及其财产免受另一个国家法院的管辖和执行，防止一个国家对其他国家滥用自己的司法权来干涉和侵犯后者的主权和利益，而并非表明国家在从事国际民商事活动时可以不受法律约束，也并非实质上消灭国家在国际民商事法律关系中理应承担的法律义务和责任。

在国家及其财产豁免问题上，我国始终不渝地坚持国家及其财产豁免这一公认的国际法原则。目前，我国尚无关于国家及其财产豁免的专门立法。民事诉讼法对享有司法豁免权的外国人、外国组织或国际组织提起的民事诉讼，只做了原则性的规定，我国有待加强这方面的立法。

（四）外国人的民商事法律地位

1. 外国人的民商事法律地位概述

一般认为，一国赋予外国人在内国一定的民商事法律地位，是国际民商事法律关系即国际私法的调整对象赖以产生和发展的基础。

一个国家为了在互相尊重主权和平等互利的基础上进行国际交往，在确定外国人的民商事法律地位时必须考虑三个因素：一是不能与本国所承担的国际条约义务相违背；二是应该考虑遵守国际法的基本原则和有关国际惯例；三是不能不考虑当时的国际关系以及本国的国家利益和国民利益。

根据国际法的一般原则和国际通例，外国人中的国家元首、外交官员、领事官员、国际组织官员等享有相应的特权与豁免。

2. 关于外国人的民商事法律地位的制度

自19世纪以来，在各国的实践中逐渐形成了一些关于外国人的民商事法律地位的制度。

国民待遇（national treatment），又叫平等待遇，是指内国给予外国人的待遇和给予本国人的待遇相同。

最惠国待遇（most favored nation treatment），是指授予国给予某外国的待遇，不低于或不少于授予国已给予或将给予任何第三国的待遇。我国为了促进对外经济贸易关系的顺利发展，早在1955年8月22日订立的《中华人民共和国政府和阿拉伯埃及共和国政府贸易协定》中便开始采用互惠平等的最惠国待遇制度，随后，又在与许多国家缔结的条约中列有最惠国待遇条款。

优惠待遇（preferential treatment），是指一国为了某种目的给予外国及其自然人和法人以特定的优惠的一种待遇。一国给予外国及其自然人和法人以优惠待遇，一般通过两种方式加以规定：一是通过国内立法加以规定，这是最通常的方式；二是通过缔结国际条约加以规定。

3. 外国人在中国的民商事法律地位

改革开放以来，我国通过宪法和一系列法律、法规，进一步明确规定了外国人在我国的民商事法律地位。在民商事领域，外国人基于我国国内法、我国缔结或者参加的国际条约以及互惠或对等原则，在我国享有国民待遇、最惠国待遇或优惠待遇。也就是说，他们在我国具有应有的民商事法律地位。

第二节 冲突规范与准据法

一、法律冲突、冲突规范和准据法

（一）法律冲突

1. 法律冲突的概念

法律冲突是一种普遍存在的现象。从广义上讲，它是指调整同一社会关系或者解决同一问题的不同法律制度由于存在各自内容的差异和位阶的高低而导致相互在效力上抵触。

2. 法律冲突的类型

法律冲突既可能发生在法律的各个领域或各个法律部门里，也可能发生在法律的不同层次和结构中。因此，法律冲突的表现形式是多种多样的。法律冲突的主要类型有：①公法冲突和私法冲突；②空间法律冲突、时际法律冲突和人际法律冲突；③平面冲突和垂直冲突。

3. 国际民商事法律冲突的产生和特点

国际私法上所讲的法律冲突，就是国际民商事法律冲突，即同一民商事关系因所涉各国民商事法律规定不同而发生的法律适用上的冲突。

国际私法所调整的国际民商事法律关系和纯国内民商事法律关系之所以不同，是因为前者含有国际因素。正由于国际民商事法律关系含有国际因素，它既可以受内国法调整，也可以受外国法调整。

与其他法律冲突比较起来，国际民商事法律冲突具有以下特点：①国际民商事法律冲突是一种跨国法律冲突；②国际民商事法律冲突是一种法律在空间上的冲突；③国际民商事法律冲突是一种私法冲突；④国际民商事法律冲突是一种平面冲突。

4. 国际民商事法律冲突的解决方法

根据国际上的实践，国际民商事法律冲突主要有以下两种解决方法：

（1）冲突法解决方法。综观各国的立法与实践，对于国际民商事法律冲突的解决，最早便开始采用而且一直沿袭至今的方法，是运用冲突规范（conflict rules）来指定应适用的法律的方法，即通过制定国内或国际的冲突规范来确定各种不同性质的国际民商事法律关系应适用何种法律，从而解决国际民商事法律冲突。

根据冲突法的渊源，冲突法解决方法可分为国内冲突法解决方法和国际冲突法解决方法。前者是各国通过制定自己的冲突法解决与本国有关的国际民商事法律冲突，后者是有关国家通过以双边或多边的国际条约的形式制定统一的冲突法来解决国际民商事法律冲突。

（2）实体法解决方法。实体法解决方法是指通过制定国内或国际的民商事实体规范来直接确定当事人的权利与义务，调整国际民商事法律关系，因而避免或消除国际民商事法律冲突的方法。

根据国际统一实体私法的渊源，国际统一实体私法解决方法可分为国际条约解决方法和国际惯例解决方法，而前者又有双边条约解决方法和多边条约解决方法之分。

在现阶段，国际统一实体私法并不能取代冲突法在解决国际民商事法律冲突方面的地位和作用。

（二）冲突规范

1. 冲突规范的名称和定义

冲突规范（conflict rules）是由国内法或国际条约规定的，指明某种国际民商事法律关系应适用何种法律的规范。冲突规范又称法律适用规范（rules of application of law）或法律选择规范（choice of law rules），有的国内立法、国际条约把冲突规范称为“国际私法规范”（rules of private international law）。

2. 冲突规范的特性

冲突规范是一种特殊的法律规范，同一般的法律规范相比，它具有以下特性：①冲突规范是法律适用规范；②冲突规范是间接规范；③冲突规范是结构独特的法律规范。

3. 冲突规范的结构

冲突规范由三部分构成：第一部分称为“范围”或“连接对象”（object of connection），是指冲突规范所要调整的民商事法律关系或所要解决的法律问题，通过冲突规范的“范围”可以判断该规范适用于调整哪一类民商事法律关系。第二部分称为“系属”或“冲突原则”，它规定冲突规范中“范围”所应适用的法律，它指令法院在处理某一具体国际民商事法律问题时应如何适用法律，或者允许法院在冲突规范确定的范围内选择应适用的法律。第三部分为“关联词”，它从语法结构上把“范围”和“系属”联系起来。在英文中，关联词一般用“to be governed by”或“to be subject to”表示。如在“合同缔结方式依合同缔结地法”这条冲突规范中，“合同缔结方式”是它的“范围”，“合同缔结地法”是它的“系属”，而“依”是关联词。

4. 冲突规范的类型

根据冲突规范对应适用的法律的规定的不同，可以把冲突规范划分成四种基本的类型，即单边冲突规范、双边冲突规范、重叠适用的冲突规范和选择适用的冲突规范。

（三）准据法

1. 准据法的概念

所谓准据法（lex causae，applicable law），是指经冲突规范指定援用来具体确定民商事法律关系当事人的权利与义务的特定的实体法律。

2. 准据法的特点

准据法作为国际私法上的一个特有概念，具有以下特点：①准据法必须是通过冲突规范所指定的法律；②准据法是能够具体确定国际民商事法律关系的当事人的权利与义务的实体法；③准据法是依据冲突规范中的系属，并结合有关国际民商事案件的具体情况而确定的法律。

3. 准据法的选择方法

根据国际私法上的各种不同学说以及各国的实践，可以将准据法的选择方法概括为以下八种：①根据法律的性质确定准据法；②根据法律关系的性质确定准据法；③根据最密切联系原则确定准据法；④根据利益分析确定准据法；⑤根据规则选择确定准据法；⑥根据当事人的协议确定准据法；⑦根据分割方法来确定准据法；⑧根据有利于判决在国外的承认和执行来确定准据法。

4. 准据法的确定

（1）区际法律冲突与准据法的确定。一般来说，一个国家内部具有独特法律制度的地区被称为法域。区际法律冲突，就是在一个国家内部不同地区的法律制度之间的冲突，或者说，是一个国家内部不同法域之间的法律冲突。区际私法（又被称为“区际冲突法”或者“准国际私法”）则为解决区际法律冲突的法律。

在实践中，确定“准据法”有以下几种不同的解决办法：①按照该外国的“区际私法”来确定准据法；②法院直接依据冲突规范中的联结点，如住所地、居住地、所在地、行为地等来确定适用该具体地点的法律；③依据最密切联系原则确定准据法；④以当事人的住所地法、居所地法或所属地方的法律代替其本国法；⑤采用国际私法的规定确定准据法。

《涉外民事关系法律适用法》第6条做了规定：“涉外民事关系适用外国法律，该国不同区域实施不同法律的，适用与该涉外民事关系有最密切联系区域的法律。”

（2）人际法律冲突与准据法的确定。人际法律冲突即指这种同一国家中适用于不同民族、种族、宗教（甚至不同教派）、部落或阶级成员的民商事法律之间在效力上的冲突，或者说是适用于不同成员集团的民商事法律之间的冲突。而人际冲突法或人际私法便是解决同一国家内适用于不同的民族、种族、宗教、部落或阶级成员的民商事法律之间的冲突的法律。

（3）时际法律冲突与准据法的确定。时际法律冲突是指先后于同一地区施行并涉及相同问题的新旧法律或前后法律规定之间在时间效力上的冲突。解决时际法律冲突的法律就是时际冲突法，有时又称为时际私法或过渡法。

二、适用冲突规范的制度

（一）定性

1. 定性的概念及其法律意义

定性（qualification），又叫识别（characterization）或归类（classification），是指在适用冲突规范时，依照某一法律观念对有关的事实或问题进行分析，将其归入一定的法律范畴，并对有关的冲突规范的范围或对象进行解释，从而确定何种冲突规范适用何种事实或问题的过程。定性作为国际私法上的一个基本问题，是由德国法学家卡恩和法国法学家巴丹在19世纪末分别又几乎是同时发现的。

2. 定性的依据

在国际私法的理论和实践中，对依据什么法律进行定性的问题有不同的主张，主要有如下几种：①依法院地法定性说；②依准据法定性说；③分析法学与比较法说；④个案定性说。

（二）反致

1. 反致的概念和类型

反致有广义和狭义之分。一般讲的反致是广义的反致，是一个总括性概念，包括直接反致、转致和间接反致等。

直接反致是指对某一案件，法院按照自己的冲突规范本应适用外国法或外域法，而该外国法或外域法的冲突规范却指定此种法律关系应适用法院地法，结果该法院适用了法院地法。

转致是指对某一案件，甲国或甲地区法院根据本国或本地区的冲突规范指定应适用乙国或乙地区的法律，而乙国或乙地区的冲突规范指定应适用丙国或丙地区的法律，结果是甲国或甲地区的法院适用了丙国或丙地区的法律。

间接反致是指对某一案件，甲国或甲地区的法院根据本国或本地区的冲突规范指定应适用乙国或乙地区的法律，但依乙国或乙地区的冲突规范的指定应适用丙国或丙地区的法律，而依丙国或丙地区的冲突规范的指定却应适用甲国或甲地区的法律，结果甲国或甲地区的法院适用了自己的实体法。

包含直接反致的转致，是指对某一案件，甲国或甲地区法院根据本国或本地区的冲突规范指定应适用乙国或乙地区的法律，而乙国或乙地区的冲突规范指定应适用丙国或丙地区的法律，但丙国或丙地区的冲突规范反向指定应适用乙国或乙地区的法律，最后甲国或甲地区的法院适用乙国或乙地区的实体法律处理了案件。这种情形是转致的一种特殊情形。

完全反致（total renvoi），又叫作双重反致（double renvoi），是指英国法院的法官在处理某一案件时，如果依英国法而应适用某外国法（包括苏格兰法和北爱尔兰法等），应假定将自己置身于该外国法律体系，像该外国法官依据自己的法律来裁断案件一样，再依该外国对反致所持态度，决定最后应适用的法律。

2. 反致问题的产生

反致问题的产生必须具备以下三个条件：①不同国家或不同地区的冲突规范对同一民商事法律关系或民商事法律问题的法律适用做出了不同的规定或不同的解释；②审理案件的法院将本国或本地区的冲突规范所指定的外国法或外域法视为包括冲突规范在内的全部法律；③法院地法律接受反致制度。在上述三个条件中，第一个条件是反致产生的客观基础。

归根到底，反致是冲突规范的冲突的一种表现形式。

3. 关于反致的实践

各国在立法和司法实践中对反致持不同的态度。有的国家既采用反致制度，也采用转致制度；有的国家只采用反致制度，而不采用转致制度；有的国家只在特定的国际私法关系上采用反致制度；有的国家则完全拒绝采用反致制度。客观上讲，世界上多数国家都采用反致制度，只是在具体做法上有这样或那样的不同。

4. 中国对反致的态度

《涉外民事关系法律适用法》第 9 条规定："涉外民事关系适用的外国法律，不包括该国的法律适用法。"该法这一规定则明确表明我国拒绝采用反致制度。

（三）外国法的查明和解释

1. 外国法的查明的概念

外国法的查明（ascertainment of foreign law），又称为外国法内容的确定，在英、美等普通法系国家则称为外国法的证明（proof of foreign law），是指一国法院根据本国冲突规范指定应适用外国法时，如何查明该外国法的存在和内容。

2. 外国法的查明方法

外国法的查明方法大致为三类：

第一，当事人举证证明。

第二，法官依职权查明，无须当事人举证。

第三，法官依职权查明，但当事人亦负有协助的义务。

3. 无法查明外国法的解决办法

在一国法院依本国的冲突规范的指定应适用外国法的情况下，当法官无法查明该外国法，当事人也不能举证该外国法时，各国的理论和实践基本上采取如下解决办法：①以内国法取而代之；②驳回当事人的诉讼请求或抗辩；③适用同本应适用的外国法相近似或类似的法律；④适用一般法理。

4. 外国法的错误适用

在处理国际民商事案件时，可能发生的外国法的错误适用有两种情况：一种是适用内国冲突规范的错误造成外国法的错误适用；另一种是适用外国法本身的错误。

5. 外国法的解释

在对外国法加以查明的过程中，有时还会提出一个外国法的解释问题，即对冲突规范所指定的外国法的性质和内容做出解释的问题。这个问题的产生主要是因为各国法官对外国法的认识和了解毕竟有限，而且外国法本身亦难免有模糊和不清楚之处。在国际私法上，有的学者将这个问题视为所谓"二级识别"问题，即对准据法的解释的问题，但也有学者反对这种主张。

6. 中国关于外国法的查明的规定

我国人民法院在审理国际民商事案件时遵循“以事实为依据，以法律为准绳”的原则。当依据我国冲突规范的指定，应当适用的法律为外国法时，人民法院有责任查明外国法的内容，当事人也有举证的责任。

（四）公共秩序保留

1. 公共秩序保留的概念及其法律意义

所谓公共秩序（public order），又称为公共政策（public policy），系指一个国家和社会的重大利益，或法律和道德的基本原则。

在国际私法上，公共秩序是一个笼统的、含糊的概念，公共秩序制度是一个具有弹性的制度。

抽象地讲，公共秩序是一国在特定时间内、特定条件下和特定问题上的重大或根本利益之所在。

2. 关于公共秩序保留的实践

公共秩序保留作为国际私法上的一项制度，已被各国立法或司法实践所肯定。总的说来，在使用公共秩序制度排除外国法的适用方面，欧洲大陆国家使用得广泛而频繁。至于在英、美等普通法系国家，公共秩序制度则不具有那样重要的地位。

3. 中国关于公共秩序保留的规定

我国在立法上已有比较完备的关于公共秩序保留的规定，并在司法实践中开始以公共秩序为由排除外国法或国际惯例的适用。

4. 公共秩序保留与“直接适用的法”

“直接适用的法”不同于公共秩序保留之处在于，在法律适用领域，公共秩序保留发生在某一涉外民事关系根据法院地冲突规范的指引应受某一外国法支配，但该外国法的适用将损害法院地公序良俗，从而排除该外国法的适用，转而适用法院地法的情形，而“直接适用的法”抛开法院地冲突规范的指引，直接适用于涉外民事关系。

（五）法律规避

1. 法律规避的概念

所谓法律规避（evasion of law），是指国际民商事法律关系的当事人故意制造某种联结点，以避开本应适用的对其不利的法律，从而使对自己有利的法律得以适用的一种行为。国际私法上的法律规避有四个构成要件：①从主观上讲，当事人规避某法律必须是出于故意；②从规避的对象上讲，当事人规避的法律是当事人本应适用的法律；③从行为方式上讲，当事人是通过人为地制造或改变一个或几个联结因素来实现法律规避的；④从客观结果上讲，当事人的规避行为已经完成。

2. 法律规避的效力

一般来说，在实践中，大多数国家都认为法律规避是非法的，不承认其效力。如法国、意大利、瑞士和荷兰等国，或在立法中，或在司法实践中，采取禁止或限制法律规避的立场。

3. 法律规避的对象

关于法律规避是只限于规避内国法还是包括规避外国法的问题，在各国立法和司法实践中，有两种不同的主张：一种主张认为，法律规避仅指规避本国（亦即法院地国）的法律；另一种主张认为，法律规避既包括规避本国法律，也包括规避外国法律。

4. 中国关于法律规避的规定

我国目前尚无有关法律规避的立法规定。司法实践中主张法律规避是指规避我国的强制性或禁止性的法律，而非任何法律；当事人规避我国的强制性或禁止性的法律的行为无效，不发生适用外国法的效力，同时，以适用中国法律取而代之。

第三节 国际民商事争议及解决方式

一、国际民商事争议概述

（一）国际民商事争议的概念和特点

国际民商事争议是指国际民商事交往中各方当事人之间在权利义务方面所发生的各种纠纷。

国际民商事争议的特点：①国际民商事争议含有国际因素或涉外因素；②国际民商事争议为国际私法争议，如在婚姻、继承、合同、知识产权、保险、海事等领域发生的争议；③国际民商事争议解决方式多元化，既可以通过国内民商事争议解决机制也可以通过国际民商事争议解决机制来解决。

（二）国际民商事争议的类型

根据不同的标准，国际民商事争议可作以下分类：首先，根据争议主体的不同，国际民商事争议可分为私人之间的争议、国家与外国私人之间的争议、国家之间的争议、国家与国际组织之间的争议、国际组织与私人之间的争议等。其次，根据争议的性质不同，基于所谓的“民商分立”的主张，国际民商事争议可分为国际民事争议和国际商事争议。最后，根据争议的起因不同，国际民商事争议可分为契约性争议和非契约性争议。

（三）国际民商事争议的解决方式

根据争议是否裁判解决，国际民商事争议解决方式可分为非裁判性的解决方式（包括和解或协商、调解）和裁判性的解决方式（包括仲裁和司法诉讼）。根据争议的解决是否有第三人介入，国际民商事争议解决方式可分为当事人自行解决争议的方式（如和解或协商）和第三人参与解决争议的方式（包括调解、仲裁和司法诉讼等）。通常使用的争议解决方式主要有和解、调解、仲裁和司法诉讼等。

目前，在争议解决方式方面，所谓的"替代争议解决方式"（ADR，即Alternative Dispute Resolution）越来越受到重视。替代争议解决方式是指司法诉讼以外的解决争议的各种方式的总称。替代争议解决方式主要包括和解、协商、调解、仲裁、无约束力仲裁、调解仲裁、小型审判、借用法官、私人法官、附属法院的仲裁以及简易陪审团审判等。替代争议解决方式一般是以当事人自愿为基础的，由于替代争议解决方式具有形式多样、程序灵活和快捷、费用低廉等优点，越来越受到国际民商事争议当事人的青睐，是非常流行的解决争议方式。

二、国际商事仲裁

（一）国际商事仲裁概述

1. 仲裁的概念和类型

仲裁是指双方当事人在争议发生前或发生后达成协议，自愿将他们之间的争议交给他们共同选定的第三者居中评判是非，由该第三者依据法律或公平原则做出对双方当事人均有约束力的裁决的一种解决争议的方式。

仲裁有三种类型：①国际仲裁（international arbitration）；②国内仲裁（domestic arbitration）；③国际商事仲裁（international commercial arbitration）。

2. 国际商事仲裁的概念和特性

国际商事仲裁是含有国际因素或涉外因素的仲裁，是解决国际、跨国或涉外商事争议的仲裁，有时也称为国际经济贸易仲裁、涉外仲裁、国际仲裁或跨国仲裁（transnational arbitration）。

国际商事仲裁具有以下特点：①国际性或涉外性；②自治性；③民间性；④中立性；⑤专业性；⑥保密性；⑦准司法性；⑧终局性。

当然，与诉讼相比，仲裁也有一些局限性，主要是缺乏诉讼的强制性、严密性和统一性。

（二）仲裁协议

在国际商事仲裁实践中，仲裁协议被认为是仲裁的基石，因为它既是任何一方当事人将争议提交仲裁的依据，又是仲裁机构和仲裁员受理争议案件的依据。

1. 仲裁协议的概念和类型

仲裁协议是指双方当事人愿意将他们之间将来可能发生的争议或者已经发生的争议交付仲裁解决的一种协议。

仲裁协议有以下几种类型：①仲裁条款（arbitration clause）；②仲裁协议书（submission to arbitration agreement）；③其他类型的仲裁协议。

2. 仲裁协议的基本内容

仲裁协议的基本内容包括：①提交仲裁的争议事项；②仲裁地点；③仲裁庭的组成或仲裁机构；④仲裁程序规则。

3. 选定的仲裁委员会

中国国际经济贸易仲裁委员会推荐的示范仲裁条款为："凡因本合同引起的或与本合同有关的任何争议，均应提交中国国际经济贸易仲裁委员会，按照申请仲裁时该会现行有效的仲裁规则进行仲裁。仲裁裁决是终局的，对双方均有拘束力。"

4. 仲裁协议的法律效力

一项有效的仲裁协议，除了对有关当事人、仲裁员和仲裁机构、法院具有法律效力外，也使仲裁裁决具有强制执行的法律效力，是强制执行仲裁裁决的依据。

5. 仲裁协议的有效性及其认定

（1）一项仲裁协议欲产生法律上的效力，其本身必须有效。

（2）国际上通常都是按照普通合同的法律适用原则来决定仲裁协议的法律适用。

（3）当事人请求人民法院裁定仲裁协议的效力，应由哪一级法院管辖，《仲裁法》没有明文规定，但最高人民法院于2001年12月25日在《关于涉外民商事案件诉讼管辖若干问题的规定》中确认了涉外仲裁协议效力的案件的管辖法院。

（三）仲裁程序中的财产保全与证据保全

对于仲裁程序中的财产保全与证据保全，《民事诉讼法》第272条、第101条，《仲裁法》第68条，2014年12月18日最高人民法院通过的《关于适用〈中华人民共和国民事诉讼法〉的解释》第542条做出了具体规定。

（四）国际商事仲裁的法律适用

国际商事仲裁适用的实体法一般由当事人选择确定，如果当事人未做选择，则适用仲裁庭认为合适的冲突规范所确定的实体法，或者仲裁地的冲突规范所确定的实体法，或者与案件有最密切联系的实体法。

对国际商事仲裁适用的程序规则，即仲裁规则，一般来说，当事人也可以自主选择，但是有些常设仲裁机构要求在其机构仲裁的案件适用自己的仲裁规则。

（五）申请撤销仲裁裁决

对于中国的涉外仲裁裁决，当事人可以按照《仲裁法》第58条、第59条规定申请。

一项涉外仲裁裁决被人民法院撤销后，当事人可以依据重新达成的仲裁协议申请仲裁，也可以直接向有管辖权的法院起诉。

（六）仲裁裁决的承认与执行

一般情况下，败诉方能自动履行裁决。在败诉方不履行裁决的情况下，胜诉方可主要通过两种方法使裁决得到执行：一是从商事或其他方面迫使败诉方为了以后的利益而履行裁决；二是向法院提出强制执行仲裁裁决的申请，一般是在被执行人住所或财产所在地国申请承认与执行。

1. 承认与执行外国仲裁裁决的国际公约

在联合国主持下1958年于纽约签订的《承认及执行外国仲裁裁决公约》（又称《纽约公约》）是国际上有关国际商事仲裁的重要公约，我国于1986年加入该公约，该公约已于1987年4月22日对我国生效。

2. 中国关于承认与执行仲裁裁决的规定

（1）中国仲裁机构涉外仲裁裁决在我国的执行。根据《民事诉讼法》第273条、第274条，《仲裁法》第71条以及《仲裁法司法解释》的有关规定。

（2）中国仲裁机构仲裁裁决在外国的承认与执行。根据《纽约公约》的具体规定。

（3）外国仲裁裁决在我国的承认与执行。根据《民事诉讼法》第283条的规定和最高人民法院《关于适用〈中华人民共和国民事诉讼法〉的解释》第283条、第545条的规定。

三、国际民事诉讼

（一）国际民事诉讼和国际民事诉讼法

1. 国际民事诉讼的概念和特点

国际民事诉讼，就一国而言，又称为涉外民事诉讼，系指一国法院在双方当事人和其他诉讼参与人参加下，审理国际或涉外民事案件的活动以及在这些活动中产生的诉讼关系。2014年12月18日最高人民法院通过的《关于适用〈中华人民共和国民事诉讼法〉的解释》第522条明确规定了涉外民事案件的定义。

国际民事诉讼具有如下特点：①国际民事诉讼是含有国际或涉外因素的诉讼；②国际民事诉讼程序中的问题，一般适用法院地法解决，而不适用外国法；③调整国际民事诉讼的程序法既包括一国法院审理国内民事案件所适用的一般程序规范，也包括专门处理国际民事案件所适用的特殊程序规范。

2. 国际民事诉讼法的概念和内容

所谓国际民事诉讼法，系指调整法院和诉讼参与人在审理国际民事案件中所进行的各种活动以及由这些诉讼活动所产生的各种诉讼关系的特别程序规范的总称。

国际民事诉讼法主要包括以下几个方面的内容：①外国人的民事诉讼地位；②国际民事案件的管辖权；③司法协助（含外国法院判决和外国仲裁裁决的承认与执行）。

（二）外国人的民事诉讼地位

外国人的民事诉讼地位是指根据内国法和国际条约的规定，外国人在内国领域内享有什么诉讼权利，承担什么诉讼义务。国际民事诉讼中的外国人包括外国自然人和外国法人。

1. 有关外国人民事诉讼地位的一般原则

目前国际社会的普遍实践是给予外国人同内国人同等的民事诉讼地位，即在民事诉讼方面赋予外国人国民待遇。

2. 外国人在中国的民事诉讼地位

外国人在中国的民事诉讼地位主要包括：①以对等为条件的国民待遇原则；②当事人的民事诉讼权利能力与诉讼行为能力；③诉讼费用担保；④诉讼代理；⑤身份证明；⑥司法豁免；⑦诉讼语言文字。

（三）国际民事案件管辖权

国际民事案件管辖权是指一国法院根据本国缔结或参加的国际条约和国内法对特定的国际民事案件行使审判权的资格。国际民事案件管辖权在解决国际民事诉讼中具有重要意义：首先，确定管辖权是处理国际民事案件的前提条件。其次，管辖权的确定直接影响到国际民事案件的审理结果。最后，一国法院对某一案件具有管辖权，是该国法院做出的判决能够得到有关外国承认与执行的基础。

确定国际民事案件管辖权的原则：①属地管辖原则，又称为领土管辖原则或地域管辖原则，是指采用一些与地域有关的标志来确定法院对国际民事案件的管辖权；②属人管辖原则，是指根据当事人的国籍来确定管辖权；③协议管辖原则，又称为合意管辖原则，是指根据当事人共同选择管辖法院的协议来确定管辖权；④专属管辖原则，是指一国主张其法院对某些国际民事案件具有独占的或排他的管辖权，不承认其他国家法院对这些案件的管辖权；⑤平行管辖原则，又称选择管辖原则，是指一个国家在主张自己对某些案件有管辖权的同时，并不否认其他国家法院对这些案件行使管辖权。在实践中，各国对于管辖权的确定并不是仅仅依据其中某一个原则，各国主要是依据属地或属人原则，同时采用平行管辖、专属管辖和协议管辖等原则。

一事再理、一事两诉又称为诉讼竞合。国际民事诉讼法上，一事再理是指已由一国法院审判过的案件又被另一国法院受理加以审判，一事两诉是指相同的诉讼当事人就同一诉由或诉讼标的在两个法院或两个以上国家的法院同时诉讼。一事再理或一事两诉是国际民事案件管辖权冲突的具体表现。

诉讼和仲裁是两种并行的解决国际民商事争议的方式。一般来说，如果国际民商事争议的当事人在合同中订有仲裁条款或事后达成仲裁协议，只要该仲裁条款或仲裁协议是有效的，该仲裁条款或仲裁协议便排除了法院的管辖，包括法院的专属管辖，当事人必须将争议提交仲裁机构仲裁解决，而不得向法院提起诉讼。具体参见我国《民事诉讼法》第271条。

我国民事诉讼法有关涉外民事案件管辖权的规定主要有以下几个方面：①普通地域管辖。②特别地域管辖。③专属管辖。④协议管辖。⑤级别管辖。⑥拒绝管辖。最高人民法院《关于适用〈中华人民共和国民事诉讼法〉的解释》第532条首次在司法解释中明确规定如何运用非方便法院原则拒绝行使管辖权。⑦平行诉讼。最高人民法院《关于适用〈中华人民共和国民事诉讼法〉的解释》第533条对此做出规定。⑧遵守国际条约的规定。⑨关于涉外民商事案件的集中管辖。

（四）国际民事诉讼的期间、诉讼保全和诉讼时效

1. 期间

在国际民事诉讼中，由于涉及国外的当事人可能需要在国外完成一定的诉讼行为，诉讼期间一般需要较长时间，各国民事诉讼法规定的国际民事诉讼期间通常比国内民事诉讼期间要长。

2. 诉讼保全

诉讼保全是指法院在做出判决之前，为保证将来判决的执行对有关当事人的财产所采取的一种强制措施，如采取查封、扣押、冻结及要求当事人提供担保等方法。在国际民事诉讼中，特别是涉及贸易、运输和海事纠纷的案件，通常争议金额较大，诉讼时间长，所以更有必要通过诉讼保全制度确保将来的判决能得到承认与执行。各国民事诉讼法对诉讼保全制度均有规定。诉讼保全可分为诉前保全和诉讼中的保全。对于保全问题，我国法院应当根据我国民事诉讼法第100~105条的规定加以处理。

3. 诉讼时效

由于各国对诉讼时效期间长短，中止、中断或延长的事由，诉讼时效的客体和效力等方面的规定存在差异，因此在国际民事诉讼中，需要确定应适用哪一个国家有关诉讼时效的规定，即应确定诉讼时效的准据法。对于诉讼时效的准据法，目前各国的趋势是规定诉讼时效适用该诉讼请求的准据法。对此，我国最高人民法院《关于贯彻执行〈中华人民共和国民法通则〉若干问题的意见（试行）》第195条和2010年《涉外民事关系法律适用法》第7条进行了规定。

（五）国际司法协助

1. 司法协助

司法协助是指一国法院或其他主管机关，根据另一国法院或其他主管机关或有关当事人的请求，代为实施或者协助实施一定的司法行为。

司法协助请求的提出一般通过以下几个途径：①外交途径；②使领馆途径；

③法院途径；④中心机关途径，又称为中央机关途径。

我国十分重视国际民事司法协助。除了民事诉讼法对司法协助问题做了专门规定外，我国已经可以与67个国家和地区依据《海牙送达公约》相互委托送达民商事案件司法文书，与42个国家和地区依据《海牙取证公约》相互委托进行民商事案件调查取证合作。此外，最高人民法院还先后发布了一系列司法解释，对于我国人民法院正确实施有关国际条约和双边条约、协定具有十分重要的意义。

2. 域外送达

域外送达是指一国法院根据国际条约或本国法律或按照互惠原则将诉讼文书和非诉讼文书送交给居住在国外的当事人或其他诉讼参与人的行为。

域外送达的方式主要包括：按照国际司法协助条约规定的方式送达、通过外交途径送达、委托本国使领馆代为送达、邮寄送达、委托当事人的诉讼代理人或亲属送达、公告送达。

中国关于域外送达文书的规定，见我国《民事诉讼法》第267条的规定。

3. 域外取证

域外取证是指基于国际条约或互惠原则，被请求国协助请求国调查案情，获得或收集证据的活动。域外取证和域外送达一样，是行使国家司法主权的一种行为。

域外取证方式主要包括：①代为取证；②领事取证；③特派员取证；④当事人或诉讼代理人自行取证，这种方式主要存在于一些普通法国家尤其是美国，大多数国家对此种取证方式持反对态度。

4. 外国法院判决的承认与执行

一国法院判决是一国司法主权的具体体现，一国法院判决要发生域外效力，必须经过他国对其既判力和执行力的认可。承认外国法院判决和执行外国法院判决是两个既有联系又有区别的概念：一方面，承认外国法院判决是执行的前提条件；另一方面，承认外国法院判决并不一定意味着要执行外国法院判决，有些判决只需要承认而不必执行。

中国关于外国法院判决承认与执行的规定：关于申请承认与执行外国法院判决需要提交的文件，最高人民法院《关于适用〈中华人民共和国民事诉讼法〉的解释》第543条做了规定。

中国关于承认与执行外国法院离婚判决的规定：1999年12月1日通过并自2000年3月1日起施行的最高人民法院《关于人民法院受理申请承认外国法院离婚判决案件有关问题的规定》对有关问题做了规定。最高人民法院《关于适用〈中华人民共和国民事诉讼法〉的解释》第544条专门明确规定，承认外国法院做出的发生法律效力的离婚判决不以做出判决的外国国家与我国存在共同参加的国际条约或互惠关系为前提条件。

（六）外资非正常撤离中国相关利益方跨国追究与诉讼的问题

近年来，我国部分地区出现少数外商投资企业非正常撤离现象，给我国相关利益方造成严重经济损失，同时也对我国的双边经贸往来和地方社会稳定造成一定消极影响。2008 年 11 月 19 日，商务部、外交部、公安部、司法部联合印发《外资非正常撤离中国相关利益方跨国追究与诉讼工作指引》，以便做好跨国追究与诉讼的相关工作，为中方相关利益人提供切实可行的司法救济与协助，追究逃逸者的法律责任，最大限度地挽回当事人的经济损失，消除各种消极影响，预防此类事件的再度发生。

第四节　区际法律冲突与区际司法协助

一、区际法律冲突与区际冲突法

（一）区际法律冲突与区际冲突法的概念

所谓区际冲突法，或称区际私法、准国际私法，是指用于解决一个主权国家内部具有独特法律制度的不同地区之间的民商事法律冲突的法律适用法。区际冲突法以区际法律冲突之解决为对象，因此，了解区际冲突法有必要先探讨区际法律冲突。

区际法律冲突的主要特征如下：①区际法律冲突是在一个主权国家领土范围内发生的法律冲突。②区际法律冲突是在一个主权国家领土范围内具有独特的法律制度的不同地区之间的法律冲突。③区际法律冲突是一个主权国家领土范围内不同地区之间的民商事法律冲突。也就是说，区际法律冲突是一种私法方面的冲突。④区际法律冲突是在一个主权国家领土范围内不同地区的法律制度之间的横向法律冲突。

（二）区际法律冲突的解决

从各多法域国家的立法和司法实践来看，解决区际法律冲突的途径有两种：一是冲突法解决途径；一是统一实体法解决途径。

考察有关国家的立法和司法实践，区际冲突法解决途径主要有以下几种方式：①制定全国统一的区际冲突法来解决区际法律冲突；②各法域分别制定各自的区际冲突法，用来解决自己的法律与其他法域的法律之间的冲突；③类推适用国际私法解决区际法律冲突；④对区际法律冲突和国际法律冲突不加区分，适用与解决国际法律冲突基本相同的规则解决区际法律冲突。在上述各种通过区际冲突法途径解决区际法律冲突的方式中，最佳方式是多法域国家制定全国统一的区际冲突法来解决区际法律冲突。

区际冲突法虽然能解决区际法律冲突，但它并不能最终避免和消除区际法律冲突。多法域国家及其法域通常会尝试统一实体法途径来达到避免和消除区际法律冲突的目的。通过统一实体法途径解决区际法律冲突，就是由多法域国家制定或由多法域国家内的法域共同采用统一的民商事实体法，直接适用于有关跨地区的民商事法律关系，从而避免不同法域之间的法律冲突，最终消除区际法律冲突。这是一种彻底解决区际法律冲突的方式。

（三）中国区际法律冲突的解决步骤

随着"一国两制"构想的提出及香港、澳门地区的回归，我国的区际法律冲突问题越来越引人注意。

首先，中国内地、香港、澳门和台湾地区分别制定自己的区际冲突法或参照适用各自的国际私法来解决区际法律冲突。

其次，在上述各地区充分协商和协调的基础上，制定全国统一的区际冲突法，用以解决区际法律冲突。

最后，仍然在充分协商和协调的基础上，在某些问题上制定全国统一的实体法或在上述各地区分别采用相同或类似的实体法，以便在所涉问题上避免和消除区际法律冲突。

二、区际司法协助

（一）中国内地与港澳台地区之间的送达

1. 内地与香港特别行政区之间的送达

按照《内地与香港特别行政区安排》，内地法院和香港特别行政区法院可以相互委托送达民商事司法文书。双方委托送达司法文书，均须通过内地各高级人民法院和香港特别行政区高等法院进行。最高人民法院的司法文书可以直接委托香港特别行政区高等法院送达。

2. 内地与澳门特别行政区之间的送达

内地人民法院与澳门特别行政区法院就民商事案件（在内地包括劳动争议案件，在澳门特别行政区包括民事劳工案件）相互委托送达司法文书，依据《内地与澳门特别行政区安排》进行。双方相互委托送达司法文书，均须通过内地各高级人民法院和澳门特别行政区终审法院进行。最高人民法院与澳门特别行政区终审法院可以直接相互委托送达。

3. 内地与台湾地区之间的送达

内地人民法院审理涉台民事案件向住所地在台湾地区的当事人送达民事诉讼文书，以及人民法院接受台湾地区有关法院的委托代为向住所地在内地的当事人送达民事诉讼文书，适用《涉台民事诉讼文书送达的若干规定》。涉台民事诉讼文书送达事务的处理，应当遵守一个中国原则和法律的基本原则，不违反社会公共利益。这也是内地处理涉台事务的基本原则。

（二）中国内地与港澳台地区之间的调查取证

同送达问题类似，内地并无专门的立法解决其与港澳台地区之间的取证问题。目前所遇问题，主要参照民事诉讼法的有关规定、1970年海牙《关于从国外获取民事或商事证据的公约》以及最高人民法院的司法解释来加以解决。前述《内地与澳门特别行政区安排》，是中国区际取证方面最重要的成果。同时，由于内地、香港特别行政区和澳门特别行政区均适用《关于从国外获取民事或商事证据的公约》的规定，因此该公约是中国区际调查取证方面的重要参照依据。

（三）中国内地与港澳台地区相互执行法院判决

关于内地与港澳台地区相互执行法院判决，最高人民法院早在1998年5月22日发布了《关于人民法院认可台湾地区有关法院民事判决的规定》。2006年2月28日，最高人民法院与澳门特别行政区在澳门签署了《内地与澳门特别行政区关于相互认可和执行民商事判决的安排》。在这一安排的推动下，同年7月14日最高人民法院与香港特别行政区签署《关于内地与香港特别行政区法院相互认可和执行当事人协议管辖的民商事案件判决的安排》。此外，最高人民法院于2009年4月24日又发布《关于人民法院认可台湾地区有关法院民事判决的补充规定》。以下分别介绍内地与港澳特别行政区达成的两个安排以及最高人民法院《关于人民法院认可台湾地区有关法院民事判决的规定》。

（四）中国内地与港澳台地区相互执行仲裁裁决

所有的中国区际法律问题中，各法域相互执行仲裁裁决为目前得到较好解决的问题。在此领域，各法域不仅有自己单方的法律规定，而且内地与香港特别行政区经过协商，于1999年6月达成《内地与香港特别行政区相互执行仲裁裁决的安排》，最高人民法院以司法解释的形式予以公布，自2000年2月1日起施行。香港特别行政区也已将有关内容并入其2000年修订的《仲裁（修订）条例》；内地与澳门特别行政区经过协商，于2007年10月30日达成《关于内地与澳门特别行政区相互认可和执行仲裁裁决的安排》，最高人民法院以司法解释的形式予以公布，自2008年1月1日起施行。简言之，内地与台湾地区相互执行仲裁裁决，各自依照自己的相关规定，内地方面的主要法律依据是前述最高人民法院《关于人民法院认可台湾地区有关法院民事判决的规定》；内地和香港特别行政区相互执行仲裁裁决，法律依据是《内地与香港特别行政区相互执行仲裁裁决的安排》；内地与澳门特别行政区相互执行仲裁裁决，法律依据是《关于内地与澳门特别行政区相互认可和执行仲裁裁决的安排》。

本章思考题

1. 简述国际私法的概念、范围、渊源和主体。
2. 简述冲突规范的解决方式及准据法的适用规则。
3. 简述国际民商事争议解决的主要途径。
4. 简述区际法律冲突与区际司法协助的主要内容及中国的成功经验。

第三章

国际经济法

★本章要点★

本章的主要内容是国际经济法的基本理论，主要介绍了国际货物买卖、国际货物运输、国际贸易支付、世界贸易组织、我国对外贸易的管理制度以及知识产权的国际保护、国际投资法、国际融资法、国际税法的具体内容。

通过本章的学习，要求重点掌握国际货物买卖和国际货物运输的基本规则，全面了解我国的对外贸易管理制度，同时要求熟练运用国际经济法的相关法律规定解决实际法律问题。

第一节　国际经济法基本理论

一、国际经济法的基本概念

（一）国际经济法的概念和调整范围

国际经济法是调整国际经济关系的法律规范的总称。国际经济关系有广义与狭义之分。狭义的国际经济关系仅指国家、国际组织间的经济关系，狭义的国际经济关系的主体一般限于国家和国际组织。广义的国际经济关系不仅包括狭义的国际经济关系，还包括不同国家之间的个人、法人、国家、国际组织之间的经济关系，也有人称之为跨国经济关系。国际经济法所调整的是广义的国际经济关系。

国际经济法调整的对象既包括国际法上的经济关系，又包括国内法上的涉外经济关系；既有纵向的关系，又有横向的关系；既有公法的关系，又有私法的关系。具体从法律关系的性质上考虑，其调整的范围包括：①有关国际货物贸易的法律规范与制度，包括与国际货物买卖合同、国际货物运输与保险、国际支付与结算、进出口法律管制有关的法律规范与制度；②有关国际服务贸易的法律制度和法律规范，包括商业性服务、通信服务、建筑服务、销售服务、教育服务、环境服务、金融服务、健康与社会服务、文化及体育服务、交通运输服务等有关的法律规范与制度；③有关国际投资的法律规范与制度，包括资本输出、资本输入、投资保护等有关的法律规范与制度；④有关国际知识产权保护的法律规范与制度，包括与工业产权的国际保护、著作权的国际保护、国际许可证贸易有关的法律规范与制度；⑤有关国际货币与金融的法律规范与制度，包括与国际货币、跨国银行、国际贷款、国际证券、国际融资担保、跨国银行的管制有关的法律规范与制度；⑥有关国际税收的法律规范与制度，包括与国际税收管辖权、国际双重征税和国际重叠征税、国际逃税与避税等有关的法律规范与制度；⑦有关国际经济组织的各种法律规范与制度。

（二）国际经济法的主体

国际经济法的主体是指在国际经济关系中能行使权利和承担义务的法律人格者。国际经济法的主体包括自然人、法人、国家和国际组织。

（三）国际经济法的渊源

国际经济法的渊源，主要包括：①国际经济条约；②国际商业惯例；③联合国大会的规范性决议；④国内立法；⑤司法解释。此外，国内判例在普通法国家是重要的国际经济法的国内法渊源，但判例在我国不属于法律的渊源。

（四）国际经济法的基本原则

国际经济法的基本原则是指被国际社会公认的、对国际经济法的各个领域都具有普遍指导意义的原则，主要包括：①国家经济主权原则；②平等互利原则；③国际合作与发展原则。

二、国际货物买卖

（一）国际货物买卖概述

1. 国际货物买卖法的概念及相关法律

国际货物买卖法是调整跨越国界的货物贸易关系以及与货物贸易有关的各种关系的法律规范的总和。国际货物买卖法是传统的国际贸易法的中心内容，随着国际经济贸易交往规模和形式的不断扩大和增多，国际贸易法所包含的内容也越来越多，国际技术贸易、国际合作生产、国际工程承包、国际资金融通等均为国际贸易法研究的内容，作为国际贸易法一部分的国际货物买卖法则主要涉及国际货物买卖合同、国际货物运输、国际运输货物保险、国际支付与结算等方面的法律。

国际货物买卖受相关国内立法、国际公约以及商业惯例的调整。我国没有专门的货物买卖法，1999 年生效的《中华人民共和国合同法》对买卖合同进行了专门的规定，该法是调整我国货物买卖关系的主要国内立法。2012 年最高人民法院发布《关于审理买卖合同纠纷案件适用法律问题的解释》。此外，我国于1986 年加入《联合国国际货物销售合同公约》（简称 CISG），因此，在符合适用该公约的条件下，有关的国际货物买卖关系还涉及公约的适用。

2. 国际货物买卖合同概述

（1）国际货物买卖合同的概念。国际货物买卖合同是指营业地位于不同国家的当事人之间就有关货物买卖的权利义务关系而达成的协议。

（2）格式合同。在国际贸易中常常使用某个国际民间组织或国际行业性协会拟定的空白的标准合同，这种空白合同并不是合同，它只是根据买卖合同应具备的基本内容所拟定的详细而固定的条文，印成固定的格式，所以叫作格式合同。

（3）国际货物买卖合同的当事人。1980 年《联合国国际货物销售合同公约》要求适用公约的货物销售合同的当事人应为双方营业地位于不同缔约国的当事人。

我国于 2004 年修订的《中华人民共和国对外贸易法》（以下简称“外贸法”）在对外贸易经营者方面主要有下列修改：其一，外贸经营权的获得由原来的审批制改为登记制；其二，可以从事外贸的主体扩大到了自然人。

（4）国际货物买卖合同的主要条款。国际货物买卖合同的条款主要包括约首、正文和约尾三部分。约首是合同的开头部分，包括合同的名称、合同的编号、订约日期、订约地点、双方当事人的名称和地址以及合同的序言等内容。正文部分是合同的主体部分，包括合同的实质性条款，即规定双方当事人权利义务的条款，具体包括：①品质规格条款；②数量条款；③包装条款；④价格条款；⑤商检条款；⑥装运条款；⑦保险条款；⑧支付条款；⑨不可抗力条款；⑩仲裁条款；⑪法律适用条款。约尾主要载明合同以何种文字做成，以及各种文字的效力、正文的份数、附件及其效力、双方当事人的签名等。

（二）《国际贸易术语解释通则》

1. 国际贸易术语的概念

国际贸易术语是在国际贸易中逐渐形成的，表明在不同的交货条件下，买卖双方在交易中的费用、责任及风险划分等以英文缩写表示的专门用语。贸易术语是国际惯例的一种，由当事人选择适用，国际上使用最为广泛的是国际商会于1936 年编纂的《国际贸易术语解释通则》，该通则是国际商会以国际贸易中应用最广泛的国际惯例为基础的，在 1936 年首次公布后，分别于 1953 年、1967 年、1976 年、1980 年、1990 年、2000 年、2010 年进行了七次修改。2010 年国际商会修订的《国际贸易术语解释通则 2010》（英文简称 Incoterms2010）（以下简称2010 年通则）于 2010 年 9 月 27 日正式公布，并于 2011 年 1 月 1 日正式生效。

2. 通则的选用

2010 年通则与以往版本不是替代与被替代的关系，即以往版本的国际贸易术语解释通则并不失效，合同当事人仍可以选用以往版本中的术语。但是由于不同版本术语的具体权利义务不同，当事人在选择使用通则时应注意注明具体的修订年份。

2010 年通则的贸易术语内容①如表 1 和表 2 所示。

表 1　适用于任何运输方式或多种运输方式的术语

名称	交货地点	风险转移	办理运输	办理保险	出口手续	进口手续	各组特点
EXW 工厂交货	卖方工厂	交货时	买方	买方注 1	买方	买方	内陆交货 装运合同
FCA 货交承运人	交承运人	交货时	买方	买方注 1	卖方	买方	主要运费未付 装运合同
CPT 运费付至	交承运人	交货时	卖方	买方注 1	卖方	买方	主要运费未付 装运合同
CIP 运费保险费付至	交承运人	交货时	卖方	卖方	卖方	买方	主要运费未付 装运合同
DAT 运输终端交货	指定港口或目的地的运输终端	交货时	卖方	卖方注 2	卖方	买方	到货合同
DAP 目的地交货	指定目的地	交货时	卖方	卖方注 2	卖方	买方	
DDP 完税交货边境	指定目的地	交货时	卖方	卖方注 2	卖方	卖方	

表 2　适用于海运和内河水运的术语

名称	交货地点	风险转移	办理运输	办理保险	出口手续	进口手续	各组特点
FAS 船边交货	装港船边	交货时	买方	买方注 1	卖方	买方	主要运费未付 装运合同
FOS 船上交货	装港船上	装港货物置于船上	买方	买方注 1	卖方	买方	

① 内容引自国际商会编写、中国国际商会/国际商会中国国家委员会组织翻译．国际贸易术语解释通则 2010 [M]．北京：中国民主法制出版社，2011.

续表

名称	交货地点	风险转移	办理运输	办理保险	出口手续	进口手续	各组特点
CFR 成本加运费	装港船上	装港货物置于船上	卖方	买方注1	卖方	买方	主要运费已付 装运合同
CIF 成本运费保险费	装港船上	装港货物置于船上	卖方	卖方	卖方	买方	

注1：依2010年通则，上述注1的术语中，保险一项在卖方和买方的义务中均注明“无义务”，但由于运输途中的风险是买方的，因此，买方为了自己的利益应当投保，2010年通则与2000年通则相比加了一项内容，即虽然卖方无保险的义务，但卖方必须向买方提供后者取得保险所需的信息。

注2：依2010年通则，在D类术语中，保险一项在卖方和买方的义务中均注明“无义务”，但由于D类术语属于到货合同，运输中的风险属于卖方，卖方为了自己的利益应当投保，与2000年通则相比，2010年通则加“应卖方要求，买方必须向卖方提供取得保险所需信息”。

（三）《联合国国际货物销售合同公约》

《联合国国际货物销售合同公约》（以下简称《公约》）于1980年在维也纳的外交会议上通过，于1988年正式生效。中国于1986年批准加入该公约。《公约》共有101条，分四个部分，第一部分是适用范围和总则，第二部分是关于合同订立的内容，第三部分货物的销售包括卖方义务、买方义务、违约的补救及风险转移的内容，第四部分为最后条款，是关于公约的批准、生效、保留和退出的内容。

中国于1986年12月向联合国秘书长递交了《公约》的核准书，成为公约的缔约国，该公约于1988年1月1日对包括我国在内的各参加国生效。但中国在核准公约时，曾经提出了两项保留，即合同形式保留和私法适用保留，但合同形式保留已经撤回。

1. 国际货物买卖合同的订立

国际货物买卖合同是当事人之间意思表示一致的结果。它是在一方提出要约，另一方对要约表示承诺后成立的。一个合同往往不是一次意思表示就可以达成的，在一方提出要约后，对方往往还会提出反要约，经过反复磋商，最后双方取得一致意见，合同才能成立。在磋商的过程中，要约与承诺是两个重要的法律步骤。1980年《联合国国际货物销售合同公约》第14～24条对此进行了规定。

2. 国际货物买卖合同双方的义务

（1）卖方的义务。在国际货物买卖合同中，虽然双方的权利义务是对等的，但提供货物的一方的义务比买方的义务要复杂，主要包括交付货物、交货必须与合同相符、移交单据、转移货物的所有权。由于各国有关货物所有权转移的规定分歧较大，因此，《公约》对此问题采取了回避的态度，未进行具体的规定，只涉及交付货物、质量担保、权利担保、交付单据等内容。

（2）买方的义务。买方的义务主要有两项，即支付货款和接收货物。

3. 风险转移

货物发生损失的原因很多，因双方责任导致的损失，由责任方承担。因风险造成的损失则应由承担风险的一方当事人来承担。风险涉及双方无责任的外部事件造成的损失的分担。风险在国际货物买卖中一般指的是货物因自然原因或意外事故所致的损坏或灭失的危险。公约没有列出风险事件的范围，此类事件一般包括不可抗力、意外事故和第三方的不当行为造成的损失。确定风险转移的目的在于明确这些损坏或灭失由谁来承担。依《公约》第 66 条的规定，货物在风险转移到买方承担后遗失或损坏的，买方支付货款的义务并不因此解除，除非这种损坏或遗失是由于卖方的行为或不行为造成的。

在风险转移的时间上，各国有不同的规定，一类是将风险转移与货物的所有权联系在一起，一类是将二者分开，《公约》采用的是后者。《公约》在确定货物的风险转移上基本上采取的是以交货时间确定风险转移的原则，这样可以由向保险人或承运人求偿处于较好地位的一方当事人承担风险。

4. 违反合同的补救办法

违约补救办法是指在一方当事人违反合同时，另一方当事人依法获得补偿的方法，也称救济方法。违约的救济方法可分为债权的救济方法和物权的救济方法。前者是对当事人行使的，如实际履行、解除合同、损害赔偿、减价等。物权的救济方法是对货物本身行使的，如停止交货等，公约规定的救济方法以债权的救济方法为主。在国际货物买卖中，卖方的违约主要表现为不履行交货义务，不适当履行交货义务，如所交货物与合同不符，所交单据与合同不符，交付的货物违反了卖方的权利担保等情况。买方的违反则主要表现为不付款，或不依合同的约定付款，或不依合同的约定提取货物。《公约》分别对卖方违反合同的救济办法与买方违反合同的救济办法进行了规定。

第二节 国际货物运输

国际货物运输是国际贸易中的一个重要环节，国际货物买卖中的货物必须从卖方所在地运至买方所在地。国际货物运输的方式很多，主要包括海上运输、铁路运输、航空运输、邮政运输、管道运输及多式联运。其中，海上运输是最主要的运输方式，国际货物买卖中 80% 左右的运输量是通过海上运输方式完成的。近年来，随着集装箱运输的广泛运用，多式联运也迅速发展起来。

一、国际货物运输

国际海上货物运输是由承运人将货物从一国港口运至另一国港口并由货方支

付运费的运输。如上所述，国际海上运输具有运输量大、运输成本低的优点，同时又有运输速度慢、风险较大的缺点。国际海上货物运输依船舶经营方式的不同，可分为班轮运输、租船运输和国际多式联运。

二、国际货物运输保险

国际货物运输保险是国际贸易的重要组成部分，国际货物运输保险不但可以给运输中的货物提供保障，而且还能为国家提供无形贸易的外汇收入。国际货物运输保险主要包括海上货物运输保险、铁路货物运输保险、公路货物运输保险、航空货物运输保险和邮包运输保险等。其中，历史最悠久、业务量最大、法律规定最全的是海上货物运输保险。

第三节　国际贸易支付

国际贸易的支付方式主要有汇付、托收和信用证三种方式，其中，使用最多的是信用证方式。

汇付是由国际货物买卖合同的买方委托银行主动将货款支付给卖方的结算方式。

托收是由银行依委托人的指示处理单据，向付款人收取货款或承兑、交付单据或按其他条件交付单据的结算方式。

信用证是银行依开证申请人的请求，开给受益人的一种保证银行在满足信用证要求的条件下承担付款责任的书面凭证。根据国际商会《跟单信用证统一惯例》（简称 UCP600 号）的定义，信用证是指一项不可撤销的安排，该项安排构成开证行对相符交单予以承付的确定承诺，无论该项安排的名称或描述如何。作为一种国际支付方式，信用证是一种银行信用，银行承担第一位的付款责任，这是信用证区别于汇付、托收的根本性特征；作为一种文件，信用证是开证行开出的凭信用证规定条件付款的一份书面承诺。

第四节　对外贸易管理制度

一、我国的对外贸易法

（一）我国对外贸易管理制度框架

我国对外贸易管理制度是指我国通过制定法律、法规，对货物进出口、技术进出口和国际服务贸易进行管理和控制的制度。我国对外贸易管理制度，主要是根据《中华人民共和国对外贸易法》（以下简称《外贸法》）、《中华人民共和国海关法》、《中华人民共和国外汇管理条例》和进出境检验检疫相关法律确立的。

以《外贸法》为基本框架，以其他相关条例为补充的相对健全的法律、法规体系，构成我国货物、技术和服务进出口管理的法律制度。《外贸法》除对立法目的、适用范围、主管部门以及基本原则等进行总则性的规定外，主要就对外贸易经营者、货物进出口与技术进出口、国际服务贸易、对外贸易中的知识产权、对外贸易秩序、对外贸易调查、贸易救济、对外贸易促进、法律责任做了规定。《中华人民共和国货物进出口管理条例》《中华人民共和国技术进出口管理条例》进一步细化、完善了我国对货物、技术进出口的管理。《中华人民共和国反倾销条例》、《中华人民共和国反补贴条例》和《中华人民共和国保障措施条例》则从根本上建立了我国的贸易救济制度。此外，还有针对特定产品或技术的管理条例，如《中华人民共和国核出口管理条例》。就目前而言，我国对服务贸易的管理还相对比较薄弱。

1. 进出境货物的关税制度

海关法是我国关税制度的重要法律依据。中国海关关税主要包括进口关税和出口关税。完税价格分进口完税价格和出口完税价格。进口货物的收货人、出口货物的发货人、进境物品的所有人，是关税的纳税义务人。

2. 外汇管理制度

中国的外汇管理在2008年修订《中华人民共和国外汇管理条例》以前非常严格，修订以前的经常项目外汇收入必须调回境内，不得违反国家有关规定擅自存在境外。修订以前的资本项目外汇收入，除国务院另有规定外，应当调回境内。境内机构的资本项目外汇收入应在外汇指定银行开立外汇账户。

3. 进出境检验检疫制度

原国家质量技术监督局和国家出入境检验检疫局（包括原来的国家进出口商品检验局、国家动植物检疫局和国家卫生检疫局）合并成立的中华人民共和国国家质量监督检验检疫总局（简称“国家质检总局”），负责对进出口商品进行检验，对进出境动植物以及进出境卫生进行检疫工作。主要法律、法规包括《中华人民共和国国境卫生检疫法》、《中华人民共和国进出境动植物检疫法》和《中华人民共和国进出口商品检验法》及相应的实施细则。

（二）我国的对外贸易法

我国的货物、技术和服务的进出口管理以《外贸法》为基本框架，以其他相关条例为补充的相对健全的法律、法规体系，构成我国进出口管理的法律制度。《外贸法》包括总则、对外贸易经营者、货物进出口和技术进出口、国际服务贸易、与对外贸易有关的知识产权保护、对外贸易秩序、对外贸易调查、对外贸易救济、对外贸易促进、法律责任和附则几部分。

二、贸易救济措施

中国的贸易救济措施主要包括反倾销、反补贴、保障措施，此外，《外贸法》还规定了其他救济措施，如适用服务贸易的保障措施，针对进口转移的救济措施，其他国家未履行义务时的救济措施，反规避措施，预警应急机制等。

（一）反倾销措施

《中华人民共和国反倾销条例》将《外贸法》中有关反倾销的规定具体化、明确化，确立了反倾销调查和反倾销措施的要求和程序。根据该条例，进口产品以倾销方式进入中国市场，并对已经建立的国内产业造成实质损害或者产生实质损害威胁，或者对建立国内产业造成实质阻碍的，我国应依照反倾销条例进行调查，采取反倾销措施。进口产品存在倾销、对国内产业造成损害、二者之间有因果关系，是采取反倾销措施的必要条件。

（二）反补贴措施

《中华人民共和国反补贴条例》（以下简称《反补贴条例》）规定：进口产品存在补贴，并对已经建立的国内产业造成实质损害或者产生实质损害威胁，或者对建立国内产业造成实质阻碍的，依照该条例的规定进行调查，采取反补贴措施。

（三）保障措施

《中华人民共和国保障措施条例》进一步明确了《外贸法》中的有关保障措施的要求。另外，根据《外贸法》，在进口产品增加损害国内产业时，除采取消除或减轻损害的保障措施外，还可以对该产业提供必要的支持。

（四）贸易救济措施的国内司法审查

根据世界贸易组织反倾销协议和反补贴协议，各成员应建立对反倾销措施和反补贴措施的司法审查制度。2002 年 11 月 21 日，最高人民法院发布了《关于审理反倾销行政案件应用法律若干问题的规定》《关于审理反补贴行政案件应用法律问题的规定》，从行政诉讼的角度正式确定了我国对反倾销、反补贴措施的司法审查制度。

（五）贸易救济措施争议的多边审查

对于反倾销措施、反补贴措施或保障措施，除利害关系方通过进口国的程序申请行政复议或向法院提出诉讼外，产品的出口商或生产商还可以通过其政府，对这些贸易措施通过世界贸易组织的多边争端解决程序进行审查。这两种救济可以分别称为国内程序救济和多边程序救济。

（六）世界贸易组织的两反一保制度

世界贸易组织的贸易救济制度主要规定在关税与贸易总协定、反倾销协定、反补贴协定和保障措施协定中。反倾销协定、反补贴协定和保障措施协定分别就关税与贸易总协定中的贸易救济规则做了进一步的细化与阐述，关税与贸易总协定和这些协定共同构成了世界贸易组织的贸易救济规则，不可以脱离关税与贸易总协定适用反倾销协定、反补贴协定或保障措施协定，反之亦然。除上述规定外，农业协定规定了农产品的特殊保障措施。广义上讲，中国入世议定书中规定的针对特定产品的过渡性保障措施，属于世界贸易组织的贸易救济制度，但已经超出了传统意义上的两反一保范围。

中国的反倾销条例、反补贴条例和保障措施条例，是按照世界贸易组织的反倾销协定、反补贴协定和保障措施协定制定的。世界贸易组织的两反一保制度，与中国的两反一保制度基本类似。

（七）小结

只有在造成国内产业损害，且损害和倾销之间有因果关系时，才可以使用反倾销措施。同样，也只有补贴造成损害，且补贴与损害之间有因果关系时，才可以使用反补贴措施。保障措施是在进口产品的数量增加造成国内产业的损害，且数量增加与损害之间有因果关系时采取的救济措施。反倾销和反补贴措施可以连续使用，而保障措施不能连续采取，再采取时应当有时间的间隔。在救济措施方面，反倾销和反补贴均有临时措施、价格承诺或承诺以及最终措施，初裁后采取的是临时措施，终裁后采取的是最终措施，价格承诺或承诺应在初裁后采取，调查机构只能建议不能强迫出口商接受。反倾销和反补贴的纳税义务人是进口经营者。

第五节　世界贸易组织

一、世界贸易组织概述

（一）世界贸易组织法律制度与前关税与贸易总协定法律制度的区别与联系

依乌拉圭回合谈判达成的《建立世界贸易组织的马拉喀什协定》（简称《世界贸易组织协定》或《WTO 协定》），世界贸易组织于 1995 年 1 月 1 日正式成立并开始运作。世界贸易组织的前身是关税与贸易总协定（英文简称 GATT）。关税与贸易总协定有两个含义：一是指一个国际协议——1947 年签署、1948 年 1 月 1 日临时适用的关税与贸易总协定；二是指管理该协议的事实上的国际机构。关税与贸易总协定主持了八轮贸易谈判，在第八轮乌拉圭回合谈判中，谈判者决定建立一个正式的多边贸易组织，即世界贸易组织。

世界贸易组织是对关税与贸易总协定的继承和发展。世界贸易组织对关税与贸易总协定的继承主要表现在两个方面：其一，世界贸易组织协定吸收了关税与贸易总协定规则；其二，世界贸易组织遵循了关税与贸易总协定的决策方法和惯例指导。

从法律制度的角度看，二者主要存在下述区别：①确立、适用的法律依据不同；②约束力度不同；③法律框架的结构不同；④调整范围不同；⑤争端解决制度不同。

（二）世界贸易组织的成员

世界贸易组织是根据世界贸易组织协定建立的多边性贸易组织。其成员是加入世界贸易组织的各国政府和单独关税区政府，任何个人、企业或其他非政府机构都不能成为世界贸易组织的成员，也不能向它主张权利。单独关税区，是指不具有独立的完整的国家主权但却在处理对外贸易关系及世界贸易组织协定规定的其他事项方面拥有完全自主权的地区。中国香港、澳门和台湾都是这样的单独关税区。欧洲联盟（欧盟）及其成员国都是世界贸易组织的成员。

2001 年 12 月 11 日，中国正式成为世界贸易组织的第 143 个成员。世界贸易组织成员分为创始成员和加入成员，中国属于加入成员。

世界贸易组织，是以规则为依据、由全体成员管理的组织。各成员在该组织中的地位是平等的。各成员无论加入先后、势力强弱，在规则面前一律平等。

（三）世界贸易组织的法律框架

1. 世界贸易组织协定

世界贸易组织的法律制度是一个以世界贸易组织协定为核心的统一的多边贸易法律制度，由一系列规则组成。该制度是在继承关税与贸易总协定框架下的规则的基础上发展起来的。各协议、规则各自规定了不同的独立义务，共同约束世界贸易组织的成员。

世界贸易组织协定是商业性的国际条约，是世界上大多数贸易国通过谈判签署的，约束各成员政府将其贸易政策限制在议定的范围内。其目的在于为国际商业活动提供基本的法律规则，帮助产品制造者、服务提供者和进出口商实施商业活动。

2. 世界贸易组织贸易制度的法律体系

世界贸易组织的法律规则可以分为两部分：第一部分是多边贸易协议；第二部分是诸边贸易协议。

第一部分为多边贸易协议，包括《世界贸易组织协定》及其附件 1、附件 2 和附件 3（这三个附件合称为多边贸易协议），构成世界贸易组织的整个法律制度，也构成世界贸易组织成员“一揽子”的权利义务，对所有的成员都有约束力。

第二部分为诸边贸易协议，主要由附件4组成，包括民用航空器贸易协议、政府采购协议、奶制品协议和牛肉协议（这两个协议已于1997年失效）。世界贸易组织成立后签订的《信息技术产品协议》也属于诸边贸易协议的范畴。诸边贸易协议只有极少数成员参加，也只对参加了诸边协议的成员有约束力。

3. 世界贸易组织规则间的相互关系

（1）原则性规定。《世界贸易组织协定》本身规定，在该协定与任何多边贸易协议（包括诸边贸易协议）条款冲突时，以《世界贸易组织协定》为准。

（2）具体适用时的关系。在争端解决的实践中，在涉及不同协议、不同规定的相互关系时，争端解决机构总是遵循协调一致的解释方法，认为每一协议/每一规定都是《世界贸易组织协定》这一条约的不可分割的组成部分，应共同适用、累积适用。

（四）世界贸易组织的机构设置

（1）最高决策机构——部长会议。

（2）常设权力机构——总理事会。

（3）（部门贸易）理事会，各理事会设有下属机构。

（4）（综合）委员会。

（5）下属机构。几乎每一个理事会/委员会都有下属机构。

（6）世界贸易组织秘书处和总干事。世界贸易组织的工作机构，是总干事领导的秘书处。

（五）世界贸易组织的决策程序

世界贸易组织是由其成员共同管理的国际组织。它继承了GATT1947所遵循的协商一致做出决定的做法。世界贸易组织在就有关事项做出决议时，如在场的成员未正式提出异议，则视为一致做出决议。

（六）中国入世承担的特殊义务

中国在世界贸易组织中的权利义务，与其他成员一样，由两部分组成：一部分是各成员都承担的规范性义务，如各协议条款规定的义务；另一部分是在中国加入世界贸易组织议定书中中国做出的承诺，这是中国承担的独特义务。

二、世界贸易组织的主要法律制度

（一）关税与贸易总协定

1. 最惠国待遇制度

最惠国待遇是世界贸易组织多边贸易制度中最重要的基本原则和义务，是多边贸易制度的基石。世界贸易组织法律制度之所以成为多边贸易制度，最重要的依据就是其最惠国待遇，最惠国待遇适用于五个方面：①与进出口有关（包括进出口产品的国际支付转移）的任何关税和费用；②进出口关税和费用的征收方法；③与进出口有关的规则、手续；④国内税或其他国内费用；⑤影响产品的国内销售、许诺销售、购买、运输、经销和使用的法律规章和要求方面的待遇。《关税与贸易总协定》第20条是一般例外规定。

2. 国民待遇制度

世界贸易组织的三个主要协定，即《关税与贸易总协定》、《服务贸易总协定》和《与贸易有关的知识产权协议》，都有关于国民待遇的规定。

关税与贸易总协定中的国民待遇，是指外国进口产品所享受的待遇不低于本国同类产品、直接竞争或替代产品所享受的待遇。

《关税与贸易总协定》第3条中规定了货物国民待遇义务的两项例外，《关税与贸易总协定》第20条规定的一般例外，也适用于国民待遇义务。

《与贸易有关的投资措施协议》规定，在不损害1994年《关税与贸易总协定》的权利和义务的情况下，各成员不得实施任何与1994年《关税与贸易总协定》第3条或第11条规定不一致的与贸易有关的投资措施。

3. 约束关税措施

世贸组织对关税的原则是约束关税，并不断削减。各成员在降低关税谈判中做出的关税减少，通常称为关税减让。各成员对其进口产品做出的关税减让，构成该成员的关税减让表。各成员在关税减让表中公布的税率是受到约束的，是可以适用的税率的最高限额。除非经其他有关规则允许（如反倾销税），或重新与其他成员谈判，否则不得提高关税税率。但成员可以实际适用比约束关税低的关税。

4. 数量限制的禁止与例外

依关税与贸易总协定的规定，对进出口产品原则上取消一切数量限制。对进出口产品采取数量限制，是指对进出口产品采取除关税、国内税和其他费用之外的禁止或限制措施。数量限制与税费措施相比，缺乏透明性、公正性，它对贸易的影响也不易在产品价格上直接反映出来。

下列情况存在普遍取消数量限制义务的例外：为防止或缓解出口成员的粮食或其他必需品的严重短缺而临时实施的出口禁止或限制；为实施国际贸易中的商品归类、分级和销售标准或法规而必须实施的进出口禁止或限制；为限制国内产品数量或消除国内产品的过剩而对农产品或渔产品进口而实施的限制；为保障其对外金融地位和国际收支平衡而对进口产品进行的限制。

（二）服务贸易总协定

1. 服务贸易的特点

《服务贸易总协定》（英文简称GATS）是第一个调整国际服务贸易的多边性、具有法律强制力的规则。它规定了服务贸易的一般原则和义务及各成员的具体承诺。服务贸易总协定明显地表现出了框架性协定的特点，目前还缺乏有关的具体义务和规则，这些具体义务和规则在以后签订的相关协议中将有所规定。

《服务贸易总协定》通过四种服务贸易方式来调整服务贸易：①跨境供应，从一国境内直接向其他国境内提供服务——服务产品的流动（不需要提供者和消费者的实际流动）；②境外消费，在一国境内向其他国的服务消费者提供服务——消费者的流动；③商业存在，外国实体在另一国境内设立附属公司或分支机构，提供服务，即外国服务提供者通过在其他国境内设立的机构提供商业服务——设立当地机构，如银行、保险公司；④自然人存在，一国的服务提供商通过自然人到其他国境内提供服务——自然人流动，如工程承包。

2. 最惠国待遇义务

世界贸易组织各成员给予任何其他国家的服务和服务提供者的待遇应立即和无条件地给予任何其他成员。该原则与《关税与贸易总协定》的规则基本一致，但服务贸易中的最惠国待遇适用于服务产品和服务提供者而不适用于货物产品。

3. 具体承诺

世界贸易组织成员在服务贸易市场开放方面的义务没有统一的规定。是否给予市场准入、是否给予国民待遇，依每一成员具体列出的承诺表来确定。服务贸易方面的具体承诺的作用，与约束性关税的作用相类似。每个成员应具体列出：市场准入的规定、限制和条件；国民待遇的条件和资格；有关附加承诺的义务；适当情况下，实施这类承诺的时间表；这类承诺的生效日期。

（三）世界贸易组织争端解决制度

1. 争端解决制度的特点

《关于争端解决规则与程序的谅解》（DSU）作为世界贸易组织多边贸易制度的一部分，在世界贸易组织框架下，建立了统一的多边贸易争端解决制度。依规则解决争端，遵循正当法律程序，迅速、有效、满意地解决争端，是世界贸易组织争端解决制度的基本原则。

2. 争端解决程序

（1）磋商。磋商是申请设立专家组的前提条件。

（2）设立专家组的申请——起诉。

（3）专家组的审查、裁决或建议。

（4）上诉机构的审查、裁决。

3. 通过争端解决报告的方式

争端解决机构通过专家组、上诉机构解决争端的报告，构成世界贸易组织争端解决机构的裁决和建议。除非争端解决机构一致不同意通过相关争端解决报告，该报告即得以通过。该通过方式实际上是一种一票通过制，是一种准自动通过方式。通过的报告即构成争端解决机构的裁决或建议。

4. 专家组和上诉机构的职能

争端解决机构本身并不负责审理、裁决案件。其做出裁决或建议的职责是通过专家组和上诉机构的报告实现的。

专家组和上诉机构在争端解决机制和程序中起着核心的作用。专家组是争端解决机构的非常设性机构，上诉机构是争端解决机构中的常设机构。

除上述机构外，还有负责仲裁事项的仲裁员，提供法律援助服务的秘书处，指定专家组组成人员的总干事等。

5. 争端解决机构解决的争端类型

《关税与贸易总协定》第 23 条规定了三种争端类型，具体为：①违反性申诉；②非违反性申诉；③其他情形。《关于争端解决规则与程序的谅解》对这三种类型做了进一步的阐释。

（四）小结

在世界贸易组织法律制度中，货物贸易领域最主要的内容是最惠国待遇、国民待遇、约束关税、取消数量限制和透明度原则。服务贸易领域是一般义务和具体承诺的结合。中国在世界贸易组织中的权利义务由两部分组成：一部分是各成员都承担的规范性义务；另一部分是中国承担的独特义务。世界贸易组织的争端解决程序包括磋商、专家组和上诉机构，仲裁不是必经程序。注意此种程序与司法程序的区别：世界贸易组织争端解决机构的裁决由成员方在合理时间内履行裁决，程序中没有强制执行，如果不履行，另一方可以向争端解决机构申请授权报复，对被诉方中止减让或中止其他义务。

第六节　国际贸易与经济中的其他制度

一、知识产权的国际保护

（一）知识产权的国际保护

知识产权的国际保护主要通过互惠、双边条约和多边公约的途径进行。多边公约的保护是目前国际上保护知识产权最有效、影响最大、最主要的途径。《保护工业产权巴黎公约》（以下简称《巴黎公约》）、《保护文学和艺术作品伯尔尼公约》（以下简称《伯尔尼公约》）和《与贸易有关的知识产权协议》（英文简称 TRIPs）是目前影响最大的几个国际知识产权保护公约。

（二）中国对知识产权保护的边境措施

为了实施中国海关对知识产权保护的边境措施，我国通过了《知识产权海关保护条例》，该条例于 2004 年 3 月 1 日施行，依该条例，海关对与进出口货物有关并受中国法律、行政法规保护的商标专用权、著作权和与著作权有关的权利、专利权（知识产权）实施保护。条例规定国家禁止侵犯知识产权的货物进出口。进口或者出口侵犯知识产权货物，构成犯罪的，依法追究刑事责任。

（三）国际技术贸易与国际知识产权许可协议

1. 国际技术贸易

国际技术贸易是指跨越国境的有偿技术转让，“跨越国境”是技术贸易“国际性”的标准。国际技术贸易法是调整跨国技术转让关系的法律规范的总和。在国际公约方面，联合国贸易和发展会议于1978年拟定了联合国《国际技术转让行动守则（草案）》。但由于发展中国家与发达国家在一些重要问题上分歧严重，草案至今未获正式通过。目前，尚未形成关于国际技术贸易的国际法律制度，有关国际技术贸易行为主要是通过国内法律制度及国际商业惯例来调整。

在国内法方面，我国调整技术进出口的法律主要包括：2002年《中华人民共和国技术进出口管理条例》，2004年修订的《中华人民共和国对外贸易法》有关技术进出口的管理规定，以及我国的《专利法》《商标法》《著作权法》《反不正当竞争法》《合同法》《反垄断法》等法律中的相关规定。

在国际商业惯例方面，主要涉及有关知识产权贸易中普遍存在的限制性商业条款的惯例，有关的惯例一部分被成文化了，包括联合国《国际技术转让行动守则（草案）》，1980年联合国限制商业惯例问题会议通过的《一套多边协议的控制限制性商业惯例的公平原则和规则》等。

2. 国际知识产权许可协议及其种类

国际技术贸易主要通过国际知识产权许可协议进行。国际知识产权许可协议又称国际许可证协议，是指知识产权出让方将其知识产权的使用权在一定条件下跨越国境让渡给知识产权受让方，由受让方支付使用费的合同。协议中提供知识产权的一方称为“许可方”（Licensor），接受知识产权的一方称为“被许可方”（Licensee）。

国际许可证协议依许可权力的大小不同可以分为独占许可、排他许可（又称“独家许可”）和普通许可。

3. 国际许可证协议的条款

国际技术许可证协议因转让标的不同而有不同，但有些条款是各类许可证协议都具备的，概括起来，主要包括下列条款：①鉴于与定义条款；②合同的范围条款；③价格及支付条款；④技术资料的交付与技术服务；⑤技术的验收条款；⑥技术改进；⑦保证和索赔条款；⑧违约救济与争议的解决。

4. 我国对技术进出口的管理

我国对技术进出口的管理适用：①我国《外贸法》的具体规定；②2002年《中华人民共和国技术进出口管理条例》。

二、国际投资法

（一）国际投资法概述

1. 国际投资法的概念及形式

国际投资法是调整国际私人直接投资关系的国内法律规范和国际法律规范的总称。国际投资是指资本的跨国流动。它可以分为国际直接投资（包括股权投资和非股权直接投资）和国际间接投资（证券投资）。前者是指一国私人在外国投资经营企业，直接或间接地控制该企业的经营活动。后者是指将借贷资本输出到国外，投资者不直接参与企业的经营活动。国际投资法主要调整国际直接投资。

2. 国际投资法的调整对象和特点

国际投资法调整的关系既有横向的，也有纵向的，具体包括：外国投资者和东道国自然人、法人及其他经济组织之间产生的投资商事关系；东道国与外国投资者之间的投资管理和保护关系；跨国投资者与母国有关机构之间的投资促进和投资保证的关系；政府之间及政府与国际组织之间为促进和保护投资或协调投资关系而缔结双边或多边条约所产生的关系。国际投资法的特点可以概括为：①仅调整国际私人投资关系，即自然人、法人和民间组织、企业团体的海外投资；②仅调整国际私人直接投资关系，即不包括国际间接投资关系，债券或股票等间接投资由国际金融法来调整；③所调整的国际私人直接投资关系既包括私人外国投资者与东道国及其法人、个人间以及同本国政府间的关系，又包括东道国与投资者母国政府间的关系。

3. 国际投资法的渊源和内容

国际投资法的渊源包括国内立法、国际条约和国际惯例。国际投资法主要涉及下列内容：国际投资的市场准入问题；国际投资的待遇标准问题；对外国投资的管制问题；对国际投资的保护问题；国际投资争端的解决问题。

（二）《多边投资担保机构公约》

为了缓解或消除外国投资者对政治风险的担心，世界银行于 1984 年制定了《多边投资担保机构公约》的草案，几经修订后于 1985 年在韩国汉城（即今“首尔”）通过，因此该公约又简称《汉城公约》，依公约于 1988 年 4 月建立了多边投资担保机构（Multilateral Investment Guarantee Agency，简称 MIGA），该机构是世界银行集团的第五个新成员，直接承保成员国私人投资者在向发展中国家成员投资时可能遭遇的政治风险。中国于 1988 年 4 月 30 日批准该公约，是其创始会员国。

（三）《与贸易有关的投资措施协议》

为了绕开进口国的高关税及非关税壁垒，许多出口国的生产商往往会转而在进口国投资，通过进口零部件在进口国生产并销售产品的方式占领进口国市场。为了保障国内同类产业以及相关的上游产业，进口国又往往会对外国投资者设定各种限制。限制涉及投资领域、投资规模、原材料或配件的进口、最终产品的销售以及外汇措施等领域。措施具体表现为当地含量要求、进口替代要求、出口要求等。但这些措施也严重阻碍了国际贸易的发展。

由于GATT仅对贸易做出规定，没有针对投资的规定，投资限制逐渐成为阻碍国际贸易主要壁垒措施之一。1993年12月乌拉圭回合所达成的《与贸易有关的投资措施协议》是GATT第一次就涉及国际投资的问题达成的贸易协议。

协议的目的不是要禁止所有的投资措施，而是审查那些对贸易有限制和扭曲作用的投资措施，如歧视进口、替代进口、国内购买、进出口平衡、限制出口、外汇管制、出口要求、限制出口的权利等，并制定消除这些投资措施的方法。

（四）国际投资争端的解决

1. 国际投资争端解决的途径

依涉及国际投资争端的主体不同，国际投资争端可以划分为三个层面：其一，外国投资者与资本输入国合作投资者之间的投资争议，此类争议属于民商事主体之间的争议，主要涉及合同纠纷或侵权纠纷，通常适用资本输入国的民事诉讼程序解决纠纷。其二，外国投资者与资本输入国政府之间的争议。其三，资本输出国政府与资本输入国政府之间的投资争议。后两类争议有些是行政争议，适用资本输入国的行政诉讼程序解决；有些则属于国际争端，通常由当事国政府磋商或者通过国际仲裁或法律程序解决。第三类投资争议往往因资本输入国政府不能公正处理前两种争议转化而来。从争端的内容上看主要涉及两类：一类为基于合同而产生的争议，如特许协议；另一类为非直接基于合同而引起的争议，即由于国家行为或政府管理行为引起的争议，如东道国立法将外国投资者的财产收归国有。

解决国际投资争端的方式主要包括非法律手段和法律手段两类，非法律手段又称为“外交手段”，主要包括协商、调解、斡旋、调停和外交保护等。外交保护的前提是用尽当地救济。解决国际投资争端的法律手段主要包括诉讼和仲裁。诉讼包括资本输入国国内诉讼和国际诉讼，仲裁包括资本输入国国内仲裁和国际仲裁。依《解决国家和他国国民之间投资争端公约》（简称《华盛顿公约》）设立的解决国际投资争端中心（英文简称ICSID，中文简称“中心”），就是为以仲裁解决国家与外国投资者之间的争议提供便利。

2. 《解决国家和他国国民之间投资争端公约》

《华盛顿公约》1965年3月在华盛顿通过，1966年10月生效。中国于1993年加入该公约。依该公约设立的“解决国际投资争端中心”，作为世界银行下属的一个独立机构，为解决缔约国和其他缔约国国民之间的投资争端提供调解或仲裁的便利。

三、国际融资法

（一）国际融资法概述

1. 国际融资法的界定

国际融资法是调整不同国家主体之间国际资金融通关系的法律规范的总称。国际融资法的调整具有复合性，既包括平等主体间基于协议而发生的国际资金融通关系，也包括有关国家政府与资金融通主体间发生的国际融资管理法律关系。国际融资在内容上涉及国际贷款融资、国际证券融资、国际融资租赁、国际融资担保等法律关系。调整国际资金融通关系的法律规范主要包括各国的金融法、国际资金融通的公约和惯例。

2. 国际资金融通的方式

国际资金融通主要通过国际贷款、国际证券融资和国际融资租赁等几种方式实现。

（二）国际贷款协议

1. 国际贷款协议的种类

依据不同的分类标准，国际贷款协议可以分为不同的类型，依贷款人的不同，可分为国际金融机构贷款协议、政府贷款协议和国际商业贷款协议；依借款人的数量不同，可分为独家贷款协议和银团贷款协议；依贷款期限的长短不同，可分为长期、中期和短期贷款协议；依贷款有无担保，可分为有担保的贷款协议和无担保的贷款协议；依贷款利息的种类不同，可分为固定利率贷款协议和浮动利率贷款协议；依对贷款使用的规定不同，可分为自由外汇贷款协议和项目贷款协议；依贷款资金的来源，可分为外国贷款协议和欧洲货币贷款协议。

2. 国际贷款协议的共同性条款

虽然国际贷款协议依种类不同内容也有所差异，但经过长期实践，国际贷款业务已经形成了比较确定的协议格式和内容，各类贷款协议一般也具备一些共同性条款，这些共同性条款包括协议术语解释、陈述与担保、贷款目的、贷款的提取、先决条件、还款、违约事项、税费、纠纷管辖及法律适用等。

（三）国际融资担保

国际融资担保主要分为信用担保和物权担保两大类。信用担保是指借款人或第三人以自己的资信向贷款人做出的还款保证，主要包括见索即付的保证、备用信用证和意愿书三种方式。物权担保是指借款人或第三人以自己的资产向贷款人做出的偿还贷款的保证，包括一般抵押权和质权、浮动抵押等。

国际融资的物权担保是指借款人或第三人在其特定的财产或权利上设定优先受偿权，向贷款人提供还贷的保证的担保形式。其特征是以财产或代表一定财产的权利为标的而设定的担保。物权担保主要包括动产担保、不动产担保和浮动抵押等几类形式。

四、国际税法

（一）国际税法的概念

国际税法是调整国家间税收分配关系，以及国家与跨国纳税人之间的税收关系的各种法律规范的总称。国际税法具有下列特点：首先，主体的多重性，国际税法的主体有国家和跨国纳税人。其次，客体的跨国性，国际税法的客体为跨国所得，即本国居民来源于外国的所得，非本国居民来源于本国境内的所得。最后，规范的多样性，国际税法的规范既包括国际税法规范，又包括国内税法规范；既包括实体规范，又包括冲突规范等。

（二）国际税收管辖权

税收管辖权是指一国政府对一定的人或对象征税的权力，即一国政府行使的征税权力。税收管辖权中最重要的基本理论是居住国原则和来源国原则，由此引出居民税收管辖权和来源地税收管辖权。

来源国税收管辖权是指一国政府针对非居民纳税人就其来源于该国境内的所得征税的权力。依来源国税收管辖权，纳税人承担的是有限的纳税义务。征税国对纳税人主张来源地税收管辖权的基础是认定纳税人有来源于该征税国境内的所得，各项所得或收益一般可划分为四类：营业所得、劳务所得、投资所得和财产所得。

（三）国际双重征税

1. 国际双重征税的概念和类型

国际双重征税现象的产生是各国税收管辖权发生冲突的结果。国际双重征税可分为国际重复征税和国际重叠征税，学界关于国际重复征税和国际重叠征税的名称及含义是有分歧的。

国际重复征税是指两个或两个以上国家各依自己的税收管辖权按同一税种对同一纳税人的同一征税对象在同一征税期限内同时征税。国际重叠征税是指两个或两个以上国家对同一笔所得在具有某种经济联系的不同纳税人手中各征一次税的现象。

重复征税与重叠征税主要的区别有：重复征税针对的是同一纳税人，不存在国内重复征税，重复征税涉及同一税种；重叠征税涉及的不是同一纳税人，存在国内重叠征税现象，重叠征税涉及不同税种。

2. 国际重复征税的解决途径

国际重复征税的解决途径有：①通过双边协议划分征税权；②免税法；③抵免法；④扣除法。

3. 国际重叠征税的解决

国际上目前尚无解决国际重叠征税的普遍适用规范，一般是通过股息收入国和股息付出国两个方面采取措施解决。

（四）国际逃税与避税

1. 国际逃税及主要方式

国际逃税是指跨国纳税人采用非法手段或措施，逃避或减少就其跨国所得本应承担的纳税义务的行为。国际逃税是违反国际税法的行为。国际逃税的主要方式有：隐匿应税所得和财产，不向税务机关报送纳税资料；谎报所得额；虚构扣除；伪造账册和收支凭证；等等。

2. 国际避税及主要方式

国际避税是指跨国纳税人利用各国税法的差异或国际税收协定的漏洞，以形式上不违法的方式，躲避或减少就其跨国所得本应承担的纳税义务的行为。

3. 国际逃税和避税的防止

国际逃税与国际避税，虽然在性质上不相同，但其危害却是相同的，都严重损害国家的税收利益，干扰了正常的国际资金流通秩序，违背了税收公平原则，因此，各国都努力通过国内立法和加强国际合作等方式防止国际逃避税。

（五）我国对外签订税收协定

我国对外签订的税收协定主要采取收入来源国税收管辖权优先原则，平等互利、友好协商原则，要求资本输出国提供税收饶让抵免等原则。税收饶让抵免是指居住国政府对本国纳税人国外所得因来源国给予税收减免而未缴纳的税款视同已纳税款而给予抵免的制度，其目的在于使来源国的税收优惠政策收到实效。中国对外签订的双边税收协定，基本上采用的是《联合国范本》的条文结构。

本章思考题

1. 简述国际经济法的基本概念。
2. 简述国际货物买卖的主要条约和适用通则。
3. 国际贸易支付的主要方式是什么？
4. 简述我国对外贸易管理的主要法律制度。
5. 简述世界贸易组织的主要法律制度。
6. 知识产权国际保护的主要措施是什么？

国际法学·延伸阅读的推荐书目

[1]王铁崖. 国际法[M]. 北京:法律出版社,1995.
[2]万鄂湘. 国际人权法[M]. 武汉:武汉大学出版社,1993.
[3]韩德培. 国际私法[M]. 北京:高等教育出版社,2000.
[4]李双元. 中国国际私法通论[M]. 2 版. 北京:法律出版社,2003.
[5]肖永平. 国际私法原理[M]. 北京:法律出版社,2003.
[6]余劲松,吴志攀. 国际经济法[M]. 北京:北京大学出版社,2014.
[7]杨帆. 国际经济法[M]. 北京:中国人民大学出版社,2015.
[8]郭寿康,赵秀文. 国际经济法[M]. 北京:中国人民大学出版社,2015.

附录一

中国特色社会主义法律体系·图示

<table>
<tr><td rowspan="10">中国特色社会主义法律体系</td><td rowspan="3">三个层次</td><td>宪法，是中国特色社会主义法律体系的统帅</td></tr>
<tr><td>法律，是中国特色社会主义法律体系的主干</td></tr>
<tr><td>规范性文件，行政法规和地方性法规是中国特色社会主义法律体系的重要组成部分</td></tr>
<tr><td rowspan="7">七个部门</td><td>宪法相关法，国家的根本法律</td></tr>
<tr><td>民法商法，调整平等主体之间财产关系和人身关系的法律</td></tr>
<tr><td>行政法，调整国家行政管理活动中形成的社会关系的法律</td></tr>
<tr><td>经济法，调整宏观调控和市场规制关系的法律</td></tr>
<tr><td>社会法，调整劳动关系、社会保障与福利和环境保护的法律</td></tr>
<tr><td>刑法，规定犯罪与刑罚的法律</td></tr>
<tr><td>诉讼与非诉讼程序法，主要包括诉讼法和仲裁法</td></tr>
</table>

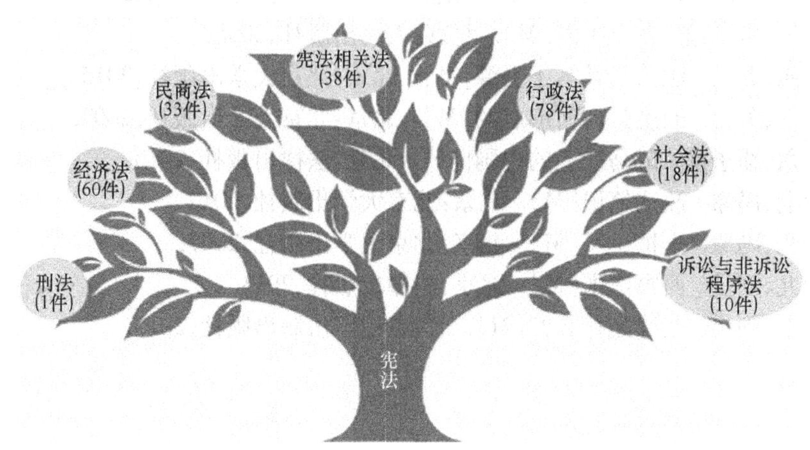

附录二

法学及其交叉学科的经典书目

一、柏拉图. 法律篇[M]. 张智仁,译. 北京:商务印书馆,2016.

二、亚里士多德. 政治学[M]. 北京:中国人民大学出版社,2003.

三、孟德斯鸠. 论法的精神[M]. 许明龙,译. 北京:商务印书馆,2012.

四、卢梭. 社会契约论[M]. 李平沤,译. 北京:商务印书馆,2011.

五、哈特. 法律的概念[M]. 许家馨,李冠宜,译. 北京:法律出版社,2011.

六、理查德·波斯纳. 法律的经济分析[M]. 北京:中国大百科全书出版社,1997.

七、德恩里科,邓子滨. 法的门前[M]. 北京:北京大学出版社,2012.

八、伯尔曼. 法律与宗教[M]. 梁治平,译. 北京:中国政法大学出版社,2003.

九、萨斯坎德. 法律人的明天会怎样?[M]. 北京:北京大学出版社,2015.

十、郑戈. 法律与现代人的命运[M]. 北京:法律出版社,2006.

十一、冯友兰. 中国哲学简史[M]. 北京:北京大学出版社,2013.

十二、瞿同祖. 中国法律与中国社会[M]. 北京:商务印书馆,2010.

十三、费孝通. 乡土中国[M]. 北京:人民出版社,2008.

十四、苏力. 法治及其本土资源[M]. 北京:北京大学出版社,2015.

十五、苏力. 制度是如何形成的[M]. 北京:北京大学出版社,2007.

十六、邓子滨. 斑马线上的中国[M]. 北京:法律出版社,2015.

十七、冯象. 政法笔记[M]. 北京:北京大学出版社,2012.

十八、冯象. 木桶正义[M]. 北京:北京大学出版社,2007.

十九、刘星. 西窗法雨[M]. 北京:法律出版社,2013.

二十、刘星. 法律是什么?[M]. 北京:中国法制出版社,2015.

附录三

法学类·电子资源

一、【法学类·网站】

1. 学法网:http://www. xuefa. com/
2. 北大法律信息网:http://www. chinalawinfo. com/
3. 中国宪政网:http://www. calaw. cn/
4. 中国民商法律网:http://www. civillaw. com. cn/
5. 中国刑事法律网:http://www. criminallaw. com. cn/
6. 中国法院网:http://www. chinacourt. org
7. 正义网 :http://www. jcrb. com/zyw/
8. 中国律师网:http://www. acla. org. cn/
9. 中国裁判文书网:http://wenshu. court. gov. cn/
10. 中国庭审公开网:http://tingshen. court. gov. cn/

二、【法律类·数据库】

1. 法信:http://www. faxin. cn/
2. 北大法宝:http://www. pkulaw. cn/
3. 法律图书馆:http://www. law - lib. com/
4. 律商联讯:http://www. lexisnexis. com. cn/
5. 万律(westlaw china):http://www. westlawchina. com/

三、【法学类·微信公众号】

1. 资讯:【无讼】【智合法律新媒体】【法律独品】【法律博客】等。

2. 学术:【法学中国】【中国法学创新网】【中国法律评论】【高杉 LEGAL】【法信】等。

3. 机构:【最高人民法院】【最高人民检察院】【中国律师】【尚格法律人】,以及各大高校法学院、各大司法机构的官方微信平台等。

附录四

法学类·十大经典影视作品

一、《秋菊打官司》【冲突：乡土社会里的秩序与现代社会的法律】
二、《刮痧》【中西文化冲突引发的法律问题】
三、《盲井》【我国农民工权益保障问题】、《盲山》【我国农村拐骗妇女问题】
四、《小镇大法官》【真实的中国法官】
五、《人民检察官》【真实的检察事业】
六、《东京审判》【世纪审判中的中国法官和中国律师】
七、《十二怒汉》【陪审团制度】
八、《律政俏佳人》【女性法律工作者的奋斗史】
九、《彷徨之刃》【未成年人犯罪的法律思考】
十、《林肯律师》【律师的职业道德与法治的正义】

附录五

法学类·十大经典案例

一、【苏格拉底之死】：法律信仰下的民主与法治的关系？
二、【恶法非法之争】：恶法是法吗？
三、【马伯里诉麦迪逊案】：司法审查的范围与原则？
四、【米兰达案】：沉默权？
五、【辛普森案】：非法证据排除、刑法与民法的证明标准。
六、【美国诉尼克松案】：总统特权的限制。
七、【公园停车案】：法律的字面含义与法律的价值目的。
八、【雷诺德诉美利坚合众国案】：一夫一妻制与宗教信仰自由。
九、【纽约报诉苏利文案】：言论自由与名誉权。
十、【洞穴奇案】：生存、生命与法律。